上)真题考点分布表

	021年	2020年	2019年
	上半年	下半年	下半年
	素质教育的内涵	素质教育的内涵	素质教育的内容
E	“以人为本”的学生观	教育公正;“以人为本”的学生观	教育公正与中学生的共同发展
	教师专业发展阶段理论;新课程倡导的教师观	教师专业发展阶段理论;教师成长的途径;教育机智	教师劳动的特点;教师专业发展的途径;现代教师角色的转变;新课程倡导的教师观
育 事	宪法;教师法;教育法;未成年人保护法;预防未成年人犯罪法	宪法;教育法;义务教育法;教师法;学生伤害事故处理办法;未成年人保护法	宪法;预防未成年人犯罪法;未成年人保护法;义务教育法;学生伤害事故处理办法
	侵犯学生权利的表现——隐私权	——	——
小	教师道德荣誉;《中小学教师职业道德规范》(2008年)	《中小学教师职业道德规范》(2008年)	《中小学教师职业道德规范》(2008年);《中小学班主任工作规定》
	教师的仪表行为规范	教师关怀	教师与同事的关系
	中国古代史	世界古代史	中国古代史;世界近代史
	四大发明;网络信息安全常识;地理常识;体育常识;教育测量常识	生物常识;教育测量常识	天文常识;新中国航空航天成就;数学常识
	古代特殊称谓	历史典故与人物	——
	外国文学	中国文学	中国先秦文学;外国文学
	雕塑	音乐	——
省	Excel中的函数知识;域名系统	Word的基本操作;Excel函数的作用	Word的基本操作;Excel中的函数知识
	类比推理;图形推理	类比推理;数字推理	类比推理;数字推理
	《殖民主义加剧非洲传染病传播》	《文学以外的文学》	《中国文学论丛》
	因为热爱,所以追求	守护本心	规则

第一模块　过关必刷题库

第一章　职业理念

核心知识提要

答案见 P1

- 职业理念
  - 教育观
    - 素质教育的内涵★★★
      - 素质教育是面向①________的教育
      - 素质教育是促进学生②________的教育
      - 素质教育是促进学生③________的教育
      - 素质教育是以培养④________和⑤________为重点的教育
    - 素质教育的外延★
    - 国家实施素质教育的基本要求
      - 面向全体学生
      - 促进学生全面发展
      - 促进学生创新精神和实践能力的培养
      - 促进学生生动、活泼、主动的发展
      - 着眼于学生的终身可持续发展
    - 素质教育的运用★
      - 素质教育与应试教育的区别
      - 实施素质教育易出现的误区
  - 学生观
    - “以人为本”的学生观★★★
      - 学生是⑥________人
      - 学生是⑦________人
      - 学生是⑧________人
    - 中学生的全面发展与教育公正★★
      - 中学生全面发展教育的实施
      - 教育公正与中学生的共同发展
  - 教师观
    - 教师劳动的特点★★
      - 复杂性
      - 创造性
      - 主体性和示范性
      - 延续性和广延性
      - 长期性和间接性
    - 教师职业素养
      - 职业道德素养
      - 知识素养
      - 能力素养
      - 心理素养

14. 冯老师批改作业时常常抱怨:“讲了多少遍,可还是答不上! 真不知道现在的学生都怎么了!”这说明冯老师(　　)

A. 具有教学评价能力　　B. 缺乏教学组织能力

C. 具有教学研究意识　　D. 缺乏教学反思能力

15. 陈涛成绩不太好,但上课时总是爱举手回答问题。有时老师问题还没说完,他便把手高高举了起来,让他回答时他又不会,不时被其他同学讥笑。老师课下向陈涛问明原因后给予鼓励。老师的做法(　　)

A. 正确,不得罪每一个学生　　B. 正确,不放弃每一个学生

C. 不正确,挫伤了其他同学的主动性　　D. 不正确,伤害了其他同学的正义感

16. 青年教师王老师为提高教学水平,从课堂教学设计、教学方法,乃至教学语言都严格认真模仿特级教师李老师的做法,但教学效果仍然不佳。导致王老师教学效果不佳的原因不包括(　　)

A. 王老师缺乏反思意识　　B. 王老师忽视了学生的差异性

C. 王老师缺乏教学创新　　D. 王老师缺乏诚恳学习态度

17. 为了改变学生从课本中找“标准答案”的习惯,刘老师经常在课堂上设计一些开放性问题,引导学生自由讨论,探索答案。同事马老师对刘老师说:“你这样做会使学生思维太发散,也浪费时间,将来考试肯定会吃亏的。我从不这样做!”下列选项中正确的是(　　)

A. 马老师的说法合理,有利于提高学生学习成绩

B. 刘老师的做法得当,有利于培养学生创新意识

C. 马老师的说法欠妥,不利于维持课堂教学秩序

D. 刘老师的做法欠妥,不利于保证正常教学进度

18. 进入初三年级后,班主任石老师把每周的综合实践活动课用于补数学。中考时,该班的数学成绩名列前茅。石老师的做法(　　)

A. 正确,是提高学习成绩的有效途径　　B. 正确,是提高班级声誉的有力措施

C. 错误,不利于学生公平竞争　　D. 错误,不利于学生全面发展

19. 吴老师将“基于现象和过程”可视化的学习原理与学情相结合,提出利用微型化学实验室在“宏观辨识”与“微观探析”之间搭建桥梁的教学主张,并总结出指导学生展开微型实验设计与实施要注意的事项。从学生观的角度,吴老师的做法体现的是(　　)

A. 丰富课程资源　　B. 改善师生关系

C. 优化教学策略　　D. 注重学习体验

20. 年轻的男老师王勇在课堂上与男生互动多,与女生互动很少,理由是“避免别人认为我与女生太亲近”。王老师的做法(　　)

A. 合理,体现教育智慧　　B. 合理,符合传统观念

C. 不合理,违背因材施教的原则　　D. 不合理,有违公平待生的理念

21. 新学期开学,王老师在点名时,被"肖德枨"这个名字难住了。前两个字已经读出口了,第三个字到底读什么呢?"枨"字虽然能看清但恰好打印不如前两字清晰,他想凭感觉读一下,又怕读错了,一时间觉得非常尴尬。王老师的做法恰当的是( )

A. 承诺课后查字典
B. 当场用手机查询
C. 立即向学生请教
D. 借打印不清掩饰

22. 历史课上,教师讲到"楚汉战争"中项羽自杀时,一个学生突然说道:"项羽真是个大傻瓜!"此时教师恰当的处理方式是( )

A. 批评学生扰乱秩序
B. 视而不见,继续上课
C. 引导学生展开讨论
D. 要求学生不乱说话

23. 吴老师把课堂教学中存在的突出问题归纳、提炼为若干主题进行研究,并发表系列论文。这表明吴老师具有( )

A. 良好的教学研究能力
B. 良好的课堂管理能力
C. 良好的课堂开发能力
D. 良好的校本研修能力

24. 邱老师经常梳理教学工作中遇到的问题,并运用教育学、心理学的知识分析问题的成因,寻找解决策略。邱老师在这一过程中扮演的主要角色是( )

A. 教育教学的研究者
B. 行为规范的示范者
C. 心理健康的维护者
D. 学生学习的组织者

25. 下列教学用语中,不利于促进学生学习的是( )

A. "你读得很响亮,若再有感情一点就好了,你再试试。"
B. "刚才这位同学概括得不准确,还是我来吧。"
C. "这位同学的发言并没有重复前面同学说过的话,有自己的观点,非常好!"
D. "请大家想一想,刚才这两位同学报告的结论,有何不同?"

二、材料分析题(每小题14分,参考时限10分钟。共3小题)

1. 材料:

董老师和王老师是师徒关系,有一次上课时,王老师发现一个细节:董老师从头到尾都拿着教科书,而且上课过程中还时不时瞄上几眼。经过观察,王老师发现师傅瞄的并不是教科书本身的内容,而是她事先就粘贴在书中的小纸片。通常,董老师会在分析这篇课文的单词或句型时看一眼,在讲到有关课文的文化背景时看一眼,又或者是在讲评学生作业时看一眼,这些卡片上都记的什么呢?

课后,得到董老师的允许,王老师翻看了师傅所使用的教科书中的小纸片,发现这些纸片主要分为三类:绿色纸片是知识拓展类,黄色纸片是考点讲解类,蓝色纸片是错题分析类。

王老师向董老师请教:"这样的小纸片密密麻麻,会不会不利于教学知识的梳理?"董老师回答

4. 某校广泛开展“快乐进课堂”活动，鼓励学生在课堂上多看、多做、多议，亲身体验探究式学习带来的无穷乐趣。这种做法能够(　　)

A. 激发学生的兴趣，发挥学生的潜能
B. 分散学生的注意力，影响学生的学习
C. 因材施教，使学生各方面都平均发展
D. 拉近师生距离，建立良好的师生关系

5. 某校八年级六班的班主任王老师常对他的学生说：“先学做人，后学做事。社会需要的是身心健康、和谐发展的建设者和接班人，而不是只会死读书的‘呆子’。”这表明王老师具有(　　)

A. 自主发展的意识
B. 开拓创新的理念
C. 素质教育的理念
D. 因材施教的意识

6. 于老师认为，学校与其开设综合实践活动课浪费时间和精力，还不如利用那些课时多上些语文和数学课。于老师的看法(　　)

A. 忽视了学生全面发展
B. 忽视了学生个性发展
C. 忽视了学生均衡发展
D. 忽视了学生主动发展

7. 关于素质教育与应试教育的区别，下列说法正确的是(　　)

A. 素质教育要求学生样样拔尖儿，应试教育只注重考试分数
B. 素质教育注重创新精神和实践能力，应试教育注重考试能力和升学率
C. 素质教育也要考试，应试教育也培养学生素质，两者没有太大区别
D. 以上均不正确

8. 语文课上，老师要求学生用“活泼”一词造句，学生甲站起来说：“李华同学在体育课上的表现很活泼。”老师点评道：“很好。”学生乙站起来说：“河里的水很活泼。”老师沉吟了一会儿说：“说水活泼不合适，这个句子不贴切。”学生乙狐疑地坐下了。针对该老师的做法，说法不正确的一项是(　　)

A. 限制了学生的想象力
B. 没有敏锐地捕捉教育细节
C. 一定程度上束缚了学生的创新意识
D. 开拓了学生的视野

9. 实施素质教育，鼓励学生发展某方面的特长，体现了(　　)

A. 素质教育是把学生视为教育主体的教育
B. 素质教育是着力提高社会责任感的教育
C. 素质教育是促进学生个性发展的教育
D. 素质教育是面向全体学生的教育

10. 虽然某校地处山区，教学资源匮乏，但是为丰富学生的课余生活，张老师带领学生开展了具有当地特色的运动会、美术展等活动。张老师的做法体现了素质教育的(　　)要求。

A. 促进学生全面发展
B. 面向全体学生
C. 促进学生身体健康发展
D. 培养创新精神

11. 父母在与子女沟通时应当注意方式方法。以下家长的说法恰当的是(　　)

A. “告诉你多少遍了要带雨衣，可你就是不听，你看看全身都湿透了吧！”

B.“你瞧瞧你又把画画歪了，心应该画在中间才对。”

C.“你的衣服怎么又弄得脏兮兮的？肯定又是贪玩弄的。”

D.“拼图又失败了？没关系，我来帮你，我们再拼一次。”

12. 陈老师在教学时引用徐霞客的诗句“五岳归来不看山，黄山归来不看岳。”有学生产生了疑问：“为什么黄山不在五岳之列？”陈老师的下列处理方式恰当的是(　　)

A. 不予理睬继续上课　　B. 批评学生上课分心

C. 引导学生课外探究　　D. 解释说作者弄错了

13. 张老师在英语教学中恰当运用英语话剧的形式进行教学，让学生在具体情境中学习英语。张老师的做法(　　)

A. 浪费课堂教学时间　　B. 提高了英语成绩

C. 改善了学生的学习方式　　D. 不利于维持课堂秩序

14. 在家长会上，班主任强调素质教育就是减负和增加课外活动。该班主任的认识(　　)

A. 是对素质教育的片面理解　　B. 体现了素质教育与学科教学的结合

C. 符合提升教学实力的要求　　D. 完全符合学生和家长的期望

15. 某中学对学生评优制度进行了改革，增设了“创造之星”“孝心少年”等多项荣誉称号。该学校的做法(　　)

A. 不利于端正学生的学习态度　　B. 不利于促进学生的全面发展

C. 有利于强化学生之间的竞争　　D. 有利于促进学生的个性发展

16. 孙老师给小华写下了这样的评语：“填空题错了三道，其他题全对，能够很好地运用所学知识，等级定为优秀。”下列说法不正确的是(　　)

A. 孙老师以分数作为评价标准　　B. 孙老师关注学生知识的掌握

C. 孙老师关注学生的学业水平　　D. 孙老师关注学生的学习效果

17. 某中学取消了各种形式的统考，废除“百分制”，而代之以“评语+特长+等级”的评价标准。学校的做法(　　)

A. 正确，体现了评价的甄别与选拔功能　　B. 不正确，没有体现评价标准的多元化

C. 正确，体现了评价的激励与发展功能　　D. 不正确，没有体现评价方式的多元化

18. 小丽的语文成绩很好，庄老师常常鼓励她多阅读、勤写作，力争将来做一名优秀的作家；小刚学习基础较差，但篮球打得很好，庄老师就鼓励他将来做一名职业运动员。对庄老师的做法，下列评价中不正确的是(　　)

A. 善于因材施教　　B. 注重学生的全面性

C. 善于激发学生的自信　　D. 注重学生的差异性

19. 数学课上，冯老师在讲解例题的解法，小明突然举手说，他想为大家演示例题的另一种解法，冯老师没有立马同意，而是阴阳怪气地说：“原来我们班的小明是一个数学天才呀，老师真是自愧不

33. 学校和教师按照确定的教育教学内容和课程设置开展教育教学活动,保证达到国家规定的基本质量要求。国家鼓励学校和教师采用(　　)教育等教育教学方式,提高教育教学质量。

A. 填鸭式　　B. 题海式

C. 启发式　　D. 灌输式

34. 小玲是一个很有艺术天分的姑娘,钢琴、舞蹈、唱歌都非常出众,也经常获奖。于是小玲认为自己凭借这些就可以上一个不错的大学,不用学习枯燥的文化知识了。她的班主任赵老师也这样认为,因此对于小玲上课的不认真总是睁一只眼闭一只眼。赵老师的做法(　　)

A. 不合理,没有关注到学生的全面发展　　B. 合理,尊重了学生的个性发展

C. 不合理,应该让学生在各个领域平均发展　　D. 合理,符合素质教育的要求

35. 教师应遵循教育规律,实施素质教育。下列对素质教育基本内涵的描述,不正确的是(　　)

A. 教育是人才培养的基础,素质教育应以提高国民素质为根本宗旨

B. 教育应把全面发展与因材施教相统一,素质教育应面向全体学生

C. 素质教育不应立足于人的个性发展,而应促进学生的全面发展

D. 素质教育是以培养学生的创新精神和实践能力为重点的教育

36. 下列关于应试教育和素质教育的区别,说法错误的是(　　)

A. 前者的教育对象是面向少数学生的,后者的教育对象是面向所有学生的

B. 前者侧重知识传授,后者侧重全面发展

C. 前者局限于学校,后者注重终身教育、终身学习

D. 前者重视各种能力的发展,后者重视技能训练

37. 全国政协委员唐江澎曾表示:“学生没有分数,就过不了今天的高考;但是如果只有分数,恐怕也赢不了未来的大考。如果我们的教育只关注升学率,国家会没有核心竞争力。我认为好的教育应该是培养终生运动者、责任担当者、问题解决者和优雅生活者。”与此同时,他还举了一个例子:他所在学校的2020年高一年级893名新生中,有774个戴着眼镜。对此,下列理解错误的是(　　)

A. 高考分数是衡量教育质量高低的核心指标和根本目标

B. 好的教育不仅要培养学生的学法,还要培养他们的能力

C. 学校应当坚持发展素质教育

D. 追求学业的同时不能忽略学生的健康

38. 素质教育的重点是(　　)

A. 创新精神　　B. 实践能力

C. 创新精神和实践能力　　D. 综合素质

39. 下列选项中,哪项属于素质教育的根本宗旨(　　)

A. 重点提高学生的知识能力　　B. 全面提高学生的基本素质

C. 培养学生的特长和技能　　D. 培养学生的社会素质

40. 素质教育不允许以任何形式或手段，对入学儿童按照种族、性别、肤色、宗教等标准进行筛选，而是要使每一个人都得到发展。这说明(　　)

A. 素质教育是面向全体的教育

B. 素质教育是促进发展的教育

C. 素质教育是着眼于基础的教育

D. 素质教育是弘扬主体性的教育

二、材料分析题(每小题14分，参考时限10分钟。共3小题)

1. 材料：

在全面实施素质教育的环境下，如何评价学生的优、良、中、差呢？蒋老师制定了这样的标准：(1)大纲规定的基础科达到60分以上，并能发现自己的特长且有所发展的，为及格；(2)基础科及格或良好，特长科明显超过同年级学生的，为良好；(3)基础科良好，特长科大大超过同级学生或有所发明创造的，为优秀；(4)仅基础科及格或仅特长科有所发展的，均为不及格；(5)仅基础科良好或特长科单方独进的，视为畸形发展，作降格评价。

这一评价标准的实施，使绝大部分文化课较薄弱的学生都增强了自信，找到了自己的优势与成才的途径，也使文化课考试分数较好的学生不再自我感觉良好。经过一个学期的实践后，学生的学习积极性明显提高，各科学习成绩有了大幅度的提高，各科总分由年级倒数上升至年级第二名。

问题：请结合材料，从教育观的角度，评析蒋老师的教育行为。

2. 材料：

一位教师教学“双曲线”这一单元时，很多学生觉得之前课程的讲授方法不够合理：有人觉得进度太快，有人觉得进度太慢。老师经过调查发现，学生的知识基础差别较大，于是对学生提出了不同的要求：基础一般的学生在教师指导下进行学习，八位成绩好、学习能力强的学生到图书馆自学“双曲线”这一单元。经过自学，这八位学生不但完成了规定的习题作业，还合作选编了几十道有代表性的习题。教师按难易程度将这些习题有选择地安排给其他同学进行练习和讨论，进一步推动了全班同学的学习，提前五个课时完成了“双曲线”这一单元的教学任务。

问题：请结合材料，从教育观的角度，评析该教师的教育行为。

老师认识到(　　)

A. 学生是责权主体　　B. 学生是独特的人

C. 学生是学习的主体　　D. 学生是完整的人

12. 古人云:“君子处其实,不处其华;治其内,不治其外。”这句话提示教师在教学过程中应该重视(　　)

A. 学生的行为培养　　B. 学生的能力培养

C. 学生的人格养成　　D. 学生的情感体验

13. 学校举办“给自己喜爱的作家写信”的活动,并给了每个班五个名额,可以帮助学生把他们写的信寄给他们喜爱的作家。其他班级都是抽签决定这五个名额给谁,但是三班的李老师认为只有作文写得好的学生才有资格把信寄出,因此她挑选了五名写作能力强的学生并帮助他们寄信。李老师的做法(　　)

A. 符合因材施教的原则　　B. 符合公平竞争的要求

C. 违背民主互助的理念　　D. 违背平等待生的理念

14. 某中学举办首届“跳蚤市场”图书交易活动,学校鼓励所有学生积极地为图书交易活动做准备,如物品的收集、海报的绘制、广告语的设计、场地的布置,促使活动顺利完成。该学校的做法(　　)

A. 体现了学生是独特的人　　B. 体现了学生是自律的人

C. 发挥了学生的能动性　　D. 忽视了学生的创造性

15. “人心不同,各如其面”这句话揭示教师在教育活动中应该关注学生的(　　)

A. 自主性　　B. 发展性　　C. 独特性　　D. 主体性

16. 张老师是初一某班的数学老师,他总是让学生按照固定方法来解题。张老师的做法(　　)

A. 错误,忽视了学生学习的自主性　　B. 正确,保证了教学的有效性

C. 错误,忽视了学生发展的均衡性　　D. 正确,尊重了学生学习的独立性

17. 小红的父母都是农民工。小红虽然学习成绩一直不理想,但是十分努力。教师的下列做法中,最合适的是(　　)

A. 劝说小红不要学习了,你的父母都是农民工,你不会有什么前途的

B. 对小红的任何行为不予理睬

C. 耐心教导小红,肯定小红的努力,并且教给小红正确的学习方法

D. 认为小红智商低是遗传的,无论怎样都无法改变学习成绩

18. 国外研究报告估计:“当一年级的教师遇到他班上年龄差不多都是六岁的孩子时,他事实上面对着一群能力不同的儿童,从他们准备状况的差异来说,实际上是从三岁到十一岁。”这主要体现了人的身心发展具有(　　)

A. 不均衡性　　B. 可变性　　C. 个别差异性　　D. 阶段性

19. 学生既不可以由教师随意支配,也不可以由教师任意捏塑。这说明学生(　　)

A. 是学习的主体　　B. 是责权主体

C. 独立于教师的头脑之外　　D. 有自身的独特性

20. 孙老师是一名教学经验丰富的老师，他所教班级的成绩一直名列前茅。但孙老师上课时要求学生鸦雀无声，只听他讲。孙老师的做法（　　）

A. 正确，保证了安静的教学环境　　B. 不正确，没有做到以学生为主体

C. 正确，有利于提高学生成绩　　D. 不正确，不利于学生表达能力提升

21. 郑老师的学生看了一些课外书后总有些问题跑来问他。一次有位学生看了关于生物进化的文章，对生命的起源感兴趣，郑老师并没有直接给他讲授相关知识，而是动员他找出有关的资料进行阅读和研究。关于郑老师的做法，下列说法不正确的是（　　）

A. 看到了学生有自我教育的可能性　　B. 看到了每个学生都有自身的独特性

C. 看到了学生身上巨大的发展潜能　　D. 看到了学生在学习过程中的主体地位

22. 王老师经常让同学们互相批改作文，大家都非常认真，不仅找出了作文中的错别字，而且从语言表达、篇章结构、思想主题等方面进行了评价，王老师及时给予点评。王老师的做法调动了学生的主观能动性，体现在（　　）

A. 发挥了学生的调控性　　B. 尊重了学生的选择性

C. 培养了学生的独立性　　D. 关注了学生的差异性

23. 李岩将来想当一名科学家，他的数学老师却说："你现在学数学都那么吃力，以后物理、化学肯定也学不好，一定不能把成为一名科学家作为人生目标。"数学老师的说法（　　）

A. 忽视了学生的主体性　　B. 忽视了学生的发展性

C. 忽视了学生的创造性　　D. 忽视了学生的差异性

24. 两位老师在办公室闲谈，甲老师说："我们班的李明特别聪明，懂得很多知识，真不愧是工程师的儿子。"乙老师说："我班的李刚什么都不会，怎么教都学不好，没办法，父母都是小学文化。"甲老师说："龙生龙，凤生凤，老鼠的儿子会打洞嘛，就是这个理儿。"两位老师的说法（　　）

A. 正确，父母的行为会影响孩子的一生

B. 正确，遗传素质是人的身心发展的生理前提

C. 错误，学习不好的学生身上也有优点

D. 错误，作为教师应树立"所有的学生都能成才"的观点

25. 高中一年级学生刚入学，班主任王老师就通过各种渠道，深入了解班级每个学生的情况，并据此制定个人三年发展规划，这种做法表明王老师关注（　　）

A. 学生发展的差异性　　B. 学生发展的互补性

C. 学生发展的不平衡性　　D. 学生发展的顺序性

26. "狼孩"的故事说明了教育必须顺应个体发展的（　　）

A. 顺序性　　B. 不平衡性　　C. 阶段性　　D. 个别差异性

27. 初一学生李强对学习毫无兴趣，一次化学期中考试中他一道题也不会，便在考卷上写下一段有关零分的而且没有标点的文字。梁老师阅读完"杰作"后，不但没有批评他，反而加上标点符号使其成为一首诗，并以此来夸奖他。对于梁老师的做法，说法错误的是（　　）

A. 成功运用了因材施教的原则

班主任张老师了解这一情况后并没有全盘否定李强的上网行为，而是与他聊了互联网，聊了比尔·盖茨，充分肯定了他对于网络这种新技术的掌握程度，并通过交流进一步了解了他的内心世界。针对他的情况，张老师采取了一系列措施：第一，鼓励他多参加集体活动，加强与同学的交流。例如，让他担任小组长，每天收发、检查作业，在劳动值日中与同学协同合作，建立互帮互助的关系。第二，针对他喜欢上网的特点，成立了计算机兴趣小组，并让他担任组长，定期给其他同学讲解互联网知识。第三，利用各种机会表扬他，与他沟通，拉近师生之间的距离，并在学习上给予他辅导。

慢慢地李强对自己有了信心，在各方面都有了明显的进步：课堂上认真听讲，积极思考，大胆发言，提出自己的见解；在班级工作中为老师出谋划策，有活抢着干。任课老师都反映李强像变了一个人似的，精神面貌焕然一新。

问题：请结合材料，从学生观的角度，评析张老师的教育行为。

2. 材料：

晓星经常欺负同学，班上的同学都不愿意跟他交朋友。

在一次课外活动中，其他同学都三五成群地玩着，只有晓星一个人待在角落里，马老师悄悄地走过去，对他说："咱俩一起玩吧。"晓星生硬地问道："为什么？"马老师蹲下身来，俯在晓星耳边说："因为我喜欢你啊！"他们两人玩起了游戏，游戏中，马老师问："想让大家一起玩吗？那就大声招呼大家来吧！"因为有老师的参与，同学们很快围拢过来。这一次，晓星和同学们一起玩得很开心。

过后，马老师仔细观察晓星的行为，了解他与同伴相处的困难所在：其实晓星想和同学们一起玩，就是不知道怎么和他人相处，欺负同学只是想引起老师和同学们的注意而已。

马老师组织开展以"交朋友"为主题的班队活动，在活动中交给晓星与人正确交往的方法，并鼓励班干部主动与晓星交往，在老师和全班同学的帮助下，晓星渐渐地不欺负同学了，有了自己的好朋友。

问题：请结合材料，从学生观的角度，评析马老师的教育行为。

3. 材料：

语文课刚上课，老师说道："今天我们将要学习一篇文言文，鉴于这篇文言文很长，我们将用两节课的时间学习这篇课文。""我不同意！"一个调皮的同学突然回答。"为什么？"老师问道。"这篇文言文虽然长，但是比较容易懂，即使有比较难的地方，课文下面也有注释。我们已经按照您的要求预习了课文，查阅了很多相关资料，已经掌握了课文的内容，似乎没有必要再花两节课来学习这篇课文。"

老师听完这位同学的解释后，便向大家问道："大家有谁赞同他的意见？"同学们一致举起了手。于是这位老师说："很好！我也同意大家的意见！今天我们就用一节课来学习这篇课文。"课堂上响起一片热烈的掌声。

问题：请结合材料，从学生观的角度，评析这位老师的行为。

4. 材料：

七(1)班王红的语文、英语两科成绩都很好，唯独数学差，用她自己的话说："我爸妈小时候数学都不好，遗传！"

刚接到这个班数学课的张老师很惋惜，她想：怎样让王红爱学数学，会学数学呢？在全面了解王红的学习现状以后，张老师决定从习得学习方法，消除数学畏惧入手帮助王红。

张老师先是和王红一起总结语文和英语的学习方法，归纳其中相同的地方，直到王红尝试将其应用在数学学习上。课堂上，张老师提问王红时，会将复杂的问题分解成一个个小问题，适当进行启发，并给王红提供机会说出解题思路，逐渐提高了王红的听课效果。

在操作性学习活动中，王红常常不知如何下手，针对这些问题，张老师一方面鼓励王红大胆操作，不要怕犯错误，另一方面教给她具体的操作方法，指导她逐步体验，渐入佳境。当作业难度较大时，张老师便给王红搭一个"脚手架"，设计较容易的题目让她先完成，然后找到题目之间的联系，最终完成作业。对于王红的作业，张老师采用面批的形式，及时反馈，以便王红适时改进。

经过张老师和王红的共同努力，王红数学成绩大幅度提高，王红再也不说自己"学不好数学"了。

问题：请结合材料，从学生观的角度，评析张老师的教育行为。

5. 胡老师上课时，学生琳琳指出胡老师某处讲解有误，但实际上胡老师的讲解是对的。胡老师的做法恰当的是(　　)

A. 不搭理琳琳

B. 肯定琳琳勇于指出老师错误的行为，并跟琳琳解释为什么没有错

C. 批评琳琳没有认真听讲，胡乱指出错误

D. 直接告诉琳琳，老师是对的

6. 教师职业的很大挑战来自不断变化的学生，没有一成不变的学生，自然也没有处处皆可适用的经验，因此，教师不能年复一年地套用固定的教育教学模式，而必须(　　)

A. 以研究者的眼光对待教育教学　　B. 要尊重和赞赏每一位学生

C. 改变"教教材"为"用教材教"　　D. 引导学生主动思考

7. 沈老师收集废旧轮胎、破篮球、废纸箱、塑料绳等废旧材料，"变废为宝"，将之改造成各种合适的教具、学具。这表明沈老师具有(　　)

A. 教学资源开发能力　　B. 课程组织实施能力

C. 教学程序设计能力　　D. 教育科学知识

8. 骨干教师鹿老师在教学过程中始终保持认真严谨的态度，为了让学生得到全面发展，鹿老师经常与各科老师交流，了解学生其他学科的学习状态，主动关心并积极配合其他老师的教学。这说明鹿老师(　　)

A. 具有课程开发意识　　B. 具有校本研修能力

C. 具有课堂管理能力　　D. 具有团结协作精神

9. 某中学二年级五班学生王勇与张强放学后在校门外打架。正巧一年级刘老师路过，当有同学报告打架一事，刘老师看后说："去找你们班主任吧！"说罢转身离去。关于刘老师的行为，下列说法正确的是(　　)

A. 避免了刘老师与班主任的冲突　　B. 说明刘老师严格要求自己

C. 刘老师未尽到教师职责，且不具备合作意识　　D. 体现了老师对学生的信任

10. 夏天午后的课堂上，有的学生昏昏欲睡。下列处理方式，最恰当的一项是(　　)

A. 不予理睬，继续课堂教学

B. 稍做停顿，批评训斥学生

C. 马上提醒，让学生站起来

D. 随机说句诗："春风吹得书生醉，莫把课堂当睡堂。"

11. 上课铃响了，某学生带着一只校外捡到的流浪猫走进教室，立刻引起一片喧哗。作为老师，正确的处理方式是(　　)

A. 明确告知该学生不得带宠物进校，并当众指责其违反学校纪律

B. 严肃课堂纪律，立即开始上课

C. 赞赏该同学救助小猫的行为，并和同学们一起将小猫暂时安置在教师办公室后开始上课

D. 仔细询问该同学救助小猫的经过

12. 王老师结合课程教学内容，查阅资料，利用现有资源自制实验器材，开设了不少探究性物理实验课程。这表明王老师具有(　　)

A. 全面发展理念　　B. 和谐发展理念

C. 长善救失意识　　D. 课程开发意识

13. 唐老师准备参加全市英语教师基本技能大赛，因缺乏参赛经验，就去请教经常担任各类大赛评委的谢老师，但总被谢老师拒绝。谢老师的做法(　　)

A. 不注重同事间的团结协作　　B. 促进了唐老师的自我发展

C. 不注重同事的探索创新　　D. 维护了比赛的公正公平

14. “学为人师，行为世范”体现了教师工作的(　　)

A. 复杂性与创造性　　B. 主体性和示范性

C. 连续性和广延性　　D. 长期性和间接性

15. 王老师在教学过程中比较关注的是学生是不是喜欢她，能不能和其他教师和睦相处，学校领导对她评价如何。按照教师专业发展阶段理论，王老师处于(　　)

A. 关注生存阶段　　B. 关注学生阶段　　C. 关注任务阶段　　D. 关注成就阶段

16. 徐刚在课堂上突然大叫，有的同学也跟着起哄。下列处理方式，最恰当的一项是(　　)

A. 马上制止，让徐刚站到讲台边　　B. 不予理睬，继续课堂教学

C. 稍做停顿，批评训斥学生　　D. 幽默化解，缓解课堂气氛

17. 黄老师平时经常与学生交流学校的各种情况，主动与同事分享经验和资源，而且乐于鼓励家长参与学校的各种活动，学生、同事们和家长都很喜欢她。这说明黄老师已经具备了(　　)

A. 环境创设与利用能力　　B. 教学设计与教学管理的能力

C. 沟通与合作的能力　　D. 教育活动的计划与实施能力

18. 在教学中，教师不仅要面对性格各异的学生，还要应对多重的教学任务，促进学生全面而有个性的发展。这体现了教师劳动特点中的(　　)

A. 复杂性　　B. 示范性　　C. 创造性　　D. 长期性

19. 华云是班级里的“刺儿头”，学习基础比较差，但却是田径场上的风云人物，总能为班级夺得各种奖项。班主任鼓励他成为一名优秀的运动员，这说明班主任(　　)

A. 注重学生的全面性　　B. 善于因材施教

C. 善于教学　　D. 注重均衡发展

20. 在教育过程中，教师对突发事件做出快速、恰当的处理，被称为“教育机智”。这反映了教师劳动的(　　)的特点。

A. 示范性　　B. 创造性　　C. 主体性　　D. 复杂性

21. “不论教育者怎样研究教育学理论，如果他没有教育机智，他就不可能成为一个优秀的教育实践者。”这句话说明教师劳动具有(　　)

A. 创造性　　B. 长期性　　C. 示范性　　D. 广延性

40. 青年教师小李刚入职就加入学科教研小组，积极与同事交流，参与各项教研活动，很快适应了岗位工作。这表明小李老师在专业发展上注重（　　）

A. 自我反思　　B. 同伴互助　　C. 专门训练　　D. 脱产进修

41. 某校组织同一学科的新教师观摩优秀教师教学，课后针对教学过程展开研讨，提出完善教学的建议。这说明该校重视教师的（　　）

A. 职业素养　　B. 教学反思　　C. 专业发展　　D. 团结互助

42. 董老师上完公开课后回看自己的课堂录像，找出上课过程中存在的问题，认真分析原因，改进教学。该做法体现的教师专业发展途径是（　　）

A. 同伴互助　　B. 教学观摩　　C. 进修培训　　D. 教学反思

43. 语文老师想在课上播放《老师难忘的记忆》的视频，录制时各科老师纷纷响应都来帮忙。这体现的是（　　）

A. 在教学与研究的关系上，教师是教育教学的研究者

B. 在教学与课程的关系上，教师是课程的建设者和开发者

C. 在对待教学上，新课程强调帮助、引导

D. 在对待与其他教育者的关系上，新课程强调合作

44. 张老师在平时的教学活动中非常注意观察并记录学生的发言、动作、交往等各种情况，并做深入的反思，为以后改进教学做好准备。张老师在这里承担的角色是（　　）

A. 学生发展的指导者　　B. 学生发展的促进者

C. 学生与社会的中介　　D. 教育的研究者

45. 焦老师积极参加市教育局组织的教师培训，返校后与同事交流学习的心得，并用于实际教学。关于焦老师的做法，下列说法不正确的是（　　）

A. 体现了终身学习的自觉性　　B. 有助于师生共同发展

C. 推动了学校的校本研究　　D. 有助于增进学校间的合作

46. 张老师经常采取一些有效的方法进行教学反思。下列不属于教学反思的是（　　）

A. 撰写教学后记　　B. 编制课程标准

C. 撰写教学案例　　D. 编写教学日志

47. 九年级（3）班新来的英语老师王老师正在班里上第一堂课，他发现有一位同学在悄悄看英文小说，而没有听课。课后王老师向班主任了解到这位同学叫刘楠，从小在国外生活，英语水平已经很不错了，因此班主任劝王老师英语课上可以不用管刘楠了。如果你是王老师，下列做法恰当的是（　　）

A. 认为班主任说得有道理，既然刘楠英语水平已经很好了，便不用管她

B. 斥责班主任对学生的学习成绩不负责

C. 课后与刘楠交流，表扬她看英文小说，引导她仍要积极虚心听课

D. 因为刘楠的听课态度不端正，以后在刘楠的试卷上故意打不及格的分数

48. 学校邀请专家来做教育理念辅导报告，孙老师拒绝参加，他说："学那些理念没有用，把自己的课上好才是老师的看家本领。"孙老师的说法(　　)

A. 错误，教师应该不断提高知识素养　　B. 正确，能把课上好就是优秀的中学教师

C. 错误，教师应该把自我提升作为首要目标　　D. 正确，教育理念报告对实践没有任何帮助

49. 王老师在日常教学工作中，积极参与本校课程研发和建设工作，并结合本校特点创建了一系列校本课程。这突出体现了王老师是(　　)

A. 学校工作的执行者　　B. 学生学习的促进者

C. 课程的建设者和开发者　　D. 教学的研究者

50. 一位语文老师刚刚跨进教室，发现学生都望着天花板，原来一条凳子上的坐垫挂在天花板外面的电灯线上。下列处理方式最恰当的一项是(　　)

A. 找班干部把坐垫取下来

B. 取下坐垫，让学生课后写一篇命题作文《由坐垫飞到屋顶上谈起……》

C. 默默略过开始上课

D. 老师把坐垫取下来

51. "打铁先得自身硬"体现的是教师劳动的(　　)

A. 复杂性　　B. 长期性　　C. 示范性　　D. 创造性

52. 在学校，教导主任李老师常说"学校地上有纸片，全校师生都有责任捡起来"。小明发现有些老师看到纸片像没看见一样，自然也就不以为意了。某天正在做操，大家看到地上有纸片，班主任陈老师让学生站好，弯腰捡起纸片将其丢进了垃圾桶，从此，小明看到垃圾就会捡起，并扔进垃圾桶。这体现了教师劳动的(　　)

A. 复杂性　　B. 创造性　　C. 示范性　　D. 长期性

53. 任何一名教师对学生的影响绝不限于某一学科知识本身，除了要精通本门学科知识以外，还必须学好相关学科知识。这说明教师需要具备的知识素养是(　　)

A. 精深的专业知识　　B. 广博的文化基础知识

C. 全面的教育科学知识　　D. 基本的美育知识

54. 苏霍姆林斯基曾说过："一个好的老师，是一个懂得心理学和教育学的人。"他强调的是教师专业知识中必须包括(　　)

A. 本体性知识　　B. 条件性知识　　C. 实践性知识　　D. 文化知识

55. 教师不仅要传授科学文化知识和训练学生的技能，发展学生的智力，还要培养学生一定的思想品德，促进学生的身心健康。这体现了教师劳动的(　　)

A. 复杂性　　B. 系统性　　C. 创造性　　D. 示范性

56. 新课改后，教师开始改变以往教师讲学生听的灌输式教育，在课堂上积极引导学生自主思考，培养学生自主学习的能力。这说明，教师扮演着(　　)角色。

A. 知识创造者　　B. 榜样示范者

学生又动了起来。第一次失败了,第二次失败了……大家再次将疑惑的目光投向张老师,张老师回以肯定、鼓励的目光。

突然,一个男生喊了起来:“老师,我成功了!没湿!纸真的没湿!”

“老师,我也成功了!”

“我也成功了!”

…………

趁着大家那股高兴劲儿,张老师话锋一转:“你们还有什么疑问吗?”

“当然有了,为什么杯子倒扣在水中,杯子都被水淹没了,而纸却不湿?”有学生急迫地问。张老师启发道:“大家想一想,你们最初的实验,纸为什么湿了?后来又为什么不湿呢?再动手试一试,仔细观察。”同学们歪着身,瞪大眼,聚精会神地反复实验着:竖着将杯子倒扣在水中纸不湿;倾斜着将杯子放入水中纸变湿;先竖着将杯子倒扣在水中,再将杯子倾斜时有气泡产生,纸变湿。

同学们跳跃起来:“原因找到了。有气泡产生说明杯中有空气,有空气占据着空间,纸才不湿。”

…………

张老师后来在备课本中写道:“学生对科学探究的过程,就是在老师的引导下,充分地思考、质疑,主动获得知识的过程。”

问题:请结合材料,从教师观的角度,评析张老师的教育行为。

5. **材料**:

在愚人节那天,正当老师很投入地讲解教学内容时,突然注意到几个学生竟然在传纸条,就下去把纸条收了。当时,老师拿着纸条,心里非常生气,冲动之下,想狠狠地批评他们。但多年的经验告诉老师不能冲动,细一思量,便微笑着说:“今天是愚人节,同学们也想给老师一份特别的礼物吧!谢谢了。但课时比较紧,你们也不要因此分心,让我们继续先上好课,课后有时间我们再讨论。”

问题:请结合材料,从教师观的角度,评析材料中教师的教学行为。

6. 材料:

张老师在某中学任教20多年,深受学生喜爱。学校为适应国家经济建设,培养更多应用型人才,要求老师们更新教育观念、充实教学内容、增加教学实践环节。明确了学校提出的要求后,张老师主动改进教学内容,增强教学的实用性。除此之外,张老师还联系了一些企业,让同学们到企业实践。经过一段时间的实践,同学们提前了解了社会,增强了综合实践能力,最大限度地提高了综合素养。

问题:请结合材料,从教师观的角度,评析张老师的教育行为。

7. 材料:

星期二的早上,天上下起了鹅毛大雪。王老师走进教室,笑容满面地对同学们说:"大家看,外面的雪景多漂亮!今天这节语文课就让我们一起走进雪的世界,好好玩一下吧!"学生们欢呼雀跃,奔向门外。他们有的堆雪人,有的打雪仗,有的在讨论雪花的形状、特点,王老师也和学生一起观雪、玩雪,即兴吟诗作对……下课时间快要到了,王老师召集大家说:"下午作文课的任务是写一篇记叙文,我相信大家能够出色地完成任务。"后来,学生们根据自己的感受,写出了一篇篇精彩的作文。

问题:请结合材料,从教师观的角度,评析王老师的教育行为。

9. 寒假期间，某中学要求所有教师加班两周，对于不加班的教师予以扣发工资处理。学校的做法( )

A. 正确，学校有权给教师布置工作任务
B. 正确，学校可以合理使用教师的时间
C. 不正确，学校侵犯了教师自由发展权
D. 不正确，学校侵犯了教师带薪休假权

10. 教师张某因恶意透支信用卡，被人民法院判有期徒刑一年。根据《中华人民共和国教师法》的规定，下列选项中正确的是( )

A. 张某永远丧失教师资格
B. 学校可以依法撤销张某的教师资格
C. 张某两年以后方可重新申请认定教师资格
D. 张某必须再次通过教资考试才能获得教师资格

11. 某足球学校是专门招收适龄儿童、少年进行足球专门训练的学校，依据《中华人民共和国义务教育法》，对该学校自行对适龄儿童、少年实施义务教育具有审批权的主体是( )

A. 市级人民政府
B. 市级人民政府教育行政部门
C. 县级人民政府
D. 县级人民政府教育行政部门

12. 某初级中学向学生推销学习用品，谋取利益。依据《中华人民共和国义务教育法》的规定，下列处理此事的方式不正确的是( )

A. 给予通报批评
B. 没收违法所得
C. 对直接负责的主管人员依法给予处分
D. 对其他直接责任人员给予行政处罚

13. 李某强迫未成年学生沈明装扮残疾人在地铁乞讨。对于李某的行为应当由( )

A. 公安机关依法给予处罚
B. 人民法院依法提起公诉
C. 教育行政部门给予处罚
D. 社会公益组织提起公诉

14. 依据《中华人民共和国预防未成年人犯罪法》，对未成年人的预防犯罪教育负有直接责任的是( )

A. 未成年人父母或其他监护人
B. 当地社区矫正机构
C. 当地人民政府教育行政部门
D. 未成年人所在学校

15. 班主任李某怀疑班里学生张某早恋，为掌握张某的思想动向，多次翻看张某书包。李某的做法( )

A. 正确，教师有管理学生的责任
B. 正确，教师有教育学生的权利
C. 不正确，侵犯了学生的财产权
D. 不正确，侵犯了学生的隐私权

16. 某中学规定，教师因休产假不能工作的，其工资由学校扣除用作其他代课教师的代课费用。该学校的做法( )

A. 不合法，侵犯了教师享受国家规定的福利待遇的权利
B. 不合法，代课教师的工资应由学校自筹经费予以保障
C. 合法，学校享有对教师实施奖励或处分的权利
D. 合法，学校享有按照章程进行自主管理的权利

17. 初中生肖强在班里成绩总是倒数第一，被班主任劝退。该班主任的做法( )

A. 不正确，该教师侵犯了肖强的受教育权
B. 不正确，经家长同意后才可以劝退学生

C. 正确,教师有教育学生的权利　　D. 正确,教师有管理学生的权利

18. 初一学生余亮离校后故意将同学赵刚打伤。依据《学生伤害事故处理办法》,应对赵刚所受伤害承担赔偿责任的是( )

A. 余亮的监护人　B. 余亮的班主任　C. 余亮本人　D. 学校

19. 初中生付某与同学钱某放学后在校外餐馆就餐,席间付某与钱某发生争执,付某拿起餐馆的菜刀砍伤了钱某。对此次伤害事件,下列说法正确的是( )

A. 付某的监护人应承担主要赔偿责任　B. 付某的监护人应承担全部赔偿责任

C. 付某所在学校应承担主要赔偿责任　D. 餐馆应承担主要赔偿责任

20. 初中生林某在参加学校组织的春游时不慎摔伤。经认定,学校有一定过错。对于该起事故,学校应当( )

A. 对林某补偿经济损失　B. 对林某补偿精神损失

C. 对林某依法赔偿损失　D. 与林某平均分担损失

21. 在李老师的课上,中学生顾某起立回答问题时,后排的陈某悄悄将顾某的座椅移开,导致顾某坐下时重重地摔在地上。后经医院检查发现其尾椎骨骨裂,需要长期治疗。在这起事故中,应当依法承担相应法律责任的是( )

A. 陈某　B. 李老师

C. 陈某和学校　D. 陈某和李老师

22. 为防止学生受到网络伤害,班主任李老师要求班上所有学生将手机上交接受检查,以便及时了解情况。李老师的这种做法( )

A. 合法,班主任对学生有管教权　B. 合法,班主任对学生有监护权

C. 不合法,侵犯了学生的隐私权　D. 不合法,侵犯了学生的财产权

23. 某中学教室的天花板因地震脱落,学生小林被吓得不敢动弹,刘老师见状急忙冲上前去保护小林,自己被砸伤,班上的另两名同学也受轻伤。对于这起事故,下列选项中正确的是( )

A. 学校应承担过错赔偿责任　B. 学校应对教师给予适当补偿

C. 小林的监护人应承担赔偿责任　D. 学校主管人员应承担刑事责任

24. 12岁的杨盼因交通事故导致右腿残疾,入学时,学校工作人员看他走路一瘸一拐,便对他的父母说:"学校不接受身体有残疾的学生,你们把他带到特殊学校去吧。"该校工作人员的做法( )

A. 不正确,能否入学应由校长决定　B. 不正确,杨盼有接受教育的能力

C. 正确,特殊教育学校条件更加便利　D. 正确,学校是开展普通教育的机构

25. 某次体育课上因老师迟迟未到,班长刘某组织同学到操场踢足球,在踢球时,学生宋某突然昏倒在地,经抢救无效死亡。经调查得知,宋某患有先天性心脏病,而学校事先并不知晓。在这次事故中,应依法承担责任的是( )

A. 学校和宋某的监护人　B. 学校和刘某的监护人

C. 刘某和宋某的监护人　D. 刘某的监护人和宋某的监护人

师都以各种理由拒绝，李正可以采取的法律途径是（ ）

A. 申诉和仲裁 B. 申诉和诉讼 C. 复议和诉讼 D. 复议和仲裁

16.《中华人民共和国教育法》规定，国家建立以（ ）为主、其他多种渠道筹措教育经费为辅的体制。

A. 财政拨款 B. 社会捐资

C. 学杂费 D. 学校利用智力资源创收

17. 某中学附近每天上午都会聚集一群中老年人跳广场舞，由于播放的歌曲音量过大，已经严重影响学校的正常教学，校方多次出面交涉，但跳舞群众声称在公共场所跳舞是他们的权利。对于该案例，下列说法正确的是（ ）

A. 学校警告无效，学校保安有权驱赶

B. 群众有在公共场所休闲锻炼的权利，学校无权干涉

C. 跳舞群众的行为扰乱学校教学秩序，学校可向公安机关报案

D. 公安机关可依法追究跳舞群众的民事责任

18. 某学校校长私自将学校的空房出租出去，自己收取房租。该校长的行为（ ）

A. 合法，合理利用学校资源 B. 合法，有利于学校发展

C. 不合法，校长需承担民事责任 D. 不合法，房租应归学校所有

19. 张某是某市初中教师，某日，他发现有社会不良青年在学校内进行抢劫活动，他应该向（ ）报告。

A. 教育行政部门 B. 公安机关

C. 校长 D. 被抢劫学生的班主任

20. 学生向学校后勤主管李老师反映学生宿舍的热水器总漏电，但李老师置若罔闻，几天后某学生使用热水器时触电身亡。关于李老师的行为，下列说法正确的是（ ）

A. 属于意外事故，与李老师无关 B. 应该依法追究李老师的刑事责任

C. 应该只追究李老师的民事责任 D. 应该依法追究李老师的行政责任

21. 某学校教学楼在施工过程中，没有对正在拆除的教学楼进行防护，结果导致数名学生被施工的水泥砸伤，其中三人重伤，造成终身残疾。根据《中华人民共和国教育法》的规定，对直接负责的主管人员和其他直接责任人员，依法追究（ ）

A. 民事责任 B. 刑事责任

C. 一般责任 D. 行政责任

22. 某初中违反国家有关规定向学生收取补课费，依据《中华人民共和国教育法》的相关规定，有权责令该校退还所有费用的是（ ）

A. 教育行政部门 B. 纪检部门 C. 公安机关 D. 物价部门

23. 高考期间，下列做法没有违反《中华人民共和国教育法》相关规定的是（ ）

A. 王某让他的双胞胎哥哥替他参加考试

B. 李某在语文考试结束后和同学交流试题答案

C. 赵某和刘某在考试期间互传小纸条

D. 陈某佩戴微型耳机进入考场，与考场外人员联系

24. 某校一教师在高考考试中组织学生作弊，已构成犯罪。根据《中华人民共和国教育法》规定，对该教师依法(　　)

A. 撤销教师职位　B. 给予行政处分　C. 追究刑事责任　D. 追究民事责任

25.《中华人民共和国教师法》制定的目的是(　　)

①保障教师的合法权益　②建设具有良好思想品德修养的教师队伍

③促进社会主义教育事业的发展　④最终目的是使学生更好地发展

A. ①②③　B. ①②④　C. ②③④　D. ①③④

26. 某学校因财政紧缺，对非正式在编的教师暑假和寒假的工资不予发放，该校的做法(　　)

A. 不正确，违反了《中华人民共和国教师法》

B. 不正确，违反了《中华人民共和国义务教育法》

C. 正确，学校参考企业制度，上班工作有酬劳，寒暑假不上班，自然没有酬劳

D. 正确，因为没有正式编制，所以没有寒暑假工资

27. 为加强教师的教学能力、提高教学质量，某中学规定老师们晚上11点才能下班，且没有加班报酬。对于这种行为，以下说法最恰当的是(　　)

A. 合理，因为这可以快速提高教师的教学质量

B. 不合理，因为学校无权管理在校教师

C. 合理，因为这有利于该校学生成绩提升

D. 不合理，因为这侵犯了教师的合法权益

28. 某教学点的张老师根据班级学生人数太少的情况，打破传统课堂讲授惯例，进行讨论式教学改革。张老师这样做是行使《中华人民共和国教师法》赋予他的(　　)

A. 科学研究权　B. 教育教学权　C. 管理学生权　D. 民主管理权

29. 校长的侄子毛毛平时学习成绩较好，但经常调皮捣蛋，在期末时校长找到其班主任王老师进行谈话，要求将毛毛评选为三好学生，班主任拒绝了，对此表述正确的是(　　)

A. 合理，班主任应该坚定立场，不应随他人改变态度

B. 合理，班主任有权公正评定学生的品行和学业成绩

C. 不合理，我国学校实行校长负责制，班主任应该服从校长

D. 不合理，毛毛是校长的侄子，班主任应该给校长面子

30. 张老师是一名优秀的语文老师，由于英语能力出色，课余时间经常参加有关英语学术的交流活动，但学校领导认为她不务正业，给予她严重警告。该校的做法(　　)

A. 不正确，学校侵犯了教师的学术研究权

B. 不正确，学校无权干涉教师的人身自由

C. 正确，学校有权对教师提出工作要求

51.《中华人民共和国义务教育法》规定，国家实行(　　)年义务教育制度。

A. 九　　B. 十　　C. 十一　　D. 十二

52. 13岁的小丽家庭经济情况不好，且父母有重男轻女倾向，不让小丽继续接受教育，小丽父母的做法违反了国家规定的(　　)义务教育制度。

A. 六年　　B. 九年　　C. 十二年　　D. 十五年

53. 江某和陈某离婚后，孩子玲玲经法院判决由陈某抚养，后江某经人介绍与王某结婚。应当对玲玲履行教育义务的是(　　)

A. 陈某　　B. 江某　　C. 王某和江某　　D. 陈某和江某

54. 义务教育实行________领导，省、自治区、直辖市人民政府统筹规划实施，________为主管理的体制。下列正确的是(　　)

A. 国务院；县级人民政府　　B. 国务院；学校

C. 教育部；县教育局　　D. 教育部；学校

55. 凡年满________周岁的儿童，其父母或者其他法定监护人应当送其入学接受并完成义务教育；条件不具备的地区的儿童，可以推迟到________周岁。下列正确的是(　　)

A. 七、八　　B. 七、九　　C. 六、七　　D. 六、八

56. 下列做法符合我国《义务教育法》规定的是(　　)

A. 某小学要求学生通过选拔考试才能入学

B. 甲工厂以学徒的名义雇佣8岁的小明作为工人

C. 教师老王退休后，私下决定自行教育7岁的孙子，不让其到学校上学

D. 小芳的父母在外地打工，小芳到父母工作所在地的小学就读

57. 关于《中华人民共和国义务教育法》的相关规定，下列说法不正确的是(　　)

A. 适龄儿童、少年经入学考试合格方可入学

B. 凡是满六周岁的儿童，其父母或者其他法定监护人应当送其入学接受并完成义务教育

C. 任何社会组织或者个人有权对违法的行为向有关国家机关提出检举或者控告

D. 义务教育实行国务院领导，省、自治区、直辖市人民政府统筹规划实施，县级人民政府为主管理的体制

58. 某初中为提高生源质量，自行组织入学考试，实行跨学区招生。该校的做法(　　)

A. 合法，学校有招收学生的权利　　B. 合法，学校有自主办学的权利

C. 不合法，违反了尊重学生人格的规定　　D. 不合法，违反了免试就近入学的规定

59. 学生小明早已达到入学的年龄，但由于其父母因交通事故离世，小明现在处于无人监护的状态，生活困难，根本无法完成义务教育。依据《中华人民共和国义务教育法》的规定，对于小明的受教育权利，具有保障责任的是(　　)

A. 儿童福利机构　　B. 当地人民政府

C. 居住地的学校　　D. 当地教育机构

60. 县级人民政府根据需要设置( ),保障居住分散的适龄儿童入学接受义务教育。

A. 寄宿制学校　　B. 全日制学校

C. 小学初中一贯制学校　　D. 特殊教育学校

61. 根据有关规定,实施义务教育的普通学校应当接收具有接受普通教育能力的残疾适龄儿童、少年( )

A. 均分到班　　B. 随班就读　　C. 单独设班　　D. 混合编班

62. 小强在小时候发生意外,听力轻度损失,父母为其配备了助听器。升初中时,他的父母曾多次送他到镇里的中学就读,但校方总是以各种理由拒绝接收。于是小强就一直留在家中,迟迟未去上学。根据《中华人民共和国义务教育法》的规定,小强应该( )

A. 在特殊学校(如聋校)就读　　B. 留在家里不去上学

C. 在镇里的中学随班就读　　D. 在中学开设的特殊班就读

63. 县级以上地方人民政府根据需要设置相应的实施特殊教育的学校(班),对视力残疾、听力语言残疾和( )的适龄儿童、少年实施义务教育。

A. 肢体残疾　　B. 心理异常　　C. 特殊疾病　　D. 智力残疾

64. 辍学的李某和王某(均为甲地人,14周岁)在甲、乙两地作案共达40余起,盗窃手机价值高达20多万元,但他们在被警方抓获后竟说:"我还能再偷400天。"现需要对李某和王某进行义务教育,所需经费由( )予以保障。

A. 当地慈善机构　　B. 李某和王某所在学校

C. 李某和王某的父母　　D. 人民政府

65. 下列选项中违反《中华人民共和国义务教育法》的是( )

①每月向学生收取100元空调费

②英才中学的七年级开设15个普通班和5个重点班

③老师向学生推销电脑

④某初中以实验班的名义招生

A. ①②　　B. ②④　　C. ①②③　　D. ①②③④

66. 向阳初级中学根据学生成绩开设了两个重点班,实行末位淘汰制,非重点班学生根据成绩可以补缺。该学校的做法( )

A. 合法,实施分层办学,利于因材施教

B. 不合法,义务教育学校不得分设重点班

C. 合法,引入竞争机制,利于激励学生

D. 不合法,义务教育学校不得分层教学

67. 各级人民政府及其有关部门依法维护学校周边秩序,保护学生、教师、学校的合法权益,为学校提供( )

A. 制度保障　　B. 安全保障　　C. 经费保障　　D. 政策保障

人民共和国未成年人保护法》中的原则的是(　　)

A. 尊重未成年人的人格尊严,教育与保护相结合

B. 为提高孩子成绩,周末带其参加辅导班

C. 释放孩子天性,听之任之,任其发展

D. 棍棒教育为主,思想教育为辅

85. 学校、幼儿园、托儿所和公共场所发生突发事件时,应当优先救护(　　)

A. 校长、园长或所长　B. 教师　C. 女教师　D. 未成年人

86. 根据《中华人民共和国未成年人保护法》的规定,国家、社会、学校和(　　)应当对未成年人进行理想教育、道德教育、科学教育、文化教育、法治教育、国家安全教育、健康教育、劳动教育,加强爱国主义、集体主义和中国特色社会主义的教育,培养爱祖国、爱人民、爱劳动、爱科学、爱社会主义的公德,抵制资本主义、封建主义和其他腐朽思想的侵蚀,引导未成年人树立和践行社会主义核心价值观。

A. 父母　B. 家庭　C. 监护人　D. 社会团体

87. 邻居张阿姨发现小明浑身是伤,询问过后才知是醉酒的父亲将其打完后撵出家门,张阿姨气不过,敲门劝阻,而小明父亲以家事不需外人过问为由将其痛骂一顿。以下说法正确的是(　　)

A. 保护未成年人是监护人的职责,其他人无权过问

B. 小明提出诉讼,父亲应负刑事责任

C. 父亲醉酒后打小明是一时冲动,不属于家庭暴力

D. 针对侵犯未成年人合法权益的行为,张阿姨有权劝阻

88. 如果发现未成年人合法权益受到侵犯,(　　)有权予以劝阻、制止或向有关部门提出检举或控告。

A. 父母或其他监护人　B. 国家机关　C. 任何组织和个人　D. 特定组织和个人

89. 15岁学生小杨的妈妈是一名商人,经常有一些生意上的应酬活动,她总让小杨也随她一起参与应酬活动,出入娱乐场所,并称这是为了培养小杨的社交能力。小杨妈妈的行为(　　)

A. 符合法律规定的家庭保护　B. 为小杨成长打好社交基础

C. 侵犯了小杨的人身自由权　D. 没有正确履行监护人职责

90. 小张的父亲经常在家吸烟,小张也常跟着吸几口,父亲未加制止。小张父亲的做法(　　)

A. 不违法　B. 违法

C. 家庭内部问题,法律不予过问　D. 合理合法

91. 初中生阿雅的父亲陈某脾气暴躁并且爱喝酒,经常在喝完酒后打骂阿雅。陈某违背了《中华人民共和国未成年人保护法》中(　　)的相关内容。

A. 家庭保护　B. 学校保护　C. 社会保护　D. 司法保护

92. 曾有一则17岁少女举报父母为自己"包办婚姻"的新闻引起广泛议论。根据《中华人民共和国未成年人保护法》,该新闻所反映的事件内容违背了其中的(　　)规定。

A. 家庭保护　B. 学校保护　C. 社会保护　D. 司法保护

93. 小杨的父母为了使小杨两兄妹顺利完成初中学业，决定去外省务工，而小杨两兄妹则继续留在老家读书。关于小杨父母对小杨两兄妹的安置，下列做法正确的是(　　)

A. 让他们独自生活，嘱咐邻居多给予关照　　B. 让就读高中的堂哥堂姐帮忙照顾

C. 安排他们住校并请班主任平时多监督　　D. 让他们搬去外婆家并让外婆代为照护

94. 小明(14岁)的父母离婚时，法院判决其随母生活，其父以法院判决为由，对其不管不问。其父的这种行为违反了(　　)

A.《中华人民共和国未成年人保护法》　　B.《中华人民共和国刑法》

C.《中华人民共和国教育法》　　D.《中华人民共和国教师法》

95. 小赵的父母外出打工，父母和小赵沟通并征得其同意后，委托家庭状况良好并且平日里很关心小赵的姑姑代为照护小赵。这属于(　　)

A. 学校保护　　B. 社会保护　　C. 家庭保护　　D. 司法保护

96. 某教师因学生未正确解答出自己讲解过的题目，让六七个学生站成一排，用木棍轮流在每人手上抽打数十下。该教师的做法(　　)

A. 正确，教师拥有适当的惩戒权利

B. 正确，教师的出发点是为了改进学生学习

C. 错误，教师应当私下打学生

D. 错误，违背了我国《未成年人保护法》的相关规定

97. 根据《中华人民共和国未成年人保护法》的规定，学校的教职员工对未成年人实施体罚，情节严重的，对直接负责的主管人员和其他直接责任人员依法(　　)

A. 处以拘留　　B. 给予处分

C. 处以罚款　　D. 吊销教师资格证

98. 小华从不参加体育锻炼，老师不闻不问；晚上常常看电视到很晚，父母也未曾干预。小华的老师和其父母的行为违反了(　　)

A.《中华人民共和国预防未成年人犯罪法》　　B.《中华人民共和国义务教育法》

C.《中华人民共和国劳动法》　　D.《中华人民共和国未成年人保护法》

99. 某中学在安全检查时发现3号教学楼属于危房，需要立即整改，但学校以教室紧张为由，仍安排学生在3号楼上课。该校的做法主要违反了(　　)

A.《中华人民共和国教育法》

B.《中华人民共和国义务教育法》

C.《中华人民共和国未成年人保护法》

D.《中华人民共和国教师法》

100. 根据《中华人民共和国未成年人保护法》的规定，学校安排未成年人参加文化娱乐、社会实践等集体活动，应当(　　)，防止发生人身伤害事故。

A. 有利于教学任务的完成　　B. 限制未成年人的人身自由

C. 侵犯了学生的名誉权，不得公开报道学生的负面新闻

D. 侵犯了未成年人的隐私权，违反了《中华人民共和国未成年人保护法》的规定

119. 某初中班主任李老师在批改学生作业时，发现学生张某的作业本中夹了一封信。李老师拆封后发现信是张某写给一位女同学的情书。于是，李老师在班会上读了这封情书并批评了张某。李老师的做法(　　)

A. 履行了对学生进行教育和管理的职责

B. 体现了对学生张某的爱护

C. 违反了《中华人民共和国未成年人保护法》

D. 遵守了《中华人民共和国义务教育法》

120. 某企业员工张某离婚之后，经常在家酗酒，打骂孩子。对于张某的行为，下列表述中正确的是(　　)

A. 可由张某所在单位给予劝诫、制止　　B. 可由张某所在单位给予处分

C. 可由居民委员会予以劝诫、制止　　D. 可由当地人民政府进行行政调解

121. 初中生小峰的父母不履行监护职责，放任小峰强行索要他人财物。依据我国《预防未成年人犯罪法》，有权对小峰父母给予训诫的是(　　)

A. 所在学校　　B. 公安机关　　C. 区教育局　　D. 所在社区

122. 预防未成年人犯罪的原则中，(　　)是指在各级人民政府组织领导下，政府有关部门、司法机关、有关社会团体、学校、家庭等各方面共同参与，各负其责，做好预防未成年人犯罪工作，为未成年人身心健康发展创造良好的社会环境。

A. 教育保护原则　　B. 及时防治原则

C. 科学性原则　　D. 综合治理原则

123. 预防未成年人犯罪，应当结合未成年人不同年龄的生理、心理特点，加强(　　)、心理关爱、心理矫治和预防犯罪对策的研究。

A. 法制教育　　B. 青春期教育

C. 道德教育　　D. 政治教育

124. 某中学开展预防犯罪教育活动，要求学生家长配合。然而，有些父母说："孩子送到学校，学校就应对孩子的教育全权负责，我们平时工作忙，根本没时间管孩子。"这些父母的做法(　　)

A. 正确，学校不能推卸自己的教育责任

B. 正确，父母没有承担预防犯罪教育的责任

C. 不正确，父母对未成年人的预防犯罪教育负有直接责任

D. 不正确，学校对未成年人的预防犯罪教育负全责

125. 初三学生陈某沉迷网络，无故夜不归宿、离家出走。学校可以根据情况采取相关管理教育措施，其中不包括(　　)

A. 予以训导　　B. 要求参加校内服务活动

C. 要求参加特定的专题教育　　D. 责令其公开悔过

126. 依据《中华人民共和国预防未成年人犯罪法》的规定，下列选项中，学校应当及时与其父母或法定监护人取得联系的学生行为是(　　)

A. 上课聊天　　B. 多日旷课　　C. 不交作业　　D. 谈情说爱

127. 李某是某公办中学初二学生，在校期间多次欺凌、暴打同班同学，严重干扰了学校的正常教育教学秩序，校长和教师多次与家长沟通并加强管教后仍然无效，该校可以采取(　　)的措施。

A. 经学校教代会讨论决定后将其开除

B. 做通家长工作，让其主动退学

C. 让其转入其他同类学校继续接受教育

D. 将其送至专门学校接受专门教育

128. 14岁的小檬因和父母发生争吵，一气之下离家出走。饥饿难耐之下向一家小餐馆老板求助，请求对方收留。根据我国《预防未成年人犯罪法》的规定，餐馆老板应当立即采取的措施不包括(　　)

A. 征得小檬父母的同意　　B. 及时通知小檬父母

C. 及时向公安机关报告　　D. 隐瞒收留小檬的事实，让其安心住下

129. 班主任张老师经调查了解到，班里的学生小强经常和社会上的不良团伙在上下学路上强抢同学的财物。此时，张老师应当(　　)

A. 批评教育不良团伙　　B. 及时向公安机关报告

C. 让小强家长将其领回家教育　　D. 要求小强公开检讨并写下保证书

130. 未成年人王某曾是品学兼优的学生，自从迷恋网络游戏后逐渐无心学习，经常旷课。受到学校处分后，他没有接受教训，反而发展到参与赌博，多次偷窃他人财物，后被公安机关拘留。王某的上述行为中，属于未成年人严重不良行为的是(　　)

A. 迷恋网络游戏　　B. 经常旷课　　C. 参与赌博　　D. 盗窃

131. 未成年人的父母或者其他监护人和学校发现有人教唆、胁迫、引诱未成年人违法犯罪的，应当向(　　)报告。

A. 未成年人父母　　B. 未成年人所在学校

C. 人民政府教育行政部门　　D. 公安机关

132. 15岁学生谭某多次实施严重危害社会的行为，经专门教育指导委员会评估同意，教育行政部门可以决定(　　)

A. 让其休学或转学　　B. 将其交由当地人民政府收容教养

C. 将其交由儿童福利机构收留抚养　　D. 将其送入专门学校接受专门教育

133. 小明是一名十四岁初中生，他父母早年离异，现在跟着父亲一起生活。小明经常旷课，有时会在刘某教唆下吸烟、盗窃财物。对此下列说法正确的是(　　)

A. 学校无需向小明的父亲反映小明经常旷课这一情况

应该由( )

A. 学校负责,因为教师没有尽到管理职责
B. 王某负责,因为他违反了纪律
C. 学校负责,因为是学校组织的活动
D. 教师和王某共同负责

149. 初三学生李刚为了参加某电影首映礼,在课间偷偷翻墙外出,不慎摔落造成手臂骨折。对此事故须承担主要责任的是( )

A. 学校
B. 李刚父母
C. 学校保安
D. 李刚班主任

150. 七年级(6)班夏老师上课期间发现班里小强的座位中放了一把短刀,但考虑到学生正在认真学习,就继续上课。第二天,听说小强将同学小雨砍伤了。在此事件里( )

A. 对于小雨所受伤害,学校也应承担相应责任
B. 夏老师行为不正确,发现之时应立刻联系小雨监护人,将其带走
C. 夏老师行为正确,正确履行了教育教学职责
D. 小强并无任何不良行为,夏老师无须多加询问

151. 根据教育部办公厅印发的《中小学教育惩戒规则(试行)》的规定,学生的下列情形中,不可以实施教育惩戒的是( )

A. 小李拒绝参加班级公益服务
B. 小张欺凌同学,打骂老师
C. 小周扰乱学校教育教学秩序
D. 小林实施有害他人身心健康的危险行为

152. 教师在课堂教学、日常管理中,对违规违纪情节较为轻微的学生,可以当场实施以下哪种教育惩戒( )

A. 给予不超过一周的停课
B. 让其承担一周的校内公益服务任务
C. 一节课堂教学时间内的教室外站立
D. 适当增加额外的教学或者班级公益服务任务

153. 小学高年级、初中和高中阶段的学生违规违纪情节严重或者影响恶劣的,学校在事先告知家长的情况下,可以实施的教育惩戒是( )

A. 由法治副校长或者法治辅导员予以训诫
B. 指派学生对违规违纪学生实施教育惩戒
C. 以歧视性、侮辱性的言行侵犯学生人格尊严
D. 给予两周的停课或者停学

154. 教育部在前期广泛调研、公开征求意见的基础上,制定颁布《中小学教育惩戒规则(试行)》,其中规定教师在教育教学管理、实施教育惩戒过程中,不得实施的行为是( )

A. 责令做书面检讨
B. 责令赔礼道歉
C. 一节课堂教学时间内的教室内站立
D. 指派学生对其他学生实施教育惩戒

155. 党的十八大以来,以习近平同志为核心的党中央坚定不移实施科教兴国战略和人才强国战略,坚持优先发展教育。《中国教育现代化2035》明确提出了推进教育现代化的基本原则,其中不包括( )

A. 坚持改革创新
B. 坚持依法治教
C. 坚持道德强化
D. 坚持统筹推进

专题二　教师的权利与义务

答案见P32

单项选择题(每小题2分,共25小题。参考时限40分钟)

1. 初二(3)班的班主任梁老师为了更好地促进学生发展,提高学生成绩,根据全班学生的不同水平和接受能力,尝试进行分层教学。梁老师的做法(　　)

A. 正确,教师享有教育教学权　　B. 正确,教师享有学术研究权

C. 错误,不利于学生的全面发展　　D. 错误,没有做到因材施教

2. 教师李某让班里调皮的学生缴纳违纪金,以加强班级管理。该教师的做法(　　)

A. 合法,有助于维护班级秩序　　B. 合法,对其他人有警示作用

C. 不合法,教师没有罚款的权利　　D. 不合法,学校才有罚款的权利

3. 王某在某县中学担任英语老师期间通过了研究生入学考试,学校以英语老师不足为由不批准王某脱产学习。王某欲以剥夺其参加进修的权利为由提起申诉,受理申诉的机构应当是(　　)

A. 当地县教育局　　B. 当地县人民政府

C. 当地市教育局　　D. 省教育厅

4. 刘老师作为班主任,只关心本班学习好的学生,将成绩差的学生座位全部排在最后,并且经常上课以言语讽刺这些学生。该老师(　　)

A. 做法不正确,没有履行爱护尊重学生的义务

B. 做法不正确,没有保护学生合法权益

C. 做法正确,能够严格履行教育教学职责

D. 做法正确,激发了学生的求知欲

5.《中华人民共和国教师法》对教师申诉的范围作出了规定。下列属于教师申诉范围的是(　　)

A. 政府行政部门侵犯其合法权益　　B. 企业单位侵犯其合法权益

C. 事业单位侵犯其合法权益　　D. 其他个人侵犯其合法权益

6. 张老师作为班主任,根据学生的身心发展状况和特点,有针对性地指导学生,使学生的个性和能力得到充分发展。这表明张老师正在行使教师的(　　)

A. 获得劳动报酬权　　B. 科学研究权

C. 管理学生权　　D. 民主管理权

7. 王老师认为学校对自己的处分不公平。依据《中华人民共和国教师法》,他可以向教育行政部门提出申诉,教育行政部门应当在接到申诉的(　　)日内,做出处理。

A. 15　　B. 30　　C. 7　　D. 10

8. 教师杨某对学校做出的处理决定不服,向当地教育行政部门提出申诉,被申诉人应为(　　)

A. 校长　　B. 教育行政部门

C. 学校　　D. 教职工代表大会

24. 某地教育行政部门在暑假准备组织一个如何激发学生学习动机的培训，强制要求该地所有青年教师参加，该教育行政部门的做法（ ）

A. 错误，占用教师休息时间
B. 错误，应由所在学校决定
C. 正确，教师应终身学习
D. 正确，教师应该无私奉献

25. 教师在教职工代表大会上提出意见或建议后遭到打击报复，这侵犯了教师的（ ）

A. 指导评价权
B. 民主管理权
C. 教育教学权
D. 学术研究权

专题三 学生的权利及其保护

➢答案见P34

单项选择题（每小题2分，共30小题。参考时限45分钟）

1. 小北因为扰乱课堂秩序被吴老师罚站在教室后面听课一天，吴老师侵犯了小北的（ ）

A. 隐私权
B. 人格尊严权
C. 生命健康权
D. 肖像权

2. 中学生王玲的作文被老师推荐发表，所获稿酬应归（ ）

A. 学校　B. 推荐老师　C. 班主任　D. 王玲

3. 小李在课堂上捣乱被班主任罚抄写班规100遍，班主任的做法侵犯了小李的（ ）

A. 受教育权　B. 财产权　C. 人身自由权　D. 生命健康权

4. 张老师在讲桌两旁各放了一张桌子，凡是考试成绩下降严重的学生就要坐在讲桌旁，直到下次考试成绩有所提高才能回到原座位。张老师的做法（ ）

A. 错误，这是一种偏心的行为
B. 正确，这是帮助学生提高成绩的有效手段
C. 正确，既保证了学生的受教育权，又履行了教师的教学管理权
D. 错误，侵犯了学生的人格尊严权

5. 某中学为了提高升学率，决定将初三年级的音乐、美术、体育等与中考无关的课程改为自习课，这侵犯了学生的（ ）

A. 隐私权　B. 人身自由权　C. 受教育权　D. 身体健康权

6. 九年级（1）班某学生在上课时间玩手机，恰好被班主任李老师看见。李老师随即走下讲台要求没收其手机，学生当场拒绝。而后，李老师将手机夺了过去，并拿起凳子当场将手机砸烂。李老师侵犯了学生的（ ）

A. 隐私权
B. 人身自由权
C. 财产权
D. 人格尊严权

7. 某学生在语文课堂上经常提出疑难问题，当老师不能解答时，便对老师大加嘲讽，使得老师甚是尴尬。期末阅卷时，老师想起该学生在课堂上刁难自己的行为，就刻意给这名学生打出很低的分数。

对于该老师的做法，描述正确的是(　　)

A. 做法错误，侵犯了学生的身心健康权和人格尊严权

B. 做法正确，教师具有评定学生品行和成绩的权利

C. 做法错误，教师侵犯了学生获得公正评价的权利

D. 做法正确，教师应履行及时纠正学生错误的义务

8. 林老师班上的王同学经常在课堂上捣乱，屡教不改，林老师为了惩罚王同学，不让王同学参加学校的期末考试。林老师的做法(　　)

A. 合法，教师可以批评和管教学生　　B. 不合法，侵犯了王同学的受教育权

C. 不合法，侵犯了王同学的人身自由　　D. 不合法，侵犯了王同学的荣誉权

9. 某县盛家屯村村民盛某有一个男孩，由于幼时患病，造成左脚跛瘸，导致行动不便。这个孩子升入初中时，盛家屯中学以他是残疾人为由，拒绝招收。根据材料，学校侵害了男孩的(　　)

A. 受教育权　　B. 享有教育资源权

C. 人格平等权　　D. 人身自由权

10. 班主任李老师在教室后边堆放清洁工具的角落旁边设置了一个特殊座位，离其他同学有几排位置的距离，凡是班上调皮和违反课堂纪律的同学就被安排在特殊座位听课。这一做法(　　)

A. 是变相体罚学生的错误方法，侵犯了学生的人格尊严权

B. 是帮助学生改正错误的有效手段

C. 是既保证了学生的受教育权，又履行了教学管理权的有效方法

D. 侵犯了学生的受教育权

11. 在某次期末考试中某班的平均成绩在全年级排名倒数第二，班主任王老师觉得自己的脸都被丢光了，于是在年级会议上当着其他老师和学生的面骂自己的学生太笨了，蠢得像头猪一样。王老师的行为侵犯了学生的(　　)

A. 人格尊严权　　B. 受教育权

C. 人身自由权　　D. 荣誉权

12. 在一定情况下，对个别学生违反校规校纪的现象，教师可以采用(　　)的手段，以保证教育要求的实现，但不能超越法律的限度。

A. 打骂　　B. 罚跪　　C. 变相体罚　　D. 惩戒

13. 许老师因为某学生上课不注意听讲，罚其自扇耳光五下，并将他安排在教室最后一排。该老师的做法(　　)

A. 正确，起到了警示的作用　　B. 错误，侵犯了学生的受教育权

C. 正确，是班级管理的有效手段　　D. 错误，侵犯了学生的人格尊严权

14. 某初中生在校园内踢球时不小心撞碎了宣传栏的玻璃，黄老师当众对其进行粗暴的言语辱骂。黄老师的做法主要侵犯了该同学的(　　)

A. 受教育权　　B. 人格尊严权　　C. 健康权　　D. 人身自由权

第三章　教师职业道德

核心知识提要

答案见P36

- 教师职业道德
  - 教师职业道德规范
    - 教师职业道德概述
    - 《中小学教师职业道德规范》(2008年) ★★★
      - ①________——教师职业的基本要求
      - 爱岗敬业——教师职业的②________
      - ③________——师德的灵魂
      - ④________——教师的天职
      - 为人师表——教师职业的⑤________
      - ⑥________——教师专业发展的不竭动力
    - 《中小学教师职业道德规范》(1997年) ★
      - 依法执教　爱岗敬业
      - 热爱学生　严谨治学
      - 团结协作　尊重家长
      - 廉洁从教　为人师表
    - 《中小学班主任工作规定》 ★
      - 班主任的聘期
      - 班主任的待遇与权利
  - 教师的职业行为
    - 处理教师与学生关系的基本要求 ★
      - 爱学生　尊重学生
      - 对学生负责　公平公正
      - 保护学生　杜绝伤害
    - 处理教师与学生家长关系的基本要求 ★
      - 尊重家长
      - 教育学生尊重家长
      - 相互协作
    - 处理教师与同事关系的基本要求 ★★
      - 互相尊重
      - 彼此理解
      - 团结协作
    - 处理教师与教育管理者关系的基本要求
      - 尊重
      - 支持
      - 服从

经典真题回顾

答案见P36

一、单项选择题(每小题2分,共15小题。参考时限25分钟)

1. 上课时,程老师发现后排的一名学生在偷偷吃零食,刚开始程老师没有理会,但这名学生吃了很长时间也没停下。程老师忍无可忍,便快速走到这名学生跟前,抢过零食扔出窗外。程老师的做法(　　)

A. 恰当,体现教师的严格要求　　B. 恰当,符合学校的管理规定

C. 不恰当,不应简单粗暴处理问题　　D. 不恰当,不应干预学生个人行为

2. 面对一张张充满期待的面孔,新来的班主任说:“新学年到来了,你们的人生也翻开了新的篇章。以前的你们是怎样的,我不想知道,老师只想看到现在的你们有多棒!”这表明班主任(　　)

A. 关爱全体学生　　B. 未能严慈相济

C. 保护学生隐私　　D. 未能因材施教

3. 体育课上,苏老师发现张刚坐在操场边发呆,便询问情况,张刚说:“我最好的朋友走了,我很难过!”苏老师从此注意观察张刚,跟他聊天。有一天,张刚哭着告诉苏老师:“我最好的朋友就是我爸爸,他出车祸去世了!”于是,苏老师经常开导他,帮助他从悲伤中走了出来。对于苏老师的行为,下列说法正确的是(　　)

A. 偏爱张刚,未能关注其他同学　　B. 专心教学,不必承担其他责任

C. 细心观察,适时捕捉教育契机　　D. 侵犯隐私,干扰学生私人生活

4. 初三(1)班的李凡考试成绩一直不佳。班主任召开家长会时说:“我们班有几个像李凡这样的孩子,考试成绩一直落在全班后面,他们今后的发展很令人担忧啊!”这位班主任的做法(　　)

A. 不恰当,应私下提醒家长做好心理准备　　B. 不恰当,应综合评价之后再与家长沟通

C. 恰当,能帮助家长正确预期孩子的发展　　D. 恰当,能帮助李凡等学生准确定位自己

5. 某中学规定:教师在课堂上不能穿超短裙、破洞牛仔裤等服装。这一规定是(　　)

A. 对教师着装个性的规范　　B. 对教师教学行为的规范

C. 对教师仪表得当的规范　　D. 对教师举止文明的规范

6. 王老师在教学中总是尝试新的教学方法。在音乐课上,王老师鼓励同学们给经典音乐重新填词,评选“最美歌词”和“最具创意奖”,同学们对音乐课的兴趣大增。下列选项中,是孔子所说且与王老师做法相符的是(　　)

A. “吾生也有涯,而知也无涯”　　B. “学而不已,阖棺乃止”

C. “古人于为学,终生与之俱”　　D. “朝闻道,夕死可矣”

7. 暑假来临,王老师找到主管校长说:“我教了几十年书,虽说已经有了比较丰富的经验,也获得过不少奖励,而且过几年就退休了,但学无止境,我还是希望和几位年轻老师一起外出参加培训。”这表明王老师(　　)

A. 重视教师道德荣誉　　B. 善于核算教育行为利益

罚我们呢?”他说:“你觉得我是惩罚你们管用,还是现在这样更好呢?你们犯了错误,我帮你们指出来,你们改正了,我就高兴。老师和学生也是可以成为朋友的吧?”

其实我们也不是冷血动物。一段时间过去,邹老师终于把我们都感动了。慢慢地,我们真把他当成了好朋友,不好意思再“为难”他,甚至为了表达对他的“哥们”情谊,在他生日的时候,我们这些“顽皮”学生还凑钱买了一条名牌领带送给他。可是,这回他不乐意了,执意不要,坚持和我们一起到商场把领带退了。

问题:请结合材料,从教师职业道德的角度,评析邹老师的教育行为。

3. **材料:**

预备铃已响,很多同学仍三五成群地在教室里说着、笑着、吃着、闹着,嘈杂无章,一片混乱。班主任毕老师气不打一处来,使劲把教材往地上一摔,大声训斥道:“孙涛,你这个班长能不能管点事?当不了班长,就别当啊!”孙涛一脸委屈,一言不发。

下课后,孙涛的辞职信就放在了毕老师的办公桌上,他辞职的理由是当班长影响学习。毕老师想:“这不是故意拆我的台吗?”他不由得火冒三丈,怒气冲冲地跑到教室,宣布罢免孙涛的班长职务。

平静下来以后,毕老师意识到罢免孙涛的做法很不妥当。第二天,毕老师找孙涛进行了一次长谈。毕老师首先表达了歉意,接着给孙涛讲了上一届班长学习和班级工作相互促进的故事。讲着讲着,毕老师发现孙涛已沉浸在故事中,便心平气和地说:“你想想,为什么他能学习和班级工作双丰收?”孙涛说:“他把当班长变成学习的动力了。”毕老师点头称赞道:“只要你努力认真,就一定能做好!”孙涛答应重新当班长。

问题:请结合材料,从教师职业道德的角度,评析毕老师的教育行为。

过关必刷题库

专题一　教师职业道德规范

答案见P39

一、单项选择题(每小题2分,共70小题。参考时限105分钟)

1. 孔子说:“其身正,不令而行;其身不正,虽令不从。”这说明教师应该具备下列哪种素质(　　)

A. 忠于职守　　B. 团结协作精神

C. 人际交往能力　　D. 良好的道德修养

2. 张丽莉老师在一次交通事故中为救学生而受重伤,致使双腿截肢。张丽莉老师的行为体现了她(　　)

A. 终身学习,爱国守法　　B. 关爱学生,行为世范

C. 因材施教,为人师表　　D. 作风正派,关心集体

3. 在教学过程中,有的教师经常对学习成绩不好的学生说:“你们的脑袋都丢了吗？看来你们都不是学习的料。”这种行为违反了(　　)的教师职业道德规范。

A. 爱国守法　　B. 爱岗敬业　　C. 关爱学生　　D. 终身学习

4. 某老师主张“唯分数论”,宣扬成绩决定一切,成绩不好的学生其他方面肯定也不好。四个同学对此进行了讨论。

小周说:“这个老师是正确的,最后决定我们能去哪所大学的还是成绩。”

小吴说:“这个老师是正确的,成绩不好的学生其他能力也不会好。”

小郑说:“这个老师是错误的,不读书的人出路比高材生更好。”

小王说:“这个老师是错误的,老师不应以分数作为评价学生的唯一标准。”

他们四人中,说法正确的是(　　)

A. 小周　　B. 小吴　　C. 小郑　　D. 小王

5. 王老师每年都给自己制订读书计划,并严格执行。这体现了王老师注重(　　)

A. 团结协作　　B. 教学创新

C. 循循善诱　　D. 终身学习

6.《中小学教师职业道德规范》(2008年)对教师职业的基本要求是(　　)

A. 爱岗敬业　　B. 爱国守法

C. 教书育人　　D. 关爱学生

7. 夸美纽斯说:“不学无术的教师,消极地指导别人的人,是没有躯体的人影,是无雨之云,无水之源,无光之灯,因而是空洞无物的。”这句话说明对教师的要求是(　　)

A. 终身学习　　B. 教书育人

C. 学高为师,身正为范　　D. 关爱学生

8. 当前,教师队伍中存在着以教谋私,热衷于“有偿家教”的现象,这实际上违背了(　　)的职业道德。

A. 爱岗敬业　　B. 依法执教　　C. 严谨治学　　D. 廉洁从教

27. 一些老师为了争取更多的学生加入他们的校外补习班，就故意不重视正常的课堂教育，布置的作业不检查、不批改，致使学生认为老师既然不批改作业，干脆就不认真做作业。这样的做法违背了(　　)的职业道德规范。

A. 为人师表　　B. 爱岗敬业　　C. 关爱学生　　D. 终身学习

28. 王老师是一名物理老师，私下里偷偷开办了一个补习班，对物理课上学习困难的学生进行有偿家教，很多学生通过王老师的家教，成绩进步了不少。关于王老师的做法，下列说法正确的是(　　)

A. 符合教师职业道德规范中的爱岗敬业　　B. 体现了教师职业道德规范中的关爱学生

C. 践行了教书育人的教师职业道德规范　　D. 违背了为人师表的教师职业内在要求

29. 唐老师一心扑在教学上。为了教好学生，他自己动手，制作了大量的教具，20多年间，他共制作了500多件教具。这主要体现了唐老师(　　)

A. 爱国守法，爱岗敬业　　B. 爱岗敬业，终身学习

C. 爱国守法，关爱学生　　D. 教书育人，为人师表

30. 张老师每当讲到一些以科学家命名的定理、公式、方程、法则……时，他都有针对性地简述这些科学家是如何勤奋钻研、刻苦学习的；是如何大胆探索、勇于创新的；是如何坚韧不拔、奋勇前进的；是如何热爱祖国、献身事业的……这表明张老师能够做到(　　)

A. 爱国守法　　B. 爱岗敬业　　C. 教书育人　　D. 终身学习

31. 教师追求真理、探索真理、捍卫真理的科学精神所体现的优秀品质是(　　)

A. 团结协作　　B. 爱岗敬业　　C. 为人师表　　D. 严谨治学

32. 新转来的晓丽比较内向，很少与班里同学说话，故尹老师上课时经常与晓丽互动，还特意安排能让晓丽与大家交流的活动，使晓丽尽快融入班集体。尹老师的做法表明其(　　)

A. 对个别学生的偏爱　　B. 对每个学生的关爱

C. 忽略大部分学生的感受　　D. 不能平等对待每个学生

33. 苏联的一位教育学家曾说过："漂亮的孩子人人都爱，爱不漂亮的孩子才是教师真正的爱。"这句话体现了教师职业道德中的(　　)

A. 爱国守法　　B. 教书育人　　C. 终身学习　　D. 关爱学生

34. 一位老师在教《骆驼祥子》这一课时，让学生分角色表演。有一位学生问："老师，我能不用书中的原话吗？"老师和蔼地问："为什么呢？""因为书中的原话太长，我背不下来，如果拿着书表演，又不太好。"学生说出了原因。"你的意见很好，用自己的话来表演吧。"老师高兴地抚摸了一下学生的头。果然，这个学生表演得非常出色。下列对这位老师做法的评价，错误的是(　　)

A. 老师的做法体现了公平公正对待每一位学生的原则

B. 老师的做法体现出爱岗敬业、关爱学生的职业道德

C. 老师的做法体现出了良好的师生关系

D. 老师的做法体现了新课改提倡的教育教学理念

35. 李老师在平时与学生的接触中，了解学生的方方面面，经常写一些心得或教育论文。此外她还经

常关注中学教育方面的最新动向，用最新的研究成果不断丰富、提高自己的教学。这说明李老师做到了(　　)

A. 团结协作　B. 爱岗敬业　C. 为人师表　D. 终身学习

36. 班主任张老师按照考试成绩给学生排座位，把成绩当作评优的唯一标准，这表明张老师违反了职业道德规范中的(　　)

A. 关爱学生　B. 为人师表　C. 教书育人　D. 爱岗敬业

37. 某校李老师对于教材内容不去主动领会和吃透，反而经常从网上下载相关资料直接作为自己的教案，或者照抄其他老师的教案。上课的时候态度敷衍，教学方法单一，引起了学生的诸多不满。李老师这些行为主要违反的教师职业道德要求是(　　)

A. 廉洁从教　B. 爱岗敬业　C. 以人为本　D. 关爱学生

38. 吴老师任教的班级有30多位学生考上了大学，每位家长自愿拿出200元表达对吴老师的谢意。吴老师正确的做法是(　　)

A. 接受，这是尊师重教优良传统的体现　B. 接受，这是教师社会地位提高的象征

C. 接受，这是教师的辛勤劳动所得　D. 婉拒，这是变相的腐败行为

39. 陶行知先生的"捧着一颗心来，不带半根草去"的教育信条体现了教师的(　　)素养。

A. 教育理论知识　B. 崇高的职业道德

C. 文化学科知识　D. 过硬的教学基本功

40. "春蚕到死丝方尽，蜡炬成灰泪始干"，体现在教师职业道德规范中，就是(　　)

A. 治学严谨，勇于创新　B. 终身学习，实现自我

C. 关爱学生，因材施教　D. 爱岗敬业，乐于奉献

41. 江老师虽然没有很高的学历，但从教以来，一直对自己要求严格，对别人却很宽容，并以自己的一言一行给学生带来正面、积极的影响。江老师很好地践行了教师职业道德规范中(　　)的要求。

A. 爱国守法　B. 为人师表　C. 关爱学生　D. 终身学习

42. 下列不属于《中小学班主任工作规定》中所规定的班主任工作职责和任务的是(　　)

A. 了解学生　B. 组织社会实践

C. 做好家教工作　D. 做好学生的综合素质评价工作

43. 《中小学班主任工作规定》中指出，在教师任职条件的基础上选聘班主任应突出考查的条件不包括(　　)

A. 作风正派，心理健康，为人师表

B. 热爱学生，善于与学生、学生家长及其他任课教师沟通

C. 爱岗敬业，具有较强的教育引导和组织管理能力

D. 采取多种方式与学生沟通，有针对性地进行思想道德教育

44. 韩愈提出教师应"以身立教"，这样的教师才会"其身亡而其教存"。这体现了教师职业道德中的(　　)

A. 师爱　B. 以身作则，为人师表

苦不堪言，甚至引发厌学的心理，这样的教育完全违背了(　　)的宗旨。

A. 终身学习　B. 教书育人　C. 团结协作　D. 为人师表

63. 鲁迅先生这样描写陶行知先生的教学生涯："在生活的路上，将血一滴一滴地滴过去，以饲别人，虽自觉渐渐瘦弱，也以为快活。"这就是"俯首甘为孺子牛"的奉献精神的生动写照。下列说法，正确的是(　　)

A. 陶行知是教师的表率，体现了爱岗敬业

B. 陶行知是值得学习的，体现了关爱学生

C. 鲁迅是优秀的人民教师

D. 鲁迅的做法体现了为人师表

64. 一位语文老师当面批评学生："成绩好的都到省里念书去了，剩下来的嘛，一帮笨蛋！"该老师的做法违背了(　　)的职业道德规范。

A. 终身学习　B. 为人师表　C. 关爱学生　D. 教书育人

65. 王老师是某年级的级部主任，每学期的期初、期末总有个别学生家长想送礼请客，王老师一概拒之门外。王老师的行为主要体现了师德规范中的(　　)

A. 爱岗敬业　B. 教书育人　C. 为人师表　D. 关爱学生

66. 朱熹曾经说过："无一事而不学，无一时而不学，无一处而不学。"这句话体现了教师职业道德规范的(　　)

A. 为人师表　B. 终身学习　C. 爱岗敬业　D. 关爱学生

67.《中小学班主任工作规定》指出，班主任是中小学日常思想道德教育和学生管理工作的主要实施者，是中小学生健康成长的引领者，班主任要努力成为中小学生的(　　)

A. 教育者　B. 示范者　C. 人生导师　D. 代言者

68. 黄老师在组织教学活动过程中，注重培养学生正确的审美观和健康向上的人格。这是黄老师遵守(　　)职业道德规范的表现。

A. 教书育人　B. 为人师表　C. 团结协作　D. 宽严相济

69. 顾老师在教育教学活动中，处处为学生着想，关心、帮助学生，保护学生安全，维护学生权益。这体现了教师职业道德要求中的(　　)

A. 关爱学生　B. 爱岗敬业　C. 教书育人　D. 为人师表

70. (　　)是教师职业的本质要求，它要求教师把自己的理想、信念、才智毫无保留地献给学生和教育事业。

A. 爱国守法　B. 爱岗敬业　C. 热爱学生　D. 严谨治学

二、材料分析题(每小题14分，参考时限10分钟。共10小题)

1. 材料：

有个成绩不太好的学生，上课时特别爱举手回答问题，甚至有时老师问题还没说完，他便把手高高举了起来，让他起来回答时，他又不会。老师课下和这位同学聊天，问他原因，该生说："班上的

同学总笑我成绩不好，说我傻，我不服气，所以老师提问时我总是举手，是想向大家证明我不笨。”老师了解了原委后，并没有批评这个学生，而是和他订下了君子协议：“以后老师提问时，如果真会回答，你举左手；如果不会，就举右手。”在以后的课上，老师抓住该生举左手的机会，让他回答，并好好地表扬了他。从那以后，这个学生在学习上很有起色，不久就跨入了“先进生”的行列。

问题：请结合材料，从教师职业道德的角度，评析这位老师的做法。

2. 材料：

无论工作多么繁忙，杨老师都坚持每天读书。在工作中遇到难题，她就在教研组例会上提出来，与同事们探讨。在教学方面，她大胆实施了“自主合作，当堂达标”的教学模式，把课堂时间尽可能多地还给学生，让学生体验课堂、享受课堂。学生文雪说：“老师让我们自己上台去讲，尽管我们很紧张，但是很喜悦。因为讲完后得到老师的夸奖，会有很大的成就感。”在新的教学模式中，学生学得很快乐，学习效果也好了很多。

杨老师发现王宇等几个同学学习很用功，但特别容易紧张，见了生人不敢说话。杨老师觉得，应该给学生创造机会，让他们接触社会，锻炼人际交往能力。于是，她在班上组织演讲比赛、口语交际大赛等，还带领学生开展社会调查。王宇等同学逐渐变得开朗大方了。

晓丽同学身体虚弱，杨老师督促她加强体育锻炼，在家访时提醒家长帮助晓丽养成良好的生活习惯。在老师和家长的共同帮助下，晓丽再也不是以前的“病秧子”了。

问题：请结合材料，从教师职业道德的角度，评析杨老师的做法。

3. 材料：

王鹏和张明因为小事吵了起来，张明挨了王鹏两拳，刚要还手，上课铃响了，王鹏跑进了教室，张明觉得吃了亏，怒不可遏，在教室门口不断挑衅王鹏，喊他出教室，要把他揍一顿，此时正好要上物理课的苏老师看到了这一幕。苏老师和蔼地对张明说：“张同学，你看老师手里拿这么多作业本，你能帮老师发给同学们吗？”张明虽然还在生气，但还是很快接过作业发了下去。苏老师对全班同学说：“刚才，张明虽然和别人闹了小矛盾，可他为了不影响大家上课，愉快地帮我们发作业，这很好，我相信他下课后会正确处理这件事的。”张明听了老师的表扬，转怒为喜，上课也非常认真。

9. 材料：

冬季的一天，大雪纷飞，刘老师发现班上有几名同学还穿着单鞋。下课后，她就把这几名同学叫到一起，询问了同学们的鞋码。中午，她顾不上吃饭，骑上自行车到镇上给这几名同学一人买了一双棉鞋。四年来，刘老师资助了26名学生，这些学生都亲切地叫她“刘妈妈”。

农村重男轻女现象仍然存在，在刘老师教的班里就有几个女孩因家长不支持而将要辍学。刘老师知道后，就主动到这几个学生家中，多次做家长的思想工作，使家长明白受教育是每一个适龄儿童和少年的权利与义务，也是家庭应当承担的责任，最终留住了这几个女生。

问题：请结合材料，从教师职业道德的角度，评析刘老师的教育行为。

10. 材料：

刘老师利用班会课开展了名为“独一无二的我”的主题班会活动，以提高同学们的自信心。她给每位同学发了一粒花生种子，首先让学生观察自己的那一颗花生，之后让同学们将花生按照组别放在一起，最后让学生在小组内寻找属于自己的那颗。结果，同学们很快找到了自己的花生。最后刘老师让同学们在小组内分享自己身上的优点和缺点，并让同学们相互说说对方的优点。班会过后，同学们对独一无二的自己有了更深的认识，变得更加自信了。以前小丽不喜欢与同学交流，班会课后却发现同学眼中的自己有那么多优点，便喜欢并融入了集体。小丽妈妈为了感谢刘老师，通过微信给刘老师转了400元红包，并希望刘老师继续关注小丽。刘老师拒收了红包，并说道：“关心小丽的学习生活是我应该做的，希望以后我们能一起帮助她健康快乐地成长。”

问题：请结合材料，从教师职业道德的角度，评析材料中刘老师的教育行为。

专题二　教师的职业行为

答案见P46

单项选择题(每小题2分,共25小题。参考时限40分钟)

1. 胡老师正在上课,韩明、张亮两位同学却在讲话,于是胡老师就过去训斥他们,并且当着全班同学的面给他们起绰号,称说话声音最大的韩明为“大喇叭”,声音有点沙哑的张亮为“破铜锣”。胡老师还罚他们到教室外的走廊上站立直至下课。胡老师的行为(　　)

A. 正确,“教不严,师之惰”,教师就应该严格要求学生

B. 错误,可以对学生实施罚站,但是不可以给学生起绰号

C. 错误,违背了团结协作的职业道德规范

D. 错误,不利于良好师生关系的建立

2. 班上的两位学生在课间活动时一起玩闹,其中一位学生下楼梯时不慎摔倒,崴到了脚,他的家长看到孩子的伤情后怒气冲冲地来到学校找你理论。下列做法中,不恰当的是(　　)

A. 事实胜于雄辩,请两位学生在这位家长面前说出当时的具体情形,使家长明白学生打闹是正常现象

B. 理解家长对孩子的爱,请这位家长消消气,告诉家长自己将会请另一位学生的家长来校,大家一起商议怎么解决问题

C. 耐心倾听家长的意见,请两位学生讲讲当时的情形,消除家长对教师和另一位学生的误会,表示会加强安全教育,请家长放心

D. 包容家长的过度言语,承认教师没有尽到关爱和保护学生的义务,取得家长的谅解,并表示将结合这一案例在全班开展批评教育

3. 著名科学家钱学森说:“现代科学技术研究不能靠一个人的劳动……95%的科学技术都靠集体。……单干是没有生命力的。”这表明教师在工作当中,应当(　　)

A. 建立专业发展的意识　　B. 建立团结协作的工作氛围

C. 尊重其他老师的人格　　D. 鼓励同事自我提升

4. 小李老师性格活泼开朗,为人风趣幽默,喜欢跟孩子相处。来到一所新学校后,不久就俘获了一众学生的“芳心”,学生有什么话都愿意跟小李老师说。一次,班上的明明找到小李老师倾吐心声,抱怨他们的班主任赵老师偏心,区别对待班上的学生,还列举了赵老师的“罪行”。作为同事,小李老师也早就发现了赵老师的一些做法不当。此时,小李老师应该(　　)

A. 维护同事,批评明明随意评论自己老师的做法

B. 帮助明明分析事情的原委,让他认识到赵老师对他的爱护,并找机会跟赵老师沟通

C. 赵老师的确有做得不对的地方,陪着明明一起吐槽也不算破坏同事的威信

D. 一定要让赵老师知道明明对他的意见,这样才能帮助赵老师取得进步

5. 新入职的王老师想去优秀教师李老师班上随班听课,学习经验。李老师笑容可掬地说:“你是名牌大学毕业的高材生,我的课上得不好,就不要去听了。”这表明李老师(　　)

A. 缺乏专业发展意识　　B. 缺乏团结协作精神

C. 能够尊重信任同行　　D. 鼓励同事自我提升

序是( )

①帮助小童分析学习成绩下降的原因 ②让其他学生多与小童交往

③询问小童近期的心理状态,并安慰他 ④上课多提问小童,下课多督促他学习

⑤与家长沟通,给孩子提供良好的学习环境 ⑥近期对小童给予更多的关注和关心

A. ①③②⑥ B. ①④⑥② C. ③⑤②④ D. ③⑤②⑥

20. 在备战中考时,某学校老师一起分析考点,揣摩考题。老师们常常一起商量,你生怕我对考点有了遗漏,我担心你的身体吃不消。大家相互学习,相互帮助,共同提高。这表明老师们能够做到( )

A. 以诚待人,严于律己 B. 学习先进,自我提高

C. 谦虚为怀,贵有自知 D. 通力合作,共同进步

21. 吴老师是个比较有个性的数学老师,他的课幽默风趣、深入浅出,非常受同学们喜爱。但他不注重自身的言行,与学生交往时常有粗鄙之语,衣着也总是邋里邋遢。作为吴老师的同事,你会( )

A. 不跟吴老师说,上好课就行了

B. 委婉提醒吴老师,既要上好自己的课,也要注意言行

C. 跟吴老师说,邋里邋遢惹人厌恶

D. 不予理睬,这是吴老师自己的事

22. 陈老师发现班上的李同学头发过长,不符合学校的男学生仪表规范,他多次要求李同学进行修剪,但李同学依然我行我素,之后陈老师找李同学的家长沟通时,发现其父亲也是留长发的,于是直接当众指责李同学的家长,称其“上梁不正下梁歪”。陈老师的做法( )

A. 不恰当,没有尊重家长的人格 B. 不恰当,不应干涉学生个人行为

C. 恰当,体现教师的严格要求 D. 恰当,符合学校的管理规定

23. 刚入职不久的班主任张老师因过失被家长投诉了。此时,张老师恰当的做法是( )

A. 求助领导,要求换班 B. 埋怨家长,批评学生

C. 反省自我,积极沟通 D. 坚持自我,任其自然

24. 初中生玉妙脸上有块胎记,几乎占据了整个额头。她平时留着很长的刘海,总是一个人默默坐在教室的角落里,班上几个调皮的男生还画了一个黑白脸的鸭子嘲笑她。玉妙因为脸上的胎记不美观,加上其他同学的取笑,情绪上受到很大的影响,甚至想要辍学。作为她的班主任,不可取的措施是( )

A. 帮助她适当宣泄自己的情绪

B. 帮助她充实自己的内心,自己变得强大

C. 帮助她认识到自己的优点,并且明白心灵美比外在美更重要

D. 帮助她教训笑她的几个男生

25. 学校实施青年教师成长“导师制”,作为导师的李老师手把手地对青年教师进行“传、帮、带”。这体现了李老师( )

A. 廉洁从教,勤恳敬业 B. 因材施教,乐于奉献

C. 团结协作,甘为人梯 D. 治学严谨,勇于创新

第四章　文化素养

核心知识提要

- 文化素养
  - 历史素养
    - 中国古代史
      - 原始社会
      - 奴隶社会★
      - 封建社会★★
    - 中国近代史★
      - 旧民主主义革命时期
      - 新民主主义革命时期
    - 中国现代史
    - 世界历史★
      - 世界古代史
      - 世界近代史
      - 世界现代史
  - 科学素养
    - 中国古代科技成就★
    - 中国近现代科技成就★
      - 航空航天成就
      - 信息技术成就
    - 西方科技成就★★
      - 近代科学家及其成就
      - 三次科技革命成果
    - 生活科学常识★★★
      - 物理常识
      - 化学常识
      - 数学常识
      - 天文地理常识
      - 生物常识
      - 安全常识
      - 气象灾害预警信号
      - 教育测量常识
  - 传统文化素养
    - 传统思想
    - 天文历法
    - 节日习俗★
    - 历史典故与人物★★
    - 古代特殊称谓★
    - 选官制度
    - 文化遗产与中国名胜

11. 大航海时代,长期在海上航行的水手经常得坏血病,有些水手上岸后吃一些柑橘、蔬菜,坏血病就痊愈了。科学家研究发现,果蔬中存在着一种可治愈坏血病的物质。该物质是(　　)

A. 叶酸　　B. 维生素C　　C. 谷氨酸　　D. 维生素B

12.《世界记忆遗产名录》是经联合国教科文组织世界记忆工程国际咨询委员会确认的文献遗产项目。下列选项中,关于《世界记忆遗产名录》的表述正确的是(　　)

A. 收录具有世界意义的文献遗产　　B. 包含文物、建筑群、遗址三类

C. 首批世界记忆遗产包含中国昆曲　　D. 由联合国大会评估、审查、公布

13. 我国的成语常与历史传说和人物有关。成语"入木三分"原指字迹的墨汁透入木板有三分深,后来形容书法笔力遒劲,也常用以比喻见解、议论深刻确切。与这个历史传说有关的书法家是(　　)

A. 王献之　　B. 王羲之　　C. 颜真卿　　D. 柳公权

14. 汉画像石是汉代的石刻画,主要用于墓室、墓前祠堂、石阙等墓葬建筑的建造与装饰,内容丰富多彩。下图是以汉画像石为图案的纪念邮票,该图案表现的神话故事是(　　)

A. 女娲补天　　B. 精卫填海　　C. 嫦娥奔月　　D. 羲和浴日

15. 右图为2005年正式公布的中国文化遗产标志,标志图案取自出土文物"四鸟绕日"金饰,该金饰被视为中国先民"天人合一"的哲学思想、丰富的想象力、非凡的艺术创造力和精湛的工艺水平的完美结合。金饰出土的地点是(　　)

A. 陕西半坡遗址　　B. 四川金沙遗址

C. 河南安阳殷墟　　D. 湖南长沙马王堆汉墓

16. 楚辞在中国诗歌史上被视为浪漫主义传统的源头,最有代表性的诗人是屈原。下列选项中,属于屈原作品的是(　　)

A.《九辩》　　B.《风赋》　　C.《高唐赋》　　D.《湘夫人》

17. "都云作者痴,谁解其中味"言简意赅,意味深长。它出自中国四大古典文学名著之一,这部著作是(　　)

A.《红楼梦》　　B.《水浒传》　　C.《西游记》　　D.《三国演义》

18. 下列选项中,不是美国作家马克·吐温作品的是(　　)

A.《竞选州长》　　B.《老人与海》

C.《汤姆·索亚历险记》　　D.《哈克贝里·费恩历险记》

19. 对意大利民族语言的统一有着重大贡献,并被恩格斯称为"中世纪的最后一位诗人,同时又是新时

代的最初一位诗人"的文艺复兴时期先驱性人物是( )

A. 但丁 B. 薄伽丘 C. 彼特拉克 D. 马基雅维利

20. 细菌是单细胞的微小原核生物,属于微生物的一大类,遍布于土壤、水、空气、有机体物质中及生物体内和体表,对自然界物质循环和全球生物平衡起着巨大作用。有些细菌能引起人和动植物的病害。下列病害中,属于细菌引起的是( )

A. 疟疾 B. 麻疹 C. 乙型肝炎 D. 百日咳

21. 为防止车辆车速违规,高速公路上设置了许多测速摄像头。摄像头监测车速所利用的是( )

A. 电磁效应 B. 光电效应 C. 康普顿效应 D. 多普勒效应

22. 有一组数据[68,76,89,95,100,103,107,110,112,115,122,125],它的中位数是( )

A. 104 B. 105 C. 106 D. 107

23. 古人在交际或著述中,谈及年龄,除了直接用数量词,还常使用隐喻、转喻和借助诗词、典故来代称。下列选项中,代称与所表示的年龄对应不正确的是( )

A. 豆蔻年华—13岁 B. 桃李年华—30岁

C. 知天命—50岁 D. 古稀—70岁

24. 严复是近代启蒙思想家、翻译家,他通过译述英国生物学家赫胥黎的《进化与伦理》宣传了"物竞天择,适者生存"的思想,对当时我国思想界有很大影响。其译作是( )

A.《原富》 B.《天演论》 C.《社会通诠》 D.《群己权界论》

25. 我国的地方戏曲剧种多样、精彩纷呈,各个剧种都有自己的经典剧目,有些唱段甚至在民间广为传唱。《刘巧儿》塑造了一个反对包办婚姻、追求恋爱自由的农村女子形象,在国民中产生了极大的影响。该剧的剧种是( )

A. 越剧 B. 评剧 C. 黄梅戏 D. 豫剧

过关必刷题库

专题一 历史素养

答案见P50

单项选择题(每小题2分,共50小题。参考时限75分钟)

1. ( )是在中国古代继宗法血缘分封制度之后出现的两级地方行政制度,是中央垂直管理下官员由中央直接任免的流官任期制,标志着官僚政治取代血缘政治,是公天下的开始。

A. 郡县制 B. 分封制 C. 藩国制 D. 封国制

2. 下列历史事件按时间排序正确的一组是( )

A. 平王东迁→三家分晋→楚王问鼎

B. 文景之治→光武中兴→张骞通西域

C. 开元盛世→安史之乱→玄奘西行

D. 杯酒释兵权→王安石变法→靖康之乱

26. 1895年，甲午战争以中国战败、北洋水师全军覆没告终，清朝政府被迫与日本签订了丧权辱国的(　　)

A. 辛丑条约　　B. 黄埔条约　　C. 马关条约　　D. 中日和约

27. 有学者认为："这是新中国外交政策从突出强调意识形态的'一边倒'，转向较多考虑国家现实利益而开始走向务实的一个相当重要的标志。"该观点依据的史实是(　　)

A. 和平共处五项原则的提出

B. 参加万隆亚非国际会议，提出"求同存异"方针

C. "打扫干净屋子再请客"政策

D. 参加日内瓦会议

28. 19世纪60年代，洋务运动兴起。下列不属于洋务运动代表人物的是(　　)

A. 曾国藩　　B. 李鸿章　　C. 张之洞　　D. 黄兴

29. 14至16世纪，欧洲出现了主张以"人"为中心、提倡人性解放、肯定人的尊严和价值的思想解放运动。这场运动是(　　)

A. 新航路开辟　　B. 文艺复兴　　C. 工业革命　　D. 启蒙运动

30. 1905年8月，在孙中山的推动下，民主革命团体兴中会、华兴会、光复会的骨干联合成立了中国同盟会。中国同盟会成立的地点在(　　)

A. 中国广州　　B. 日本东京　　C. 美国纽约　　D. 印尼万隆

31. 19世纪60年代末，日本所进行的由上而下、具有资本主义性质的全盘西化与现代化的改革运动是(　　)

A. 倒幕运动　　B. 大化改新　　C. 明治维新　　D. 战后改革

32. 第二次世界大战的战火燃及欧洲、亚洲、非洲和大洋洲，各国人民同法西斯展开了艰苦卓绝的斗争，最终取得了世界反法西斯战争的胜利，也留下了许多著名战役。下列战役成为二战转折点的是(　　)

A. 莫斯科保卫战　　B. 诺曼底登陆　　C. 斯大林格勒战役　　D. 中途岛战役

33. 明确规定日本侵占的中国东北三省、台湾和澎湖列岛必须在"二战"后归还中国的重要国际会议是(　　)

A. 德黑兰会议　　B. 雅尔塔会议　　C. 开罗会议　　D. 波茨坦会议

34. 法兰西第一帝国的皇帝是世界历史上的一位传奇人物，人们对他褒贬不一。这位皇帝是(　　)

A. 克伦威尔　　B. 路易十六

C. 拿破仑　　D. 亚历山大二世

35. 民族觉醒激发出强大的民族力量。1919年，这股"民族力量"汇聚成(　　)

A. 虎门销烟　　B. 五四运动　　C. 红军长征　　D. 抗日战争

36. 2014年张华同学与其父母一起到国外某地旅游，发现那里不同国家的人持有统一的护照，使用统一的货币。请你判断他们去的是(　　)

A. 西欧　　B. 东南亚　　C. 非洲　　D. 南美洲

37. 1949年初，苏联外长在联合国大会上发表声明："美国现在正以经济方式向东欧社会主义渗透，因此我们不得不采取必要的措施对其回击，以巩固我们的社会主义阵营。"材料中所说的"渗透"主要指( )

A. 实施马歇尔计划　　B. 建立北大西洋公约组织
C. 建立布雷顿森林体系　　D. 签署《关税与贸易总协定》

38. 在《凡尔赛和约》中，最能体现巴黎和会性质的内容是( )

A. 德国承认奥地利独立
B. 禁止德国实行普遍义务兵役制
C. 德国海外殖民地被英法等国瓜分
D. 德国将阿尔萨斯和洛林归还给法国

39. "三皇五帝"是中国古代文明形成过程中几大发展阶段中的代表人物，孙中山诗句："中华开国五千年，神州轩辕自古传。"中的该人物是指( )

A. 黄帝　　B. 炎帝　　C. 尧　　D. 禹

40. 唐朝时，中日文化交流最杰出的使者是( )

A. 张骞　　B. 玄奘　　C. 鉴真　　D. 甘英

41. 欧洲人将工业品及其用工业品从非洲换来的黑人奴隶，在美洲换成白银，再把这些白银运往亚洲，换取亚洲的生丝、绸缎、棉布、瓷器、茶叶、香料、胡椒，并运回欧洲。该材料主要说明( )

A. 亚洲的生丝、绸缎等在欧洲很受欢迎　　B. 资本主义世界市场已经形成
C. 新航路的开辟给非洲人民带来了苦难　　D. 新航路开辟后洲际经济联系大大加强

42. 蒲松龄作为一名家喻户晓的文学家，曾数次遭遇挫折。他在铜镇尺上刻上了一副对联：有志者，事竟成，破釜沉舟，百二秦关终属楚;苦心人，天不负，卧薪尝胆，三千越甲可吞吴。这幅励志对联中，描写的两位历史人物是( )

A. 韩信、勾践　　B. 项羽、夫差　　C. 项羽、勾践　　D. 韩信、夫差

43. 春秋时期的争霸战争，就其性质而言，是( )

A. 促进民族融合的战争　　B. 推进祖国统一的战争
C. 推翻周王朝的战争　　D. 奴隶主的掠夺战争

44. "郑和下西洋"是中国古代航海史上的壮举，郑和最远到达的地方是( )

A. 美洲　　B. 非洲　　C. 欧洲　　D. 大洋洲

45. 习近平总书记在庆祝建军90周年大会上的讲话指出，党对军队绝对领导的根本原则和制度，奠基于( )

A. 南昌起义　　B. 三湾改编　　C. 秋收起义　　D. 古田会议

46. 早在1921年，我国便开始对仰韶文化遗迹进行考察，由此诞生了我国现代考古学。仰韶文化是( )中游地区一种重要的新石器时代彩陶文化。

A. 长江　　B. 黄河　　C. 松花江　　D. 湄公河

医药卫生和农牧业等众多领域,并取得了巨大成就。被称为“第二代基因工程”的是(　　)

A. 酶工程　　B. 蛋白质工程

C. 发酵工程　　D. DNA重组

20. 下列与“流水落花春去也,天上人间”有关的说法正确的是(　　)

A. 水能够流动是因为重力势能转化成了动能

B. 词作者是南宋著名词人

C. 植物落花是为了减少水分的蒸发流失

D. “春去”后的第一个节气是夏至

21. 从1914年起先后在天津、南京、青岛等地创办化学工业企业10余家,成为中国民族化学工业的先驱者,被称作“中国民族化学工业之父”的是(　　)

A. 侯德榜　　B. 张謇　　C. 范旭东　　D. 卢作孚

22. 温室效应将引起全球气温上升,导致气候异常、海平面上升、生态恶化。引起温室效应的最主要的气体是(　　)

A. 二氧化碳　　B. 氮氧化合物　　C. 臭氧　　D. 氟利昂

23. 因开拓了原子核反应而被称为“近代原子核物理学之父”的是(　　)

A. 李比希　　B. 波尔　　C. 张青莲　　D. 卢瑟福

24. 小强观察到鱼缸内的小金鱼的口和鳃盖不停地交替张合。鱼的这种行为主要是为了(　　)

A. 取食　　B. 呼吸　　C. 喝水　　D. 平衡身体

25. 在我国古代以笔记体裁形式写成的科学典籍中,有一本最早记载了人工磁化的一种简便方法,即“以磁石磨针锋”造指南针。这本典籍是(　　)

A.《齐民要术》　　B.《梦溪笔谈》　　C.《天工开物》　　D.《徐霞客游记》

26. 在《植物发生论》一文中,指出细胞是一切植物结构的基本单位的科学家是(　　)

A. 胡克　　B. 列文虎克　　C. 施莱登　　D. 施旺

27. 下列选项中,属于“第一次绿色革命”的杰出代表的是(　　)

A. 世界性的植树造林运动　　B. 中国杂交水稻的培育

C. 环境保护成为人们的共识　　D. 无公害绿色食品的生产

28. 很多促进人类科学进步的发明或发现都源于意外,下列发明或发现并非源于意外的是(　　)

A. 青霉素　　B. 微波炉　　C. 青蒿素　　D. X射线

29. 噬菌体侵染细菌实验有力地证明了(　　)是遗传物质。

A. 蛋白质　　B. 白细胞　　C. DNA　　D. 血小板

30. (　　)是一种由于脂类物质(如胆固醇)堆积而引起的血管壁增厚的疾病,限制了血液在动脉流动的空间。

A. 心脏瓣膜衰坏　　B. 高血压　　C. 心肌梗死　　D. 动脉粥样硬化

31. 一个细胞1小时分裂成2个,8个小时可以把一个容器装满。请问要使分裂的细胞能装到容器的

1/8需要(　　)小时。

A. 5　　B. 6　　C. 7　　D. 8

32. 2020年12月17日凌晨，随着携带月壤样品的返回器在内蒙古预定区域安全着陆，标志着我国探月工程任务圆满成功。执行本次探月工程任务的是(　　)

A. 北斗三号　　B. 天问一号

C. 长征七号　　D. 嫦娥五号

33. 中国设立的第一个南极考察站的名称是(　　)

A. 中国南极长城站　　B. 中国南极泰山站

C. 中国南极中山站　　D. 中国南极昆仑站

34. 太阳系中，按距离太阳由近及远的顺序排列的是(　　)

A. 火星，金星，水星，土星，天王星　　B. 火星，水星，地球，木星，土星

C. 水星，金星，火星，木星，海王星　　D. 水星，地球，金星，土星，木星

35. 张衡是我国东汉时期伟大的天文学家、数学家、发明家、地理学家、文学家，右图是张衡发明的仪器，它的用途是(　　)

A. 进行演示天体运动　　B. 测量验算历法

C. 检测地震发生的方向　　D. 辅助进行数学验算

36. 造成"人间四月芳菲尽，山寺桃花始盛开"现象的主要原因是(　　)

A. 受地形地势的影响　　B. 受人类活动的影响

C. 受海陆分布的影响　　D. 受纬度因素的影响

37. 热带雨林气候特点为全年高温多雨，如南美洲的亚马孙平原，非洲的刚果盆地和几内亚湾沿岸，亚洲东南部的一些群岛等。热带雨林气候位于各洲的赤道两侧，向南、北延伸(　　)

A. 5°～10°左右　　B. 5°左右

C. 10°左右　　D. 15°左右

38. 国家重大科技基础设施建设项目——"中国天眼"500米口径球面射电望远镜工程(简称FAST)的主要发起者和奠基人是(　　)

A. 黄旭华　　B. 潘建伟　　C. 黄大年　　D. 南仁东

39. 地球外围大气层中的臭氧层的主要作用是(　　)

A. 吸收红外线　　B. 吸收紫外线　　C. 吸收热量　　D. 反射热量

40. 在地球的"五带"中，我国领土大部分位于(　　)

A. 热带　　B. 北温带　　C. 北寒带　　D. 南温带

41. 环绕我国大陆沿岸有四大海，它们与太平洋连成一片，由北向南，依次为(　　)

A. 渤海、黄海、东海、南海　　B. 黄海、渤海、南海、东海

C. 东海、黄海、渤海、南海　　D. 南海、东海、黄海、渤海

42. 国际上规定，把通过英国伦敦格林尼治天文台原址的那条线叫作本初子午线，也叫(　　)

A. 赤道　　B. 极线　　C. 0°纬线　　D. 0°经线

13. “学通行修，经中博士”反映的是古代的(　　)

A. 察举制　　B. 科举制　　C. 九品中正制　　D. 征辟制

14. 我国古代四大美女分别是西施、王昭君、貂蝉、杨玉环 。她们享有“沉鱼落雁之容，闭月羞花之貌”的美誉。其中“落雁”形容的是我国古代四大美女中的(　　)

A. 西施　　B. 貂蝉　　C. 王昭君　　D. 杨玉环

15. 在我国传统文化中，于归之喜是指(　　)

A. 女子出嫁　　B. 生男孩　　C. 迁居　　D. 生女孩

16. “卑己尊人”是中华民族的传统美德。下列属于古人称自己父亲的谦辞的是(　　)

A. 家严　　B. 令父　　C. 家慈　　D. 舍父

17. 中国的传统节日形式多样，内容丰富，是一个民族或国家的历史文化长期积淀凝聚的过程。不同的节日都有其不同的风俗习惯。下列哪项中的民俗均与端午节有关(　　)

A. 踏青、剪窗花、燃放灯火、放风筝

B. 赏月、佩茱萸、猜灯谜、饮菊花酒

C. 插柳、贴春联、赏菊花、放孔明灯

D. 吃粽子、赛龙舟、饮雄黄酒、插菖蒲

18. 年号是中国历代帝王用以纪年的名称，起源于汉代，为皇帝当政的时代标志。下列选项中，年号与帝王对应错误的是(　　)

A. 贞观—李世民　　B. 开元—李隆基　　C. 洪武—朱元璋　　D. 永乐—朱翊钧

19. 3月5日是学雷锋纪念日，各地会开展各种形式的纪念活动。3月5日和下列哪个节气的时间最接近(　　)

A. 惊蛰　　B. 雨水　　C. 春分　　D. 清明

20. 寒食节是我国历史悠久的传统节日，寒食节的设立是为了纪念(　　)

A. 介子推　　B. 伍子胥　　C. 范蠡　　D. 屈原

21. 依次展示彝族、蒙古族、维吾尔族、藏族文化代表的是(　　)

A. 火把节、《江格尔》、手鼓舞、唐卡

B. 火把节、唐卡、手鼓舞、《江格尔》

C. 手鼓舞、那达慕、唐卡、《江格尔》

D. 那达慕、《江格尔》、唐卡、手鼓舞

22. 古时候，一家有兄弟数人，在给他们起名字的时候，家长会有意用上一些表示顺序的字，以示长幼有序。下列排行称谓按照年龄从大到小，排列正确的是(　　)

A. 仲、季、叔、伯

B. 伯、仲、叔、季

C. 仲、叔、伯、季

D. 仲、伯、叔、季

23. 2022年为农历壬寅年，这一称谓沿用了古代干支纪年的方法。下列表述中没有使用干支纪年的是(　　)

A. 永和九年，岁在癸丑，暮春之初，会于会稽山阴之兰亭

B. 夏四月辛巳，败秦师于殽

C. 淳熙丙申至日，予过维扬

D. 死事之惨，以辛亥三月二十九日围攻两广督署之役为最

24. 古人的年龄有时不直接用数字表示，而是用一种与年龄有关的称谓来代替。陆游有诗“余生已过足，不必到期颐”，苏轼有诗“到处不妨闲卜筑，流年自可数期颐”。“期颐”指的是(　　)

A. 七十岁　B. 六十岁　C. 九十岁　D. 一百岁

25. 古人的年龄有时不直接用数字表示，而是用一种与年龄有关的称谓来代替。《桃花源记》中有“黄发垂髫，并怡然自乐”的语句。“垂髫”是指(　　)

A. 三四岁到八九岁的儿童　B. 八九岁到十三四岁的少年

C. 男子十五岁　D. 少女十三四岁

26. “江山如此多娇，引无数英雄竞折腰。惜秦皇汉武，略输文采；唐宗宋祖，稍逊风骚。”毛泽东在《沁园春·雪》这首词中的“武”指皇帝的(　　)

A. 谥号　B. 年号　C. 庙号　D. 尊号

27. 明代黄凤池辑有《梅竹兰菊四谱》，从此，梅、兰、竹、菊被称为“四君子”，世人常用“四君子”来寓意人的品德高尚。其中，竹所代表的是(　　)

A. 劳动模范　B. 名臣贤相　C. 谦谦君子　D. 奸诈小人

28. “二十四节气”是我国古代劳动人民通过观察太阳周年运动，认知一年中时令、气候、物候等方面变化规律形成的智慧结晶，其形成于我国的(　　)

A. 珠江流域　B. 长江流域　C. 黄河流域　D. 辽河流域

29. 古人所说的“不夜侯”“仙芽”“雀舌”，指的是(　　)

A. 茶　B. 竹笋　C. 韭菜　D. 瓜子

30. 下列我国古代科举考试与录取者称谓，对应正确的是(　　)

A. 院试—贡生　B. 乡试—秀才　C. 会试—举人　D. 殿试—进士

31. 下列成语与相关历史人物对应错误的是(　　)

A. 曹操—望梅止渴　B. 赵括—投笔从戎

C. 诸葛亮—草船借箭　D. 文同—胸有成竹

32. “孤松独秀如椽笔，日月双悬照古今”这是盛赞五四运动两名领军人物的诗句。诗中提到的领军人物是指(　　)

A. 鲁迅、梁启超　B. 李大钊、陈独秀　C. 李大钊、蔡元培　D. 胡适、陈独秀

33. 2020年12月17日，我国单独申报及我国与马来西亚联合申报的两个项目，经评审通过，列入联合国教科文组织《人类非物质文化遗产代表作名录》。至此，我国共有42个项目被列入非物质文化遗产名录，居世界第一。本次我国单独申报成功的项目是(　　)

A. 端午节　B. 太极拳

C. 妈祖　D. 二十四节气

34. 北宋初期是我国书院教育的高潮期，出现了著名的四大书院，即(　　)书院、白鹿洞书院、嵩阳书院、应天书院。

A. 丽泽　B. 岳麓　C. 石鼓　D. 茅山

23.《再别康桥》是著名诗人徐志摩的代表作,是新月派的代表作品。"康桥"是指(　　)

A. 剑桥　　B. 廊桥　　C. 伦敦桥　　D. 栈桥

24. 下列有关月亮的诗句中,出自李白笔下的是(　　)

A. 月落乌啼霜满天,江枫渔火对愁眠　　B. 举杯邀明月,对影成三人

C. 海上生明月,天涯共此时　　D. 但愿人长久,千里共婵娟

25. 其作品被苏轼评价为"诗中有画,画中有诗"的是(　　)

A. 李白　　B. 王维　　C. 孟浩然　　D. 陶渊明

26. 卡西莫多是文学著作(　　)中的人物。

A.《巴黎圣母院》　　B.《悲惨世界》　　C.《人间喜剧》　　D.《双城记》

27. "犹留正气参天地,永剩丹心照古今。"这句话涉及的历史人物是(　　)

A. 鲁迅　　B. 白居易　　C. 文天祥　　D. 李清照

28. 元杂剧《西厢记》的作者是(　　)

A. 关汉卿　　B. 纪君祥　　C. 王实甫　　D. 郑光祖

29. 下列作品中都是莫泊桑创作的是(　　)

A.《羊脂球》《我的叔叔于勒》《包法利夫人》　　B.《项链》《包法利夫人》《装在套子里的人》

C.《项链》《我的叔叔于勒》《羊脂球》　　D.《麦琪的礼物》《项链》《我的叔叔于勒》

30. "黑夜给了我黑色的眼睛,我却用它寻找光明"这句话出自顾城的(　　)

A.《英子》　　B.《一代人》　　C.《黑眼睛》　　D.《白昼的月亮》

31. 老舍是新中国第一位获得"人民艺术家"称号的作家,一生中创作了许许多多优秀的作品。下列不属于老舍作品的是(　　)

A.《日出》　　B.《茶馆》　　C.《四世同堂》　　D.《骆驼祥子》

32. 以下哪一项的作者与其他三项的作者不在同一个朝代(　　)

A. 文章千古事,得失寸心知　　B. 不识庐山真面目,只缘身在此山中

C. 春风又绿江南岸,明月何时照我还　　D. 生当作人杰,死亦为鬼雄

33. 在中国古典文学理论批评史上,(　　)是最完整系统的著作。

A.《文心雕龙》　　B.《文赋》　　C.《诗品》　　D.《谈艺录》

34. 下列不属于莎士比亚四大悲剧的是(　　)

A.《第十二夜》　　B.《哈姆雷特》　　C.《李尔王》　　D.《麦克白》

35. 被称为中国历史上第一位伟大的爱国诗人、中国浪漫主义文学的奠基人、辞赋之祖的是(　　)

A. 李白　　B. 杜甫　　C. 宋玉　　D. 屈原

36. 王国维《人间词话》中提到的"三种境界"中的第二层境界是(　　)

A. 衣带渐宽终不悔,为伊消得人憔悴

B. 无可奈何花落去,似曾相识燕归来

C. 众里寻他千百度,蓦然回首,那人却在,灯火阑珊处

D. 昨夜西风凋碧树,独上高楼,望尽天涯路

37. “一个人并不是生来要被打败的，你尽可以把他消灭，可就是打不败他。”这句话出自海明威的名著(　　)

A.《太阳照常升起》　　B.《老人与海》

C.《丧钟为谁而鸣》　　D.《永别了，武器》

38. “一门三父子，都是大文豪，诗赋传千古，峨眉共比高。”这首诗中所描述的三个人物是(　　)

A. 班彪、班固、班超　　B. 曹操、曹丕、曹植

C. 苏洵、苏轼、苏辙　　D. 杜甫、杜牧、杜荀鹤

39. 下列不是朱自清的散文作品的是(　　)

A.《桨声灯影里的秦淮河》　　B.《绿》

C.《正义》　　D.《风景谈》

40. 巴尔扎克是19世纪法国批判现实主义文学的代表作家。他的代表作(　　)为人们展现了法国社会特别是巴黎上流社会的现实主义历史。

A.《双城记》　　B.《人间喜剧》　　C.《寒灰集》　　D.《悲惨世界》

专题五　艺术素养

➢答案见P60

单项选择题(每小题2分，共40小题。参考时限60分钟)

1. 意大利是人文主义文学的发源地，在文艺复兴时期，这里产生了很多杰出的人物。其中被誉为意大利文艺复兴“三杰”的是(　　)

A. 达·芬奇、泰戈尔、拉斐尔　　B. 莎士比亚、但丁、达·芬奇

C. 米开朗基罗、拉斐尔、托尔斯泰　　D. 达·芬奇、拉斐尔、米开朗基罗

2. 下列汉字形体演变次序排列正确的是(　　)

A. 甲骨文—小篆—楷书—行书—隶书　　B. 甲骨文—小篆—隶书—楷书—行书

C. 甲骨文—隶书—小篆—楷书—行书　　D. 隶书—甲骨文—小篆—行书—楷书

3. 盔顶是中国古代建筑的屋顶样式之一，这种拱而复翘的古代将军头盔式的顶式结构把中国古建筑的曲线美发挥到了极致。盔顶多用于碑、亭等礼仪性建筑。据考证，中国现存最大、最出名的盔顶建筑是(　　)

A. 岳阳楼　　B. 滕王阁　　C. 黄鹤楼　　D. 阅江楼

4. 有一幅著名的绘画作品，有人看了这幅画，“恍然如入汴京，置身流水游龙间，但少尘土扑面耳”。这幅名画的作者是(　　)

A. 顾恺之　　B. 展子虔　　C. 阎立本　　D. 张择端

5. 以下对中国文化艺术的文言别称中，属于绘画的是(　　)

A. 丝竹　　B. 墨宝　　C. 丹青　　D. 金石

6. 霍去病墓石雕作品《伏虎》所属的朝代是(　　)

A. 汉　　B. 唐　　C. 宋　　D. 北魏

31.《黄河大合唱》以黄河两岸人民的英勇斗争为题材，歌颂了伟大祖国和勤劳勇敢的人民，塑造了中华民族巨人般的形象。下列属于《黄河大合唱》中的歌曲是(　　)

①《祖国颂》　②《黄河船夫曲》　③《松花江上》

④《河边对口曲》　⑤《铁蹄下的歌女》　⑥《黄河之水天上来》

A. ①②③　B. ②③④　C. ②④⑥　D. ①⑤⑥

32. 元曲中有说有唱，是一种可配合音乐、舞蹈、表演的艺术形式，因此被称为(　　)

A. 舞剧　B. 杂剧　C. 戏剧　D. 音乐剧

33. 首创“水磨腔”并被后人奉为“立昆之宗”，有“曲圣”美誉的戏曲家是(　　)

A. 魏良辅　B. 马连良　C. 王实甫　D. 关汉卿

34. 梅兰芳在其一生的舞台生涯中，精心钻研，勇于创新，形成了独树一帜的“梅派”表演风格，被誉为“伟大的演员，美的化身”，他演唱的《看大王在帐中和衣睡稳》选自下列哪部作品(　　)

A.《霸王别姬》　B.《贵妃醉酒》　C.《智取威虎山》　D.《红灯记》

35. 留白是我国古典绘画中常用的艺术手法，指作者在创作中为了更充分地表现主旨而精心留出的“空白”，以营造出“此处无物胜有物”之境。宋元时期以“留白”而出名的画家有马远和(　　)

A. 张择端　B. 苏轼　C. 赵佶　D. 夏圭

36. 巴洛克时期，欧洲最有影响的音乐之邦是(　　)

A. 意大利　B. 德国　C. 奥地利　D. 法国

37. 他被誉为20世纪最伟大的批判现实主义电影艺术家，其代表作品有《摩登时代》《大独裁者》等。这位艺术家是(　　)

A. 爱森斯坦　B. 希区柯克

C. 大卫·格里菲斯　D. 查理·卓别林

38. 世界著名华裔建筑大师贝聿铭于2019年5月16日去世，享年102岁，他的许多作品享誉世界，其中不包括(　　)

A. 悉尼歌剧院　B. 苏州博物馆

C. 香港中银大厦　D. 卢浮宫玻璃金字塔

39. 变脸是(　　)表演的特技之一，用于揭示剧中人物的内心及思想情感的变化，把不可见、不可感的抽象的情绪和心理状态变为可见和可感的具体形象。

A. 川剧　B. 评剧　C. 越剧　D. 豫剧

40. 京剧作为我国著名剧种，和中医、国画并称为“中国三大国粹”。下列关于京剧的表述正确的是(　　)

A. 人们习惯上称戏班、剧团为“杏园”

B. 京剧行当中的“净”是指女性角色

C. “梅派”唱腔创始人是京剧艺术大师梅兰芳先生

D.《梁山伯与祝英台》是京剧经典曲目之一

第五章　基本能力

核心知识提要

- 基本能力
  - 信息处理能力★★★
    - 计算机基础知识
    - 文字处理软件Word
      - Word的工作界面
      - Word的基本操作
    - 电子表格软件Excel
      - Excel的常用术语
      - Excel的工作界面
      - Excel的基本操作
    - 演示文稿软件PowerPoint
      - PowerPoint的常用术语
      - PowerPoint的工作界面
      - PowerPoint的基本操作
  - 逻辑思维能力
    - 复合命题及其推理★★★
    - 类比推理★★★
    - 图形推理★
    - 数字推理★★★
  - 阅读理解能力★★★
    - 题型简介
    - 理解阅读材料中重要概念的含义
    - 理解阅读材料中重要句子的含义
    - 分析文章结构，把握文章思路
    - 归纳内容要点，概括中心意思
    - 分析概括作者在文中的观点态度
  - 写作能力★★★
    - 了解教育写作
    - 题型概述
    - 常见文体——论说文
    - 论说文写作核心法则
    - 引经据典

18. 下列选项中，与“医生—军人”逻辑关系一致的是(　　)

A. “青年”和“少年”　　B. “中年”和“老年”

C. “青年”和“干部”　　D. “明星”和“影星”

19. 根据所给图形的逻辑特点，下列选项中，填入空白处最恰当是的(　　)

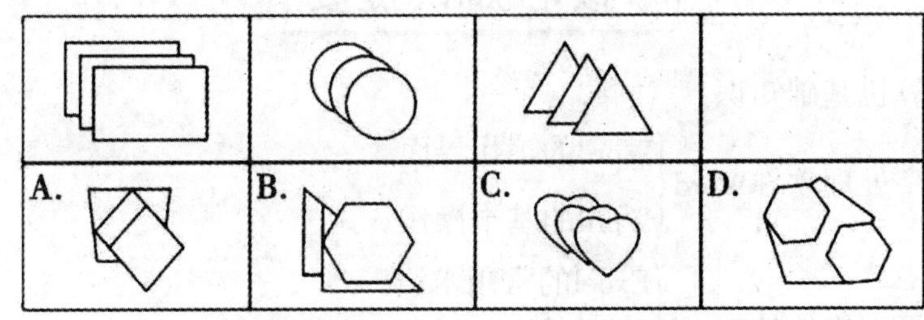

20. 找规律填数字是一个很有趣的活动，特别锻炼观察和思考能力。下列选项中，填入数列“101、169、305、577、________、2209”空缺处的数字，正确的是(　　)

A. 1118　　B. 1119　　C. 1120　　D. 1121

二、材料分析题(每小题14分，参考时限20分钟。共1小题)

材料：

英国诗人西格夫里·萨松曾写过一行不朽的警句，勉强译成中文便是：“我心里有猛虎在细嗅蔷薇。”

如果一行诗句可以代表一种诗派，我就愿举这行诗为象征诗派艺术的代表。因为它具体而又微妙地表现出许多哲学家所无法说清的话。假使他把原诗写成了“我心里有猛虎雄踞在花旁”，那就会显得呆笨、死板，徒然加强了人性的内在矛盾。

原来人性含有两面：其一是男性的，其一是女性的；其一如苍鹰，如飞瀑，如怒马；其一如夜莺，如静池，如驯羊。所谓雄伟和秀美，所谓外向和内向，所谓戏剧型的和图画型的，所谓“金刚怒目，菩萨低眉”，所谓“静如处女，动如脱兔”，所谓“骏马秋风冀北，杏花春雨江南”，一句话，姚姬传所谓的阳刚和阴柔，都无非是这两种气质的注脚。两者粗看若相反，实则乃相成。实际上每个人多多少少都兼有这两种气质，只是比例不同而已。

人们常谓柳永词阴柔而东坡词豪放。其实东坡之词何尝都是“大江东去”?“笑渐不闻声渐杳，多情却被无情恼”；“绣帘开，一点明月窥人”；这些词句，恐怕也只合十七八女郎曼声低唱吧?而柳永的“长安古道马迟迟，高柳乱蝉嘶”，又是何等境界!就是“晓风残月”的上半阕那一句“暮霭沉沉楚天阔”，谁能说它竟是阴柔?其他如王维以清淡胜，却写过“一身转战三千里，一剑曾当百万师”的词句；辛弃疾以沉雄胜，却写过“罗帐灯昏，哽咽梦中语”的词句。再如浪漫诗人济慈和雪莱，无疑地都是阴柔的了。可是清啭的夜莺也曾唱过：“或是像精壮的科德慈，怒着鹰眼，凝视在太平洋上。”至于那只云雀，他那“西风歌”里所蕴藏的力量，简直是排山倒海，雷霆万钧!

也就是因为人性里面，多多少少地含有这相对的两种气质，许多人才能够欣赏和自己气质不尽相同，甚至大不相同的人。辛弃疾欣赏李清照就是一个最好的例子。

但是平时为什么我们提起一个人，就觉得他是阳刚，而提起另一个人，又觉得他是阴柔呢?这是因

为各人心里的猛虎和蔷薇所成的形势不同。有人的心原是虎穴，穴口的几朵蔷薇免不了猛虎的践踏；有人的心原是花园，园中的猛虎不免给那一片香潮醉倒。所以前者气质近于阳刚，而后者气质近于阴柔。然而踏碎了的蔷薇犹能盛开，醉倒了的猛虎有时醒来。所以霸王有时悲歌，弱女有时杀贼。

人生原是战场，有猛虎才能在逆流里立定脚跟，在逆风里把握方向，才能创造慷慨悲歌的英雄事业；涵蕴耿介拔俗的志士胸怀，才能做到孟郊所谓的“镜破不改光，兰死不改香”！同时人生又是幽谷，有蔷薇才能烛隐显幽，体贴入微；才能看到苍蝇搓脚，蜘蛛吐丝，才能听到暮色潜动，春草萌芽，才能做到“一沙一世界，一花一天国”。在人性的国度里，一只真正的猛虎应该能充分地欣赏蔷薇，而一朵真正的蔷薇也应该能充分地尊敬猛虎。完整的人生应将这两种境界调和与统一，如此，能动也能静，能屈也能伸，能微笑也能痛哭，能像二十世纪人一样的复杂，也能像亚当夏娃一样的纯真，一句话，他心里已有猛虎在细嗅蔷薇。

（摘编自余光中《猛虎和蔷薇》，有删改）

问题：

（1）文中的“猛虎”和“蔷薇”各喻指什么?请结合文章，简要概括。

（2）文章认为，“完整的人生应将这两种境界调和与统一”，其依据是什么?请结合文章，简要分析。

三、写作题（每小题50分，参考时限45分钟。共1小题）

阅读下面的材料，按要求作文。

材料一：汉朝董遇云：“当以‘三余’。”或问“三余”之意。遇言：“冬者岁之余，夜者日之余，阴雨者时之余也。”意思是“冬天是一年的多余时间，夜晚是一天中的多余时间，下雨的日子是平时的多余时间”。这些时间正好可以用来读书。

材料二：画家齐白石曾以“余”“鱼”同音作《三余图》并题识：三余者，皆人故事，余字不能画，借鱼之形，取其音。白石有三余，曰：画者工之余，诗者睡之余，寿者劫之余。

综合上述材料引发的联想和感悟，写一篇论说文。

要求：用规范的现代汉语写作，角度自选，立意自定，标题自拟；不少于1000字。

22. 在Word编辑状态下，要使表格的各列等宽，应该使用“表格”工具栏中的(　　)按钮。

A. 平均分布各行　　B. 平均分布各列

C. 根据窗口调整表格　　D. 根据内容调整表格

23. 在没有安装Word文字处理软件的情况下，用IE浏览器打开一个Word文档，发生(　　)

A. 打不开文件　　B. 能够打开

C. Word自动安装　　D. 调用别的程序打开

24. 在Word编辑状态下，要想设置行间距，应当使用“开始”菜单中的(　　)命令。

A. 字体　　B. 段落　　C. 分栏　　D. 样式

25. 下列有关页眉和页脚的说法中，错误的是(　　)

A. 只要将“奇偶页不同”这个复选框选中，就可以在文档的奇、偶页中插入不同的页眉和页脚内容

B. 在输入页眉和页脚内容时还可以在每一页中插入页码

C. 可以将每一页的页眉和页脚的内容设置成相同的内容

D. 插入页码时，必须每一页都输入页码

26. 某次活动中，小明采用了Word中邮件合并功能完成了任务。以下所列操作步骤中正确的是(　　)

①打开Word中“邮件合并”工具栏，选择相应数据源

②选择“合并到新文档”，调整模板大小并打印

③新建Word文档制作任务模板

④在模板中相应位置单击“插入合并域”，选择对应字段

⑤建立Excel电子表格存储活动信息

A. ⑤③①④②　　B. ⑤③④①②　　C. ③①④⑤②　　D. ③④①⑤②

27. 在Word中，如果用户选中了大段文字，不小心按了空格键，则大段文字将被一个空格所代替，此时可用(　　)操作还原到原先的状态。

A. 替换　　B. 粘贴　　C. 撤消　　D. 恢复

28. 在Word中，要绘制一个正方形，可以在“绘图”工具栏选择“矩形”工具，按住(　　)键的同时，拖动鼠标画出正方形。

A.Alt　　B. Tab　　C. Shift　　D.Ctrl

29. Excel工作表中，第5行第3列的单元格地址可表示为(　　)

A. E3　　B. 5C　　C. 3E　　D. C5

30. 在Excel中，利用填充功能不可以实现(　　)的填充。

A. 等差数列　　B. 等比数列

C. 日期　　D. 方程式

31. 在Excel的单元格引用中，使用绝对引用，需在行标和列标前加(　　)符号。

A. $　　B. &　　C. *　　D. #

32. 在Excel中,自动填充柄的自动填充功能可完成(　　)操作。

A. 排序　B. 移动　C. 复制　D. 筛选

33. 在一个记录学生成绩的电子表格文件中,如果要快速找到某门课程成绩最好的学生,需要使用到的功能是(　　)

A. 排序　B. 筛选　C. 查找　D. 汇总

34. 在Excel中,针对下列各序列的内容,不能直接利用自动填充功能快速输入的是(　　)

A. 正月、2月、3月……　B. Mon、Tue、Wed……

C. 子、丑、寅……　D. 第一季、第二季、第三季……

35. 在Excel中,选中某单元格并输入“123”,按Enter键后,此单元格的显示内容为“￥123”,则此单元格的格式被设置成了(　　)

A. 数值　B. 文本　C. 科学记数　D. 货币

36. 当Excel工作簿中既有工作表又有图表时,执行“保存文件”命令则(　　)

A. 只保存工作表文件　B. 只保存图形文件

C. 将工作表和图表一起保存　D. 分别保存工作表和图表

37. 当Excel中表格的数据源发生变化时,下列关于图表变化的描述,正确的是(　　)

A. 不跟随变化　B. 不受任何影响

C. 会自动更新　D. 需要手动更新

38. 在Excel中,在打印学生成绩单时,对不及格的成绩用醒目的方式表示(如用红色表示),当要处理大量的学生成绩时,利用(　　)命令最为方便。

A. 查找　B. 条件格式　C. 数据筛选　D. 定位

39. 在Excel2010工作表单元格中,输入(　　)时,应首先输入“=”。

A. 中文　B. 公式　C. 日期　D. 关键词

40. 在Excel的单元格里,同时按下Alt+Enter可以实现(　　)

A. 下移一个单元格　B. 上移一个单元格

C. 单元格内换行　D. 同时选定2个单元格

41. Excel中,用条件“数学>70与总分>350”对成绩数据表进行筛选,结果是(　　)

A. 所有数学>70的记录

B. 所有数学>70,并且总分>350的记录

C. 所有总分>350的记录

D. 所有数学>70,或者总分>350的记录

42. 在Excel中,若删除数据时选择的区域是“整行”,则删除后,该行(　　)

A. 仍留在原位置　B. 被下方的行填充

C. 被左侧列填充　D. 被移动

63. 在播放幻灯片的过程中，想要停止播放，可以按(　　)

A. End键　　B. Esc键　　C. Enter键　　D. Home键

64. 制作好一个幻灯片文件后，若想让其在每次放映时都显示当天的日期，可以在(　　)对话框中进行设置。

A. “设计”→“链接”　　B. “审阅”→“保护演示文稿”

C. “幻灯片放映”→“排练计时”　　D. “插入”→“页眉和页脚”

65. 要使幻灯片在放映时能够自动播放，需要为其设置(　　)

A. 动作按钮　　B. 预设动画　　C. 排练计时　　D. 录制旁白

66. 在幻灯片放映方式的设置中，默认的放映方式是(　　)

A. 观众自行浏览(窗口)　　B. 演讲者放映(全屏幕)

C. 在展台浏览(全屏幕)　　D. 循环放映

67. 在PowerPoint中的浏览视图下，按住Ctrl键并拖动某幻灯片，可以完成的操作是(　　)

A. 移动幻灯片　　B. 复制幻灯片

C. 删除幻灯片　　D. 选定幻灯片

68. 在PowerPoint中，向幻灯片中添加文本时，可以选择“插入”菜单中的(　　)命令。

A. 文本框　　B. 图片　　C. 表格　　D. 视频

69. 下列关于幻灯片的添加效果的叙述，错误的是(　　)

A. 可以为幻灯片添加自定义动画　　B. 不可以为占位符对象添加动画

C. 可以对要添加的动画进行设置　　D. 可以为幻灯片的切换添加效果

70. 输出设备是将计算机的处理结果传送到计算机外部，供计算机用户使用的装置。下列选项中不属于输出设备的是(　　)

A. 显示器　　B. 扫描仪　　C. 绘图仪　　D. 音箱

专题二　逻辑思维能力

➢答案见P67

单项选择题(每小题2分，共40小题。参考时限60分钟)

1. 所有与甲型H1N1流感患者接触的人都被隔离了。所有被隔离的人都与徐海华接触过。假设上述命题为真，则下面哪一个命题也是真的(　　)

A. 可能有人没有接触过甲型H1N1流感患者，但接触过徐海华

B. 徐海华是甲型H1N1流感患者

C. 所有与徐海华接触过的人都被隔离了

D. 所有甲型H1N1流感患者都与徐海华接触过

2. 下列选项中,与“春夏秋冬”和“四季”概念关系一致的是(　　)

A. 喜怒哀乐和情绪　　B. 赤橙黄绿和颜色

C. 早中晚和一天　　D. 东南西北和四方

3. 老吴家儿子结婚,如果小凡参加婚礼,那么小丽、小远和小青将一起参加婚礼。如果上述断定是真的,那么以下哪项也是真的(　　)

A. 如果小凡没有参加婚礼,那么小丽、小远和小青三人中至少有一人没参加婚礼

B. 如果小凡没有参加婚礼,那么小丽、小远和小青都没参加婚礼

C. 如果小丽、小远和小青都参加了婚礼,那么小凡参加了婚礼

D. 如果小远没有参加婚礼,那么小青和小凡不会都参加婚礼

4. 找规律填数字是一种很有趣的游戏,特别锻炼观察和思考能力,下列各组数字,填入数列“3、5、6、10、11、17、18、_______”空缺处,正确的是(　　)

A. 25　　B. 26　　C. 27　　D. 28

5. 找规律填数字是一种很有趣的游戏,特别锻炼观察和思考能力,下列各组数字,填入数列“52、32、20、12、8、_______”空缺处,正确的是(　　)

A. 3　　B. 4　　C. 5　　D. 6

6. 把下面的六个图形分为两类,使每一类图形都有各自的共同特征或规律,分类正确的一项是(　　)

①　②　③　④　⑤　⑥

A. ①②⑤,③④⑥　　B. ①②③,④⑤⑥

C. ①③⑤,②④⑥　　D. ①②⑥,③④⑤

7. 下列与“李白和王维是唐朝诗人”判断不同的是(　　)

A. 林黛玉和薛宝钗是《红楼梦》中的人物　　B. 小聪和小娜是老师

C. 苏洵和苏轼是父子　　D. 记叙文和议论文是写作的常用文体

8. 下列选项中,与“伞—雨衣”逻辑关系相同的是(　　)

A. 现金—支票　　B. 空调—暖气　　C. 钢笔—铅笔　　D. 蚊香—蚊帐

9. 下列选项中,与“交警:处理违章:交规”逻辑关系相同的是(　　)

A. 保安员:维持秩序:规定　　B. 厨师:烹饪佳肴:菜单

C. 维修工:维修电器:合同　　D. 教师:备课:教案

10. 下列选项中,与“琴棋书画”和“经史子集”两概念的关系一致的是(　　)

A. 兵强马壮和闭关自守　　B. 悲欢离合和漂泊流浪

C. 衣帽鞋袜和冰清玉洁　　D. 鸟兽虫鱼和江河湖海

25. 下列选项中与"得陇望蜀:狼子野心"逻辑关系相同的是(　　)

A. 沐猴而冠:狐假虎威　　B. 指桑骂槐:趾高气扬

C. 坐井观天:鼠目寸光　　D. 投桃报李:指雁为羹

26. 从所给的四个选项中,选择最合适的一个填在问号处,使之呈现一定的规律性。最合适的一项是(　　)

A　B　C　D

27. 杂志对于________相当于________对于听众。填入空白处最恰当的是(　　)

A. 读者,音乐　　B. 动画,艺术

C. 漫画家,指挥家　　D. 作品,人群

28. 找规律填数字是一项很有趣的活动,特别锻炼观察和思考能力。将选项中的数字填入"2、7、14、25、38、________"空缺处,符合该组数字排列规律的是(　　)

A. 54　　B. 55　　C. 57　　D. 58

29. 下列选项中与"地球:行星"逻辑关系相同的是(　　)

A. 英国:国家　　B. 陕西:中国　　C. 公路:道路　　D. 岛屿:大陆

30. 高粱之于白酒正如________之于________,填入空白处最恰当的是(　　)

A. 蚊帐　被子　　B. 黄豆　酱油

C. 砖头　水泥　　D. 青草　牛奶

31. 有一份选择题试卷共6个小题,其得分标准是:一道小题答对得8分,答错得0分,不答得2分,某位同学得了20分,则他(　　)

A. 至多答对一个小题　　B. 至少有三个小题没答

C. 至少答对三个小题　　D. 答错两个小题

32. 找规律填数字是一种很有趣的游戏,特别锻炼观察和思考能力,下列各项数字,填入数列"3、4、10、33、________"空缺处,正确的是(　　)

A. 67　　B. 76　　C. 96　　D. 136

33. 找规律填数字是一种很有趣的游戏,特别锻炼观察和思考能力,下列各项数字,填入数列"2、4、6、________、16、26"空缺处,正确的是(　　)

A. 8　　B. 10　　C. 12　　D. 14

34. 找规律填数字是一种很有趣的游戏,特别锻炼观察和思考能力,下列各项数字,填入数列“1、3、4、8、15、27、________”空缺处,正确的是( )

A. 53　　B. 38　　C. 50　　D. 42

35. 找规律填数字是一种很有趣的游戏,特别锻炼观察和思考能力,下列各项数字,填入数列“6、24、8、16、16、________”空缺处,正确的是( )

A. 0　　B. -1　　C. 4　　D. 8

36. 警方正在侦查一起入室盗窃案件,目前犯罪嫌疑人有四位:小王、小邓、小刘、小李。办案警察盘问时,小王说,事发时他在自己家看电视,不是他作的案;小邓说,事发前几分钟他看见小李在小区花园散步,是小李作的案;小刘说,事发时他和小邓本相约去打球,结果小邓迟到了十几分钟,是小邓作的案;小李说,肯定不是自己,事发时他在卧室睡觉,什么也不知道。假如四位邻居中只有一个人说了真话,且这起盗窃案件是一人所为,则作案的是( )

A. 小王　　B. 小邓　　C. 小刘　　D. 小李

37. 下列选项中,与“八卦—乾坤”逻辑相同的是( )

A. 九族—师生　　B. 七情—情志

C. 五音—宫商　　D. 四书—五经

38. 与“黑匣子—飞机”这组词逻辑关系最为相近的一项是( )

A. 防护栏—工厂　　B. 集装箱—货轮

C. 行车记录仪—汽车　　D. 超新星—太空

39. 从所给的四个选项中,选择最合适的一个填入问号处,使之呈现一定的规律性( )

(图)	T	三	(图)	生	(图)	?

A. 形　　B. 94　　C. 田　　D. XY

40. 下列选项中,与“杀鸡:儆猴”的逻辑关系相同的是( )

A. 得陇:望蜀　　B. 唇亡:齿寒　　C. 居安:思危　　D. 凿壁:偷光

专题三　阅读理解能力

➢答案见P69

材料分析题(每小题14分,参考时限20分钟。共12小题)

1. 材料:

始建于明永乐十八年的天坛,是世界建筑艺术的珍品。它具有一种独特的意境,它以凝练的艺术形式表现了博大深邃的精神内涵,体现了中国古人对宇宙的思考和想象。

色融为一体。

二十多年后的一日，陪妻子在商场闲逛，在一家旗袍店，我一眼就认出一袭旗袍上印着的大朵大朵的棋盘花。棋盘花高挺的样子一下就回到我的面前，就像一女子，面如满月，高髻如云，身着粉红的丝绸装，如意斜襟，袢条盘扣，高开叉。

那花简直是太逼真了，我用手轻轻滑过，滑如丝绸，恰如那棋盘花的花朵，棋盘花摄人的味道蔓延而至。

（摘编自李汀《棋盘花》，有删改）

问题：

(1)文章写出了棋盘花哪些特点？请结合文本，简要概括。

(2)有人认为，文章最后两段画蛇添足，删去更好。请结合全文，谈谈你的看法，简要说明理由。

3. 材料：

作家有三种死法。一曰自然的死，二曰痛苦的死，三曰快乐的死。自然的死属于心脏停止跳动，是一种普遍的死亡形式，没有特色，可以略而不议。

痛苦的死亡是指作家的心脏还在跳动，人并没有死，只是已经没有了作品。作家没有了作品，可以看作个人艺术生命的消失。其中，有些人是因为年事已高，力不从心。这不是艺术的死亡，而是艺术的离休，他自己无可自责，社会也会尊重他在艺术上曾经做出的贡献。痛苦的死亡则不然，即当一个作家的体力和脑力还能胜任创作的时候，作品已经没有了，其原因主要是各种苦难和折磨(包括自我折磨)。折磨毁了他的才华，毁了他的意志，作为人来说他还活着，作为作家来说却正在或已经死亡。这种死亡他自己感到很痛苦，别人看了心里也很难受。快乐的死亡却很快乐，不仅他自己感到快乐，别人看来也很快乐。昨天看见他在大会上做报告，下面掌声如雷；今天又看见他参加宴会，为这为那频频举杯。昨天听见他在高朋中大发议论，语惊四座；今天又听见他在那些开不完的座谈会上重复昨天的意见。昨天看见他在北京的街头；今天又看见他飞到了广州……只是看不到或很少看到他的作品发表在哪里。

我不害怕自然的死亡，因为害怕也没用，人人不可避免。我也不太害怕痛苦的死亡，因为那时代已经过去。我最害怕的就是那快乐的死亡，毫无痛苦，十分热闹，甚至还有点轰轰烈烈。自己很难控制，即很难控制在适当的范围之内。因为我觉得喝酒不一定完全是坏事，少喝一点可以舒筋活

血，据说对心血管也是有帮助的。作家不能当隐士，适当的社会活动和文学活动可以开阔眼界、活跃思想，对创作也是有帮助的。这和喝酒一样，适量饮酒可以舒筋活血，对身体有益。可是这有益的定量究竟是多少呢？怕只怕三杯下肚，豪情大发，来者不拒，饮必干杯。一顿喝不上便情绪不高，两天没有宴请便觉得门前冷落，颇有怨言，于是乎到处去找酒喝。呜呼，快乐地死去！

（摘自陆文夫的《快乐的死亡》）

问题：

(1)作者对三种死亡所持的态度是什么？

(2)本文“快乐的死亡”是单对作家而言的吗？对其他人有什么启迪作用？

4. 材料：

今日所讲，专为现在有职业及现在正做职业上预备的人——学生——说法，告诉他们对于自己现有的职业应采取何种态度。

敬业。对于“敬”字唯有南宋教育家朱熹解得最好。他说：“主一无适便是敬。”用现在的话讲，凡做一件事，便忠于一件事，将全副精力集中到这事上头，一点不旁骛，便是敬。业有什么可敬呢？为什么该敬呢？人类一面为生活而劳动，一面也是为劳动而生活。人类既不是上帝特地制来充当消化面包的机器，自然该各人因自己的地位和才力，认定一件事去做。凡可以名为一件事的，其性质都是可敬。当大总统是一件事，拉黄包车也是一件事。事的名称，从俗人眼里看来，有高下；事的性质，从学理上解剖起来，并没有高下。只要当大总统的人，信得过我可以当大总统才去当，实实在在把当总统当作一件正经事来做；拉黄包车的人，信得过我可以拉黄包车才去拉，实实在在把拉车当作一件正经事来做，便是人生合理的生活。这叫做职业的神圣。凡职业没有不是神圣的，所以凡职业没有不是可敬的。惟其如此，所以我们对于各种职业，没有什么分别拣择。总之，人生在世，是要天天劳作的。劳作便是功德，不劳作便是罪恶。至于我该做哪一种劳作呢？全看我的才能何如、境地何如。因自己的才能、境地，做一种劳作做到圆满，便是天地间第一等人。

怎样才能把一种劳作做到圆满呢？唯一的秘诀就是忠实，忠实从心理上发出来的便是敬。《庄子》记丈人承蜩的故事，说道：“虽天地之大，万物之多，而惟吾蜩翼之知。”凡做一件事，便把这件事看作我的生命，无论别的什么好处，到底不肯牺牲我现做的事来和他交换。我信得过我当木匠的做成一张好桌子，和你们当政治家的建设成一个共和国家同一价值；我信得过我当挑粪的把马桶收拾得干净，和你们当军人的打胜一支压境的敌军同一价值。大家同是替社会做事，你不必羡慕我，我

6. 材料：

电脑的普及，使文字书写急剧退场。用惯了纸笔的中老年人，还在挣扎着试图挽住书写的臂膀。而年轻一代，已然习惯了无纸化的生存。提笔忘字，渐成常态；书法之美，只在少数书法家手中流连。在手机和电子信箱越来越便捷的当下社会，能够收到一封手写的信件已是一种幸运，能够收到一封文辞淳美朴实、书法俊逸洒脱的书信，简直就是一种奢望。传统尺牍信札中所包含的博大精深的中华文明，似乎正渐行渐远，使即使不算老派的中年人，也不免感到一丝惆怅。

我算幸运的，因工作和个人写作的关系，我常常收到来自全国各地熟悉或不熟悉的朋友的来信，其中不乏理论大家和文学名家的信札。有的文白间杂，言近旨远；有的雅淡平和，娓娓道来；有的词锋犀利，一语中的；有的嘘寒问暖，饱含温情。信封和信札抬头、落款的书写，无不十分讲究，不论是称谓的选择，还是书写工具的使用，都能看出文字的背后所蕴含的学养功底和书写者的气质风神。

与此同时，我也收到大量别样的来信，其中尤以来自报刊者居多。有的在我名字之后不再有任何称谓，极近被通缉；有的信封书写的七扭八歪，偌大的天地间几行纠缠在一起的米粒小字，仿佛捆绑的螃蟹。至于行文的直白浅陋、甚至粗暴无礼，也是不时要面对的无奈现实。

翻看老一辈学者作家的书信，"先生""足下""斧正""雅教""拜辞"等敬语谦辞随处可见，浸润在字里行间的那份优雅和谦和，透露出长期文明熏陶下谦谦君子所特有的从容和自信，正是"尺牍书疏，千里面目"，"虽则不面，其若面焉"。

而今，传统的书信文明似乎已成远去的雅乐，只能在杂乱无章的信息洪流中若有若无地存在，只能在先人的收藏中依稀可辨。而在新潮的"穿越剧"中，别人的父亲成了"家父"，自己的爸爸却变为"令尊"。经过"反右""文革"等文化浩劫，中年以下的朋友旧学功底无从谈起，新学修养也难尽如人意。粗鄙文化盛行，庸俗观念当道，肉麻成有趣，流氓成英雄。听一听身边人的谈吐，看一看手边的报刊，文明含量几许、文化水准若何，相信大家会有自己的判断。至于网络语言，新则新矣，有的甚至不乏有趣，但说到底，无非是一种缺乏文化含量的戏说而已。

文化的发展繁荣离不开对优秀传统文化的自觉和自省，而自觉自省的前提，是对传统文化基本的认知和积累。胸无点墨，何以自觉？就像黄牛，肚子里没有青草，拿什么反刍？网络时代，点击率成了判断标准和不二法门，而在杂多的信息当中飞来飞去的眼球，其实并未收获几多真知。网络人的头脑，基本是杂乱信息的跑马场。缺乏这种自觉的所谓知识分子，充其量不过是"知道分子"而已。

毛笔、宣纸作为文字书写主要载体的时代或许已经过去，但文明的传承不能因此中断。为什么直到今天我们依然怀念前秦散文、楚辞汉赋、唐诗宋词、明清小说？为什么我们常常默念诸子百家、孔孟老庄？因为我们的血管中流淌着优秀传统文化的血液，对前辈思想家、文学家的传世之作高山仰止、景行行止，虽不能至，心向往之。这样一种祈愿和情怀，寄托着几千年来中国传统文人"达则兼济天下，穷则独善其身"的美好理想和对优雅文化的无限怀想。

剪不断，理还乱。要用中国语言、中国气派、中国风格的理论体系和话语系统来解读当今中国社会的发展秘密，解开中国道路的内在密码，要想在市场经济的冷酷背景下保留一份温暖的人文情怀，不能靠午夜梦回、撕扯自己的头发冥思苦想，不能指望查阅文件、对比口径找寻思想捷径。唯有继承传统、不忘经典，在理论和实际的结合中，才能发现博大精深的优美存在，才能触发自己愚钝很久的灵感和才华，找到通向世界、与各种文明有效对话的渠道和钥匙。

（节选自朱铁志《云中谁寄锦书来》，有删改）

问题：

(1)请结合文本概括作者收到的两类来信的特征。

(2)《云中谁寄锦书来》这一文题寄托了作者内心哪些复杂的情感？请结合全文分析。

7. 材料：

年味越来越淡，越来越没意思——这是很多人过年的感受。甚至有人评论说，中国传统节日只是存留于父辈记忆里的尤物，已经成为国人食之无味、弃之可惜的“鸡肋”。压岁钱水涨船高，变成了负担，失去了原来祈福去灾的本意；庙会办到商场里边，实际就是商品交易；群发短信拜年，平均给每个人的情感又有多少？专家们认为，这一现象是传统节日的“异化”、“空洞化”、“物化”等原因造成的。要改变这样的现状，就要提高全民的文化自觉，让传统在现代社会得到很好的延续。

其实式微的不只是春节，元宵、端午、七夕、中秋等传统节日也在日益淡化，这是不争的事实。要究其原因，很多专家都归咎于物质的发展、城乡的转变和洋节的挤兑。在笔者看来，这都是表面的原因，真正的原因是文化在“异化”和“物化”。“节日和人一样都是有灵魂的”，当灵魂越来越缺乏依附的载体，节日就会越来越淡，越来越没意思。比如，春节文化包含教育、敬神、祭祖、尊老爱幼等内容，并通过一系列仪式来完成。而现在几乎没有人在敬神、祭祖，由于无法团聚的人越来越多，尊老爱幼也成了“隔空对话”，春节还有什么文化味道啊？取而代之的是，春节越来越物质化，越来越热闹，但越来越没有文化。

传统节日值得我们缅怀，但对传统节日的式微我们也无可奈何，因为社会在发展，原来传统节日所承载的东西，不再是人们的必需，那么传统节日就会发生变化。中国艺术研究院副院长吕品田指出：“原来的传统节日是有大量丰富的民俗活动的，和节气、时令、气候、水土，以及祭祀、祈祷、敬仰、吟诵相关联，有着缅怀、祝愿、庆贺、祈愿、敬祭等种种内涵。”随着时代的发展和社会的进步，现

除了自己住处大门、二门的钥匙，以及家中一切备而不用的钥匙之外，我有办公室抽屉和四个柜橱的钥匙，还有工作室的钥匙。另外我还有洛杉矶女儿住处的两套钥匙和纽约朋友住处的钥匙。他们说："知道你这人喜欢随时高兴就跑来了，给你一套钥匙，我们不在家，你也可以进来。"

钥匙因此不仅是一种自由，也是一种权利和别人对你的信任。

为了预防自己某天忘了带钥匙或丢了皮包，我多配了一些钥匙，放在办公室。必要时，我可以回办公室去拿，而不必麻烦锁匠或任何其他的人。办公室昼夜都有人在。我不怕任何时候会被关在办公室的门外——这是另一套的钥匙给我的一种左右逢源的保障。

我信赖我的钥匙，而且对它们十分感谢，好像它们是黑夜中的一些灯，寒夜里的一炉火，或一把挡雨的伞，一件御寒的大衣。它们是如此的简单、轻便、信实，而又可以由我自己掌握。

仿佛凡不能由我自己一个人来掌握的东西，都使我觉得不安全。不是我不信任别人，而是我不知自己肯不肯去烦劳或支配别人。我总觉得，要烦劳或支配别人的时候是很紧张的。虽然，我知道，那么多的人乐意对我付出关怀与帮助。不说别人，电台的老工友，每当我进了办公室，还未坐定，他就用我留给他的钥匙帮我把抽屉打开了，而且总会问："又没带钥匙吧？"我接受他的好意。在他面前，我永远可以不必说我带了钥匙。只有当他偶尔休假，或出去访友的时候，我才庆幸我不会真的没带钥匙，而可以很愉快地打开抽屉，取用我工作上绝对必需的唱片或录音带。这使我产生一种有备无患的快乐。

为了怕使未曾预料我真会从天而降的朋友或女儿大吃一惊，我还没有这样使用过他们善意交给我的钥匙。不过，我也曾想象，如果某一天，天寒地冻或风雨交加，迫使我不得不找个地方落脚的时候，忽然想起，附近就有她们某一个人的住处，而我正带着她们的钥匙，尽管她们已去上班，或者刚好出去度假，我也一样可以轻而易举，开门进入她们舒适的家，让我卸下满身风尘、一心倦意，安稳地蜷卧在沙发上入睡——这钥匙，对我来说，是一种可以安心的投奔。

天气冷了，外面滴滴沥沥地下着冬雨。从外面回来，躲进自己的家里，插上电暖炉，把那串小小的钥匙珍重地放回皮包内存有拉链的口袋，感觉上，我所拥有的一切都在这里了。于是，我忽然记起二十多年前的某一天，住处的邻居发生火警。慌乱中，一点也想不起该先抢救什么，敞着大门跑出去，却带着一把开大门的钥匙。我并不觉得自己反应错误，因为那是一种下意识"提纲挈领"的抢救——有钥匙，就可以让我拥有那个家。

女儿出国前夕，把她用的那把开大门的钥匙交给我。我推还给她，说："万一你什么时候回来，我不在家呢？"——钥匙，在这时，是一种无言的挽留。

当忍痛不得不把房子卖掉的时候，最后的割舍，是交出了那把使用了多年，感觉上犹有余温的钥匙，使我觉得那把交出去的钥匙上，像是缀满了珠钻，而它们却是我在这人生旅途上奔波时的汗滴和泪滴。

（选自罗兰《钥匙》，有改动）

问题：

(1)文章以“钥匙”为线索,那么“钥匙”在文章中代表什么意义呢？请结合文本,简要概括。

(2)在文末作者为什么说“交出去的钥匙上,像是缀满了珠钻,而它们却是我在这人生旅途上奔波时的汗滴与泪滴”？请简要分析。

10. 材料：

苏轼作为诗、文、书、画无所不能的文艺全才,是中国封建社会后期文人们最亲切最喜爱的对象。其实,苏轼的文艺成就本身并不算太高,比起屈、陶、李、杜,要逊色一筹。然而他在中国文艺史上却有巨大影响,是美学史中的重要人物,道理在哪里呢？我认为,他的典型意义正在于,他是地主士大夫矛盾心情最早的鲜明人格化身。他把中晚唐开其端的进取与退隐的矛盾双重心理发展到一个新的质变点。

苏轼一方面是忠君爱国、学优则仕、抱负满怀、谨守儒家思想的人物,这上与杜、白、韩,下与后代无数士大夫知识分子,均无不同,甚至有时还带着似乎难以想象的正统迂腐气。但要注意的是,苏东坡留给后人的主要形象并不是这一面,而恰好是他的另一面。这后一面才是苏所以为苏的关键所在。苏轼一生并未退隐,也从未真正“归田”,但他通过诗文所表达出来的那种人生空漠之感,却比前人任何口头上或事实上的“退隐”“归田”“遁世”要更深刻更沉重。因为,苏轼诗文中所表达出来的“退隐”心绪,已不只是对政治的退避,而是一种对社会的退避;他不是对政治杀戮的恐惧哀伤,而是对整个人生、世上的纷纷扰扰究竟有何目的和意义这个根本问题的怀疑、厌倦和企求解脱与舍弃。这当然比前者又要深刻一层了。前者是可能做到的,后者实际上是不可能做到的,除了出家做和尚。这便成了一种无法解脱而又要求解脱的对整个人生的厌倦和感伤。这种整个人生空漠之感,这种对整个存在、宇宙、人生、社会的怀疑、厌倦、无所希冀、无所寄托的深沉喟叹,是苏轼最早在文艺领域中把它充分透露出来的。

正是这种对整体人生的空幻、悔悟、淡漠感,求超脱而未能,欲派遣反戏谑,使苏轼奉儒家而出入佛老,谈世事而颇作玄思。苏轼在美学上的追求是一种朴质无华、平淡自然的情趣韵味,一种退避社会、厌弃世间的人生理想和生活态度,反对矫揉造作和装饰雕琢,并把这一切提到了某种透彻了悟的哲理高度。无怪乎在古今诗人中,就只有陶潜最合苏轼的标准,才是苏轼所愿顶礼膜拜的对象。苏轼发现了陶诗在极平淡朴质的形象意境中,所表达出来的美,把它看作是人生的真谛,艺术的极峰。千年以来,陶诗就一直以这种苏化的面目流传着。

“人生到处知何似？应似飞鸿踏雪泥;泥上偶然留指爪,鸿飞那复计东西。”苏轼传达的就是这种携带某种禅意玄思的人生偶然的感喟。尽管苏轼不断地进行自我安慰,时时现出一副随遇而安

子因年久失修、雨水冲刷倒塌，其余的被铁锁封存。走在巷子中，满眼残破、衰败，连鸡犬猫都不见踪影。

新房子很少，穷二代、三代们把从城里挣的钱还给了城市。

村里少见青壮年，他们纷纷到城里打工去了，家里有大事才回来。女孩子开了眼界，宁可嫁给老头、多婚头、残疾人，也要保留城里人的身份。只有老人、妇女和孩子，留守着祖传的家业。晚辈给年迈多病的老父老母雇来保姆，给田地请来小工。一句话，不差钱，缺的是宝贵时间。农村的扶贫款项很多，合作医疗也很完备，但是老人缺的是在身边尽孝心的孩子。

小学荒废了。断壁残垣，荒草藤蔓，紧锁的木门。也不知道没有玻璃的窗户里，除了藏着我儿时的回忆之外，还有什么宝贝物件。随着孩子自然和非自然的递减，农村学校大都被并到乡镇里了。孩子在家门前上学的时代就这样远去。

村子旁有一个工厂，曾经机声隆隆。这里加工的半成品源源不断地送往武钢。能够到厂里做工是青年人的梦想。他们能够拿一份不错的薪水，每年还有几次去武汉的机会，的确让人眼馋。现在，这里已经办成了榨坊，虽然仍有机器声，但没有当年旺盛的人气。

走近田野，澄澈依旧、碧绿依旧。虽然种植的面积与重点有些不同，但不外乎还是那些品种。欠缺和遗憾却太多了。水间鹭鸶呢？田埂上的王八、水蛇呢？塘埂上的桑葚、梧桐籽呢？望着绿得有些沉寂的田野，我怅然若失。

乡间还有保留了数十年的行当，那就是货郎、赤脚医生（兽医）。自行车是主要的代步工具。只有在年关，摩托、各种小汽车才会多起来。

在跟村支书的聊天中得知，虽然党的富民政策好，但青年人习惯了做城乡之间的候鸟，不愿意在老家生活。可喜的是，本村有一个叫二狗的青年，在外打工十多年，积累了千万身家，近来准备回乡投资创办绿色家园公司。他计划承包部分的山和坡，逐年改良山林品种，以山茶和意杨林为主。扩建山间公路，增挖鱼塘鱼池。并新建休闲餐厅、宾馆和体育娱乐场馆。二狗的计划提起了我的兴趣。也许，像这样的有志青年才是农村的希望，他们的投资能够给家乡注入活力，使古老的乡村焕发出无限生机。

（选自牧云《慢慢老去的故乡》，有改动）

问题：

(1)文章第六段“新房子很少，穷二代、三代们把从城里挣的钱还给了城市”，这句话是什么意思？请结合文本，简要概括。

(2)结合全文，分析作者为什么说故乡在“年复一年地老去”？

专题四　写作能力

答案见P71

写作题(每小题50分,参考时限45分钟。共12小题)

1. 阅读下面的材料,按要求作文。

诚信,是相互的,不仅有你对陌生人的信任,还有陌生人对你的相信。近日,A市一媒体记者走上街头进行诚信调查。记者把诚信交给陌生人,看到底有多少人愿意接受这份信任。在街头,记者向30名市民寻求帮助。

“不好意思,我要去趟厕所,你能帮我看下包吗?”面对记者这样的求助,30名市民中仅有8人伸出援助之手帮助记者,超过七成的市民不相信记者的“诚信”。在他们眼中,记者的“诚信”似乎成为了一个“麻烦”。

还有很多市民虽没有帮助记者看包,但是都建议记者寻找行李寄存处。“万一你包里有什么贵重物品,很可能给我带来麻烦,但是我还是挺想帮助你的。”一名青年说。

针对此次调查结果。记者请教了某大学教授王春勇。他认为,记者送出“诚信”但没有得到对方的相信和帮助,主要有两个原因:从社会原因讲,社会上有很多负面现象。这些现象对人们心理产生影响;从教育的角度讲,很多人都以自我为主,凡事都会考虑自己多一些,常会有“多一事不如少一事”的心理。

“要解决这个问题,首先要营造相互帮助的社会氛围,提倡诚信待人。这种客观环境会影响个人意识。其次是培养乐于助人的意识,经常帮别人,等你需要帮助时,别人才有可能帮助你,诚信确实是相互的。”王教授说。

综合上述材料所引发的联想和感悟,写一篇论说文。

要求:用规范的现代汉语写作;角度自选,立意自定,标题自拟;不少于1000字。

6. 阅读下面的材料，按要求作文。

杜鲁门当选总统后不久，记者采访他的母亲："有哈里这样的儿子，你一定感到十分自豪。"母亲赞同地说："是这样。不过我还有一个儿子，也同样使我感到很自豪，他现在正在地里挖土豆。"

综合上述材料所引发的联想和感悟，写一篇论说文。

要求：用规范的现代汉语写作；角度自选，立意自定，标题自拟；不少于1000字。

7. 阅读下面的材料，按要求作文。

有这样一则笑话：某电视剧拍摄现场，西施弹奏《思乡曲》实在动人，连吴王夫差听后都不由自主地赞叹道："此曲只应天上有，人间能得几回闻？"一旁有人说："这话似乎有点像杜甫的诗句。"导演说："管他呢，也许吴王夫差读过杜甫的诗吧。要不然，编剧怎么会这么写呢？"联想到平时报纸、电视、名人出书的现状，无错不成报，无错不成书，似乎习以为常。假如大家都负起责任……

综合上述材料所引发的联想和感悟，写一篇论说文。

要求：用规范的现代汉语写作；角度自选，立意自定，标题自拟；不少于1000字。

8. 阅读下面的材料，按要求作文。

某校一班级学生开展了以苏轼为主题的小课题研究，完成了23份课题报告，其中《大数据帮你进一步认识苏轼》《苏轼的朋友圈》《苏轼的心情曲线》《苏轼的旅游品牌价值》等报告刷爆了微信朋友圈，引起了社会对教育的广泛热议，人们纷纷讨论当今社会到底需要什么样的教育。

综合上述材料所引发的联想和感悟，写一篇论说文。

要求：用规范的现代汉语写作；角度自选，立意自定，标题自拟；不少于1000字。

9. 阅读下面的材料,按要求作文。

德国有个叫谢里曼的商人,幼年时深深迷恋《荷马史诗》,并暗下决心,一旦他有了足够的收入,就投身于考古研究。

谢里曼很清楚进行考古发掘和研究是需要很多钱的,而自己的家境却十分贫寒,在现实与理想之间,没有直线可走,他决定走曲线。

于是,从12岁起,谢里曼就自己挣钱谋生,先后做过学徒、售货员、银行信差,后来在俄罗斯开了一家私人的商务办事处。

但谢里曼从未忘记过自己的理想,利用业余时间,他自修了古代希腊语,并通过穿梭于各国之间的商务活动,学会了多门欧洲语言。

多年以后,谢里曼终于积攒了一大笔钱,他开始把时间和钱财都花在追求儿时的理想上。谢里曼坚信,通过发掘,一定能够找到《伊利亚特》和《奥德赛》中所描述的城市和古战场。1870年,他开始在特洛伊挖掘,不出几年,他就发掘了九座城市,并最终挖到了两座爱琴海古城,谢里曼也成了发现爱琴文明的第一人。

综合上述材料所引发的联想和感悟,写一篇论说文。

要求:用规范的现代汉语写作;文体自选,立意自定,标题自拟;不少于1000字。

10. 阅读下面的材料,按要求作文。

教师的宽容,像春风化雨润物细无声,其气氛比起疾风骤雨更见效。它可以净化学生的心灵,营造出宽松和谐的课堂氛围,促使学生无拘无束,更好地发挥创造力。教师宽容地对待自己的学生,就是科学地看待教育过程。正如陶行知先生说的:“你的教鞭下有瓦特,你的冷眼里有牛顿,你的讥笑里有爱迪生。”

综合上述材料所引发的联想和感悟,写一篇论说文。

要求:用规范的现代汉语写作;角度自选,立意自定,标题自拟;不少于1000字。

或者其他有关行政部门责令撤销入学资格,并责令停止参加相关国家教育考试( )

A. 一年以上三年以下
B. 二年以上五年以下
C. 三年以上六年以下
D. 四年以上十年以下

6. 林某因不履行监护职责,被当地人民法院依法撤销了其对女儿佳佳的监护权。根据《中华人民共和国未成年人保护法》,下列说法正确的是( )

A. 林某应继续负担抚养费
B. 林某可不再承担抚养费
C. 法院可委托他人代为监护
D. 林某可指定他人代为监护

7. 根据《中华人民共和国义务教育法》,教科书价格按照( )原则确定。

A. 市场调节
B. 经营者定价
C. 微利
D. 最大利润

8. 学生周某旷课一天,学校未与其家长联系。该校的做法( )

A. 合法,是学生违反校规
B. 合法,是家长未尽监护职责
C. 不合法,学校应派学生出去寻找
D. 不合法,学校应及时与家长联系

9. 某中学教师张明向上级有关部门反映学校乱收费问题。学校先是对外宣称张明患有精神病,不给他安排教学任务,后又将其解聘。下列说法,正确的是( )

A. 张明系学校教师,只应关心教学问题,收费问题不该他管

B. 学校不给张明安排教学任务的行为侵犯了张明的教育教学权

C. 学校解聘张明符合我国《教师法》规定的解聘条件

D. 学校的做法能够避免其被上级有关部门处理,是正确的

10. 在教育教学实践中,有的教师出于各种目的,隐匿、销毁、私拆学生的私人信件,侵犯了学生的( )

A. 个人隐私权
B. 个人财产权
C. 人身自由权
D. 人格尊严权

11. 李明因与同桌吵架,回家向家长哭诉。第二天,李明家长带领五六个高大威猛的社会人员来学校,扬言不交出让李明受委屈的学生就不让学校正常上课。根据有关法律,对李明家长及其他相关人员应该依法给予( )

A. 刑事处罚
B. 治安管理处罚
C. 行政处分
D. 民事责任

12. 某中学为了加强学生管理,要求各班进行“民主选差生”,并且在公布栏公示。依据我国《义务教育法》规定,该校行为侵犯了学生的( )

A. 受教育权
B. 物质帮助权
C. 人格尊严权
D. 申诉权

13. 教师要适应时代发展需要,拓宽知识视野,更新知识结构,不断提高专业素养和教育教学水平,就必须( )

A. 爱岗敬业
B. 勇于创新
C. 严谨治学
D. 终身学习

14. 陈老师为了提高班级学生的成绩,在教学之余开设了一个有偿的补习班,并要求班级学生必须全

部参加。该老师的做法主要违背了教师职业道德规范中(   )的要求。

A. 爱岗敬业　B. 关爱学生　C. 教书育人　D. 为人师表

15. 教师要给学生一杯水,首先自己要有一桶水,这要求教师要做到(   )

A. 爱国守法　B. 教书育人　C. 终身学习　D. 为人师表

16. 面对捣乱的学生,个别老师采取体罚的办法,但叶老师没有这样做,而是耐心地与学生交流,帮助他们改正缺点。这说明叶老师能够做到(   )

A. 依法执教　B. 团结协作

C. 尊重同事　D. 终身学习

17. 三星堆遗址群位于(   )

A. 湖南　B. 四川　C. 湖北　D. 云南

18. 中东地区储藏着丰富的石油资源,是最重要的石油输出地之一。海湾地区的石油输往世界各地都要经过唯一的海上通道——(   ),因此该海峡被誉为"世界油阀"。

A. 霍尔木兹海峡　B. 马六甲海峡

C. 直布罗陀海峡　D. 德雷克海峡

19. 俗话说"一寸光阴一寸金"。这里的"寸"是用古代哪种计时器量出的时间单位(   )

A. 日晷　B. 漏刻　C. 钟表　D. 沙漏

20. 下列科学家中,否定了"燃素说",提出并阐明了燃烧作用的氧化学说的是(   )

A. 拉瓦锡　B. 波义耳　C. 普朗克　D. 门捷列夫

21. 下列作品中,不属于高尔基自传体"三部曲"的是(   )

A.《童年》　B.《在人间》　C.《母亲》　D.《我的大学》

22. 中国古典园林是建筑、山池、园艺、绘画、雕刻以至诗文等多种艺术的综合体,类型、风格多样。北京的颐和园和北海公园属于(   )

A. 私家园林　B. 皇家园林　C. 岭南园林　D. 南方园林

23. 杜甫的诗句"丞相祠堂何处寻?锦官城外柏森森。"中"锦官城"指的是(   )

A. 开封　B. 北京　C. 南京　D. 成都

24. "梁山伯与祝英台"是我国著名的民间传说,多种地方剧中都表现过相关的题材。何占豪、陈钢的小提琴协奏曲《梁祝》的创作,所依据的地方剧种是(   )

A. 粤剧　B. 豫剧　C. 川剧　D. 越剧

25. 秦始皇建立中央集权制之后,统一了度量衡和币制,实行车同轨、书同文,统一规范的字体是(   )

A. 大篆　B. 小篆　C. 隶书　D. 楷书

26. 在Word中,用鼠标左键单击文档中的图片所产生的效果是(   )

A. 弹出快捷菜单　B. 选中该图片

C. 进入图形编辑状态　D. 将该图片加文本框

点。面对此起彼伏的“争夺战”与“伪文化”浪潮,政府本应做正确的引导,为何却成了推波助澜的主导?

实际上,逐步升格的“崇古活动”与不断新建“文化标记”,已经成为一些地方新一轮面子工程的集体亮相。在光大传统、发展文化的口号之下,一些官员的心中,不仅有对经济效益的图谋,更有对“政绩收益”的盘算。他们用行政拨款下注,看能否博取更大的利益,创造经济——文化——政治的多赢。

让经济利用,被政治挟持,结果是,以文化为名义的文化行动,非但没有为社会繁荣带来推力,没有增强我们的历史文化意识,反而推助了急功近利、唯利是图的社会风气,加剧了好大喜功、铺张浪费的官场恶习,留下了沉重的文化欠债和社会成本。

这恐怕是“遗产经济学”更大的后患!

(摘编自卢新宁《遗产经济学的文化后患》,有删改)

问题:

(1)本文所说的“遗产经济学”有哪些文化后患?请简要概括。

(2)为什么在一些地方出现了“文化遗产争夺战”与“伪文化”建设浪潮?请简要分析。

三、写作题(本大题1小题,50分)

33. 阅读下面材料,按要求作文。

某日,杨绛先生的同事问她:“您一天能翻译多少字?”杨绛回答:“我想平均起来也就不过五百字左右吧。”面对众人的不解,她补充道:“我翻译其实是很慢的,我首先要把每段话的原意弄清楚,然后把每个原文句子通通拆解,再按照我们汉语的语言习惯重新组成句子,把整段话的原意表达出来。”正因为如此她才翻译出了一部部脍炙人口的著作。

综合上述材料所引发的感悟,写一篇论说文。

要求:用规范的现代汉语写作;角度自选,立意自定,标题自拟;不少于1000字。

国家教师资格考试全真模拟试卷(二)

➢答案见P81

综合素质(中学)

注意事项:

1. 考试时间为120分钟,满分为150分。
2. 请按规定在答题卡上填涂、作答,在试卷上作答无效,不予评分。

一、单项选择题(本大题共29小题,每小题2分,共58分)

在每小题列出的四个备选项中只有一个是符合题目要求的,请用2B铅笔把答题卡上对应题目的答案字母按要求涂黑。错选、多选或未选均无分。

1. 不见用途,木材就无优劣之分。红木是做家具的优材,但是不能用来盖房子;杉木做家具是劣材,打桩可是优材。正如斯皮尔曼教授一再强调的那样:“每一个人都可能是天才,每一个人都可能是白痴。”该语句体现的是(　　)

A. 学生是具有独立意义的主体　　B. 学生是发展中的人

C. 学生是具有个性与差异的人　　D. 学生各阶段的发展要求不同

2. 骨干教师闵老师在年终的同行测评中得分不高,很郁闷,活动中学生出一点差错他就大发雷霆。闵老师应该(　　)

A. 严格待生,专注教学　　B. 保持个性,坚持自我

C. 注重反省,调适自我　　D. 迎合同事,搞好关系

3. 在教学研讨会上,作为教研组组长的周老师多次强调:“作为老师,我们要寻找、研究一种适合学生的教育,而不是挑选适合教育的学生。”周老师的这一观点体现了(　　)

A. 素质教育以提高国民素质为根本宗旨　　B. 素质教育是面向全体学生的教育

C. 素质教育是促进学生全面发展的教育　　D. 素质教育是促进学生个性发展的教育

4. 某名牌师范大学毕业的小张回到家乡的一所普通中学任教。小张根据课程标准认真上课,授课结束就认为该课程结束。任教多年的老教师建议他对上课情况进行总结,查找自己上课的优缺点,小张一直都置之不理。从中可以看出小张(　　)

A. 缺乏反思精神　　B. 专业知识扎实

C. 缺乏合作精神　　D. 缺乏创新精神

5. 学校评定奖学金,小伟成绩非常好,但因为和班主任关系不太好,被班主任取消评定资格。该班主任侵犯了小伟的(　　)

A. 健康权　　B. 人格尊严权　　C. 荣誉权　　D. 财产权

候特点的名称,在中国古代主要用于指导农事活动。下列选项中,不属于二十四节气的是(　　)

A. 清明、谷雨　　B. 立夏、小满　　C. 中秋、重阳　　D. 冬至、小寒

26. 下列哪一组软件都是应用软件(　　)

A. DOS、Windows、Word、Excel、VFP　　B. Word、Excel、Unix、游戏软件、杀毒软件

C. 游戏软件、PowerPoint、Word、Excel　　D. Word、DOS、Excel、声音编辑软件

27. 在PowerPoint中,“动画”选项卡可以对幻灯片上的对象应用,进行(　　)操作。

A. 更改与删除动画　　B. 形状与图片

C. 主题设计和颜色　　D. 动画设计与页面设计

28. “并非一切糕点都是甜味的。”这句话的意思是(　　)

A. 至少有一种糕点不是甜的　　B. 没有一种糕点是甜的

C. 至少有一种糕点是甜的　　D. 没有一种糕点不甜

29. 找规律填数字是一项很有趣的游戏,特别锻炼观察和思考能力。按照“3+4+9→122736”“2+6+6→121236”“5+3+7→153521”的规律,下列选项中正确的是(　　)

A. 8+5+2→401610　　B. 8+5+2→164056　　C. 8+5+2→401026　　D. 8+5+2→405624

二、材料分析题(本大题共3小题,每小题14分,共42分)阅读材料,并回答问题。

30. 材料:

最近A中学的袁老师成为了大家议论的焦点。从教三十余年,袁老师给大家留下的印象都是谨慎稳妥。但在最近,袁老师却开始主动“革自己的命”,放着几十年的教学风格不用,非要“鸡蛋里面挑骨头”。例如袁老师同时教授初一、高一学生,许多这种情况的老师往往会被校领导抱怨对待初中生太宽松、对待高中生太严厉,大家也都听之任之。可袁老师几十岁的人却主动跑去听初中和高中老师上课,并请他们指出自己教学中的不足之处。而对待调皮的学生,大家都是严厉批评,袁老师却主动关心这些学生的家庭环境,反思自己的教学风格是不是不适合他们。这些都还不够,袁老师甚至向校长建议重新调整使用了几十年的课表,要求学校增设职业规划、心理健康等“闻所未闻”的课程。

袁老师的这些行为在这所以升学为主要目标的中学里无疑属于“特立独行”,受到各种批评,可是袁老师并没有因此而气馁,反而四处宣传他的新课程理论。

问题:请结合材料,从教师观的角度,评析袁老师的行为。

31. 材料：

学生每天中午都吃学校的盒饭，一天，班主任田老师发现垃圾桶附近饭盒扔得到处都是，就请在场的同学清理。可在场的同学却说："这事一直都是小东在做，我们不管!"

小东是刚从别的中学转来的，家境很贫寒，人也很老实，平时不太合群，总是被其他同学欺负，自己又不敢说。老师了解到这一情况后，一方面带头清理垃圾，带领其他同学共同解决班级的环境问题；另一方面，更加关心和爱护小东，帮助小东更好地融入班集体，和大家做朋友……过了一段时间后，小东和同学们打成一片，大家的劳动积极性也提高了。

问题：请结合材料，从教师职业道德的角度，评析田老师的教育行为。

32. 材料：

无论研究数学中的哪一个分支，华罗庚总能抓住中心问题，并力求在方法上有所创新。他反对将数学割裂开来，永远只搞一个小分支或其中的一个小题目，而对别的东西不闻不问。他将这种做法形容为"画地为牢"。他曾多次告诫学生："我们不是玩弄整数，数论跟其他分支是有密切关系的。"在《数论导引》中，华罗庚首先强调的就是数学的整体性与各部分之间的联系。

1945年，尽管华罗庚已经是世界数论界的领袖学者之一，但他并不满足，决心中断他的数论研究，另起炉灶。关于他改变自己研究方向的主要原因，正如他以后多次说的，"假如我当时不改行，大概只写几篇数论文章，我的数学生命也就结束了，但改行了就不一样了。在研究数学时，选准方向拼命进攻固然重要，但退却有时也很重要。善于退却，把握退却的时机，这本身就是一种艺术"。他的改行，实际上是其治学之道"宽、专、漫"中的"漫"，即他在搞熟弄通的分支附近，扩大眼界，在这个过程中逐渐转移到另一个分支，使自己的专业知识"漫"到其他领域。这样，原来的知识在新的领域还有用，选择的范围就越来越大。他一直认为，从解析数论中"漫"出来是他一生研究数学的得意之笔。

对于我国数学教育中存在的问题，华罗庚认为，主要出在太注意方法而忽略了原则。一个数学问题往往要教十几种方法，其实只要一种就够了。学会一种方法，别的自然可以想到。在教学方法上，一种毛病是不少老师不愿意改作业，许多题目自己在黑板上演算一遍，让学生照抄了事；另一种毛病是不愿当堂答复学生的问题，这一种态度最坏。华罗庚上课时，对学生提的任何问题

图书反馈

重磅！真题重奖征集！

凡提供当年度考试真题者，均可获得现金奖励。具体请联系QQ：3232490489。

（温馨提示：所提供真题须是当年度考试真题，且真实有效。最终解释权归山香教育所有）

亲爱的考生：

感谢您对山香教育的信任和支持，您的建议是我们前进的动力！为进一步提高图书质量，我们特向全国各地的考生开展有奖反馈活动。

图书反馈链接

1.凡提供山香图书的错题反馈者，均能获得价值99元的山香网课《高频考点》（基础版）大礼包1份。

2.凡提供反馈项目者，可获得价值299元的山香网课《高频考点》（豪华版）超级大礼包1份。

3.我们从意见被采纳人员中每月抽取幸运者2名，各奖励价值1380元的山香网校网课大礼包一份。

¥99
大礼包

¥299
超级大礼包

反馈项目

姓名：　　　　专业：　　　　报考地区：

手机号：　　　　QQ号：

1.您认为图书中可以增加哪些模块或内容，有助于您的学习？

2.您对本书的印刷、装订、封面有何意见和建议？

3.结合山香现有图书和考情需要，您还需要哪些形式的备考资料？

联系方式：400-600-3363　　**研发部QQ**：1831595423

招教网：http：//www.zhaojiao.net　　**山香网校**：http：//www.sx1211.cn

图书订正链接

目　录

2019(下)——2022(上)真题考点分布表

第一模块　过关必刷题库

二、图书特点

为了让考生有针对性地备考，使复习有方向有条理，作为国内研究开发教师资格考试辅导教材的专业机构，山香教育在调研历年教师资格考试真题的基础上，结合考试标准和考试大纲，策划出版了本套题库，致力于帮助广大考生实现教师之梦。

本套题库具有如下特点：

第一，精选真题，契合考纲。

本题库选择真题时注重其是否契合《中小学教师资格考试·综合素质（中学）笔试大纲》。精选真题按照职业理念、教育法律法规、教师职业道德、文化素养和基本能力五个部分划分归类，又具体分出各个专题，使考生能够根据专题的知识点、重点进行强化训练，以达到提升应试能力的目的。

第二，题量丰富，解析详尽。

本套题库试题丰富，题型全面，且所有试题都附有详细的答案和解析，思路清晰，要点明确，考生可通过做题达到巩固知识、熟悉题型、强化记忆的效果。

三、图书使用说明

1. 本套题库在“核心知识提要”部分对重要知识与考点挖空，并在“参考答案及解析”册增设“核心知识提要”部分答案，考生可在默写后对照答案查漏补缺，有针对性地巩固薄弱点。

2. 本套题库的“经典真题回顾”部分选用2017—2022年的经典真题，覆盖范围广，知识点全面，有助于考生了解教师资格考试命题趋势，发现自身不足，及时进行复习。

3. 本套题库在每一章各部分及专题名右下方增设“答案页码”图标➤答案见P1，为考生提供便利，考生可在完成试题后快速找到“参考答案及解析”册对应页码处，查阅试题答案解析。

本套题库难免存在一些不足之处，衷心希望各位读者朋友批评指正，同时希望这套题库能为考生顺利通过教师资格考试提供帮助。

编　者

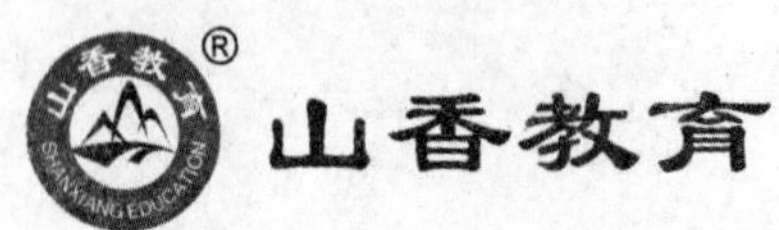

国家教师资格考试

高分题库

1000

山香教师资格考试命题研究中心 主编

中学·综合素质

关注公众号，点击“笔试练习”领取历年真题及预测卷20套！

图书在版编目(CIP)数据

高分题库．综合素质．中学 / 山香教师资格考试命题研究中心主编．— 北京 ：首都师范大学出版社，2017.4(2022.4重印)

国家教师资格考试

ISBN 978-7-5656-3403-1

Ⅰ．①高… Ⅱ．①山… Ⅲ．①教师素质－中学教师－资格考试－习题集 Ⅳ．①G451.1-44

中国版本图书馆CIP数据核字(2017)第061484号

国家教师资格考试高分题库

ZONGHE SUZHI ZHONGXUE

综合素质·中学

山香教师资格考试命题研究中心　主编

策划编辑　张文强

责任编辑　曹亮亮　王慕飞　　　封面设计　山香教育

首都师范大学出版社出版发行

地　址　北京市西三环北路105号

邮　编　100048

电　话　010-68418523(总编室)　　010-68982468(发行部)

网　址　http://cnupn.cnu.edu.cn

印　刷　河南黎阳印务有限公司

经　销　全国新华书店

版　次　2017年4月第1版

印　次　2022年4月第12次印刷

开　本　787mm×1092mm　1/16

印　张　16

字　数　380千

定　价　42.00元

前　言

一、考情介绍

中小学教师资格考试是由国家建立考试标准，省级教育行政部门组织的全国统一考试，包括笔试和面试两部分。笔试主要考查申请人从事教师职业所应具备的教育理念、职业道德、法律法规知识、科学文化素养、阅读理解、语言表达、逻辑推理和信息处理等基本能力；教育教学、学生指导和班级管理的基本知识；拟任教学科领域的基本知识，活动设计实施评价的知识和方法，运用所学知识分析和解决教育教学实际问题的能力。笔试一般在每年3月和11月各举行一次，笔试单科成绩有效期为2年。笔试科目均合格的考生，可参加教师资格考试面试。下表为各学段的笔试科目及面试相关情况。

<table>
<tr><th colspan="3" rowspan="2">类别</th><th colspan="3">笔试科目</th><th rowspan="2">面试</th></tr>
<tr><th>科目一</th><th>科目二</th><th>科目三</th></tr>
<tr><td colspan="3">幼儿园</td><td>综合素质</td><td>保教知识与能力</td><td rowspan="2">——</td><td rowspan="5">教育教学实践能力</td></tr>
<tr><td colspan="3">小学</td><td>综合素质</td><td>教育教学知识与能力</td></tr>
<tr><td rowspan="5">中学</td><td colspan="2">初级中学</td><td rowspan="5">综合素质</td><td rowspan="5">教育知识与能力</td><td rowspan="3">学科知识与教学能力</td></tr>
<tr><td colspan="2">高级中学</td></tr>
<tr><td rowspan="2">中职</td><td>文化课教师</td></tr>
<tr><td>专业课教师</td><td rowspan="2">（试点省自行组织）</td><td rowspan="2">（试点省自行组织）</td></tr>
<tr><td colspan="2">中职实习指导教师</td></tr>
<tr><td colspan="7">注1.初级中学的《学科知识与教学能力》科目分为：语文、数学、英语、物理、化学、生物、道德与法治、历史、地理、音乐、体育与健康、美术、信息技术、历史与社会、科学等15个学科。
注2.普通高级中学的《学科知识与教学能力》科目分为：语文、数学、英语、物理、化学、生物、思想政治、历史、地理、音乐、体育与健康、美术、信息技术、通用技术等14个学科。</td></tr>
</table>

第二模块　全真模拟试卷

参考答案及解析单独成册

模块	考点	2022年	
		上半年	下半年
职业理念	教育观	素质教育的内涵	——
	学生观	“以人为本”的学生观	“以人为本”的学生观;教育公 原则
	教师观	教学反思;教师专业发展阶段	新课程倡导的教师观
教育法律法规	教育法律法规概述	宪法;教育法;教师法;义务教育法;未成年人保护法;预防未成年人犯罪法;学生伤害事故处理办法	宪法;教育法;教师法;义务教 法;未成年人保护法;学生伤害 故处理办法
	学生的权利及其保护	侵犯学生权利的表现——受教育权	——
教师职业道德	教师职业道德规范	教师劳动的利益关系;《中小学教师职业道德规范》(2008年)	教师职业道德修养的特点;《中 学教师职业道德规范》(2008年
	教师的职业行为	《中小学教师违反职业道德行为处理办法》;教师行为选择的原则	教师的教学行为规范
文化素养	历史素养	中国古代史	——
	科学素养	医学知识;天文地理常识;数学常识	生物常识;物理常识;数学常识
	传统文化素养	历史典故与人物;古代年龄称谓	文化遗址的建筑类型;民族服饰
	文学素养	文艺复兴时期文学;十九世纪现实主义文学	中国文学;外国文学
	艺术素养	电影	戏曲;绘画
基本能力	信息处理能力	Excel的基本操作;Word文档的基本操作	Excel中的函数知识;Word文 排版
	逻辑思维能力	类比推理;图形推理	类比推理;图形推理
	阅读理解能力	《猛虎和蔷薇》	《言之有“礼”》
	写作能力	与时俱进	加倍人生

职业理念
- 教师观
  - 现代教师角色的转变★★
    - 从教师与学生的关系看,教师是⑨________
    - 从教学与研究的关系看,教师是⑩________
    - 从教学与课程的关系看,教师是⑪________
    - 从学校与社区的关系看,教师是⑫________
  - 现代教师教学行为的转变★★★
    - 在对待师生关系上,强调⑬________
    - 在对待教学关系上,强调⑭________
    - 在对待自我上,强调⑮________
    - 在对待与其他教育者的关系上,强调⑯________
  - 教师专业发展★★

经典真题回顾

答案见P1

一、单项选择题(每小题2分,共25小题。参考时限35分钟)

1. 素质教育注重对学生创新精神的培养。下列方法不适合培养学生创新精神的是(　　)

A. 继承与开拓　　B. 学习与创造
C. 思考与想象　　D. 熟练与传承

2. 开学了,为把素质教育落到实处,某中学语文老师为同学们确定了学期素质教育目标:"每个月读一本名著,识两位名人,听三首名曲,品四幅名画,背五首古诗。"该教师的做法(　　)

A. 干扰了学生学习的节奏　　B. 优化了学生学习的方法
C. 窄化了素质教育的内涵　　D. 指明了素质教育的途径

3. 某校在初三年级实行两张课程表,一张公开的应对检查,一张不公开的实际执行,以提高升学率。对于该校做法,下列说法正确的是(　　)

A. 遵循了学科教学的基本规则　　B. 降低了学生学习的效率
C. 漠视了学生全面发展的需要　　D. 体现了学校办学的特色

4. 在生物实验课上,韩老师自始至终引导学生完成事先准备好的填空题:"实验步骤一:从________号烧瓶倒入________号烧瓶……""显微镜的取镜和放置:右手紧握________,左手托住________……"这说明韩老师(　　)

A. 教学理念偏失　　B. 教学态度不端
C. 教学评价不当　　D. 教育行为失范

5. 工作多年的张老师有较高水平的教学能力和技巧,班级管理得井井有条,还注重激发自我潜能。张老师所处的教师发展阶段是(　　)

A. 专家生涯阶段　　B. 退缩生涯阶段　　C. 更新生涯阶段　　D. 预备生涯阶段

6. 桂老师专门找朱松谈话,告诉他:“你这段时间虽然学习效果不太好,但比以前刻苦多了,只要你改进学习方法,会有明显进步的。”桂老师的做法(　　)

A. 有利于激发朱松的学习动力　　B. 不利于保护学生的自尊心

C. 有利于激发朱松的合作意识　　D. 不利于发展学生的个性

7. 作为班长,晓月成功组织了很多班级活动。可是,晓月的妈妈担心班级事务影响晓月的学习,私下对班主任范老师说:“不要让晓月担任班干部了。”范老师二话没说就照办了。范老师的做法(　　)

A. 体现了对家长意见的尊重　　B. 体现了教师与家长的合作

C. 忽视了学生发展的完整性　　D. 忽视了班级管理的差异性

8. 多年来,曾老师坚持让学生采用反思记录表、学习日志或成长记录袋等多种方法来记录学习过程,并不断指导学生优化记录的方法。曾老师的做法(　　)

A. 忽视了学生的发展性　　B. 忽视了学生的差异性

C. 尊重了学生的创造性　　D. 尊重了学生的自主性

9. 晚自习时,高老师发现班上的一位男生在给一位女生递纸条。高老师走上前去对他们说:“你们在干嘛?是不是在递情书啊?现在可不是谈恋爱的时候啊,考上大学后再谈吧。”高老师的声音不大但同学们都听到了,这两位同学顿时羞红了脸。关于高老师的做法,下列说法中正确的是(　　)

A. 明察秋毫,及时引导学生　　B. 有亲和力,巧妙杜绝早恋

C. 方法粗暴,侵犯学生隐私　　D. 工作武断,伤害学生自尊

10. 某班主任制定的班干部竞选条件中规定,成绩在后10名的同学不能参选。理由是:“自己都管不好,怎么能管好别人。”这种做法(　　)

A. 正确,有利于学困生安心学习　　B. 正确,有利于刺激学困生上进

C. 不正确,不能促进学生个性发展　　D. 不正确,未能平等对待所有学生

11. 吴老师在指导青年教师时说道:“我们是生物老师,自己就知道生物的多样性和保护这种多样性的重要,所以对各有所长的学生,我们可不能做一个把学生修剪得整整齐齐的园丁。”这种说法表明教师劳动具有(　　)

A. 差异性　　B. 协作性　　C. 复杂性　　D. 示范性

12. 上课铃响后,章老师走进教室准备上课,发现黑板上有一幅丑化自己的画像,同学们在座位上窃窃私语。面对这样的情境,章老师应该(　　)

A. 立即停课,查出捣乱分子　　B. 继续上课,留待课后处理

C. 召开班会,开展批评教育　　D. 压制怒火,等待学生检举

13. 综合实践活动中,段老师设计了主题为“社会旅游资源”的调查。有部分同学对一座古塔的建筑材料、风格产生了兴趣。在指导大家完成调查报告之后,段老师又指导这部分同学确定了新课题——“古塔建筑材料、风格与保护”。对于段老师的做法,下列评价不恰当的是(　　)

A. 尊重了学生的学习需要　　B. 培养了学生的探究意识

C. 激发了学生的学习兴趣　　D. 纠正了学生的研究方法

道："不会呀，这是在分析学生认知规律和学习特点的基础上想出来的方法。其中，知识拓展类纸片可以帮助学生解决知识的连贯性、整体性问题，考点讲解类纸片可以帮助学生解决知识的理解性、应用性问题，错题分析类纸片可以帮助学生解决知识的巩固性、综合性问题。所以，咱们的教学不仅要观察可以怎么做，还要去琢磨为什么这样做。"

问题：请结合材料，从教师观的角度，评析董老师的教育行为。

2. **材料**：

晓华学习成绩差，很多老师认为他学业上无可救药。有一天，张老师发现他的作文本里夹着一页纸，上面歪歪扭扭地写着"零分我的好朋友你在慢慢地向我靠近你如此多情难到你也把我当成一个无用的人不我不是一个无用的人我是人我也有一颗自尊心再见吧零分"。

张老师把晓华叫到办公室，帮助他改正了错别字并加上标点，重新组织成下面的样子：

零分，我的好朋友，

你在慢慢地向我靠近。

零分，你如此多情，

难道你也把我当成一个无用的人？

不，我不是一个无用的人，

我是人，我也有一颗自尊心。

再见吧！零分！

张老师露出赞许的神情，说："看，这是一首很好的诗啊！"听到这句话，晓华原本紧绷的脸上露出了笑容。张老师又说："诗言志，从这首诗可以看出你是不甘心与零分为伍的人，你也有你的梦想。"这是诗？我也能写诗？晓华非常激动，他没想到老师会给他这样的评价。张老师热情的鼓励驱散了他心中的阴影，坚定了他奋发向上的信心。从此以后，晓华努力学习，取得了很大进步。两年后，他顺利考上了高中。

问题：请结合材料，从学生观的角度，评析张老师的教育行为。

3. 材料：

李老师是一名中学美术老师，他常常说："美术课堂不仅要教会学生画画，还应该培养学生更多的能力。"有一次，在和学生聊天时，李老师听说学生家里都有不少闲置的废旧衣物，弃之可惜，留之占地。于是，李老师组织了"变旧为新"创意大赛，号召大家收集家里无用的旧衣物，将其进行改造。这一活动吸引了很多学生和家长参与，有的学生将旧衣服改成符合时尚潮流又具有独特魅力的新衣服；有的学生将旧衣物裁剪成布条、布块，制作成灯笼、布娃娃等布艺饰品……学生们给旧衣物赋予了新的功能和价值，制作出缤纷多彩的作品。

在教学中，李老师经常运用绘图技术进行视觉教学，听音乐作画、古诗词意境配画等，他还带学生去郊外写生。每年市里举办美术展览，他都带学生去参观，引导学生仔细观察，用心体会。李老师的美术课成了学生追捧的热门课，他个人也被评为学校最受学生喜爱的"十大明星老师"之一。

问题：请结合材料，从教育观的角度，评析李老师的教育行为。

过关必刷题库

答案见P4

专题一　教育观

一、单项选择题（每小题2分，共40小题。参考时限60分钟）

1. 我国自改革开放以来，党和国家始终把提高全民族的素质作为关系社会主义现代化建设全局的一项根本任务。下列不属于素质教育的特点的是（　　）

A. 倡导人人有受教育的权利　　B. 注重全面发展

C. 鼓励个性充分发展　　D. 强调师道尊严

2. 某中学在新生入学后，做了一项学生课余爱好调查，了解学生的兴趣爱好，并依据学校教学计划，组建国学、器乐、生物、物理、航模等兴趣小组。其主要目的是（　　）

A. 凸显教学风格　　B. 因材施教，促进学生个性发展

C. 深化课堂教学　　D. 培养竞赛人才

3. 为了提高学生的语文、数学、英语成绩，班主任把体育课、音乐课等能利用的时间平均分配给了这三科老师用于补课。这种做法（　　）

A. 正确，有利于提高学生的竞争力　　B. 正确，有利于提高班级教学质量

C. 不正确，不利于教师的专业发展　　D. 不正确，不利于学生的全面发展

如。”听了这话的小明涨红了脸，深深地把自己的头低了下去。该老师的做法(　　)

A. 正确，有助于稳定课堂秩序　　B. 不正确，不利于学生创新精神的培养

C. 正确，有助于学生谦虚的学习态度的养成　　D. 不正确，不利于学生的全面发展

20. 近年来，“差生测智商”“绿领巾”“差生教室外考试”“收取‘不听话押金’”等一系列教育乱象频出，引起社会热议。下列观点错误的是(　　)

A. 这些做法有悖于素质教育理念，是一种“教育冷暴力”

B. 这是不尊重学生、损害学生人格尊严的行为

C. 这些做法会给学生留下心灵创伤，不利于学生健康发展

D. 这些做法能促进有错误的学生积极反省，是一种有效的“惩罚教育”

21. 临近期末考试，初三(2)班的班主任赵老师占用学生音乐课和美术课的时间来讲授学生在物理、化学等科目中存在的疑难问题。赵老师的做法(　　)

A. 正确，有利于提高学生的期末成绩　　B. 正确，有利于老师组织学生有效复习

C. 错误，不利于学生德智体美劳全面发展　　D. 错误，不利于特长生的发展

22. 下图中，该老师的做法(　　)

A. 违背了素质教育的理念　　B. 违反了因材施教的原则

C. 适应了社会竞争的要求　　D. 体现了学科教学的重要

23. 小安多次在运动会田径比赛中获得冠军，但他不喜欢学习文化课，陈老师找他谈话：“有特长固然好，但没有文化知识作为基础，将来很难在社会中谋得一席之地。”陈老师的做法(　　)

A. 不合理，不利于学生发展特长

B. 不合理，违背了学生的兴趣爱好

C. 合理，学生必须在各个学科领域平均发展

D. 合理，教师应该关注学生的全面发展

24. 某班主任刘老师在班级里做出一个决定，凡是考试成绩前三名的学生可以免除班级的卫生义务。刘老师的做法(　　)

A. 不利于学生良好品德的形成　　B. 有利于班级管理创新

C. 有利于激发学生学习动机　　D. 有利于培养学生竞争意识

25. 某班有这样一条班规，即成绩排名前十的学生可以在班级自由选择座位，而成绩排名后十名的学生只能坐在最后一排。该班级的这一规定(　　)

A. 正确，有利于优生安心学习　　B. 正确，有利于激励学困生上进

C. 不正确,不能促进学生个性发展　　D. 不正确,未能平等对待所有学生

26. 下列哪项不属于素质教育的基本任务(　　)

A. 培养学生的身体素质　　B. 培养学生的心理素质

C. 培养学生的学习能力　　D. 培养学生的社会素质

27. 成绩一向不佳的小刚希望参加学校的男子篮球队,王老师拒绝了他的申请,关切地对他说:"小刚,你还是把心思多放在学习上,先把成绩提上来再说。"王老师的做法(　　)

A. 不恰当,不应该随意拒绝学生请求　　B. 不恰当,不注重学生的全面发展

C. 恰当,体现教师对学生严慈相济　　D. 恰当,体现教师对学生的关心

28. 下列关于素质教育的表述中,正确的是(　　)

A. 素质教育包括社会实践　　B. 素质教育不包括家庭教育

C. 素质教育就是学校教育　　D. 素质教育不包括社会教育

29. 王老师在教授《月儿弯弯》时,其中有句话是"月儿弯弯挂蓝天"。小聪就有疑问,月亮都是晚上出来的,怎么天空不是黑色的而是蓝色的,王老师不知道怎么回答便训斥小聪在课堂上问与教学无关的问题,从此小聪不再喜欢在课堂上发言。关于王老师的做法,表述正确的是(　　)

A. 王老师的做法合理,因为这样才能维持好课堂秩序

B. 王老师的做法欠妥,不应该对学生做任何限制

C. 王老师的做法合理,因为教师必须在课堂中树立威信

D. 王老师的做法欠妥,扼杀了学生的创造性思维

30. 我国把足球纳入学校体育课程教学体系,将其作为体育课必修内容,为学生提供学习足球的机会,将学生足球特长水平纳入学生综合素质评价,形成档案。针对这一做法,结合素质教育的相关内容,下列说法不正确的是(　　)

A. 有利于促进学生的全面发展　　B. 有利于促进学生的个性发展

C. 有利于增强学生的身体素质　　D. 有利于提升学生的学业成绩

31. 元元经常迟到、旷课,多门功课"挂红灯"。不过,他很有绘画天赋,连续两年获得全市青少年绘画比赛冠军。对此,教师的下列做法中不恰当的是(　　)

A. 获得信任,寻找恰当的教育时机　　B. 认真分析,了解问题形成的原因

C. 因势利导,帮助元元树立学习的信心　　D. 扬长避短,引导元元把精力都放在绘画上

32. 胡老师确定班干部时,指定在班级中有点孤僻不合群的王昕同学做小组长,让她和班级中其他同学多多交流,结果王昕同学因为这个任务慢慢地开始与同学们进行交流,人开朗了很多。胡老师的行为(　　)

A. 恰当,教师应该关注每一个学生的发展

B. 不恰当,教师应该给学生更多的私人空间

C. 恰当,每个人必须强制参加班级管理活动

D. 不恰当,教师应该尊重学生的个性

3. 材料：

课堂上，学生对新老师颇感好奇，课堂氛围异常安静。教师板书学习的题目《动物怎样吃食物》。第一项内容即分析哺乳动物怎样吃东西。教师提问："什么是哺乳动物呢？"学生迫不及待地回答："胎生，吃母乳长大。"（一个十分恰当的回答）教师满意地笑了，正欲讲："那它们长大了吃什么？"不料学生小手依然林立。教师不明白了："我还没提问，你们为什么举手？""老师，我们有问题！"教师微微皱眉，只得让一名学生起立提问，"请问人是哺乳动物吗？"教师肯定了他的意见，可举手的同学有增无减。无奈教师只得再叫一名学生。"听说鸭嘴兽也是哺乳动物，它也是吃奶长大的吗？"教师的脸开始泛白："这节课不讨论这个。""可我们想知道！"学生不屈不挠地问。教师原先安排的程序被学生的提问打乱，他生气了："人坐在座位上是不会随便乱问的，只有小动物才会这样，现在我看谁变成小动物了。"课堂一下子安静了下来……同学们听课的热情远远没有之前高涨了。

问题：请结合材料，从教育观的角度，评析材料中教师的教育行为。

专题二　学生观

➤答案见P7

一、单项选择题（每小题2分，共41小题。参考时限60分钟）

1. 下列所述不符合"以人为本"教育理念的是（　　）

A. 遵循学生的生理、心理特点和发展规律设计教学计划

B. 在教学过程中以学生为主体

C. 以实现学生的全面协调发展为教学宗旨

D. 照本宣科，完全按照教材开展教学

2. 马老师每次都会根据学生不同的学习基础设计课堂提问和练习。这说明马老师（　　）

A. 注重循序渐进，实现师生教学相长　　B. 注重分层教学，促进学生均衡发展

C. 关注学生差异，促进全体学生发展　　D. 遵循教学规律，实现学生全面发展

3. 为了贯彻素质教育的理念，殷老师在班级中组织了绘画兴趣小组，规定每个学生都必须参加。殷老师的做法（　　）

A. 正确，体现了面向全体学生的理念

B. 错误，忽视了学生的个性差异

C. 错误，忽视了培养学生的创新精神和实践能力

D. 正确，体现了促进学生全面发展的理念

4. 一个成绩较差的学生某次考试得了84分(满分100分)，却被教师说成是“瞎猫碰到了死耗子”。老师的做法忽视了(　　)

A. 学生是学习的主体　　B. 学生是处于发展过程中的人

C. 每个学生都有自身的独特性　　D. 学生是独立于教师头脑之外的人

5. 大数学家华罗庚在初中时期数学成绩非常差，他的数学老师跟全班同学说：“如果将来有一个人没有出息，那个人一定是华罗庚。”之后华罗庚通过自己的努力成为著名的数学家。数学老师违背了(　　)的学生观。

A. 学生是独特的人　　B. 学生是发展中的人

C. 学生是具有独立意义的人　　D. 学生在教育教学中占主导地位

6. 新转来的学生小明常常以叛逆者自居，他学习成绩不好，经常在上课时表现出怪异行为，比如：学狼叫，席地而坐，在众目睽睽之下从讲台爬回自己的座位上，所有的任课老师都说小明是个十足的坏孩子，品行不端。作为班主任的李老师并没有放弃小明，她暗地调查，并根据小明的具体情况采取了一系列措施，班主任李老师的做法(　　)

A. 正确，体现了学生是发展中的人　　B. 正确，体现了学生是独特的人

C. 正确，体现了学生是具有独立意义的人　　D. 错误，是一种浪费时间的行为

7. “你的教鞭下有瓦特，你的冷眼里有牛顿，你的讥笑中有爱迪生。你别忙着把他们赶跑。你可不要等到坐火轮、点电灯、学微积分，才认识他们是你当年的小学生。”这说明学生是(　　)

A. 具有生存权利的人　　B. 具有发展潜能的人

C. 具有独特个性的人　　D. 具有独立人格的人

8. 吴老师经常通过和学生聊天来了解他们的知识基础与生活经验，再结合他们的学习特点，进行分层教学。吴老师的做法表明他关注(　　)

A. 学生发展的可变性　　B. 学生发展的个别差异性

C. 学生发展的阶段性　　D. 学生发展的不均衡性

9. 张老师在用天平称一支粉笔的重量时，没有拆下天平托盘下的胶垫。第一次称重为100克，第二次为80克，学生问道：“为什么会这样呢?”对此，张老师恰当的做法是(　　)

A. 让学生自己寻找问题产生的原因　　B. 告诉学生不必在意

C. 向学生解释这是天平本身的误差　　D. 不予理睬，继续上课

10. 某同学的数学成绩比较差，每次考试都不及格。这次考试及格了，该同学本以为老师会表扬他，没想到老师一进教室就当着全班同学的面问他：“你这次考得特别好，不是抄来的吧?”老师的这种做法忽视了(　　)

A. 学生的完整性　　B. 学生的独特性

C. 学生的主体性　　D. 学生的发展性

11. 罗老师教学经验丰富，他认为教学要以人为本，应当把成人看作成人，把孩子看作孩子。这说明罗

B. 从学生的个别差异出发,有的放矢地进行有差别的教学

C. 让学生获得了肯定,有利于学习态度的端正

D. 纵容学生,没有及时批评其不爱学习的态度,不可取

28. 卢梭曾说:“在万物的秩序中,人类有他的地位;在人生的秩序中,童年有它的地位;应当把成人看作成人,把孩子看作孩子。”卢梭之所以这样说是看到学生身心发展规律的(　　)

A. 顺序性　　B. 阶段性　　C. 不均衡性　　D. 互补性

29. 特级教师宁老师在教学中遵循“三个允许”的原则:允许犯错,允许改错,允许提出不同意见。这样做的理由是因为(　　)

A. 学生是独特的人　　B. 学生是发展中的人

C. 学生是具有独立意义的人　　D. 学生是具有主观能动性的人

30. 某节英语课上,吴老师让学生反复记忆当堂学的8个单词后,点名让小明在黑板上默写这8个单词,小明写对了6个。吴老师对写错的单词进行反复提醒,小明却怎么也写不出来,气得吴老师对小明说:“人家都是从哪跌倒从哪爬起来,你倒好,从哪跌倒,在哪跌死。”吴老师的做法(　　)

A. 违背了“以人为本”的学生观　　B. 违背了学生身心发展的一般规律

C. 在一定程度上激发了学生的学习动机　　D. 及时指出了学生的缺点和不足之处

31. 有的学校不顾学生的年龄特征,在教育中搞“一刀切”“一锅煮”,让孩子同成年人一样听报告、搞活动等,这些做法违背了个体身心发展的(　　)规律。

A. 顺序性　　B. 阶段性　　C. 不平衡性　　D. 个别差异性

32. 针对“好学生吃不饱,学困生吃不了”的现象,蒋老师在充分了解学情的前提下,将学生分为三个层次,进行分层教学。蒋老师的做法体现了(　　)

A. 诲人不倦　　B. 教学相长　　C. 循循善诱　　D. 因材施教

33. 赵老师板书时写了一个错字,王亮站起来大声说:“老师,字写错了。”赵老师不高兴地说:“多什么嘴!你是老师,我是老师?坐下!”王亮默默地坐下了。自此,再也没有学生敢指出老师的错误了。对赵老师的做法正确的评价是(　　)

A. 维持了课堂纪律　　B. 侵害了学生的受教育权

C. 维护了教师尊严　　D. 忽视了学生的主体地位

34. “个体的认知发展是由具体思维发展到抽象思维,从机械记忆到意义记忆”,这句话显示了个体身心发展具有的特征是(　　)

A. 顺序性　　B. 阶段性　　C. 不平衡性　　D. 个别差异性

35. 张老师在李鹏的评语册中写道:“虽然还存在诸多不足,但只要继续努力,就一定能取得更大的进步。”该评语最能体现出张老师认识到(　　)

A. 学生是发展中的人

B. 学生是具有独立意义的人

C. 学生是独特的人

D. 学生是教育活动的对象和自我教育的主体

36. 美国心理学家柯尔伯格研究证明，皮亚杰的发生认识论在个体的道德认知过程中具有普遍的推广意义，人的道德认知遵循着从前习俗水平到习俗水平再到后习俗水平的发展过程。这体现了个体身心发展的基本特征之一是(　　)

A. 顺序性　　B. 互补性　　C. 固定性　　D. 不平衡性

37. “行程千里，都是一步一步开始的；无边江河，都是一条条小溪小河汇聚而成的。”学生的学习也是如此，应从简单到复杂，一步一个脚印，才能取得进步。这主要是因为人的身心发展具有(　　)

A. 顺序性　　B. 阶段性　　C. 差异性　　D. 整体性

38. 苏老师在教学过程中注重引导学生自觉学习，通过各种教学活动来激发学生学习的主动性和积极性。苏老师的观点符合下列哪一学生观(　　)

A. 学生是具有巨大发展潜能的人　　B. 每个学生都有其自身的独特性

C. 学生是具有独立意义的人　　D. 学生与成人之间存在着差异

39. 冰冰是位盲人，她的听觉很灵敏，通过听觉训练后，能够用听觉来分辨方向和障碍物，弥补了视觉上的部分缺失。这体现了个体的身心发展具有(　　)特点。

A. 顺序性　　B. 互补性　　C. 阶段性　　D. 不平衡性

40. 著名教育学家陶行知说：“人像树木一样，要使他们尽量长上去，不能勉强都长得一样高，应当是：立脚点上求平等，于出头处谋自由。”这句话主要告诉我们(　　)

A. 人的身心发展具有一定的顺序性，所以教育工作要循序渐进

B. 人的身心发展具有可变性，所以教育工作要适时调整

C. 人的身心发展具有不平衡性，所以教育工作要抓住关键期

D. 人的身心发展具有个别差异性，所以教育工作要因材施教

41. 李老师把作业从难到易分成了ABC三类，他在班上特意交代：学优生只能做A类作业，中等生只能做B类，学困生只能做C类。李老师的做法(　　)

A. 遵循了因材施教的原则　　B. 减轻了学生的学习负担

C. 违背了教学相长的原则　　D. 忽视了学生的学习潜力

二、材料分析题(每小题14分，参考时限10分钟。共7小题)

1. 材料：

李强是一个对上网非常痴迷的孩子。他爸爸由于工作需要买了一台电脑在家中上网，起初他同爸爸一起玩，父母也没有表示反对。到后来，他发展到每天起床后就去上网，连中午、晚上休息时间也都用来上网。李强俨然成了一个名副其实的“网虫”，沉迷于互联网上紧张、激烈的游戏和无拘无束的网上聊天而无法自拔，结果其学习成绩一落千丈。

5. 材料：

一年一度的主题班会活动即将开始。为了响应国家的号召，推进素质教育，张老师决定在班上组织一次全员参与的特长展示活动，但是晓敏觉得自己没有什么特长，因此一直没有报名。

张老师找到晓敏，问她为什么没有报名。原来晓敏的父母离异，自己随着母亲几经辗转来到这个陌生的城市，每天帮妈妈做家务，没有什么朋友，更没有时间学习什么"特长"。张老师了解到这一情况后，鼓励晓敏展示自己做家务的技能。

展示活动当天，张老师郑重地请晓敏表演切土豆。在大家好奇的目光中，晓敏灵巧有力的手在案板上下舞动。很快，土豆丝就切好了，细如发丝。同学们都情不自禁地鼓起掌来，晓敏感到十分自豪与开心。

从那以后，晓敏不再因为自己没特长而自卑，反而变得自信多了。她主动和同学们交起了朋友，脸上总是挂着甜美的笑容。张老师还注意到她肯吃苦、爱劳动的优点，推荐她担任班上的卫生委员。晓敏的表达能力、组织能力都得到了很大提升。

问题：请结合材料，从学生观的角度，评析张老师的教育行为。

6. 材料：

王老师担任八年级语文教师兼班主任，他每天都给学生布置大量作业，其实要批改堆积如山的作业也是一种折磨。他想，学生完成这些作业肯定不轻松。

一天下午放学前，王老师突然想，让学生自己给自己设计一次作业会怎么样呢？就叫"自设作业"吧。当他把这一想法告诉学生时，学生很惊讶，作业还有自己设计的吗？同学们感到既新鲜又激动。

第二天，王老师带着期盼和不安的心情打开了那一份份作业，着实吃了一惊！有"老师，我考考您"，有"小发明介绍"，有"诉说我的烦恼"，有"我喜欢的名人名言"，有主题班会设计方案，有显示个性的硬笔书法，有的干脆是一幅自画像……看着这些丰富多彩的作业，王老师激动不已！这些作业是同学们怀着极大的热情设计的，里面有学生的坦诚和率真，有学生的希望、喜悦、烦恼和困惑，还有他们对美的理解和对是非的判断，这其中闪烁着创造和智慧的火花，是师生之间心与心的交流。当下午放学前王老师把作业本发下去时，同学们一改以往看也不看便塞进书包的习惯，迫不及待地翻开作业本，品味着老师批改的一字一句。借此时机，王老师指导学生把"自设作业"和语文学习结合起来。

以后的日子，"自设作业"竟在许多学生的作业中生了根。王老师发现，学生学习语文的兴趣更浓了。

问题：请结合材料，从学生观的角度，评析王老师的教育行为。

7. 材料：

那年由于工作调动，我到新的学校报到时，已经开学一个多月了。可我接手的是怎样的一个班级呀，课堂上总是乱哄哄的，搞小动作交头接耳的，坐立不安的……令人应接不暇。下课铃一响，几十个学生纷纷从座位上弹起来，争先恐后地冲向门口。我从事教学已有十六年了，在那段时间，几乎试过了我所知道的一切方法，就是不能把这个班搞好。我暗暗地等待着时机，准备“杀一儆百”。功夫不负有心人，机会终于来了。号称“大圣”的孙琦，课间把一块快要融化的雪糕，扔在邻班一个男生的身上，来了个漂亮的“仙女散花”。先是邻班男生的班主任气冲冲地跑来告状，下午其父母又来讨说法。我带着满腔的怒气，让孙琦写了一份2000字的检查。在班会课上，我把孙琦叫到讲台上，让他当众读自己的检查，并让其他同学来指出他的错误，希望别的同学能够引以为鉴。

问题：请结合材料，从学生观的角度，评析老师的教育行为。

专题三　教师观

➢答案见P11

一、单项选择题(每小题2分，共60小题。参考时限90分钟)

1. 李老师受县委宣传部、县妇联和各乡镇中小学校的邀请，送教下乡，为他们讲学习方法、讲教学方法、讲公民道德规范。这表明李老师(　　)

A. 具有较强的课程参与意识　　B. 具有较强的开放、服务意识

C. 具有较强的课程研究意识　　D. 具有较强的终身学习意识

2. 教师在教学过程中让学生死记硬背，而没有让学生掌握记忆的方法，进行有意义的记忆。这说明该教师(　　)

A. 忽略了学生的创造性　　B. 过分重视知识的讲授，而没有让学生进行实践

C. 没有关注学生的情感需求　　D. 关注知识传授而非教会学生学习

3. 孙老师针对数学课堂气氛沉闷，学生表现不积极的现象，进行认真分析，寻找解决问题的途径和方法，并在后面的教学中予以实施，取得了良好的效果。这说明孙老师注重(　　)

A. 行动研究　　B. 同伴互助　　C. 微格教学　　D. 专业引领

4. 小薇在课堂上总是默默无言，陈老师给她写道：“在老师的眼里，你是一个聪明文静的孩子。每一次作业，你总是那么认真；每一节课上，你是那么专心。什么时候，能让老师听到你甜美的声音呢？”关于陈老师的做法，下列描述不正确的是(　　)

A. 陈老师树立了以人为本的评价理念　　B. 陈老师的评语有利于促进学生的发展

C. 陈老师关注到了学生的优点和闪光点　　D. 陈老师采用了定量和定性相结合的评价

22. 美术课上，曾老师指导学生把天然的竹根须做成卷曲的头发，还演示如何借助竹节的弧度制成黄包车的顶棚。这表明曾老师具有(　　)

A. 课程资源开发的意识与能力　　B. 自我反思的意识与能力

C. 教育科学研究的意识与能力　　D. 自主发展的意识与能力

23. 从人的出生到死亡整个一生中都应该进行持续的教育，其教育目的和形式根据个人发展不同阶段的需要而确定，从而使教育成为人们生活中不可缺少的一部分。这句话说明教师应当做到(　　)

A. 职前培养　　B. 反思和研究

C. 观摩学习　　D. 终身学习

24. 张老师在看到学生遇到危险时，不顾个人安危上前救助学生，这一行为对全体学生产生了积极影响。这体现了教师这一职业的(　　)特点。

A. 复杂性　　B. 示范性　　C. 创造性　　D. 主体性

25. 某校学生陈功，性格内向，一次数学考试不及格，班主任王老师当着全班同学的面讽刺他说："你还'成功'呢，你干脆改名叫'失败'吧，叫'失败'多好，还是'成功之母'。"关于王老师的做法，下列说法正确的是(　　)

A. 激励了学生学习的积极性　　B. 体现了学生学习的主体地位

C. 维护了教师的权威　　D. 没有尊重学生的人格尊严

26. 刚入职一年的陈老师工作积极，有理想、有活力，在教学上富有创意，容易接纳新观念。陈老师所处的教师专业发展阶段是(　　)

A. 更新生涯阶段　　B. 专家生涯阶段

C. 退缩生涯阶段　　D. 预备生涯阶段

27. "道之所存，师之所存也。"这句话反映了教师职业角色中的(　　)角色。

A. "传道者"　　B. "示范者"

C. "授业、解惑者"　　D. "研究者"

28. 教学工作结束后，小张老师总是把自己在工作中遇到的问题记录下来，并且加以分析，不断总结经验。随着经验不断地积累，小张老师的教学水平越来越出色了。这突出体现了小张老师是(　　)

A. 教育教学的研究者　　B. 课程的建设者和开发者

C. 社区型的开放教师　　D. 学生学习的促进者

29. 李老师认真学习了《中学教师专业标准(试行)》，并制订了自己的每月学习计划。李老师的做法体现了(　　)

A. 终身学习的理念　　B. 先进的管理策略

C. 良好的沟通能力　　D. 高超的教育技能

30. 平时嗓门大的小张在回答问题时声音小，老师批评说："声音这么小，难道你是蚊子么?"全班哄堂大笑。该老师的做法(　　)

A. 合理，有助于促进学生自主学习　　B. 合理，有助于鼓励学生反思

C. 不合理，没有体现对学生的尊重　　D. 不合理，歧视学生的生理缺陷

31. 万老师教学很认真，经常辛辛苦苦地从上课讲到下课，嗓门特别大，被同事戏称为“全天候广播员”，可教学效果一直不好。万老师需要反思的是(　　)

A. 教学态度　B. 教学方式　C. 教学目的　D. 教学条件

32. 班主任方老师刚上课时，发现有人在班长的桌子上用粉笔写了大大的“坏蛋”两个字。对此，方老师恰当的处理方式是(　　)

A. 发动学生检举“肇事者”　B. 责令班长自我反省

C. 严肃批评教育全班学生　D. 擦掉字课后再处理

33. 针对目前教师的教学方法过于陈旧的现状，刘老师提出并在实践中采用情景教学法、发现法、参观法等教学方法，这体现了刘老师(　　)

A. 勇于探索创新　B. 具有奉献精神　C. 学科知识扎实　D. 关心爱护学生

34. 某班主任舒老师发现，承担本班数学教学的林老师经常让学生罚站一天。面对这种情况，舒老师应该(　　)

A. 严厉批评林老师，责令其立即改正

B. 耐心与林老师交流，探讨更好的学生管理办法

C. 学习借鉴林老师的做法，提升自己的课堂管理能力

D. 尊重林老师的自主权，不干预林老师的行为

35. “其身正，不令而行；其身不正，虽令不从”说明教师的劳动具有(　　)

A. 创造性　B. 示范性　C. 复杂性　D. 长期性

36. 某山区的林老师根据本地区植物种类繁多的特点，带领学校其他教师编写了一本名为《XX山区的植物》的校本教材，并在全区进行推广授课。这突出体现了林老师是(　　)

A. 学生学习的指导者和促进者　B. 课程的建设者和开发者

C. 课堂教学的管理者　D. 课堂教学的组织者

37. 小郑老师和小刘老师是某学校的数学老师，平时两人都很努力，也喜欢暗暗较劲。学校举办的青年教师说课比赛，小郑和小刘两位老师都有参加，但赛前两位老师既无教学的交流，也无比赛想法的讨论，最后双双遗憾出局。关于小郑和小刘两位老师的做法，下列说法合理的是(　　)

A. 有利于教师的个人成长　B. 有利于教师在竞争中成长

C. 体现了教师公平竞争的自觉性　D. 违背了教师间的合作理念

38. 某中学要求教师重视教学科研，卢老师抱怨道：“搞研究有什么用，上课又用不着。”卢老师的说法(　　)

A. 不正确，教师须服从学校一切安排　B. 不正确，研究有利于教师专业发展

C. 正确，中学教师搞研究没用　D. 正确，研究对应试帮助不大

39. 法国文学家加缪获得诺贝尔文学奖后，第一时间给他的小学老师写了一封信表示感谢。这反映了教师劳动具有(　　)

A. 复杂性　B. 长期性　C. 创造性　D. 示范性

C. 学生学习促进者　　D. 教学活动设计者

57. 新课程要求教师要由教材的单纯执行者转变为课程的建设者和(　　)

A. 使用者　　B. 开发者　　C. 编写者　　D. 传播者

58. 蒋老师很善于组织课堂教学，每次上课都准备充足，有条不紊，穿插各种生动案例，学生很喜欢上她的课。同时蒋老师还积极联系家庭、社团、学校等多方面力量，整合各方资源为学生提供更优质的教学条件和环境。这体现了蒋老师具备良好的(　　)

A. 反思能力　　B. 语言能力

C. 组织教育能力和教学能力　　D. 自我调控能力

59. 下列能体现出教师职业示范性的是(　　)

A. 姜老师经常为同学们答疑解惑，获得了班级同学的喜爱

B. 刘老师不断学习，不断反思，积极改进自己的教学方法

C. 杨老师经常和同学们谈心，为同学们提供学习、生活方面的指导

D. 李老师以身作则，要求学生做的事情自己首先做到，在他的熏陶下，班里每个学生都能够认真遵守规章制度

60. 教师的成长一般经历关注生存阶段、关注情境阶段和关注学生阶段。其中，处于关注情境阶段的教师关心的是(　　)

A. 如何爱护学生　　B. 如何教好每一堂课的内容

C. 如何提高自己的生存适应性　　D. 如何实现自身的成长与发展

二、材料分析题(每小题14分，参考时限10分钟。共7小题)

1. 材料：

李老师从师范学校毕业后，在一所乡村中学开始了她的教学生涯。三十年来，她一直坚守在乡村学校教学的第一线。

为了寻找学生观察的野花，李老师在河岸、田埂精心识别、挑选；为了学生能更好地体味课文所蕴含的情感，在家人熟睡的时候，她一个人在厨房里反复朗读课文。大雪过后，她又会兴致勃勃地带着孩子们去找蜡梅，去看苍翠的“松树公公”，让学生更好地感受自然。

李老师坚持每天黎明即起，坐在校园旁的荷花池畔背唐诗、宋词，背郭沫若、艾青、普希金、海涅、泰戈尔等中外名家的诗篇，用优美的诗篇来陶冶自己的情操。她摘抄的古今中外的优秀诗篇，有厚厚的几本，她还如饥似渴地学习教育学、心理学和美学，阅读许多中外教育名著，撰写日志，并不断改进自身教学实践。

问题：请结合材料，从教师观的角度，评析李老师的教育行为。

2. 材料：

历史课上，教师让学生阅读有关古希腊和中国古代神话的两段描述，然后提问："从这两段描述中，可以发现古希腊神话和中国古代神话有什么不同？"学生甲回答："希腊神话有比较完整的系统，而中国神话比较零散。"教师点评道："这位同学的回答很不完整，哪位同学来补充一下？"这时，甲同学羞得满脸通红，班里则是一片寂静。

问题：请结合材料，从教师观的角度，评析该老师的教育行为。

3. 材料：

开学不久，陈老师发现王平同学有许多毛病。陈老师心想，像王平这样的同学缺少的不是批评而是肯定和鼓励。一次，陈老师找他谈话说："你有缺点，但你也有不少优点，可能你自己还没有发现。这样吧，我限你在两天内找到自己的一些长处，不然我可要批评你了。"第三天，王平很不好意思地找到陈老师，满脸通红地说："我心肠好，力气大，毕业后想当兵。"陈老师听了说："这就是了不起的长处。心肠好，乐于助人，到哪里都需要这种人。你力气大，想当兵，保家卫国，是很光荣的事，你的理想很实在。不过当兵同样需要科学文化知识，需要有真才实学。"听了老师的话，王平高兴极了，脸上露出了微笑。

问题：请结合材料，从教师观的角度，评析陈老师的教育行为。

4. 材料：

物理课上，张老师指着实验仪器说："每个杯子底部都有一团纸，谁能将杯子放入水中而纸不湿呢？"

学生马上投入到实验中。他们要么将水杯中的水倒出一些，要么给杯子加上个盖，要么在杯中塞些异物。

对学生给予肯定后，张老师故弄玄虚地说："不添加辅助材料，把杯子倒着放入水中，纸也不会湿。你们信吗？"同学们个个惊得睁大了眼睛。

学生疑惑道："倒着放还能不湿？"

张老师："能！"

第二章　教育法律法规

核心知识提要

答案见P17

- 教育法律法规
  - 教育法律法规概述
    - 教育法的具体功能:规范功能、标准功能、预示功能、强制功能
    - 教育法的基本原则与渊源
    - 《中华人民共和国宪法》(节选)★★
    - 《中华人民共和国教育法》★★★
    - 教育单行法★★★
      - 《中华人民共和国教师法》
      - 《中华人民共和国义务教育法》
      - 《中华人民共和国未成年人保护法》
      - 《中华人民共和国预防未成年人犯罪法》
    - 教育相关政策法规
      - 《学生伤害事故处理办法》★★★
      - 《中小学教育惩戒规则(试行)》
      - 《中国教育现代化2035》
  - 教师的权利与义务
    - 教师的职业权利★
      - ①________
      - 科学研究权
      - ②________
      - ③________
      - 民主管理权
      - ④________
    - 教师的职业义务★
      - 遵纪守法义务
      - 教育教学义务
      - 全面教育义务
      - 爱护尊重学生义务
      - 保护学生义务
      - 提高业务水平义务
  - 学生的权利及其保护
    - 学生的公民权利
    - 侵犯学生权利的主要表现★★★
      - 侵犯学生的受教育权
      - 侵犯学生的人格权
      - 侵犯学生的财产权

经典真题回顾

答案见P17

单项选择题(每小题2分,共25小题。参考时限40分钟)

1.《中华人民共和国宪法》规定,上级监察委员会对下级监察委员会的工作进行(　　)

A. 监督　　B. 监察　　C. 领导　　D. 指导

2. 22岁的李某在家待业,根据我国宪法规定,关于李某的权利与义务,下列选项中不正确的是(　　)

A. 无接受义务教育的权利　　B. 无需承担纳税义务

C. 有依法服兵役的义务　　D. 有科学研究的自由

3. 根据我国《宪法》规定,全国人民代表大会举行会议的召集者为(　　)

A. 全国人民代表大会的代表　　B. 全国人民代表大会常委会

C. 全国人民代表大会主席团　　D. 全国人民代表大会代表团

4. 某初中向学生收取练习本费用,未向社会公开收费项目。该校做法(　　)

A. 不合法,义务教育学校不能收费　　B. 不合法,学校必须公开收费项目

C. 合法,学校有自主管理权　　D. 合法,学校是按规定收费

5. 李某想举办一所学校以践行自己的教学理念,根据《中华人民共和国教育法》的规定,下列选项中属于举办学校应当具备的基本条件的是(　　)

A. 有稳定的财政投入　　B. 有固定的办学场所

C. 有合格的教师　　D. 有充足的生源

6. 某中学将操场租借给当地一个企业主为其女儿办婚事,体育课改在教室上自习。学校的行为(　　)

A. 合法,学校有自主安排教学场地的权利

B. 合法,学校有创收增加教育经费的义务

C. 不合法,学校侵犯了学生的受教育权

D. 不合法,学校侵犯了学生的财产权

7. 中学教师黄某认为当地教育行政部门侵犯其权利而提出申诉。依据《中华人民共和国教师法》的规定,受理其申诉的机关是(　　)

A. 同级教育行政部门　　B. 同级人民政府

C. 上级人民政府　　D. 同级纪律检查部门

8. 李丁的妈妈情绪一直不好,经常拿李丁撒气,李丁身上总是青一块紫一块。马老师为此多次找李丁妈妈谈话,李丁妈妈就找校长撒泼。了解真相后,校长批评马老师"多管闲事"。校长的做法(　　)

A. 正确,管教孩子是家长的权利,与学校无关

B. 正确,马老师只要管好学校里的事情就行了

C. 不正确,学校应当最大限度地为教师提供条件保障

D. 不正确,学校应当支持教师制止有害于学生的行为

过关必刷题库

专题一　教育法律法规概述

答案见P19

单项选择题(每小题2分,共155小题。参考时限235分钟)

1. 我国《宪法》规定,国家合理安排积累和消费,兼顾国家、集体和个人的利益,在发展生产的基础上,逐步改善人民的(　　)

A. 物质生活和精神生活　　B. 物质生活和文化生活

C. 经济生活和精神生活　　D. 文化生活和社会生活

2. 因追查刑事犯罪的需要,A县公安局要求当地邮局提供某犯罪嫌疑人的信件收寄记录。根据我国《宪法》关于公民基本权利的规定,下列说法正确的是(　　)

A. 公安机关无论何时都可以检查任何人的信件收寄记录

B. 邮局在任何情况下都应保护公民的通信秘密

C. 该公安局有权要求该邮局提供相关信息

D. 邮局信件收寄记录不属于通信秘密

3. 我国《宪法》规定,中华人民共和国公民有受教育的权利和义务。国家培养青年、少年、儿童在(　　)等方面全面发展。

A. 品德、体质、劳动　　B. 智力、体质、劳动

C. 品德、智力、劳动　　D. 品德、智力、体质

4. 根据我国《宪法》规定,国务院有权制定和发布(　　)

A. 教育法律　　B. 教育行政法规　　C. 教育政府规章　　D. 教育单行条例

5. 下列关于《中华人民共和国教育法》的立法宗旨的说法,不正确的是(　　)

A. 发展教育事业　　B. 促进社会主义物质文明建设

C. 发展社会主义文化　　D. 促进社会主义精神文明建设

6.《中华人民共和国教育法》的颁布,标志着中国教育工作进入全面依法治教的新时期。下列内容与《中华人民共和国教育法》宗旨明显不符的是(　　)

A. 全社会应当尊重教师

B. 全社会应当关心和支持教育事业的发展

C. 教育活动必须符合国家和社会公共利益

D. 实行教育与宗教相结合

7. 林某是一名15岁的中国籍女孩儿,但居住在新加坡,关于她接受教育,下列说法正确的是(　　)

A. 只要是中国国籍的公民,就享有我国义务教育规定的权利及义务

B. 林某是外国人,想接受我国教育就可以接受教育,不想接受也可以

C. 林某可优先在我国升学

D. 林某不可以在我国获得奖学金

8. 初中生小张因参与社会盗窃而被公安机关抓获，因其未满16周岁，犯罪情节又不严重，所以免于追究刑事责任，责令小张父母加以管教。学校获知此事后，为不影响学校名声，要求小张转学或马上退学。该学校的做法(　　)

A. 合法，有利于提高升学率

B. 不合法，侵犯了小张的受教育权

C. 合法，有利于维护其他学生的合法权益

D. 不合法，侵犯了小张的隐私权

9. 农村教师黄某在课堂上使用本地方言进行教学。黄某的行为(　　)

A. 合法，都是农村学生，用方言讲课更容易与学生沟通

B. 合法，只要教学效果好，无所谓用哪种教学语言

C. 不合法，违反了教师应该弘扬优秀传统文化的规定

D. 不合法，教师应该使用普通话

10. 某中学给学生订购校服，校长从中拿回扣，但尚未构成犯罪。依照《中华人民共和国教育法》的规定，应没收非法所得，并对该校长(　　)

A. 给予行政处分　　B. 给予强制措施

C. 给予刑事处罚　　D. 给予治安处罚

11. (　　)中关于教师素质的规定是制定和执行教师素质要求的根本依据。

A.《中华人民共和国教师法》　　B.《中华人民共和国高等教育法》

C.《中华人民共和国义务教育法》　　D.《中华人民共和国教育法》

12. 依据《中华人民共和国教育法》的规定，学校及其他教育机构中的教学辅助人员应当实行(　　)

A. 管理职员制度　　B. 专业技术职务聘任制度

C. 教学辅助人员职务制度　　D. 教育职员制度

13. 我国《教育法》规定，从业人员有依法接受(　　)的权利和义务。

(1)终身教育；(2)职业培训；(3)继续教育；(4)实践锻炼

A. (1)(2)　　B. (2)(3)

C. (1)(4)　　D. (3)(4)

14. 学生王某平时比较淘气，经常在课堂上捣乱，因此班主任在上公开课时安排王某去和其他班的学生上体育课。该班主任的做法(　　)

A. 正确，能够保证课堂秩序和公开课质量

B. 正确，照顾到王某淘气的特点，发挥学生的主体性

C. 错误，参加教育教学计划安排的各种活动是学生的权利

D. 错误，让王某和其他班学生上课会扰乱该班体育课的正常教学秩序

15. 李正同学上课玩手机，被王老师发现，王老师没收了手机。李正课后多次找王老师要回手机，王老

D. 正确,学校应该规范教师的行为

31. 某学校派李老师参加省里的教师业务培训,要求其费用自理,这( )

A. 体现了按劳分配　　B. 属于加强经费管理

C. 侵犯了教师的进修培训权　　D. 能够节约办学成本

32. 根据我国《教师法》的规定,下列属于教师的义务的是( )

A. 批评和抵制有害于学生健康成长的现象　　B. 指导学生的学习和发展

C. 评定学生的品行和学业成绩　　D. 参与学校的民主管理

33. 根据《中华人民共和国教师法》的规定,国家实行教师资格制度,下列不属于取得初级中学教师资格的必要前提的是( )

A. 中国公民　　B. 热爱教育事业

C. 具备中等师范学校毕业学历　　D. 遵守宪法和法律,具有良好的思想品德

34. 学校和其他教育机构应逐步实行( )

A. 教师选任制　　B. 教师考任制　　C. 教师委任制　　D. 教师聘任制

35. 根据《中华人民共和国教师法》的规定,下列情况属于"不能取得教师资格;已经取得教师资格的,丧失教师资格"的是( )

A. 故意犯罪受到有期徒刑以上刑事处罚

B. 品行不良、侮辱学生,影响恶劣

C. 体罚学生,经教育不改

D. 故意不完成教育教学任务给教育教学工作造成损失

36. 某学校教师黄某利用职务便利,收受教辅资料销售方的回扣30余万元,被当地人民法院以受贿罪判处有期徒刑1年6个月,缓刑1年,则黄某( )

A. 终身不能从事教师职业　　B. 5年内不得从事教师职业

C. 可在私立学校从事教师职业　　D. 缓刑期内可继续从事教师职业

37. 实施教师聘任制的步骤、办法由( )规定。

A. 所在学校　　B. 当地教育局

C. 国务院　　D. 国务院教育行政部门

38. 根据《中华人民共和国教师法》,教育行政部门对教师的考核工作进行( )、监督。

A. 认定　　B. 评价　　C. 指导　　D. 检查

39. 某初级中学对新一批入学的年轻教师进行了工作考核。根据《中华人民共和国教师法》的规定,学校或者其他教育机构对教师进行考核的内容不包括( )

A. 业务水平　　B. 工作态度　　C. 工作成绩　　D. 工作年限

40. 根据《中华人民共和国教师法》的规定,教师受聘任教、晋升工资、实施奖惩的依据是( )

A. 教师考核结果　　B. 教师业务水平

C. 教师工作态度　　D. 教师教学能力

41. 根据我国《教师法》中关于教师待遇的规定,建立正常晋级增薪制度,具体办法由(　　)规定。

A. 各学校　　B. 国务院

C. 当地财政部门　　D. 当地教育行政部门

42. 王老师大学毕业后自愿到西部少数民族地区工作,根据《中华人民共和国教师法》的规定,应该依法对王老师(　　)

A. 予以补贴　　B. 予以表彰　　C. 进行奖励　　D. 提高津贴

43. 教师赵某违反学校管理制度,被校长在全校教师会议上点名批评。赵某的丈夫王某听说后,不辨是非,在校长下班的路上将其打成重伤,情节严重。依法应对王某追究(　　)

A. 违宪责任　　B. 行政责任　　C. 刑事责任　　D. 一般责任

44.《中华人民共和国教师法》规定:侮辱、殴打教师的行为,若情节严重,构成犯罪的,司法机关可依法(　　)

A. 追究刑事责任　　B. 追究民事责任

C. 给予批评教育　　D. 停薪留职查看

45.《中华人民共和国教师法》第三十七条规定,教师体罚学生,经教育不改的,由所在学校、其他教育机构或者教育行政部门给予行政处分或者(　　)

A. 辞退　　B. 开除　　C. 劝退　　D. 解聘

46. 张老师利用晚上的时间有偿辅导学生,而上班却经常迟到、缺课,学校多次对其进行批评教育均无效。根据《中华人民共和国教师法》的规定,可给予张老师(　　)的处理。

A. 批评教育　　B. 经济处罚

C. 行政处分或者解聘　　D. 拘役

47. 周老师经常对迟到、旷课等影响班级评优的学生进行殴打、罚站、扇嘴巴等。学校多次对其劝诫,但周老师拒不改正。根据我国《教师法》的规定,学校可以对周老师给予相应的处分,其中不包括(　　)

A. 解聘　　B. 警告　　C. 记过　　D. 罚款

48. 教师魏某工作消极,多次旷工给学校教学工作造成严重损失,依据《中华人民共和国教师法》,学校可以采取的措施是(　　)

A. 对魏某予以解聘　　B. 停发魏某工资

C. 对魏某予以罚款　　D. 要求魏某悔过

49. 张某认为在职称评定中,学校侵犯了其合法权益,于是向县教育局提出申诉,县教育局作出处理的时间期限是在接到申诉书的次日起(　　)

A. 15天之内　　B. 30天之内　　C. 60天之内　　D. 90天之内

50. 外籍教师的聘任办法由(　　)规定。

A. 国务院　　B. 国家权力机关

C. 国务院教育行政部门　　D. 学校自行

68. 某乡镇学校办学困难，校长组织教师向学生家长出售学校自种的西瓜，该行为(　　)

A. 解决了学校的经济困难　　B. 行使了学校的销售权

C. 违反法律法规，应当追责　　D. 违反法律法规，但情有可原

69. 根据《中华人民共和国义务教育法》的规定，实施义务教育的公办学校实行(　　)

A. 党支部领导下的校长分工负责制　　B. 校长负责制

C. 教职工代表大会负责制　　D. 校务委员会负责制

70. 八年级学生陈某经常欺凌同学，多次违反学校管理制度，学校经研究决定将其开除。根据我国《义务教育法》的规定，该学校的做法(　　)

A. 正确，学校有处分学生的权利

B. 正确，学校维护了其他受欺凌学生的合法权益

C. 错误，学校应当予以批评教育，不得开除

D. 错误，学校应向当地教育行政部门报备后才能将其开除

71. 初中生小东在一个月内旷课了5次，他的班主任应当采取的措施是(　　)

A. 罚站一天　　B. 向其家长报告

C. 罚抄50遍作业　　D. 建议学校开除

72. 小陈是某实验初级中学初三学生，临近中考的时候学校进行了一个摸底考试，并且划了一个分数线，规定凡是低于这个分数线的学生就会被班主任劝退，不能参加中考。考试结果出来后，小陈在劝退名单中，他的父母找领导商量后，依旧被领导劝退。下列说法错误的是(　　)

A. 班主任劝退小陈的行为违反了我国相关教育法律、法规

B. 学校因为学生学习差，就将学生劝退，不符合我国《义务教育法》对学校的相关规定

C. 学校应当依法保护学生接受义务教育的权利，不能以任何理由侵犯学生接受义务教育的权利

D. 学校行为错误，由教育部责令限期改正

73. 七年级学生张亮不仅学习成绩差，而且经常欺负同学，惹是生非，其所在学校想开除他，拟采取劝退的方式让他退学。该校的做法(　　)

A. 正确，采取劝退而非直接开除的方式，充分尊重了张亮的人格尊严

B. 正确，学校有权开除影响教育教学秩序的学生

C. 不正确，应该先对张亮予以警告处分，如其拒不改正才能开除

D. 不正确，法律规定义务教育阶段学校不得开除学生

74. 某教师因一学生上课时不认真听讲、扰乱课堂秩序，便对其进行言语侮辱、讽刺，该教师的行为(　　)

A. 违反了《中华人民共和国义务教育法》

B. 违反了《中华人民共和国刑法》

C. 属于正当行使教育教学权，但方式欠妥

D. 属于正当行使教育教学权，可促进学生成长

75. 在民族地区和边远贫困地区工作的教师享有(　　)津贴。

A. 特殊岗位补助　　B. 生活补助

C. 艰苦贫困地区补助　　D. 特殊奉献补助

76. 根据《中华人民共和国义务教育法》的规定，教师的平均工资水平应当(　　)当地公务员的平均工资水平。

A. 高于　　B. 低于　　C. 不高于　　D. 不低于

77.《中华人民共和国义务教育法》规定，由(　　)确定义务教育的教学制度、教学内容和课程设置。

A. 省级教育主管部门　　B. 市级教育主管部门

C. 国务院教育行政部门　　D. 学校

78. 根据《中华人民共和国义务教育法》的规定，学校应当把(　　)放在首位，并将其寓于教育教学之中。

A. 德育　　B. 美育　　C. 体育　　D. 智育

79. 根据我国《义务教育法》对教科书制度的规定，学校应当选用(　　)的教科书。

A. 已出版　　B. 经指定　　C. 经审定　　D. 自行编制

80.《中华人民共和国义务教育法》规定，有下列情形之一的，依照有关法律、行政法规的规定予以处罚的是(　　)

①胁迫或者诱骗应当接受义务教育的适龄儿童、少年失学、辍学的

②非法招用应当接受义务教育的适龄儿童、少年的

③出版未经依法审定的教科书的

④教科书循环使用的

A. ①②　　B. ③④　　C. ①②③　　D. ①②③④

81. 学校的下列做法中，没有违反我国《义务教育法》相关规定的是(　　)

A. 向学生推销商品以谋取利益　　B. 拒绝选用未经审定的教科书

C. 拒绝接收右腿残疾儿童随班就读　　D. 分设重点班和非重点班

82. 小勇是一名义务教育阶段的在校生，其父母经营生意，事务繁杂，为了让小勇能尽早接手家族生意，小勇父母令其协助经营管理。对于其父母的行为，(　　)应当给予批评教育，责令限期改正。

A. 小勇就读的学校　　B. 小勇的班主任

C. 当地居民委员会　　D. 当地县级人民政府教育行政部门

83.《中华人民共和国未成年人保护法》规定，处理涉及未成年人事项，应当坚持最有利于未成年人的原则。其中不包括(　　)

A. 保护与教育相结合　　B. 保护未成年人隐私权和个人信息

C. 给予未成年人特殊、优先保护　　D. 听取未成年人监护人的意见

84. 未成年人成长过程中，需要来自社会和家庭的呵护，但必须遵循一定的原则。下列选项符合《中华

C. 符合未成年人监护人的要求　　D. 保护未成年人的身心健康

101. 根据《中华人民共和国未成年人保护法》的规定,(　　)应当树立关心、爱护未成年人的良好风尚。国家鼓励、支持和引导人民团体、企业事业单位、社会组织以及其他组织和个人,开展有利于未成年人健康成长的社会活动和服务。

A. 全社会　　B. 学校　　C. 家庭　　D. 教师

102. 根据《中华人民共和国未成年人保护法》的规定,博物馆、社区公益性互联网上网服务场所以及动物园、植物园等场所,应当按照有关规定对未成年人免费或者优惠开放。这体现了对未成年人的(　　)

A. 司法保护　　B. 社会保护　　C. 家庭保护　　D. 政府保护

103. 书店老板赵某向初中生小刘出售色情书刊,赵某这种做法违反了(　　)

A.《中华人民共和国教育法》　　B.《中华人民共和国义务教育法》

C.《中华人民共和国民法典》　　D.《中华人民共和国未成年人保护法》

104. 张某为了谋利,在一所中学外开了一家网吧,并允许未成年人进入。针对张某所开的网吧,相关主管部门应予以关闭,依法给予张某(　　)

A. 行政处罚　　B. 记过处分　　C. 拘留　　D. 行政处分

105. 王某在距某初级中学不足百米处开了一家营业性电子游戏厅,允许该校学生出入。王某的做法(　　)

A. 合法,王某具有自主经营的权利　　B. 合法,王某并未强迫学生玩游戏

C. 违反了《中华人民共和国义务教育法》　　D. 违反了《中华人民共和国未成年人保护法》

106. 教师张某在课间休息时,习惯在教室外面的走廊上吸烟。该教师的行为(　　)

A. 合法,教师有课间休息的权利

B. 合法,教师未侵犯学生的权利

C. 不合法,教师不得在学生集体活动场所吸烟

D. 不合法,教师在征得学生同意之后方可吸烟

107. 任何组织或者个人不得招用未满(　　)的未成年人,国家另有规定的除外。

A. 十四周岁　　B. 十八周岁　　C. 十二周岁　　D. 十六周岁

108. 根据《中华人民共和国未成年人保护法》的规定,网络游戏服务提供者不得在(　　)向未成年人提供网络游戏服务。

A. 每日二十二时至次日六时　　B. 每日二十三时至次日十时

C. 每日二十一时至次日九时　　D. 每日二十二时至次日八时

109. 根据《中华人民共和国未成年人保护法》的规定,网络直播服务提供者不得为未满(　　)周岁的未成年人提供网络直播发布者账号注册服务。

A. 十二　　B. 十四

C. 十六　　D. 十八

110.(　　)发现网络产品、服务含有危害未成年人身心健康的信息,有权向网络产品和服务提供者或者网信、公安等部门投诉、举报。

A.父母　　B.监护人　　C.任何组织或个人　　D.老师

111.小强今年13岁,但由于身体缺陷,加上家庭经济困难,无法完成规定的义务教育。根据《中华人民共和国未成年人保护法》的规定,对小强的受教育权具有保障责任的是(　　)

A.小强的监护人　　B.当地的教育部门　　C.儿童福利院　　D.当地人民政府

112.14岁的亮亮因亲人离世成为孤儿,由当地民政部门担任其监护人。根据《中华人民共和国未成年人保护法》的规定,应对其履行收留、抚养责任的主体是(　　)

A.教育行政部门　　B.学校教育机构

C.儿童福利机构　　D.社区居民委员会

113.根据《中华人民共和国未成年人保护法》的规定,各级人民政府应当发展(　　),保障未成年人接受职业教育或者职业技能培训,鼓励和支持人民团体、企业事业单位、社会组织为未成年人提供职业技能培训服务。

A.职业教育　　B.就业教育　　C.技能培训　　D.岗前培训

114.根据《中华人民共和国未成年人保护法》的规定,县级以上人民政府及其民政部门应当根据需要设立救助场所,对流浪乞讨等生活无着落的未成年人实施救助,承担(　　)

A.临时监护责任　　B.委托监护责任　　C.教育管理责任　　D.收留抚养责任

115.具有下列哪种情形民政部门可以不用依法对未成年人进行长期监护(　　)

A.查找不到未成年人的父母或者其他监护人

B.监护人死亡或者被宣告死亡且无其他人可以担任监护人

C.监护人丧失监护能力但有其他人可以担任监护人

D.人民法院判决撤销监护人资格并指定由民政部门担任监护人

116.根据《中华人民共和国未成年人保护法》的规定,(　　)应当根据需要设立未成年人救助保护机构、儿童福利机构,负责收留、抚养由民政部门监护的未成年人。

A.居民委员会、村民委员会　　B.县级以上人民政府及其教育部门

C.县级以上人民政府及其民政部门　　D.县级以上人民政府公安机关

117.公安机关、人民检察院、人民法院和司法行政部门应当确定专门机构或者指定专门人员,负责办理涉及未成年人案件。办理涉及未成年人案件的人员应当经过专门培训,熟悉未成年人(　　)

A.学习状况　　B.健康成长　　C.身心特点　　D.语言表达方式

118.某初中学生林某,因结交朋友不当参与了重大盗窃案,被市公安局拘留,班主任将这件事写成了一篇通讯报道,文中采用林某的真实姓名详细描述他走上犯罪道路的经过,并在当地的《晨报》上发表,班主任的行为(　　)

A.能够体现报道内容的真实性,能更好地发挥对未成年学生的教育作用

B.表现了教师的社会责任感,通过社会热点问题引起大家对教育的思考

B. 刘某教唆小明吸烟、盗窃财物并不违法

C. 小明的父母对小明有教育的义务

D. 学校可以开除小明，并向小明的父亲收取罚款

134. 根据《中华人民共和国预防未成年人犯罪法》的规定，未成年人实施刑法规定的行为、因不满法定刑事责任年龄不予刑事处罚的，经专门教育指导委员会评估同意，（　　）可以决定对其进行专门矫治教育。

A. 公安机关　　B. 司法行政部门

C. 教育行政部门会同司法行政部门　　D. 教育行政部门会同公安机关

135. 初二学生赵某（15岁）因抢劫被判刑，依据我国《预防未成年人犯罪法》的规定，下列说法正确的是（　　）

A. 企业可以拒绝录用服刑期满的赵某　　B. 监狱可以将赵某与成年犯一起关押

C. 可与成年人一起进行社区矫正　　D. 看守所安排干警指导赵某学习义务教育课程

136. 初中生小强在放学回家的路上，与同学发生口角，并动手把同学打伤。在此事故中，应承担赔偿责任的是（　　）

A. 学校　　B. 小强的家长

C. 班主任　　D. 与小强发生口角的同学

137. 学校组织学生参加校外活动，未对学生进行相应的安全教育，并未在可预见的范围内采取必要的安全措施，导致学生失联。在此次事故中，学校（　　）

A. 无法律责任　　B. 应承担过错责任

C. 应承担无过错责任　　D. 应承担补偿责任

138. 根据《学生伤害事故处理办法》的规定，学校对未成年学生（　　）

A. 不承担监护责任　　B. 不承担安全教育责任

C. 不承担保护责任　　D. 不承担自救教育责任

139. 小乐在学校组织的校外活动中不慎受伤，后经教育行政部门调解，小乐父母与学校就事故处理达成了协议，但事后家长又对协议内容不满而反悔。根据我国《学生伤害事故处理办法》的规定，对此，学校可以（　　）

A. 依法提起诉讼　　B. 申请行政复议

C. 请仲裁机关仲裁　　D. 请教育行政部门重新调解

140. 某校初一住校生周某在某天晚自习时偷跑到网吧玩游戏，第二天继续逃课，在外上网10个多小时后，下午猝死在网吧。针对此事件，以下说法错误的是（　　）

A. 网吧不应该让周某进入，网吧要承担一定责任

B. 学校应加强管理，采取措施保障未成年人的安全

C. 周某的父母或监护人有责任引导其进行有益于身心健康的活动

D. 周某违反学校规定偷跑到网吧上网致死，学校没有责任

141. 学生小李在体育课上跑步时突然昏倒，致使胸部受伤，经检查小李有先天性心脏病，班主任知道，但体育老师不知情。小李父母要求学校支付小李在医院的住院费，这种请求（　　）

A. 不合理

B. 合理

C. 只要在学校受伤，学校就应支付住院费用，所以该请求合理

D. 体育老师虽然不知情，但是小李在体育课上摔倒受伤，所以体育老师应负责，让学校支付不合理

142. 某学校指派李老师带领学生到体育场参加体操比赛，由于路滑，某学生不慎滑倒，致使头部受伤。对此应当承担法律责任的是（　　）

A. 学校　　B. 李老师　　C. 李老师和体育场　　D. 李老师和学校

143. 某学校教室的天花板脱落，造成三名学生受伤。此次事故中应当承担责任的是（　　）

A. 学校　　B. 学生家长　　C. 学校和学生家长　　D. 学生

144. 初中生王某和郑某课间发生争吵，老师未能及时制止，王某气急之下击打郑某耳部，导致郑某失聪。在此事件中应当承担责任的是（　　）

A. 郑某的监护人　　B. 王某的监护人和学校

C. 郑某和学校　　D. 王某的监护人

145. 校运动会上，胡某等几位同学随裁判老师进入铅球区丈量结果。在他们尚未撤离投掷区时，参赛同学赵某投出的铅球砸中了胡某，致其肩部受伤。对胡某所受伤害应承担主要赔偿责任的是（　　）

A. 学校　　B. 裁判老师

C. 赵某的监护人　　D. 赵某的监护人和裁判老师

146. 敏敏隐瞒自己患有哮喘病的病史，在体育课上旧病复发，摔倒磕伤，被紧急送往医院。对于敏敏的伤害，（　　）应承担责任。

A. 学校　　B. 敏敏的监护人　　C. 体育教师　　D. 班主任

147. 下列关于学生遭受人身伤害的处理原则表述不正确的是（　　）

A. 由校园中的无民事行为能力或限制民事行为能力的学生造成的学生伤害事故，应当由造成伤害的学生的监护人来承担相应的赔偿责任

B. 因学校教师或者其他工作人员实施与其职务无关的个人行为造成的学生伤害事故，应由致害人依法承担相应的责任

C. 未成年学生在学校开展的对抗性或者具有风险性的体育竞赛活动中发生意外伤害，学校不承担相应的责任

D. 学校安排学生参加活动，因提供交通工具、食品及其他消费与服务的经营者，或者学校以外的活动组织者的过错造成的学生伤害事故，有过错的当事人应当依法承担相应的责任

148. 某校组织学生到公园参观，教师事先反复强调注意事项和纪律，学生王某（15岁）对教师的强调置之不理，自行攀爬公园内标有“禁止攀爬”告示的假山，结果从假山摔下导致骨折。王某的骨折

9. 某县要修水电站，县政府下发文件要求每个公职人员都要参加电站集资。某镇中学校长按照文件要求，在领工资之前，从每位教职工的工资中分别扣除了文件规定上交的集资款。对此，下列说法错误的是该校长(　　)

A. 侵犯了教职工的隐私权

B. 侵犯了教职工的获取劳动报酬权

C. 违反了国家要求的不得对学校和教师乱摊派的规定

D. 侵犯了教职工的个人财产自主权

10. 李老师在完成教学工作后经常参加各种学术交流活动，并发表相关的学术论文，但校长以参加这些活动会分心为由对李老师进行了批评教育，校长这样做侵犯了李老师的(　　)

A. 教育教学权　　B. 学术研究权　　C. 教学评价权　　D. 参与教学管理权

11. 某校教师职工手册上规定："暑假期间的教师工资应在开学后一起补发，以防止教师离职，扰乱下学期的正常教学安排。"对此规定认识正确的是(　　)

A. 此规定合法，有利于防止教师暑期离职，为学校挽留了人才

B. 此规定合法，保证了学校教学工作的顺利展开，有利于学生的学习

C. 此规定违法，损害了教师的民主管理权利，挫伤了教师的积极性

D. 此规定违法，违背了教师的获取报酬待遇权，不利于学校长远发展

12. 王老师根据学生平时的行为表现给予奖品奖励，对获得奖品数量多的学生进行表扬。根据《中华人民共和国教师法》中对教师权利的划分，王老师行使的是(　　)

A. 民主管理权　　B. 管理学生权

C. 科学研究权　　D. 教育教学权

13. 李老师向校领导反映学校考评考核制度中存在的问题，有的同事却说李老师不自量力。其实李老师是在(　　)

A. 履行教师职责　　B. 履行教师义务

C. 行使公民权利　　D. 行使教师权利

14. 王洋是某民办中学的老师，在教学过程中经常出现拖堂现象，影响学生休息，于是学校领导通知他：拖堂一分钟扣除一百元。王老师很郁闷，明明是正常上课后为学生提供的贴心答疑服务，怎么就被处分了呢？王老师对此不服，依照《中华人民共和国教师法》，他可以(　　)

A. 向学校党委组织部提出申诉　　B. 向学校董事会提出申诉

C. 向当地法院提起诉讼　　D. 向教育行政部门提出申诉

15. 下列不属于《中华人民共和国教师法》规定的教师义务的一项是(　　)

A. 履行教师聘约，完成教育教学工作任务

B. 按时获得薪水和报酬

C. 遵守宪法、法律和职业道德，为人师表

D. 不断提高思想政治觉悟和教育教学业务水平

16. 张老师是一名中学语文老师,他利用周末自费参加专业学术会议以提高自身业务水平。学校得知后,给予张老师警告处分。下列说法正确的是(　　)

A. 学校做法正确,校内专职教师不得参加校外活动

B. 学校做法正确,要对教师严格管理

C. 学校做法错误,教师享有自我发展的权利

D. 学校做法错误,该老师没花学校的钱,学校不能管

17. 教师的权利是国家对教师在教学活动中可以作为或不作为的许可和保障。其中,(　　)是宪法规定的公民享有劳动权和劳动者休息权的具体化。

A. 教育教学权　　B. 科学研究权

C. 管理学生权　　D. 获取报酬权

18. 张老师被某市一民办学校聘为德育主任,月工资3300元。但到2021年11月,该学校通知张老师其德育主任职务由他人接任了。此后,该学校就没有给张老师安排工作,也没有解聘张老师,且一直没有支付张老师工资。该学校侵犯了张老师的(　　)

A. 科学研究权　　B. 学术自由权

C. 民主管理权　　D. 获得报酬权

19. 以下各项中,不属于教师应当履行的义务的是(　　)

A. 履行教师聘约　　B. 带领学生开展有益的社会活动

C. 批评和抵制有害于学生健康成长的现象　　D. 提供必需的图书、资料

20. 教师对于刑满释放后回校复学的未成年学生,应当(　　)

A. 允许其参加学校各项活动　　B. 按其以往表现评价品性

C. 限制其使用学校的设施　　D. 限制其与其他同学接触

21. 陈老师根据本班学生的实际情况进行课堂教学改革,但校领导担心家长会产生意见而反对,同事们对他的计划也很不支持。陈老师应该(　　)

A. 坚持改革,这是教师的权利　　B. 坚持改革,这是教师的义务

C. 放弃改革,这纯属没事找事　　D. 放弃改革,这违背教学常识

22. 教师张某对学校给予的处分不服,依据相关法律,他可以采用的法律救济途径是(　　)

A. 教师申诉　　B. 刑事诉讼

C. 申请仲裁　　D. 民事诉讼

23. 小王是一位初次任教的名牌大学研究生,其所入职学校的校长免除了小王的试用期,让小王直接转正。校长的行为(　　)

A. 是可以理解的,毕竟小王是不可多得的人才

B. 是合理的,校方有权利决定新老师的转正

C. 是错误的,名牌大学毕业不是取消试用期的唯一原因

D. 是违法的,违反了《中华人民共和国教师法》

15. 教师未经学生同意就按考试分数高低排列名次，张榜公布，这是侵犯学生的（　　）

A. 隐私权　　B. 名誉权　　C. 受教育权　　D. 人身自由权

16. 班上的刘鸣同学调皮捣蛋，喜欢去招惹别人，经常不听老师的管教，任课老师都对他很头疼。新来的班主任为了找到有效管理刘鸣同学的方法，偷看了他的日记。班主任的行为主要侵犯了刘鸣同学的（　　）

A. 公正评价权　　B. 隐私权　　C. 荣誉权　　D. 名誉权

17. 初二年级某班的班主任李老师私自翻看了小明的日记，发现其有早恋的苗头，于是告诉了小明的家长，并且勒令其暂时不能到校上课，在家反省。李老师的做法侵犯了学生的（　　）

A. 受教育权和人身自由权　　B. 受教育权和隐私权

C. 隐私权和人格尊严权　　D. 人格尊严权和知识产权

18. 学生小青在课堂上未能正确回答出谭老师的提问，谭老师便当着全班同学的面，讥笑小青"听不懂人话"。谭老师的行为侵犯了小青的（　　）

A. 名誉权　　B. 平等权　　C. 隐私权　　D. 人身自由权

19. 某教师以小美先天条件不足、后天智力不够、升学无望为由，拒绝让其参加考试。该教师的行为主要侵犯了学生的（　　）

A. 受教育权　　B. 隐私权

C. 人格尊严权　　D. 人身自由权

20. 每当学生小明在课堂上捣乱时，王老师就把他关进体育器材室，直到放学后才放他出来，王老师的行为侵犯了小明的（　　）

A. 荣誉权　　B. 隐私权　　C. 名誉权　　D. 人身自由权

21. 中学教师王某劝退了两个成绩比较落后的学生。教师王某的做法（　　）

A. 合法，教师有管理学生的权利　　B. 合法，教师有劝退学生的权利

C. 不合法，侵犯了学生的荣誉权　　D. 不合法，侵犯了学生的受教育权

22. 某书法辅导机构未经过其学生小丽的许可，私下将小丽的照片印在宣传手册上，以此来吸引更多的学生报班，该辅导机构侵犯了小丽的（　　）

A. 生命权　　B. 受教育权　　C. 休息权　　D. 肖像权

23. 大磊和程程是同桌。程程喜欢写日记，记录自己每天的生活。大磊耐不住好奇心，有一天偷偷把程程的日记拿出来看。发现程程有多次被别人殴打的经历，而后将此事告诉了自己的好友，大家纷纷窃窃私语，嘲笑程程。大磊的行为侵犯了程程的（　　）

A. 名誉权、隐私权　　B. 司法保护权、隐私权

C. 名誉权、荣誉权　　D. 荣誉权、隐私权

24. 某学校擅自将吴同学的照片及学习成绩变化情况刊登在宣传材料上广为散发，用来宣传学校的教学水平。该学校的做法侵犯了吴同学的（　　）

A. 名誉权　　B. 姓名权　　C. 健康权　　D. 隐私权

25. 八年级(二)班的班主任在开学之际向全班宣布了一个规定:“班级里所有学生不论什么情况迟到的,当天都不能进入教室上课。”该班主任的这一做法侵犯了学生的(　　)

A. 受教育权　　B. 名誉权　　C. 隐私权　　D. 申诉权

26. 小明在学校组织的一次社会实践活动中因个人原因出了差错,造成任务的失败,班主任为了惩罚小明,让小明在上课时间打扫宿舍卫生。班主任的做法侵犯了小明的(　　)

A. 受教育权　　B. 身体权

C. 人身权　　D. 知识产权

27. 小兰在一次期中考试中成绩不理想,老师为了提高小兰的学习成绩,让小兰放学后在教室独自学习。老师的行为侵犯了学生的(　　)

A. 人身自由权　　B. 健康权　　C. 受教育权　　D. 人格尊严权

28. 某老师未经学生允许私自将学生的作文编入自己编著的优秀作文集。关于该老师的做法,下列说法正确的是(　　)

A. 该老师的做法侵犯了学生的著作权

B. 该老师的做法侵犯了学生的财产权

C. 该老师的做法没有侵犯学生的著作权,因为“作文”不算作品,不受《中华人民共和国著作权法》的保护

D. 该老师侵犯了学生的人身自由权

29. 个别教师不允许班上学习差的学生参加考试、随意占用学生的上课时间、指派学生参加一些与教育教学无关的商业庆典活动等。这些行为主要侵害了学生的(　　)

A. 健康权　　B. 名誉权　　C. 受教育权　　D. 隐私权

30. 在英语课默写单词的环节中,小蕾因单词记得不牢固,默写不出来。老师很生气地说:“不知道你的脑袋里都装着什么,真是个笨蛋。”这位老师侵犯了小蕾的(　　)

A. 受教育权　　B. 人身自由权

C. 人格尊严权　　D. 隐私权

C. 关注教师集体利益　　D. 注重公平分配教育资源

8. 夏老师工作很努力，教学能力强，业余时间经常自学教育教学理论和专业知识，他对教学能力差的同事不屑一顾，致使一些老师不愿意搭理他。夏老师应该(　　)

A. 置之不理，继续提高自己的教学水平　　B. 反思自己，想办法改善与同事的关系

C. 团结同事，降低自身专业发展的要求　　D. 减少往来，避免与同事发生正面冲突

9. 姜老师在担任班主任期间，经常资助家庭困难的学生，并有针对性地对学生在学习中出现的心理压力进行疏导。姜老师的教育行为选择是(　　)

A. 基于关怀　　B. 基于直觉　　C. 基于原则　　D. 基于关注

10. 方老师和家长联系紧密，要求家长每天检查孩子的学习情况，还从专业的角度要求家长完全按老师说的方法教育孩子。每当学生犯错，就把家长请到学校，共谋对策。方老师的做法(　　)

A. 不可取，不应把家长当作教师的"助教"

B. 不可取，不应把教育的责任推卸给家长

C. 值得提倡，共同教育学生可以增强教育的效果

D. 值得肯定，发挥了"闻道在先，学有专攻"的优势

11. 李老师发现一些学生卫生习惯不好，经常在教室里面乱扔废纸。面对这种情况，李老师恰当的做法是(　　)

A. 严肃教育学生，严重时将学生赶出教室　　B. 建立惩罚机制，罚扔废纸的学生扫走廊

C. 不再强调卫生，只要学生成绩好即可　　D. 批评教育学生，督促学生养成好习惯

12. 张老师在上课时发现一名学生没认真听课，便停下讲课对该生进行批评教育直到下课。这件事被学生家长反映到校长那里，张老师受到了校长的严厉批评。该事件中，张老师没有处理好教师劳动中的利益关系。对此，下列说法不正确的是(　　)

A. 张老师没有处理好社会利益关系

B. 张老师没有处理好教育对象利益关系

C. 张老师没有处理好行政管理利益关系

D. 张老师没有处理好教师集体利益关系

13. 班主任田老师鼓励同学们开展兴趣小组活动，却招来了一些科任教师的反对，因为他们觉得这样做会影响学生的考试成绩。面对这种情况，田老师恰当的做法是(　　)

A. 取得同事支持，继续指导学生活动　　B. 尊重同事意见，暂停兴趣小组活动

C. 利用校长威信，平息同事反对意见　　D. 接受科任老师意见，重视考试成绩

14. 某校实施了"师徒制"，经验丰富的吴老师对新入职的蒋老师进行帮助时，要做到(　　)

A. 尊重同行，等蒋老师请教时才进行指导

B. 主动指导，和蒋老师商讨并确定教学方案

C. 推门听课，发现不妥之处及时在课堂上纠正

D. 充分信任，让蒋老师独自探索并积累教学经验

15. 疫情期间，某民办学校王老师没有报备批准就自行前往疫情严重的国家旅游，造成严重后果。学校决定解除王老师的聘任合同。依据《中小学教师违反职业道德行为处理办法》，下列说法不正确的是(　　)

A. 学校在处理决定前应当听取王老师的申辩

B. 学校在处理决定前应当听取家长委员会的意见

C. 学校在处理决定前应当报请主管教育部门批准

D. 学校在处理决定前应当准许王老师举行听证要求

二、材料分析题(每小题14分，参考时限10分钟。共3小题)

1. 材料：

2020年1月24日，正值大年三十，准备开车回乡下与父母团聚的王老师接到了居委会的疫情防控电话，二话没说立即报名了社区志愿服务岗位，主动承担防疫值班工作。值班期间，王老师耐心细致地做好防疫宣传和小区进出人员的排查，帮助邻居订购生活物品。他还通过电话、微信等方式每天询问、记录、上报班上学生的动向、身体情况，并叮嘱、指导他们做好防护。

因为疫情，学生不能正常到校上课。初次线上教学的王老师遇到了设备、网络、教学资源等方面的许多困难，他便就地取材，自制教学用具，布置好“直播间”。为了保证教学效果，王老师精心设计和讲解直播课，引导学生互动，他还建立了班级学习群，引导大家讨论，气氛特别活跃。王老师坚持在线批改作业，并关注学生的心理状况。

他调侃自己是“新晋十八线主播”“又学到了许多新技能”。总结会上，王老师说：“我是党员，要起到带头作用，无论什么情况下，都要对学生负责，对教育负责，把初心写在行动上，把使命落在岗位上。”

问题：请结合材料，从教师职业道德的角度，评析王老师的行为。

2. 材料：

刚毕业的邹老师被安排担任我们这个“难管”班级的班主任。我们可高兴了，因为从年龄、性格上看，他是我们这些“顽皮生”不难对付的老师。我们决定给他来个“下马威”。于是，我们不断制造各种无聊的“难题”，出乎意料的是，他并不生气，还总是不厌其烦地解决这些“难题”。他不仅在课堂上对我们难懂的问题一遍又一遍地解释，直到我们弄懂为止，还利用课余时间跟我们聊生活、学习，甚至还带我们到校外参观、郊游。我们平时有什么意见和要求，他总能站在我们的角度去理解，或进行解释，或尽量满足。

我曾悄悄问邹老师：“您为什么不像别的老师那样呢？为什么我们犯了错误，您也不严厉地惩

9. 杨老师正在黑板上板书，突然有一位同学向杨老师指出他写错了一个字，全班同学应声起哄。如果你是杨老师，下面做法正确的是(　　)

A. 尴尬地笑一笑，将此事粗略带过

B. 为了维护自己的权威，告诉同学们自己没有写错

C. 虚心接受，纠正错别字

D. 为了维持课堂纪律，让学生课后再讨论

10. 学生王某因在课堂上玩游戏机被老师罚抄课文三十遍，该老师的做法(　　)

A. 正确，有力地维护了课堂教学秩序　　B. 正确，这是教师惩戒学生的权利

C. 错误，对于学生的体罚应当适度　　D. 错误，不能对学生实施体罚或变相体罚

11. 学校要求各班推选“三好学生”候选人，张老师就把班上考试成绩前三名的学生上报。张老师这种做法违背了教师职业道德规范中的(　　)

A. 教书育人　　B. 严于律己　　C. 终身学习　　D. 知荣明耻

12. 某教师向学生推销课外辅导资料，要求学生必须购买。该教师的做法(　　)

A. 正确，反映教学需要　　B. 正确，体现敬业精神

C. 错误，违背教育规律　　D. 错误，违背师德规范

13. 习近平总书记曾这样描述自己心中的好老师：“当老师，就要心无旁骛，甘守三尺讲台。”这主要是告诫教师要践行教师职业道德规范中的(　　)要求。

A. 教书育人　　B. 爱岗敬业　　C. 爱国守法　　D. 终身学习

14. 教师节到了，许多学生家长都给老师送礼物，对此，教师做法恰当的是(　　)

A. 退回礼物，记住送礼学生并加以照顾　　B. 欣然收下所有礼物，并对家长表示感谢

C. 有选择地收取自己需要或喜欢的礼物　　D. 将所有礼物退回，并对家长表示感谢

15. 李老师一个学期对父亲是副乡长的小杜家访多次，却从未对需要帮助的留守儿童小龙家访过。李老师的做法(　　)

A. 符合主动联系家长的要求　　B. 有违平等待生的要求

C. 符合因材施教的教育要求　　D. 有违严慈相济的要求

16. 小王去年从师范大学毕业，到一所中学教书并担任班主任工作，他经常采取罚款、不许进教室，甚至罚站、罚跑步的方式来惩罚犯错误的学生，严重影响了学生的身心健康。小王老师的做法(　　)

A. 合理，符合爱国守法的要求　　B. 不合理，违背了爱岗敬业的要求

C. 不合理，违背了关爱学生的要求　　D. 不合理，违背了为人师表的要求

17. 一位教师，工作兢兢业业，认真负责，但对学生要求非常严厉，课堂上如果有学生在黑板上演示题目出错，就会严厉训斥。最严重的一次，他一怒之下竟拽着学生的头发把学生往黑板上撞。该老师的做法违背了(　　)的职业道德规范。

A. 爱岗敬业　　B. 终身学习　　C. 尊重家长　　D. 依法执教

18. 某次考试成绩出来后，班主任老师将学生蔡某叫到办公室里对他说：“这次又是你倒数第一，总是

影响班级成绩，你真是没救了。”此老师的行为违反了(　　)的教师职业道德规范。

A. 爱国守法、爱岗敬业　　B. 关爱学生、教书育人

C. 为人师表、廉洁公正　　D. 爱岗敬业、终身学习

19. 班主任孙老师经常对学生说：“知识改变命运，分数才是硬道理。”他自己出钱建立了“班主任基金”，用于奖励每学期期末考试前三名的学生，孙老师的做法(　　)

A. 不正确，考试成绩不是评价学生的唯一指标

B. 不正确，应挑选每次考试都排在前三名的学生

C. 正确，物质奖励具有良好的激励作用

D. 正确，考试成绩是衡量学生的重要依据

20. 某位刚参加工作的年轻女教师比较时尚，喜欢穿吊带衫，佩戴夸张的耳环、项链等饰物，还染指甲和头发。该校校长找她沟通，提醒她违反了(　　)的职业道德规范，并希望她今后在学校要衣着得体。

A. 爱岗敬业　　B. 关爱学生　　C. 教书育人　　D. 为人师表

21. 某次下课时，李老师看到小张气色不好，询问了相关情况后，便把小张送到了医院，等小张的父母到了医院并确定无大碍的情况下才离开。这体现了职业道德中的(　　)

A. 关爱学生　　B. 遵纪守法　　C. 为人师表　　D. 终身学习

22. 刚参加完培训的张老师自费将培训资料复印给同事，并将自己的心得打印出来与同事分享。对此，下列说法中不正确的是(　　)

A. 张老师富有循循善诱的品德　　B. 张老师富有团结协作的精神

C. 张老师很注意业务能力的提高　　D. 张老师重视专业素养的提升

23. 某教师在商场挑选完衣服准备付款时，偶遇班上一名学生的家长，学生的家长坚持为该教师支付衣服费用，若是教师接受家长付款，则违背了(　　)的师德规范。

A. 廉洁从教　　B. 团结协作　　C. 严谨治学　　D. 热爱学生

24. 宋老师从来不参加学校组织的业务培训，认为“有那个时间还不如给学生补补课呢”，这表明宋老师(　　)

A. 缺乏终身学习的理念　　B. 具有爱岗敬业的精神

C. 缺乏与时俱进的理念　　D. 坚守教书育人的职责

25. 刚被学校领导批评过的宋老师郁闷地走进教室，看见几个学生在大声喧哗，便不分青红皂白地将他们训斥了一番。该做法体现了宋老师(　　)

A. 不能严慈相济　　B. 不能平等待生

C. 不能调适自我　　D. 不能有教无类

26. 梦晨同学由于家里出了些事，上课老走神，班主任当着全班同学说：“你爸妈真会取名字，难怪生下来就不行，每天都做白日梦。”该班主任的做法主要违背了教师职业道德规范中的(　　)

A. 爱岗敬业　　B. 关爱学生　　C. 教书育人　　D. 为人师表

C. 学而不厌，诲人不倦　　D. 职业信念

45. 某教师衣着邋遢，不讲个人卫生，他认为教师教好课就行了。该教师违反了教师职业道德规范中的(　　)

A. 教书育人　　B. 为人师表　　C. 严谨治学　　D. 爱岗敬业

46. 小梁是"富二代"，经常在上课时玩平板电脑、智能手机，还常常向同学炫耀。作为班主任，你会(　　)

A. 把家长叫到学校，让家长处理

B. 批评小梁，因为上课玩平板电脑、经常炫富是不对的

C. 与小梁推心置腹地谈谈，让其认识到自己能赚钱才值得骄傲

D. 不必理会，这是小梁自己的事

47. 班主任薛老师，向新入学的学生家长推荐了自己妹妹承办的奥数、书法、音乐、美术四个培训班，并要求至少报其中的两个。该老师的做法(　　)

A. 正确，反映了教学的需要　　B. 正确，体现了敬业精神

C. 不正确，违背了教学规律　　D. 不正确，违背了教师职业道德规范

48. 某教师对自己亲戚的子女关怀备至，对班上与自己有一定亲戚关系的学生体贴入微，对与自己无关的学生则漠不关心。该老师的行为违反了教师职业道德中的(　　)

A. 关爱学生　　B. 爱岗敬业　　C. 为人师表　　D. 终身学习

49. 小虎在课堂上喜欢与同桌讲话，就算同桌不理睬他，他也能一个人说个不停，李老师为了不影响其他人学习，让小虎把桌椅搬到教室后面的角落一个人坐。下列选项中对该班主任的行为评价正确的是(　　)

A. 激励学生学习的积极性　　B. 没有发挥学生主体性

C. 没有尊重学生人格　　D. 维护了教师权威

50. "我们做教师的人，必须天天学习，天天进行再教育，才能有教学之乐而无教学之苦。"这体现了教师职业道德规范中(　　)的具体要求。

A. 为人师表　　B. 关爱学生　　C. 教书育人　　D. 终身学习

51. 某位老师能够做到热爱祖国和人民，拥护中国共产党领导，并能够自觉遵守教育法律法规，依法履行教师职责。这位老师的做法符合(　　)的要求。

A. 爱国守法　　B. 爱岗敬业　　C. 关爱学生　　D. 终身学习

52. 有一个学生在课堂上经常打瞌睡，对此，最不恰当的处理方式是(　　)

A. 让他的同桌叫醒他　　B. 让他坐在教室的前部或者靠近讲台的地方

C. 让他回答问题使他保持活跃状态　　D. 当着全班同学的面训斥他，使他清醒

53. 雯雯是班里一个聪明伶俐、活泼大方、讨人喜欢的学生。长时间以来，班里的老师总是在各项活动中给雯雯开绿灯，这种偏爱使她不知不觉中产生了"恃宠而骄"的心理。而在其他学生眼里也觉得老师真偏心，只喜欢雯雯而不喜欢自己。老师的做法(　　)

A. 违背了关爱学生的要求，没能做到耐心教导学生

B. 违背了关爱学生的要求,没能公平公正对待学生

C. 违背了爱岗敬业的要求,没能做到尽职尽责

D. 违背了爱岗敬业的要求,没能注意培养学生良好的思想品德

54. 陈老师作为一名优秀的教师,在关注学生学习成绩的同时,还关注每一位学生的人格和道德发展,这体现了陈老师(　　)的职业道德。

A. 教书育人　　B. 关爱学生　　C. 育人为本　　D. 德育为先

55. "教师服装要表达的信息是尊严而不是刻板,是美丽而不是妖艳,是自信而不是寒碜,是高雅而不是富贵,是大方而不是怪异。"这主要是教师职业道德规范中的(　　)的要求。

A. 爱岗敬业　　B. 为人师表　　C. 关爱学生　　D. 教书育人

56. 教师在上课之前,对于教材上的一个字、一句话、一个例子、一个小实验、一句课堂指令、一段教材的解释都要反复斟酌、精选方略,力求把每节课都上成精练的课、精确的课、精彩的课。这反映了该教师(　　)的精神。

A. 寻弊索瑕和严格要求　　B. 努力学习和不断创新

C. 实事求是和摆正位置　　D. 严谨治学和精益求精

57. 某项针对中小学教学的调查显示,部分教师的教案和课件"十年如一日",学生作业交由课代表批改,并美其名曰"发扬学生自主性",对学生的提问也是草草回答、敷衍了事。这类教师违背了《中小学教师职业道德规范》中(　　)的要求。

A. 爱岗敬业　　B. 为人师表　　C. 关爱学生　　D. 爱国守法

58. 现在有的教师暗示家长或学生,或明着向家长索要财物,根据家长送礼的薄厚区别对待学生。这样的老师违背了(　　)的职业道德规范。

A. 教书育人　　B. 爱岗敬业　　C. 廉洁从教　　D. 关爱学生

59. 下列教师行为中违背了关爱学生的职业道德规范的是(　　)

A. 罗某经常以身体不适为由不到校上课　　B. 王某在课堂上只向互动积极的学生提问

C. 周某与学生谈心了解学生的思想动态　　D. 李某在课堂上发表与课程无关的言论

60. 陶行知说过:"要人敬的必先自敬,重师首在自重。"苏霍姆林斯基曾说过:"理想、原则、信念、兴致、趣味、好恶、伦理、道德等方面的准则在教师言行上取得一致、和谐,这就是吸引青少年心灵中的火花。"这两句话体现的职业道德规范是(　　)

A. 关爱学生　　B. 为人师表　　C. 教书育人　　D. 爱岗敬业

61. 校长常常给新老师讲:"只要你还能站着,就要挺直腰板上完45分钟的课,只要你还能张开嘴,就要让最后一排的学生听见你的谆谆教导,这样才配得上人类灵魂的工程师这一称号啊!"这句话表明,作为一名人民教师,应当做到(　　)

A. 爱国守法　　B. 爱岗敬业　　C. 关爱学生　　D. 终身学习

62. 在应试教育的重压下,老师唯恐学生成绩不好影响他们的奖金和升职,学生面对老师海量的作业

下课后，苏老师请王鹏帮他把物理教具拿回办公室，趁机问王鹏课间事情的经过。听完王鹏的陈述，苏老师对他说："打架会给别人造成伤害，如果是你被打了，你会感觉怎么样？我们已经是中学生了，要学会用自己的智慧，正确地解决冲突。"最后王鹏主动找张明道歉，两人重归于好。

问题：请结合材料，从教师职业道德的角度，评析苏老师的教育行为。

4. 材料：

2021年6月29日被颁授"七一勋章"的云南省丽江华坪女子高级中学党支部书记、校长张桂梅同志，扎根贫困地区40余年，看到不少山区女孩因贫困失学而深感痛心，2008年创办了全国第一所全免费女子高中。她坚持为党育人、为国育才，以党建统领教学、以革命传统立校、以红色文化育人，引导学生们感党恩、听党话、跟党走，做党的好女儿。她生活节俭，拿出自己绝大部分工资接济困难学生，把母亲般的慈爱全部献给学生，帮助近2000名贫困山区女孩圆大学梦。她先后荣获"全国十佳师德标兵""全国教书育人楷模"等荣誉称号。

问题：请结合材料，运用教师职业道德的知识进行分析。

5. 材料：

何老师班上的小龙，经常迟到、旷课、不完成作业，还欺负同学。在多次批评教育无效后，何老师决定到他家去一趟，向他父母"告状"。到小龙家时，何老师惊奇地发现他正在做家务。见到何老师，小龙吃了一惊，但还是喊了一声"老师好"后跑回自己的房间。同小龙父母交谈后，何老师了解到小龙家庭贫困，父母每天早出晚归，对小龙疏于教导，让孩子养成了一些坏习惯。但这孩子在家还挺懂事，也能帮忙干活。于是，何老师把本来"告状"的话收了回来。第二天，何老师在班上表扬了小龙懂礼貌，见到老师主动问好，在家能做家务，希望同学们能向小龙学习。接下来，老师安排小龙负责班级卫生工作，并对他的尽职尽责及时予以表扬。没过多久，小龙在课堂上认真多了，同学关系也融洽了，还成了老师的得力助手。

问题：请结合材料，从教师职业道德的角度，评析材料中何老师的教育行为。

6. 材料：

班上有个同学身体有一些残疾，走路有一些跛，班里有些同学常学她走路的样子，开她的玩笑，还给她起外号。作为班主任，张老师觉得应当批评那些不尊重残疾同学的学生。但转念一想，这样一来会伤害残疾学生的自尊心。张老师一直在寻找一个恰当的方法。

通过和其他老师交流，张老师决定通过主题班会等多种形式，给学生介绍一些残疾人的成功事迹，让学生明白，不管什么样的人，都有可能为社会做贡献，引起学生讨论，理解、尊重生命。通过一系列的活动，同学们对这位残疾同学更加尊重，而这位同学也能够更好地融入班集体。

问题：请结合材料，从教师职业道德的角度，评析材料中张老师的做法。

7. 材料：

张某是某校的一位实习数学老师，他上课呆板无趣，但对学生很严格。如果有学生在他课堂提问时回答不上来，他就会骂人。一次期中考试，全班同学的成绩都不太理想，总成绩落后于其他班级，张老师在课堂上按照成绩排名，从后往前，一个挨一个，每人5～10分钟，进行“个人指导”的训话活动。此活动进行了2到3节课，直到班主任予以阻止才停止。不过此活动给班上的同学都留下了阴影，导致班里的数学成绩一直没有起色，大家都“谈张老师色变”。

问题：请结合材料，从教师职业道德的角度，评析教师张某的做法。

8. 材料：

城市学生杜某，大学毕业后通过招教考试成为一名乡村教师。在认真备课、反复试讲后，他心情忐忑地走上讲台，刚做完自我介绍，一个男生突然站起来说道：“老师，我们条件不好，学习基础又差，你会喜欢我们吗？”杜老师没有回答，微笑地看着他问：“你会不会嫌弃自己的家人？”男生马上回答：“当然不会，一家人怎么会嫌弃呢？”杜老师转向全班同学郑重地说：“我既然成了同学们的老师，大家就成为一家人，我当然不会嫌弃你们了。同学们只看到了自己的不足，却没有看到自己的长处，我们农村孩子朴实、能吃苦，只要我们共同努力，都会成为优秀学生的。老师喜欢你们，看好你们！”这一开场很快抓住了孩子们的心。

问题：请结合材料，从教师职业道德的角度，评析该老师的教育行为。

6. 放学时，小张把小蕊的新裙子弄脏了，小蕊哭着回了家，当晚班主任便接到小蕊妈妈的电话，要求老师必须处理好此事，该班主任的下列处理方法中最适当的是（　　）

A. 直接跟家长解释清楚，请家长谅解

B. 找小张了解情况，引导其主动向小蕊道歉

C. 找来双方家长，向家长说明情况，希望双方能互相理解

D. 找来小张家长，让家长知道孩子的表现，回家对孩子进行教育

7. 2020年初，突如其来的疫情阻挡了学生春季返校的脚步，致使许多学校不得不开展网络授课来保障学生的日常学习，教师也纷纷化身为“网络主播”。教师冯某发现了其中的“商机”，他利用直播平台，暗示学生为自己花钱送礼物，借机敛财。冯某的做法违背了（　　）的教师职业行为准则。

A. 积极奉献社会　　B. 坚持言行雅正

C. 坚守廉洁自律　　D. 秉持公平诚信

8. 你是某班的班主任，某日，班上学生明明的家长打电话给你，称自己是校长的亲戚，要求你在下次安排座位时，安排明明跟班上学习成绩最好的学生成为同桌。对此，你最恰当的回应是（　　）

A. 既不拒绝也不答应，看这位家长接下来的反应

B. 立即拒绝这位家长的要求，并表示只有明明的学习成绩提高了，自己才有可能多照顾他

C. 给这位家长讲明道理，说明自己安排座位的理由，并获得家长的配合

D. 为了自己以后在学校的发展，答应这位家长的要求

9. 随着时代的进步，新型的、民主的家庭气氛和父母子女关系正在形成，但随着孩子自我意识的逐渐增强，很多孩子对父母的教诲听不进或当作“耳边风”，家长感到家庭教育力不从心。教师应该（　　）

A. 放弃对家长配合自己工作的期望

B. 督促家长，让家长成为自己的“助教”

C. 尊重家长，树立家长的威信，从而一起做好教育工作

D. 在孩子面前嘲笑这些家长

10. 孟老师是刚毕业一年的大学生，他回到家乡的中学做语文老师，相对于班上那些调皮捣蛋的学生，他更喜欢比较听话并且成绩也比较好的学生。孟老师的做法（　　）

A. 正确，这可以提高班级的学习成绩　　B. 正确，这能够使孟老师快速地融入班级

C. 错误，这不利于创建良好的师生关系　　D. 错误，这没有做到尊重全体学生

11. 小李是刚踏入教师队伍的新教师，他着急的时候说话会变得有些结巴，这遭到学生和一些老师的耻笑。如果你是小李的同事，你会（　　）

A. 这是小李的事情，不笑话他，但也想不到办法来帮助他

B. 当老师连话都说不利落，说明小李不适合做老师

C. 告诉小李自己也曾有过同样的情况，并把自己的经验告诉他

D. 在小李结巴时，告诉小李结巴得很厉害，这样可不行

12. 初二（3）班的学生议论纷纷，说班上张某和王某正在谈恋爱，班主任不相信。可是，一个下雨天的

傍晚，在公交车站，班主任看到张某和王某搂腰共打一把伞，十分亲密。面对这种情况，以下哪种应对方式最为合适(　　)

A. 装作没看见，事后另找时间与他们进行沟通

B. 当场严厉批评他们

C. 当晚打电话给两位学生的家长，责怪家长为什么不管好自己的孩子

D. 事后在班会上以他俩为例，警告全班学生不许再出现类似现象

13. 冯老师进行家访时，总是采取"四多四少"原则：多一点针对性，少一点随意性；多一点肯定，少一点求全责备；多一点情感交流，少一点情况汇报；多一点指导，少一点推卸责任。冯老师的做法(　　)

A. 不可行，仅报喜不报忧，一味迎合家长　　B. 不可行，虽重情感交流，但回避了问题

C. 可行，体现了他注重沟通策略，尊重家长　　D. 可行，体现了他严格要求自己，家长至上

14. 教师要处理好与学生家长的关系，以下方式不正确的是(　　)

A. 主动加强联系，谋求共同立场　　B. 尊重并且迁就，待人公正平等

C. 征求意见建议，谋求支持配合　　D. 教育学生尊重家长，提高父母威信

15. 小丽老师非常漂亮，有次上课她穿了超短裙，导致整堂课学生都在窃窃私语。如果你是小丽老师的同事，你会(　　)

A. 不跟小丽老师说，这是小丽老师自己的事

B. 跟小丽老师说穿超短裙不合适，不像老师的样子

C. 跟小丽老师说穿超短裙很漂亮，不过穿及膝裙更得体

D. 不跟小丽老师说，上好课就可以了

16. 某市教委在教师中随机调查，问"您热爱学生吗？"90%以上的教师都回答"是"。当转而问他们所教的学生"你体会到老师对你的爱了吗？"时，回答"体会到"的学生仅占10%。这说明(　　)

A. 教师还没有掌握高超的沟通和表达技巧　　B. 教师尚不具备崇高的道德境界

C. 教师缺乏信心　　D. 教师缺乏爱心

17. 某班学生小华有不良的行为习惯，不讲究个人卫生，还偷偷抽烟。班主任丁老师和小华单独谈了好几次，都没有明显的效果。下列选项中，丁老师的做法不恰当的是(　　)

A. 在小华的旁边多安排几名各方面表现较好的学生，对他进行正面的影响

B. 多发现小华的优点，找机会对他进行表扬，正面引导他养成好习惯

C. 将小华的位置调到教室某个单独的角落里，不让他影响其他同学

D. 和小华的家长进行一次深入交流，争取合力改正小华的坏习惯

18. 翁老师是一名语文老师，为了让学生的语文成绩有所提高，他给学生布置了大量的作业，导致学生没有多余的时间学习其他科目。作为班主任的你应该(　　)

A. 在办公室里和其他同事讨论此事，给翁老师制造压力

B. 给学生多布置其他科目的作业

C. 告诉翁老师，学生在背后强烈反对他的做法

D. 与翁老师沟通，协商有利于学生全面发展的合理办法

19. 小童近期因家庭原因成绩直线下滑，作为班主任，你认为有利于及时帮助他调整状态的做法和顺

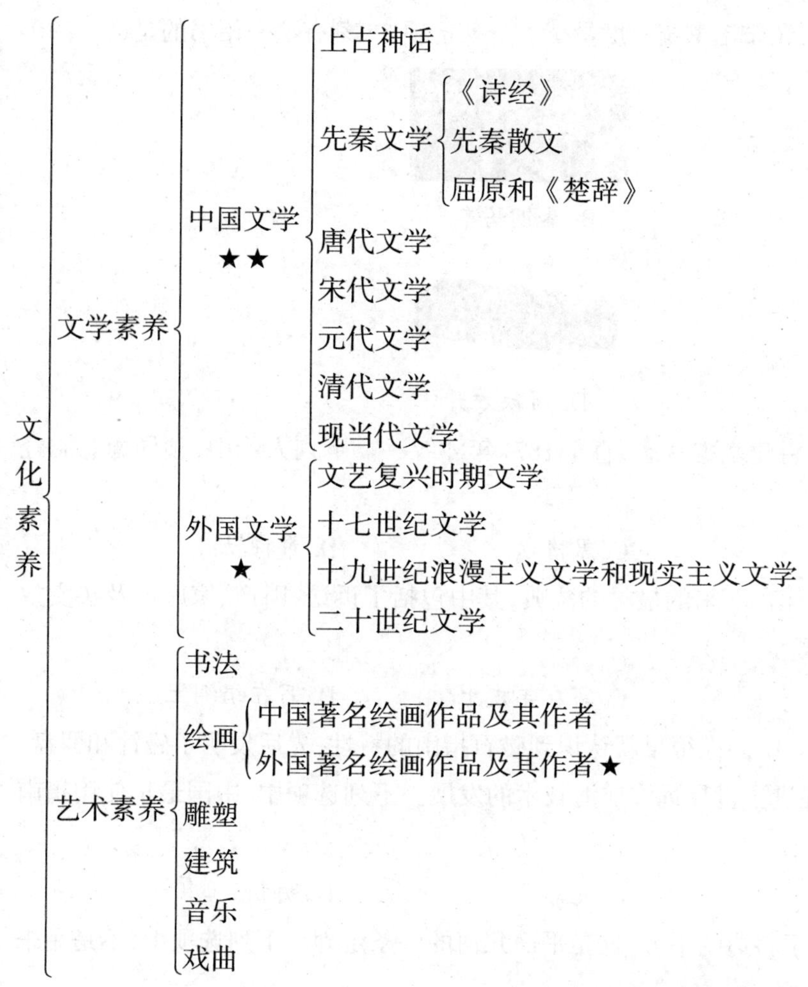

经典真题回顾

答案见P48

单项选择题(每小题2分,共25小题。参考时限40分钟)

1. 随着佛教在中国的发展,人们对佛经译文的质量要求日益提高。有一位僧人有感于中国经律残缺,西行求法,前后凡十四年游历三十余国,带回大量梵本佛经并进行翻译,又将其旅行见闻撰成《佛国记》。这位僧人是(　　)

A. 法显　　B. 玄奘　　C. 朱士行　　D. 竺法护

2. 右图为国家博物馆馆藏精品青铜冰鉴,是由一个方鉴和一件方尊缶组成的青铜套器,方尊缶置于方鉴内,是古人用来冰酒的,堪称世界上最早的冰箱。下列选项中,青铜冰鉴产生的时代是(　　)

A. 夏朝　　B. 战国

C. 三国　　D. 唐朝

3. 公元前221年,秦始皇统一中国后,颁布诏书统一度量衡。下列选项中,刻有这一诏书的是(　　)

A. 秦半两钱

B. 秦铜马车

C. 阳陵虎符

D. 商鞅方升

4. 德国历史上长期处于城邦分治的封建割据状态,直至1871年才统一。下列人物中,领导德意志经过三次王朝战争实现统一的是(　　)

A. 拿破仑　　B. 俾斯麦　　C. 黑格尔　　D. 希特勒

5.《汉谟拉比法典》是世界迄今完整保存下来的最早的法典,其中包括了诉讼、财产、家庭以及买卖奴隶等内容。这部法典的呈现形式是(　　)

A. 刻在岩石上　　B. 刻在甲骨上　　C. 写在羊皮上　　D. 写在绢绸上

6. 指南针是中国古代四大发明之一。中国人很早就认识到磁石指南的特性,先后发明了磁针和罗盘。指南针经阿拉伯传到欧洲,大大促进了世界远洋航海技术的发展。下列选项中,中国最早使用指南针航海的朝代是(　　)

A. 唐朝　　B. 北宋　　C. 元朝　　D. 明朝

7. 直角三角形两直角边的平方和等于斜边的平方,这是平面几何的一条定理。下列选项中,不是用来指称这一定理的是(　　)

A. 毕达哥拉斯定理　　B. 欧几里得定理

C. 勾股定理　　D. 商高定理

8. "北斗卫星导航系统"是中国自主研发、独立运行的卫星导航系统,已成功应用于测绘、电信、交通、减灾等诸多领域,产生了显著的经济效益和社会效益。下列关于"北斗卫星导航系统"的表述中,不正确的是(　　)

A. 尚未正式进入民用市场　　B. 具有定位和通信双重功能

C. 定位精度正在不断地提高　　D. 已覆盖中国本土的全部区域

9. 量子概念的提出,第一次把能量的不连续性引入对自然过程的深入认识,对其后量子理论的进一步发展起到了重要作用。量子概念的提出者是(　　)

A. 普朗克　　B. 洛伦兹　　C. 爱因斯坦　　D. 麦克斯韦

10. 太阳系中的一些行星在中国古代有独特的名称,这些名称反映了古人对其特征的认识。其中公转周期接近12年,因用以纪年而被称为"岁星"的是(　　)

A. 土星　　B. 木星　　C. 金星　　D. 水星

3. 中国古代的“三省六部制”把国家大政的决策和执行区分开来。中书省掌命令权，门下省掌驳议权，尚书省掌执行权。尚书省下设吏、户、礼、兵、刑、工六部，其中“户部”的职能是( )

A. 掌管财政 B. 掌管学政 C. 掌管吏政 D. 掌管军政

4. 伊犁将军为清代八旗驻防将军。全称为总统伊犁等处将军。清朝设置伊犁将军，是为了管理( )

A. 新疆 B. 西藏 C. 云南 D. 青海

5. 魏晋南北朝时期，历时300多年，是中国历史上战乱频繁、充满曲折的时期。下列哪一事件不是发生在魏晋南北朝时期( )

A. 七国之乱 B. 五胡乱华

C. 王与马，共天下 D. 梁武帝舍身佛寺

6. 杜甫在《忆昔》中写道：“稻米流脂粟米白，公私仓廪俱丰实。”这描写的是出现在唐玄宗时期的社会现象，史称( )

A. 贞观之治 B. 文景之治 C. 开元盛世 D. 康乾盛世

7. 魏源被称为西学中用第一人，他提出的“师夷之长技以制夷”成为经典，成为拿来主义的开山鼻祖。他提出的“长技”是指( )

A. 西方的先进技术 B. 西方的政治制度

C. 西方优秀的思想文化 D. 西方开放的对外政策

8. 在七世纪初，( )以武力征服了羊同和苏毗诸部，建立了统一的吐蕃奴隶制国家。

A. 囊日论赞 B. 尺带珠丹 C. 松赞干布 D. 克黎可足

9. 我国将( )确定为中国人民抗日战争胜利纪念日。

A. 8月15日 B. 9月3日 C. 9月2日 D. 12月13日

10. 宋真宗时期，辽国大举侵宋，经过多次战争，双方于1005年1月签订盟约，史称( )

A. 海上之盟 B. 宋夏和议 C. 宋金盟约 D. 澶渊之盟

11. 1839年，清政府委派钦差大臣( )在广东虎门集中销毁鸦片，此事后来成为第一次鸦片战争的导火索。

A. 左宗棠 B. 张之洞 C. 张居正 D. 林则徐

12. 毛泽东的诗中写道：“虎踞龙盘今胜昔，天翻地覆慨而慷。”“天翻地覆”的含义是指中国人民解放军( )

A. 解放南京 B. 挺进大别山

C. 转战陕北 D. 解放长江以北地区

13. ( )是抗日战争相持阶段八路军在华北地区发动的一次规模最大、持续时间最长的战役，有力配合了国民党军在正面战场的作战，极大振奋了全国的抗战信心。

A. 百团大战 B. 淞沪会战 C. 平津战役 D. 武汉会战

14. 毛泽东提出的“政权是由枪杆子中取得的”这一著名论断，是在( )中提出的。

A. 八七会议 B. 瓦窑堡会议 C. 遵义会议 D. 洛川会议

15. 下列语句中,反映长江流域已成为我国古代经济重心的是(　　)

A. "南朝四百八十寺,多少楼台烟雨中。"(唐·杜牧)

B. "忆昔开元全盛日,小邑犹藏万家室。"(唐·杜甫)

C. "苏湖熟,天下足。"(宋·谚语)

D. "无徽不成镇。"(明清·谚语)

16. 首次实现了人类绕地球一周的航行,从而证实了地球是一个球体的航海家是(　　)

A. 郑和　　B. 麦哲伦　　C. 哥伦布　　D. 加加林

17. 历史学家们认为:"17世纪后期科学革命的胜利为启蒙运动提供了先决条件。"据此判断,启蒙运动在科学思想方面最重要的先驱者是(　　)

A. 达尔文　　B. 牛顿　　C. 拉瓦锡　　D. 法拉第

18. 在1957年的整风运动中,(　　)是重中之重。

A. 反官僚主义　　B. 反宗派主义　　C. 反主观主义　　D. 反客观主义

19. 确立以毛泽东为代表的马克思主义正确路线在中国共产党内领导地位的会议是(　　)

A. 瑞金会议　　B. 遵义会议　　C. 井冈山会议　　D. 西柏坡会议

20. 我国古代的伟大工程蕴含着中华民族的文化与精神底蕴。隋朝时期修筑的促进南北经济文化交流的重要工程是(　　)

A. 长城　　B. 故宫　　C. 大运河　　D. 赵州桥

21. 真理标准问题的讨论是一次深刻的思想解放运动,这里的"解放"是指(　　)

A. 从"左"的桎梏中摆脱出来

B. 使全党认识到经济建设是全党工作的重心

C. 使全党认识到"文革"是错误的

D. 打破了个人崇拜和教条主义的思想束缚

22. "危局如斯敢惜身?愿将生命作牺牲"是女革命家秋瑾的豪迈诗篇。她在同盟会成立后领导的武装起义是(　　)

A. 浙皖起义　　B. 黄花岗起义　　C. 萍浏醴起义　　D. 镇南关起义

23. "五十六个民族,五十六枝花,五十六个兄弟姐妹是一家。"元朝时形成的一个新的民族是(　　)

A. 藏族　　B. 维吾尔族　　C. 回族　　D. 满族

24. 毛泽东同志总结中国近代历次运动失败的教训时,曾说:"没有农民办不成大事,光有农民办不好大事。"下列事件属于"光有农民办不好大事"的是(　　)

A. 洋务运动　　B. 辛亥革命　　C. 戊戌变法　　D. 义和团运动

25. 一位历史学家说:"20世纪有两位伟大的改革家,一位在一定程度上挽救了现代资本主义国家,一位在一定程度上挽救了现代社会主义国家。"这两位改革家分别是(　　)

A. 罗斯福和邓小平　　B. 罗斯福和毛泽东

C. 丘吉尔和列宁　　D. 杜鲁门和斯大林

47. 抗日战争胜利后，为了中国的和平建设事业，毛泽东和蒋介石举行了著名的(　　)，双方签署了《双十协定》，确定了和平建国的基本方针。

A. 重庆谈判　　B. 南京谈判　　C. 上海谈判　　D. 北京谈判

48. “好地方来好风光”“又战斗来又生产，三五九旅是模范”，歌唱的是革命旧址(　　)

A. 井冈山　　B. 沂蒙山　　C. 南泥湾　　D. 台儿庄

49. “十字军东征”是一场对东部地中海各国发动的持续两个世纪的战争，(　　)是发动战争的祸首。

A. 西欧封建主　　B. 罗马教廷

C. 意大利商人　　D. 拜占庭皇帝

50. 下列是与第二次世界大战有关的历史事件，按事件发生的先后顺序排列，正确的是(　　)

①诺曼底登陆　②德国进攻波兰　③慕尼黑阴谋　④日本偷袭珍珠港

A. ②①③④　　B. ③④②①　　C. ②③④①　　D. ③②④①

专题二　科学素养

➢答案见P53

单项选择题(每小题2分，共50小题。参考时限75分钟)

1. 核电站用于发电，造福于人类。我国第一座投入商业运营的核电站是(　　)

A. 秦山核电站　　B. 岭澳核电站

C. 大亚湾核电站　　D. 田湾核电站

2. 某校教室张贴着这样一句名言：“给我一个支点，我将撬动整个地球。”这句名言出自(　　)

A. 阿基米德　　B. 牛顿　　C. 达尔文　　D. 爱因斯坦

3. 在历史文化名人中，2500年前与学生们进行了世界上第一个小孔成像实验，对光的直线传播第一次作出科学解释的是(　　)

A. 曾子　　B. 墨子　　C. 鲁班　　D. 甘德

4. 下列对各种现象的原理解释错误的是(　　)

A. 百炼成钢—铁中的碳和氧气经高温反应生成二氧化碳，其含碳量降低

B. 雨后彩虹—阳光射到空中接近球形的水滴，造成散射

C. 热胀冷缩—分子空隙随温度升高而变大，随温度降低而缩小

D. 煽风点火—扇动扇子使空气流通，为火焰燃烧补充氧气

5. 20世纪初，普朗克、爱因斯坦、波尔等科学家提出的科学理论是(　　)

A. 相对论　　B. 量子论

C. 电磁学理论　　D. 生物进化论

6. 常见的能量形式有机械能、内能、电能、光能、化学能等。这些不同形式的能在一定的条件下可以相互转化。下列关于能量转化的说法错误的是(　　)

A. 核电站发电——核能转化为电能　　B. 电饭锅烧饭——电能转化为内能

C. 热机工作——机械能转化为内能　　D. 太阳能电池——太阳能转化为电能

7. 明朝医药学家李时珍编著的(　　),分类科学严密,包含药物数目众多,文笔流畅生动,被誉为"东方医药巨典"。

A.《千金方》　B.《神农本草经》　C.《伤寒杂病论》　D.《本草纲目》

8. 下列不是医学著作的是(　　)

A.《神农本草经》　B.《齐民要术》　C.《本草纲目》　D.《黄帝内经》

9. 站在湖边俯视平静的湖面,可以看到:船儿在水面上漂浮,鸟儿在水中飞翔,鱼儿在白云中穿梭,青山倒立在水中。看到的场景中,由于光的折射而形成的是(　　)

A. 船儿　B. 鸟儿　C. 鱼儿　D. 青山

10. 樟脑丸是常见的生活用品,放在衣橱中的樟脑丸时间长了体积会缩小,这是物理中的(　　)现象。

A. 液化　B. 升华　C. 凝华　D. 蒸发

11. 物理学的发展丰富了人类对物质世界的认识,推动了科学技术的创新和革命,促进了物质生产的繁荣与人类文明的进步,下列表述正确的是(　　)

A. 牛顿发现了万有引力定律　B. 洛伦兹发现了电磁感应定律

C. 光电效应证实了光的波动性　D. 相对论的创立表明经典力学已不再适用

12. 我国首颗应用量子通信技术的试验卫星是(　　)

A. 悟空号　B. 墨子号　C. 蛟龙号　D. 天宫号

13. "永动机"指的是不消耗能量而能永远对外做功的机器。"永动机"被认为是违反客观科学规律的,是不能够被制造出来的。那么,"永动机"违反的是(　　)

A. 牛顿运动定律　B. 热力学第一定律

C. 相对论　D. 热力学第三定律

14. 我国现存最早最完整的一部农学著作是北魏贾思勰所著的(　　)

A.《天工开物》　B.《梦溪笔谈》　C.《农政全书》　D.《齐民要术》

15. 为了保护环境我们提倡使用清洁能源。下列不属于清洁能源的是(　　)

A. 太阳能　B. 潮汐能　C. 风能　D. 含硫煤

16. 下列历史人物中属于我国古代著名医学家的是(　　)

A. 郭守敬　B. 孙思邈　C. 沈括　D. 朱世杰

17. 元素周期律的发现是近代化学史上的又一座里程碑,对元素基本性质的周期性的认识使得化学成为一门系统的科学。提出这一规律的科学家是(　　)

A. 维勒　B. 门捷列夫　C. 李比希　D. 弗兰克兰

18. "癸丑之三月晦(公元1613年5月19日),自宁海出西门,云散日朗,人意山光,俱有喜态。"短短24个字为后人留下了文化旅游的瑰宝。自2011年起,每年的5月19日被定为"中国旅游日"。中国旅游日的设立与我国历史上伟大的旅行家、地理学家、史学家、文学家(　　)有关。

A. 沈括　B. 周达观　C. 徐霞客　D. 裴秀

19. 随着基因工程的诞生和技术的发展,目前,基因工程已成为生物科学的核心技术,已经广泛应用于

43. 关于科学家与其代表成就的描述，下列选项中对应错误的是(　　)

A. 牛顿—经典力学　　B. 法拉第—电磁感应

C. 普朗克—狭义相对论　　D. 爱因斯坦—广义相对论

44. 烧碱的主要用途最早从制肥皂开始，逐渐用于造纸、纺织、印染等方面；制铝工业及60年代后石油化工的发展，进一步扩大了烧碱的用途。我国工业上俗称的“烧碱”是指(　　)

A. 氧化钠　　B. 氢氧化钠

C. 碳酸钠　　D. 碳酸氢钠

45. 地震、台风等自然灾害往往造成巨大的财产损失和人员伤亡。下列关于自然灾害的说法正确的是(　　)

A. 泥石流具有突然性、流速快和破坏力强等特点，一般发生在具有特殊地形地貌的地区

B. 台风是发生在太平洋西部海洋和南海海上的热带气旋，台风眼内的风力是测定台风等级的依据

C. 火山爆发是地球内能释放的一种形式，地球上各地的火山分布在陆地上，分为死火山、活火山和休眠火山

D. 地震多发生于地球板块的交界或地壳裂隙地带，地震的烈度是地面受到的影响和破坏程度，震源越深，烈度越大

46. 下列关于“低碳生活”的做法，错误的是(　　)

A. 外出时尽量使用一次性牙刷　　B. 最后离开办公室时随手关灯

C. 骑自行车上下班　　D. 用洗衣服的水冲厕所

47. 第一个将圆周率精确到3. 1415926和3. 1415927之间的数学家是(　　)

A. 毕达哥拉斯　　B. 亚里士多德　　C. 牛顿　　D. 祖冲之

48. 以下生活常识不正确的是(　　)

A. 微波炉不能使用金属器皿加热食品

B. 胡萝卜富含维生素，生吃效果好

C. 扎啤是没有经过发酵的啤酒

D. 人在发烧时，食欲不振，其主要原因是体温较高，酶的催化作用差

49. 常言道：“人要实，火要虚。”此话的意思是说做人要脚踏实地，才能事业有成；可燃物要架空一些，才能烧得更旺。“火要虚”的目的是(　　)

A. 降低可燃物的着火点　　B. 增大空气中氧气的含量

C. 增大可燃物与空气的接触面积　　D. 增大可燃物的热值

50. 药典是一个国家记载药品标准和规格的法典，一般由国家药典委员会组织编写、出版，并由政府颁布、执行，具有法律约束力。世界上最早的、由国家发行的药典是(　　)

A.《中和集》　　B.《新修本草》

C.《千金方》　　D.《本草纲目》

专题三　传统文化素养

答案见P56

单项选择题(每小题2分,共35小题。参考时限50分钟)

1. 琵琶曲《十面埋伏》描绘的是哪次战役的情景(　　)

A. 赤壁之战　　B. 垓下之战　　C. 巨鹿之战　　D. 官渡之战

2. 下列人物中,与"士别三日,当刮目相看"有关的是(　　)

A. 司马懿　　B. 吕蒙　　C. 张飞　　D. 吕布

3. 中国古代读书人为了实现"朝为田舍郎,暮登天子堂"的理想,最佳途径应该是(　　)

A. 参加科举考试　　B. 辛勤耕作　　C. 作战立功　　D. 经商致富

4. "姑苏城外寒山寺,夜半钟声到客船"出自唐代诗人张继的《枫桥夜泊》。古时候,我国把一日分为"十二时",诗句中的"夜半"对应的时间是(　　)

A. 从前一日23点至次日1点　　B. 从11至13点

C. 从15至17点　　D. 从19至21点

5. 下列选项中,按照诗句所代表的二十四节气的先后顺序排列正确的是(　　)

①问东城春色,正谷雨,牡丹期　②露从今夜白,月是故乡明

③微雨众卉新,一雷惊蛰始　④麦穗初齐稚子娇,桑叶正肥蚕食饱

A. ③①④②　　B. ①④③②　　C. ②③①④　　D. ①②③④

6. "江边枫落菊花黄,少长登高一望乡"所描写的节日是(　　)

A. 元宵节　　B. 端午节　　C. 重阳节　　D. 中秋节

7. "慎终追远,民德归厚"出自《论语·学而》,表达了古人对人生的态度和思考,这一思想在中国传统节日(　　)的活动中得以充分体现。

A. 元宵节　　B. 中秋节　　C. 端午节　　D. 清明节

8. 下列节气中,列在农历十一月份的是(　　)

A. 小雪　　B. 冬至　　C. 小寒　　D. 立冬

9. 公元1976年是农历丙辰年,据此推算,公元1977年应该是(　　)

A. 农历戊午年　　B. 农历丁巳年

C. 农历辛亥年　　D. 农历丙寅年

10. "刘三姐"是我国民间传说中哪个少数民族的人物(　　)

A. 壮族　　B. 满族　　C. 彝族　　D. 苗族

11. "问我祖先在何处?山西洪洞大槐树。祖先故居叫什么?大槐树下老鹳窝"。这首唱了600年的民谣,每年都在洪洞县寻根祭祖园祭祖堂前响起。与此关联最密切的中国古代制度是(　　)

A. 禅让制　　B. 世袭制　　C. 分封制　　D. 宗法制

12. "卧薪尝胆"说的是春秋时期(　　)励精图治、奋发图强,最后报仇雪恨的故事。

A. 晋文公重耳　　B. 越王勾践　　C. 吴王夫差　　D. 齐桓公小白

35. 截至目前,我国世界遗产有53处,世界自然遗产有13处。世界自然遗产总数超越之前并列的澳大利亚和美国,位居世界第一。下列选项中属于我国世界自然遗产的是(　　)

A. 贵州梵净山　B. 杭州西湖　C. 大足石刻　D. 成都武侯祠

专题四　文学素养

答案见P58

单项选择题(每小题2分,共40小题。参考时限60分钟)

1.《史记》是后世纪传体史书的典范。下列人物在《史记》中有记载的是(　　)

A. 蔡伦　B. 华佗　C. 张仲景　D. 汉武帝

2. 北宋史学家司马光主持编写了我国第一部编年体通史巨著,记述了从战国到五代1300多年的历史,这部著作是(　)

A.《史记》　B.《资治通鉴》　C.《汉书》　D.《宋史》

3. 在特洛伊战争中,足智多谋的(　)想出了木马计,帮助希腊联军攻破了特洛伊城。

A. 奥德修斯　B. 赫克托耳　C. 阿喀琉斯　D. 阿伽门农

4. 雨果是法国浪漫主义作家,人道主义的代表人物,被人们称为"法兰西的莎士比亚"。(　　)被认为是最能体现雨果人道主义思想的作品。

A.《双城记》　B.《悲惨世界》

C.《寒灰集》　D.《惩罚集》

5. 中唐传奇的压卷之作,代表了中唐传奇最高水平的作品是(　　)

A.《柳毅传》　B.《莺莺传》　C.《李娃传》　D.《霍小玉传》

6. 古代世界各民族创造的科技和文化为近代文明的起步和发展奠定了基础。再现早期希腊社会图景,对西方文学发展产生了深远影响的文学巨著是(　　)

A.《威尼斯商人》　B.《圣经》　C.《俄狄浦斯王》　D.《荷马史诗》

7. 列宁称之为"俄国革命的一面镜子"的作家是(　　)

A. 列夫·托尔斯泰　B. 契诃夫　C. 高尔基　D. 果戈理

8. 乐府诗具有深刻的社会思想意义和极高的艺术成就,并为历代文人所推崇。"乐府双璧"是指《木兰诗》和(　　)

A.《长歌行》　B.《孔雀东南飞》　C.《秦妇吟》　D.《陌上桑》

9. 下列选项中,(　　)是鲁迅先生的作品。

A.《追求》　B.《家》　C.《朝花夕拾》　D.《平凡的世界》

10. "达摩克利斯之剑"是出自古希腊的典故。"达摩克利斯"是(　　)

A. 国王的名字　B. 大臣的名字　C. 宫殿的名称　D. 利剑的名称

11. 在《中国诗词大会》(第二季)上,主持人董卿在第八期擂主争霸赛结尾时,送给攻擂者一句诗"双鬓多年作雪,寸心至死如丹",这句诗出自(　　)

A. 李清照《如梦令》　B. 陆游《感事六言》

C. 杜甫《江南逢李龟年》　　D. 辛弃疾《清平乐》

12. 话说当时住持真人对洪太尉说道："太尉不知，此殿中当初是祖老天师洞玄真人传下法符，嘱咐道：'此殿内镇锁着三十六员天罡星，七十二座地煞星，共是一百单八个魔君在里面。上立石碑，凿着龙章凤篆天符，镇住在此。若还放他出世，必恼下方生灵。'如今太尉放他走了，怎生是好？"关于这段文字所属著作，下列说法正确的是(　　)

A. 是我国古代著名的长篇神魔小说　　B. 其作者与曹雪芹生活在同一时期

C. "白帝城托孤"是书中的一个情节　　D. 以北宋末年为故事背景

13. 下列提出"文界革命"的口号，创立"新文体"的是(　　)

A. 龚自珍　　B. 梁启超　　C. 康有为　　D. 谭嗣同

14. 我国著名的长篇章回体神魔小说，被誉为古典文学中最辉煌的神话作品的是(　　)

A.《山海经》　　B.《世说新语》　　C.《搜神记》　　D.《西游记》

15. 西湖位于杭州城西，属于湖泊型的国家级风景名胜区，受到过古今中外无数诗人的赞美。以下诗句不属于赞颂杭州西湖美景的是(　　)

A. 湖上春来似画图，乱峰围绕水平铺　　B. 孤山寺北贾亭西，水面初平云脚低

C. 湖光秋月两相和，潭面无风镜未磨　　D. 水光潋滟晴方好，山色空蒙雨亦奇

16. "身无彩凤双飞翼，心有灵犀一点通"的作者是(　　)

A. 杜甫　　B. 李商隐　　C. 李贺　　D. 王维

17. 陈奂生是(　　)创作的一系列小说的主人公。

A. 曹禺　　B. 高晓声　　C. 汪曾祺　　D. 阿来

18.《百年孤独》是拉丁美洲魔幻现实主义文学的代表作，小说作者以"汇集了不可思议的奇迹和最纯粹的现实生活"荣获1982年诺贝尔文学奖。该小说的作者是(　　)

A. 卡夫卡　　B. 艾略特

C. 马尔克斯　　D. 杰克·伦敦

19.《史记》中的"世家"主要写的是哪些人物(　　)

A. 帝王　　B. 王侯　　C. 少数民族　　D. 小人物

20. 曹操的乐府诗(　　)反映了汉末军阀混战、百姓大量死亡的场景，有"诗史"之称。

A.《蒿里行》　　B.《薤露行》　　C.《短歌行》　　D.《步出夏门行》

21. "忆昔开元全盛日，小邑犹藏万家室"和"寂寞天宝后，园庐但蒿藜"是唐代一位著名诗人的诗句。这位诗人是(　　)

A. 杜甫　　B. 杜牧　　C. 孟浩然　　D. 陈子昂

22. 欧洲文学长廊中有四个以吝啬而著称的经典人物形象，他们将吝啬贪婪发挥到了极致。下列文学形象中不属于吝啬鬼的是(　　)

A.《悭吝人》中的阿巴贡　　B.《死魂灵》中的泼留希金

C.《威尼斯商人》中的夏洛克　　D.《叶甫盖尼·奥涅金》中的叶甫盖尼·奥涅金

7. “楷书四大家”把我国书法艺术推向了一个历史高潮，对东亚书画史产生了深远的影响，为后世书法写作奠定了坚实的基础。“楷书四大家”指的是赵孟頫、柳公权、欧阳询和(　　)

A. 范仲淹　　B. 苏轼　　C. 王羲之　　D. 颜真卿

8. 下列关于书法的说法，正确的是(　　)

A. 欧体为唐代欧阳修行书体　　B. 张旭以草书闻名，被人称为“草圣”

C. 怀素以隶书著称于世　　D. 颜真卿有《兰亭集序》

9. 京剧脸谱色彩十分讲究，不同含义的色彩绘制在不同图案轮廓里，人物就被性格化了。张飞、曹操、关羽这三个人的脸谱颜色分别是(　　)

A. 白、黑、红　　B. 红、白、黑　　C. 黑、红、蓝　　D. 黑、白、红

10. 汉代流云纹以线条的舒卷起伏为表现形式，在汉代染织工艺中是一种主要的装饰纹样，它亦被称为(　　)

A. 云朵纹　　B. 气流纹　　C. 云流纹　　D. 云气纹

11. 作品取材于儿童生活、街头景象和古诗词意，风格平淡，意味隽永的中国现代漫画家是(　　)

A. 刘海粟　　B. 齐白石　　C. 丰子恺　　D. 张大千

12. 被称为“天下第三行书”的书法作品是宋代文学家苏轼所书的(　　)

A.《兰亭序》　　B.《丧乱帖》　　C.《寒食帖》　　D.《祭侄文稿》

13. 近代绘画大师陈衡恪形容中国古代某一画派“不但把意思趣味放在画里，而且把写字方法也放进去”，这一画派属于(　　)

A. 市民文化　　B. 山水画派　　C. 文人画　　D. 意向画派

14. “木结构干栏式楼房”这一建筑样式主要分布在我国(　　)

A. 西北地区　　B. 西南地区　　C. 东北地区　　D. 华北地区

15. 国画是我国传统的美术形式，我国存世最早最完整的国画作品是下列的哪件作品(　　)

A. 顾恺之的《女史箴图》　　B. 张僧繇的《梁武帝像》

C. 周昉的《簪花仕女图》　　D. 吴道子的《天王送子图》

16. 年画是中国民间艺术的瑰宝，明清时期全国三个最大的年画产地分别是苏州桃花坞、山东潍县杨家埠和(　　)

A. 山西平遥　　B. 陕西鄠邑区

C. 天津杨柳青　　D. 广东佛山

17. (　　)的代表作《洛神赋》，其字体圆润成熟，笔意中已不见波磔隶意，世称“行世小楷无出其右”。

A. 王献之　　B. 王羲之　　C. 王珣　　D. 王导

18. 用“莼菜条”式的线条描绘人物衣袖、飘带，使其具有迎风起舞的动势美感，这位画家是(　　)

A. 吴道子　　B. 阎立本　　C. 李唐　　D. 梁楷

19.《富春山居图》是元朝书画，由画家黄公望为郑樗所绘，以(　　)的富春江为背景。

A. 江苏　　B. 浙江　　C. 江西　　D. 湖南

20. 霍去病是抗击匈奴的英雄，其去世后汉武帝为表达对他的怀念，表彰他的卓越功勋，为其建造陵墓，下面哪几组为霍去病墓前雕刻（　　）

①伏虎、卧马　②马踏飞燕、卧象　③跃马、野猪　④说唱俑、伏虎

A. ①③　　B. ①④　　C. ②③　　D. ②④

21. 西班牙17世纪最著名的绘画大师是委拉斯贵支，他在意大利完成的著名肖像作品是（　　）

A.《教皇英诺森十世》　　B.《画家的家庭》

C.《王后玛丽安娜》　　D.《卖水的人》

22. 达达主义最值得研究的人物是法国艺术家杜尚，（　　）是他的代表作之一。

A.《沉默之眼》　　B.《野罂粟》

C.《格尔尼卡》　　D.《带胡须的蒙娜丽莎》

23. 达利有一幅创作于1936年的油画作品，画中人物的器官四分五裂，组成一个触目惊心的梦中幻象，揭示出战争的荒谬和残酷，这幅作品的名称是（　　）

A.《格尔尼卡》　　B.《内战的预言》　　C.《亚威农少女》　　D.《记忆的永恒》

24. 巴洛克建筑的特点是外形自由，追求动感，喜好富丽的装饰、雕刻和强烈的色彩，常用穿插的曲面和椭圆空间来表现自由的思想和营造神秘的气氛，下列属于巴洛克风格的建筑是（　　）

A. 索菲亚教堂　　B. 巴黎圣母院　　C. 罗马耶稣会教堂　　D. 比萨大教堂

25. “卢浮宫三宝”是指收藏在巴黎卢浮宫博物馆的三件镇馆之宝，分别是油画《蒙娜丽莎》，雕塑《萨莫色雷斯的胜利女神》和（　　）

A.《拉奥孔》　　B.《三女神》

C.《米洛斯的维纳斯》　　D.《马赛曲》

26. 著名的《春之声》圆舞曲出自（　　）

A. 贝多芬　　B. 柴可夫斯基　　C. 舒伯特　　D. 施特劳斯

27. “八音”分类法把乐器按照制作材料的不同分为“金、石、丝、竹、匏、土、革、木”八类。下列依据“八音”分类法分类正确的一项是（　　）

A. 琵琶、三弦、古琴、二胡属于丝类　　B. 琵琶、三弦、笛子、埙属于竹类

C. 编钟、三弦、古筝、二胡属于金类　　D. 笛子、三弦、古琴、埙属于土类

28. 在伯牙子期的故事中，伯牙的《高山》和《流水》都属于著名的（　　）

A. 古筝曲　　B. 古琴曲　　C. 琵琶曲　　D. 二胡曲

29. 中国近代第一部清唱剧取材于唐代诗人白居易的同名长诗，内容表现李隆基与杨贵妃的爱情悲剧，其曲作者是（　　）

A. 青主　　B. 萧友梅　　C. 江文也　　D. 黄自

30. 下列作品中，属于作曲家聂耳的代表作是（　　）

A.《游击队歌》　　B.《松花江上》

C.《在太行山上》　　D.《义勇军进行曲》

经典真题回顾

答案见P62

一、单项选择题(每小题2分,共20小题。参考时限30分钟)

1. 在Word文档中,出现了多处相同的错误,下列操作中,可一次性更正的是(　　)

A. 使用"修订"命令　　B. 使用"撤消"与"恢复"的命令

C. 使用"定位"命令　　D. 使用"编辑"中的"替换"命令

2. 在Word中,要实现在文档中添加特殊符号"※"。在默认设置下,首先选择的功能菜单是(　　)

A. "文件"　　B. "编辑"　　C. "格式"　　D. "插入"

3. 下列选项中,属于商业机构网址后缀名的是(　　)

A. .gov　　B. .edu　　C. .org　　D. .com

4. 如下图所示,在Excel中单击单元格F2,欲求出表中所列6名学生的总成绩排名,应输入的公式是(　　)

	A	B	C	D	E	F
1	学号	语文	数学	外语	总分	排名
2	001	75	73	68	216	
3	002	82	89	83	254	
4	003	70	72	79	221	
5	004	85	82	79	246	
6	005	92	87	91	270	
7	006	78	81	84	243	

A. =RANK(E1, $E$1:$E$7)　　B. =RANK(E1, $E$2:$E$7)

C. =RANK(F2, $E$1:$E$7)　　D. =RANK(E2, $E$2:$E$7)

5. 在Excel中,点击编辑栏上的[图标]功能按钮,可实现在工作表中插入的是(　　)

A. 图表　　B. 数字　　C. 函数　　D. 文字

6. 在Excel工作表中,单元格区域B3:E5所包含的单元格的个数是(　　)

A. 11　　B. 12　　C. 13　　D. 14

7. 如下图所示,在Excel中单击单元格E2,欲求出甲班20名学生成绩的标准差,应输入的公式是(　　)

	A	B	C	D	E	F
1	甲班	乙班			标准差	
2	78	76		甲班		
3	79	77		乙班		
4	80	80				
5	65	79				
6	82	80				

A. =SUM(A2:A21)　　B. =STDEVP(A2:A21)

C. =MODE(A2:A21)　　D. =AVERAGE(A2:A21)

8. 下列选项中,与"大学生—志愿者"的逻辑关系不一致的是(　　)

A. 英文书和教材　　B. 铅笔和画笔　　C. 老年人和科学家　　D. 医生和护士

9. 下列表述,与“并非‘只有本地人当经理,才能把企业搞好’”的判断一致的是(　　)

A. 要想把企业搞好,必须由本地人当经理

B. 只要把企业搞好了,谁来当经理都可以

C. 不由本地人当经理,也可以把企业搞好

D. 不由本地人当经理,就不能把企业搞好

10. 找规律填数字是一项很有趣的游戏,特别锻炼观察和思考能力。按照“1=4”“2=8”“3=24”的规律,下列选项中,应填入“4=(　　)”空缺处的是(　　)

A. 88　　B. 96　　C. 104　　D. 112

11. 根据所给图形的逻辑特点,下列选项中,填入空白处最恰当的是(　　)

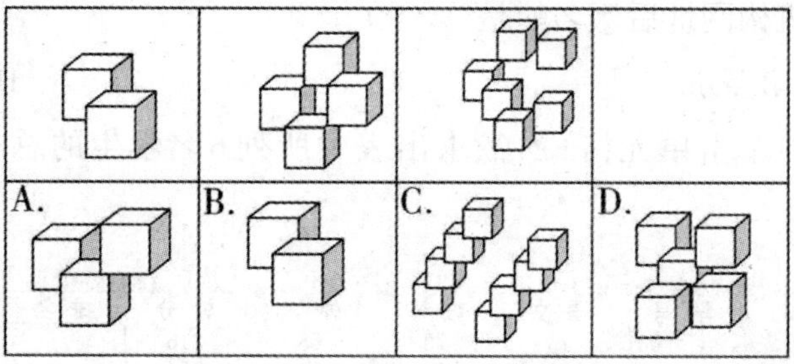

A.　B.　C.　D.

12. 在Word中,不缩进段落的第一行,而缩进其余的行,可实现这一功能的操作是(　　)

A. 悬挂缩进　　B. 首行缩进

C. 左缩进　　D. 右缩进

13. 在Word中,下列关于表格操作的表述不正确的是(　　)

A. 两个连续单元格可合并成一个单元格　　B. 两张表格可以合并成一张完整的表格

C. 一张表格可拆分成多张表格　　D. 表格的外框可加上实线边框

14. 在Excel中,下列函数表达式可完成计算工作表中数据平均值的是(　　)

A. =SUM(A1:A6)　　B. =COUNTIF(A1:A6)

C. =MIN(A1:A6)　　D. =AVERAGE(A1:A6)

15. 在PowerPoint中,下列视图模式可用于播放幻灯片的是(　　)

A. 大纲模式　　B. 幻灯片模式

C. 幻灯片浏览模式　　D. 幻灯片放映模式

16. 关于PowerPoint设计模板,下列说法正确的是(　　)

A. 只限定了模板类型,版式不受限定　　B. 既限定了模板类型,也限定了版式

C. 既不限定模板类型,也不限定版式　　D. 不限定模板类型,但限定了其版式

17. 下列表述,与“以事实为根据,以法律为准绳”不属于同类判断的是(　　)

A. 团队重要,平台也很重要　　B. 品德看言行,知识看谈吐

C. 若想人不知,除非己莫为　　D. 善人必勤俭,恶人必奢华

过关必刷题库

专题一　信息处理能力

答案见P64

单项选择题(每小题2分,共70小题。参考时限105分钟)

1. Word中,选定一行文本的技巧方法是(　　)

A. 将鼠标箭头置于目标处,单击

B. 将鼠标箭头置于此行的选定栏并出现选定光标单击

C. 用鼠标在此行的选定栏双击

D. 用鼠标三击此行

2. 在Word中,下列不属于"页面布局"的是(　　)

A. 分栏　　B. 水印　　C. 插入　　D. 页面边框

3. 在Word编辑状态下,被编辑文档中的文字有"四号""五号""16磅""18磅"四种字号,下列关于所设定字号大小的比较中,正确的是(　　)

A. "四号"大于"五号"　　B. "四号"小于"五号"

C. "16磅"大于"18磅"　　D. 字的大小一样,字体不同

4. 在Word中,在正文中选定一个任意矩形区域的操作是(　　)

A.Alt键+鼠标　　B.Ctrl键+鼠标

C. Shift键+鼠标　　D.Alt+Shift+鼠标

5. 在Word中编辑文本时,可以在标尺上直接进行的操作是(　　)

A. 文章分栏　　B. 建立表格　　C. 嵌入图片　　D. 段落首行缩进

6. 在Windows系统中,卸载一个应用程序可以采用(　　)进行卸载。

A. "控制面板"|"管理工具"　　B. "控制面板"|"卸载或更改程序"

C. "计算机"窗口　　D. 删除桌面快捷方式

7. 在Word文档的表格中,单元格内能填写的信息(　　)

A. 只能是文字　　B. 只能是文字或符号

C. 只能是图像　　D. 文字、图像、符号均可

8. 在Word中,要将"微软"文本复制到插入点,应先将"微软"选中,再(　　)

A. 直接拖动到插入点　　B. 单击"剪切",再在插入点单击"粘贴"

C. 单击"复制",再在插入点单击"粘贴"　　D. 单击"撤销",再在插入点单击"恢复"

9. 在Word编辑状态下,要将另一文档的内容全部添加在当前文件光标处,正确的操作是(　　)

A. 单击"文件"→"新建"　　B. 单击"插入"→"文件"

C. 单击"插入"→"超级链接"　　D. 单击"文件"→"打开"

10. Word的格式工具按钮栏中，表示“两端对齐”操作的按钮是(　　)

A.　　B.　　C.　　D.

11. 在Word编辑状态下，执行“编辑”菜单中的“复制”命令后(　　)

A. 选择的内容被复制到插入点处　　B. 光标所在的段落内容被复制到剪贴板

C. 插入点所在的段落内容被复制到剪贴板　　D. 选择的内容被复制到剪贴板

12. 在Word中，选择“文件”菜单下的“另存为…”命令，可以将当前打开的文档另存为(　　)

A. txt文件类型　　B. pptx文件类型　　C. xlsx文件类型　　D. bat文档类型

13. 使用Word2010查看文档过程中，发现不能进行修订操作，在右方出现“文档受保护，以防止误编辑。只能查看此区域”的提示信息，可用以下哪种方法解决(　　)

A. 勾选“设置格式”　　B. 勾选“插入与删除”

C. 关闭“限制编辑”　　D. 单击“修订”按钮

14. Word中进行“插入”或“改写”状态的切换，可以使用(　　)键。

A. Insert　　B. Home　　C. End　　D. Esc

15. 在编辑完Word文件后，若要保存则按(　　)

A.Ctrl+S　　B. Shift+S　　C.Ctrl+O　　D.Ctrl+A

16. 在Word的编辑状态中，使插入点快速移到文档末尾的操作是(　　)

A. PageUp　　B. PageDown　　C. Alt+End　　D. Ctrl+End

17. 使用Word软件编辑文档时，下列格式不能通过“段落”对话框完成的是(　　)

A. 行距值为“2倍行距”　　B. 首行缩进为“2字符”

C. 对齐方式为“左对齐”　　D. 字符间距为“5磅”

18. 在Word中，要将一张图片作为某段文字的背景，需将该图片的环绕方式设置为(　　)

A. 四周型　　B. 紧密型

C. 浮于文字上方　　D. 衬于文字下方

19. 在Word2007中，打印已经编辑好的文档之前，可以在“打印预览”中查看整篇文档的排版效果，打印预览在(　　)

A. 在“文件”选项卡下的“选项”命令中

B. 在“文件”选项卡下的“打印”命令中

C. “开始”选项卡下的“打印预览”命令中

D. “页面布局”选项卡下的“页面设置”

20. 在Word中，艺术字被当作是(　　)对象的一种形式。

A. 图片　　B. 文字　　C. 表格　　D. 特殊符号

21. 使用Word编辑文档中的表格时，下列操作不能实现的是(　　)

A. 在表格中插入列　　B. 在表格中插入行

C. 对表格数据分类汇总　　D. 合并单元格

43. 在Excel工作表中，单击某个有数据的单元格，当鼠标为向左方空心箭头时，仅拖动鼠标可完成的操作是（　　）

A. 复制单元格内数据　　B. 删除单元格内数据

C. 移动单元格内数据　　D. 不能完成任何操作

44. 在Excel中，将内容为"星期一"的单元格拖放填充6个连续的单元格，其内容为（　　）

A. 连续6个"星期一"

B. 连续6个空白

C. 星期二、星期三、星期四、星期五、星期六、星期日

D. 以上都不对

45. 在Excel2010中，一个单元格的内容是26，编辑栏中不可能出现的是（　　）

A. 26　　B. 13+13　　C. =23+3　　D. =A2+B3

46. 在Excel的A6单元格中输入"1／4"（不含引号）并回车，则默认情况下该单元格显示的内容是（　　）

A. 1/4　　B. 0.25　　C. 1月4日　　D. 0.250

47. 在Excel中，图表是工作表数据的一种视觉表现形式，改变图表（　　）后，系统会自动更改图表。

A. X轴数据　　B. Y轴数据

C. 标题　　D. 所依赖的数据

48. 在Excel中，某班期中考试所有同学的语文成绩已经制成Excel表格，若想直观表现出各分数段所占比例（百分比），以下图形最适合的是（　　）

A. 柱形图　　B. 饼图　　C. 折线图　　D. 条形图

49. Excel工作表G8单元格的值为7654. 375，执行某些操作之后，在G8单元格中显示一串"#"符号，说明G8单元格的（　　）

A. 公式有错，无法计算　　B. 数据已经因操作失误而丢失

C. 显示宽度不够，只要调整宽度即可　　D. 格式与类型不匹配，无法显示

50. 在Excel编辑状态下，AVERAGE(A3:D6)的功能是（　　）

A. 求A3:D6所有单元格的和　　B. 求A3:D6所有单元格的平均值

C. 求A3:D6所有单元格的最小值　　D. 求A3:D6所有单元格的最大值

51. 下列哪两种视频格式适合在网上传输（　　）

A. *.avi；*.rmvb　　B. *.avi；*.mpg

C. *.mpg；*.wmv　　D. *.wmv；*.rmvb

52. 在PowerPoint中，设置幻灯片的切换方式时，不能设置的是（　　）

A. 切换效果　　B. 切换声音

C. 幻灯片放映顺序　　D. 切换速度

53. 小宏用PowerPoint软件制作“机器人”多媒体作品，播放了3张幻灯片时，先出现了文字，3秒钟后再出现“机器人”图片，他对图片设置了（　　）

A. 幻灯片切换　　B. 超链接

C. 动作按钮　　D. 自定义动画

54. 小王帮公司做了一个近100页的PowerPoint演示文稿，经理要求他在每一页上都加上公司的Logo，最好的方法是（　　）

A. 将Logo分别插入到每张幻灯片中

B. 先将Logo插入到第一张幻灯片中，然后将Logo复制到每张幻灯片中

C. 使用“母版”功能，将Logo插入到母版中

D. 使用PowerPoint自带的模板

55. PowerPoint中的“超链接”命令可实现（　　）

A. 幻灯片之间的跳转　　B. 演示文稿幻灯片的移动

C. 中断幻灯片的放映　　D. 在演示文稿中插入幻灯片

56. 下列关于幻灯片背景的说法，错误的是（　　）

A. 用户可以为幻灯片设置不同颜色、纹理的背景

B. 可以将图片作为幻灯片背景

C. 可以为单张幻灯片设置背景

D. 不可以同时对多张幻灯片设置相同的背景

57. PowerPoint空白的幻灯片中，不可以直接插入的是（　　）

A. 艺术字　　B. 音频　　C. 字符　　D. 文本框

58. 在PowerPoint中，为所有幻灯片设置统一的、特有的外观风格，应运用（　　）

A. 母版　　B. 自动版式　　C. 配色方案　　D. 联机协作

59. 下列关于PowerPoint中“自定义动画”的表述，正确的是（　　）

A. 只能用鼠标不能用时间来控制动画　　B. 只能用时间不能用鼠标来控制动画

C. 鼠标和时间都能够控制动画　　D. 鼠标和时间都不能控制动画

60. 如果要输入大量文字，使用PowerPoint的（　　）视图是最方便的视图。

A. 大纲　　B. 幻灯片放映

C. 阅读　　D. 备注页

61. 在PowerPoint中，如果要更改幻灯片上对象出现的顺序，应设置“动画”中的（　　）选项。

A. 顺序和时间　　B. 效果

C. 多媒体设置　　D. 对动画重新排序

62. 在PowerPoint中，能弹出“替换”对话框的快捷键是（　　）

A.Ctrl+Alt+R　　B.Ctrl+R　　C.Ctrl+H　　D.Ctrl+Alt+H

11. 从所给的四个选项中，选择最合适的一个填入问号处，使之呈现一定的规律性。最合适的一项是（　　）

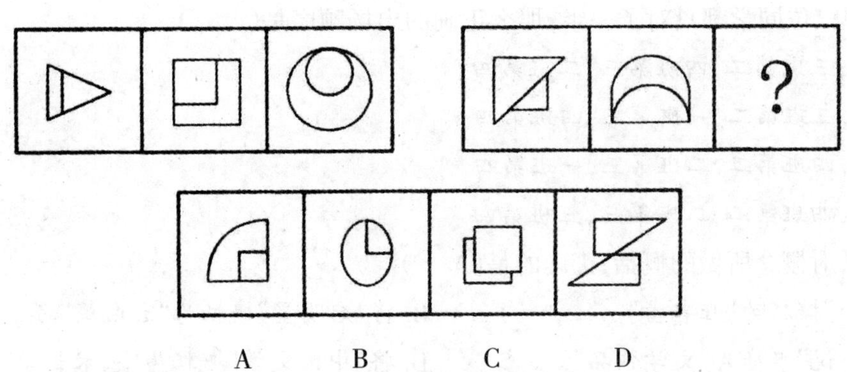

12. 如果“我们班有的同学不会跳舞”是一个真判断，下列选项不能确定其真假的是（　　）

A. 我们班至少有一个同学不会跳舞　　B. 我们班所有的同学都会跳舞

C. 我们班有的同学会跳舞　　D. 不会跳舞的有些是我们班的同学

13. 某大学准备选派2名大三学生、3名大一学生组成辩论队参加全省大学生辩论赛。大三学生候选人包括赵三、钱三、孙三3人；大一学生候选人包括李一、周一、吴一、郑一、王一5人。筛选条件为同一专业或者同一协会至多派一人。已知：

(1)钱三是哲学系学生

(2)李一是法律系学生

(3)周一是数学建模协会会员

(4)郑一来自法律系

(5)王一来自哲学系、数学建模协会

根据以上条件，如果钱三入选，那么（　　）必定入选。

A. 赵三　　B. 孙三　　C. 周一　　D. 郑一

14. 下列选项中，与“咸菜烧豆腐:有言在先”逻辑关系相同的是（　　）

A. 和尚打伞:无法无天　　B. 老鼠钻书箱:咬文嚼字

C. 桀犬吠尧:各为其主　　D. 徐庶进曹营:一言不发

15. 下列选项中，与“白醋—消毒”逻辑相同的是（　　）

A. 热水器—加热　　B. 汽油—去渍

C. 白糖—调味　　D. 人参—滋补

16. 药监局对6种抗生素进行了药效比较，得到结果如下：甲药比乙药有效，丙药的毒副作用比丁药大，戊药的药效最差，乙药与己药的药效相同。由此可知（　　）

A. 甲药与丁药的药效相同　　B. 戊药的毒副作用最大

C. 甲药是最有效的药物　　D. 己药比甲药的药效差

17. 在"六一"儿童节，一年级四个班表演节目。甲同学说："一班第一个出场，二班第三个出场。"乙同学说："一班第三个出场，三班第一个出场。"丙同学说："三班第四个出场，四班第二个出场。"结果公布后，发现三位同学都只对了一半，那么正确的出场顺序是(　　)

A. 一班第一，三班第二，四班第三，二班第四

B. 二班第一，三班第二，一班第三，四班第四

C. 三班第一，四班第二，二班第三，一班第四

D. 一班第一，四班第二，二班第三，三班第四

18. 下列选项中，对概念所做的概括，正确的是(　　)

A. 将"火焰山"概括为"吐鲁番"　　B. 将"启明星"概括为"太白星"

C. 将"长篇小说"概括为"文学作品"　　D. 将"中国文学"概括为"艺术哲学"

19. 找规律填数字是一种很有趣的游戏，特别锻炼观察和思考能力，下列各组数字，填入数列"6、14、22、________、38、46"空缺处，正确的是(　　)

A. 30　　B. 32　　C. 34　　D. 36

20. 从所给的四个选项中，选择最合适的一个填入问号处，使之呈现一定的规律性。最合适的一项是(　　)

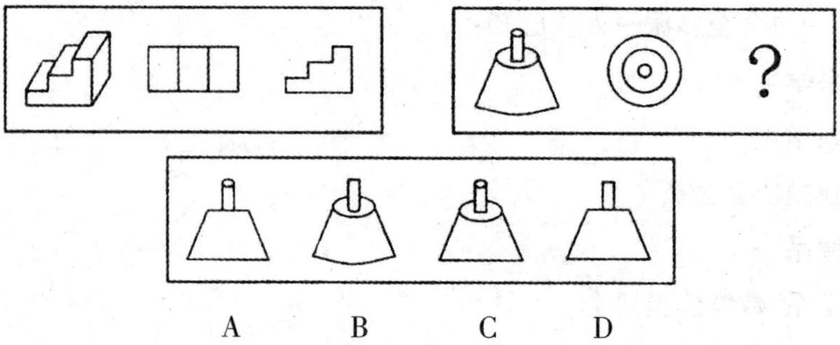

?

A　　B　　C　　D

21. 与"鞠躬尽瘁:呕心沥血"这组词逻辑关系最为相近的一项是(　　)

A. 花园:园丁　　B. 一拍即合:斩钉截铁

C. 理想:梦想　　D. 精益求精:锦上添花

22. 下列选项中，对"只有内正其心外修其行，才能表里如一"的理解，不正确的一项是(　　)

A. 要想表里如一，就必须内正其心外修其行　　B. 若能内正其心外修其行，则必能表里如一

C. 不能内正其心外修其行，则不能表里如一　　D. 若能表里如一，则必能内正其心外修其行

23. 下列选项中，与"森林—郁郁葱葱"逻辑相同的是(　　)

A. 法庭—庄严肃穆　　B. 校园—勤奋好学

C. 餐桌—饕餮大餐　　D. 公园—嬉戏玩闹

24. 找规律填数字是一种很有趣的游戏，特别锻炼观察和思考能力，下列各组数字，填入数列"1、6、36、216、________"空缺处，正确的是(　　)

A. 1296　　B. 1297　　C. 1299　　D. 1230

天坛的意境美，可以归纳为：高、圆、清。

“高”是天的一种特性。天坛的建筑是连续性的逐渐上升的完整体，从南北中轴线上看，南端的圜丘高5.18米，皇穹宇高19.2米，祈年殿上升到38米，成为中轴线的高峰。故宫太和殿是永乐以前全城最高的建筑，是帝王的象征，而祈年殿比太和殿还高出3米，成为天帝的象征。

祈年殿的主体建筑四周，墙体低矮，空间开阔，祈年殿和圜丘的整个外轮廓直接与天空连接，祭坛仿佛高入云霄，人站在祭坛上也好像升上青天。天坛的崇高感中，蕴含着敬天的思想。

“圆”不仅指外形，而且是一种哲学境界。在中国古代美学中，圆代表着生命流转，蕴含着宇宙万物，体现了一种“天行健”的思想以及祥和的精神。

天坛建筑群的一个突出特征是大量圆的造型。圜丘、皇穹宇、祈年殿都是圆形，每一个建筑又形成很多同心圆，一直扩展到与穹隆形的天空成为一个圆融的整体。

“清”是天的一种特征，也是中国古代的一种美学范畴，体现一种人格精神或艺术境界，例如清新、清真、清淡、清妙等。“清”由“青”而来，通常我们称天是“青天”“蓝天”“苍天”。天坛的基本色调整体是青色，不论是天空还是琉璃瓦都属于青色。“青”是祥和、安宁的象征，也体现了一种空灵的美。

天坛建筑中，祈年殿、皇穹宇都采用蓝色琉璃瓦，深蓝的琉璃和浅蓝的天空形成色彩上深浅的对比，更显示出天的澄清、明朗。反过来天的澄清、明朗，又与祈年殿的外轮廓虚实相生，唤起观赏者的审美想象。

以上高、圆、清三点体现了天坛的崇高、祥和、清朗的独特意境。如果比较一下，就会发现：故宫拥有庞大的建筑群，以气势取胜，天坛的建筑少而精，以宁静深远而著称；故宫以封闭式的一道道门、一道道墙为特点，而天坛以天高地阔的开放式为特点；故宫的空间造型是方的，而天坛则是柔和的圆；故宫的颜色以红为重，而天坛则是幽静的青绿色。天坛之美，耐人深思。

（摘编自杨辛《天坛》）

问题：

(1)文章中提到的天坛的大量圆形建筑具有什么含义？请结合文本，简要概括。

(2)天坛大约有十万株树，你认为这些树木的作用与本文所概括的“高、圆、清”三点中的哪一点关系最大？为什么？

2. 材料：

麦子成熟的时候，棋盘花开了。麦子一片金黄，棋盘花绣锦夺目。清初陈淏子《花镜》也是这么说的："花生奇态，开如绣锦夺目。"

棋盘花是我家乡的叫法，它还有一个诗意的名字，叫蜀葵。至于蜀，棋盘花原产四川，谓之为蜀；至于葵，我想，那就是它花果子扁圆，肾脏形，像葵花结子样。蜀葵是我至今看到的开得最大方、最热烈的花了。花开像一方斗笠，更像一门高调的喇叭，更有向日葵"向阳"的特征。明朝张瀚《松窗梦语》："蜀葵花草干高挺，而花舒向日，有赤茎、白茎，有深红、有浅红，紫者深如墨，白者微蜜色，而丹心则一，故恒比于忠赤。"

在我乡下院子里，棋盘花直立在院坝的东角，紧接着是一丛月季花、一棵老梨树、一丛藿香。火红的五六月，大忙季节，麦子熟了，要收割；玉米头道草起来了，要薅草。不管农人多忙，懒蝉在树枝上叫个不停，棋盘花独自开得绚烂，紫、粉、红、白色的花一路顺着壮硕的茎，由下开到上。阳光越暴晒，花开得越热烈，仿佛花与阳光较着劲，谁也不服谁的样子。我惊艳这花的味道、颜色，阳光里棋盘花散发着一种摄人的气息，像极人身上摄人的汗味，开始有点冲鼻浓烈，一会儿就开始陶醉这味儿了。这棋盘花的味道就是太阳下一朵花的汗味儿，我喜欢这味儿。

收割的日子，太阳热烈着，麦子在阳光下金灿灿的，丰收的气息在阳光下弥漫。父亲在麦地里，额头上亮闪闪地冒着一颗颗汗珠子。在我家院坝里，所有花瓣上也亮闪闪地冒着一股接一股摄人的气息。新麦的味道、人的汗味、花的气息、泥土的热气融合在一起，成为大地上丰收里特有的味道。

开始，新麦地上一路摆放着父亲割好的麦把子，父亲越割越远，麦把子也越摆越多，一路下来，麦把子铺在了父亲身后。夏天的天空很高很蓝，一种阳光蓝。新麦一割，大地便显得有些广阔。新麦的黄，黄得特别好看，闪出耀眼的金色的光芒。夕阳落下，父亲把一把又一把的新麦把子收拢，地上暴露出整齐的新麦茬口，像是一个人留在地里的一个接一个爽朗的笑声。

割麦子不是轻松活计。我透过院坝里的棋盘花，看见父亲嘴里衔着一根新麦草，一会儿弯腰割麦子，一会儿直起身子挽麦把子，挽好麦把子，就摆放在身后的麦茬地上。我感觉他像在做一件非常有趣的事，仿佛闻到他嘴里翻涌出的甜味，还看出他嘴边冒出沫子，像一只羊在那里嚼食干草，嚼得满嘴唾沫泡子。想到父亲像羊，我笑了。

母亲戴着红头巾帮父亲把麦把子往背架子跟前收，父亲衔着新麦草，把母亲收拢的麦把子垛在背架子上。垛好麦把子，父亲背起一背架子；母亲两手夹着一大捆跟着父亲，一前一后，父亲躬着身子摇晃，母亲挺着胸慢走，这一摇晃一踱步的，在回家的小路上真是好看。母亲的红头巾更是好看，色彩艳丽、沉着。

回到家，母亲去了厨房，一会儿炊烟起来了。父亲坐在院坝里的石凳上，看着那绣锦夺目的棋盘花，一口一口喝着山里的老鹰茶。

"月儿落西斜，思想小冤家。冤家不来我家耍，心里乱如麻……"

父亲哼起了山歌，我陶醉于那旋律。在一阵阵夏风中，在袅袅炊烟里，大地的金色和新麦的金不必羡慕你。怕的是我这件事做得不妥当，便对不起这一天里头所吃的饭。所以我做这事的时候，丝毫不肯分心到事外。曾文正说："坐这山，望那山，一事无成。"一个人对于自己的职业不敬，从学理方面说，便是亵渎职业之神圣；从事实方面说，一定把事情做糟了，结果自己害自己。所以敬业主义，于人生最为必要，又于人生最为有利。庄子说："用志不分，乃凝于神。"孔子说："素其位而行，不愿乎其外。"我说的敬业，不外这些道理。

（选自梁启超《敬业与乐业》，有删改）

问题：

(1)文中所说的"人生合理的生活"，这句话该如何理解？请简要概括。

(2)文中说，"事的性质，从学理上解剖起来，并没有高下。"又说，"我信得过我当木匠的做成一张好桌子，和你们当政治家的建设成一个共和国家同一价值"。然而，也有人引用拿破仑名言说："不想当元帅的士兵不是好士兵。"请谈谈你的看法。

5. **材料：**

这是每一本地理书上都提到过的著名河流。一条河流在哪里出现，从哪里经过，又归属于哪里，绝不是偶然的事。塔里木河的出现，再一次证明了作为一条河流的必然性和必要性。

环峙塔克拉玛干大沙漠的冰峰雪岭，阻隔着来自外界的声音。那些充满雨意的雷声只能在别人的天空奏响。那些令人神往的潮音，只能打湿他乡的梦。极度干旱的沙漠，裸陈着对天空的一次次叩问，而降雨量几乎等于零的天空，又一遍遍让塔克拉玛干落寞失意。巨大的苍黄壅塞着胸间，铺天盖地的尘沙装满眼眶。多么需要水，她是生活的全部，是生命中的生命。

这是一条多么率直的河流，坦荡、刚烈而勇敢。该扬波的时候必定扬波，该隐忍的时候必定隐忍，该奔涌的时候一定奔涌，该潆洄的时候就一定潆洄；流就流出气魄，纵横捭阖，摧枯拉朽；流就流出韵味，一波三折，百转千回。

你再不会见到反差如此巨大的河流。在枯水期，那是生命的一次休整与放松。河水浅吟低唱，嘤嘤细语，有些地方甚至大段大段露出河床，看上去是那样的羸弱；而洪水期却是一次生命的张扬与放纵，浩浩荡荡，左奔右突，把河床扩大到几倍，处处呈现的是强悍与力量，时时迸射的是阳刚和霸气。

就是这样一条河，最终却不能冲出沙漠。当塔里木河挟着昆仑山的冰雪，一路呐喊冲向沙漠的时候，塔克拉玛干不动声色，集合了亿万的沙粒，用最柔软的办法，让河水就范。当塔里木河切割开沙漠柔软的皮肤,你看到河的确是赢家,可是到最后,它却锈蚀在沙漠的肌体里,最终折断;当塔里木河饱蘸着冰雪水,在塔克拉玛干这张巨大的生纸上写出一笔遒劲的点画,那个2750公里的笔锋却在意犹未尽的时候,被沙漠吸尽了最后的墨……

有河总是有树。树是河流的另一种形式,是河流接近蓝天白云的一种方式。站立起来的河,哗哗的林涛,让鸟像鱼一样游来游去。追随塔里木河的,是郁郁苍苍的胡杨林。他们高壮精神,粗枝大叶,缘着塔里木河这条苍青的脉管,排列着森森然的汗毛,英姿勃发。但是离塔里木河愈远就愈让人感到吃惊甚而震惊——那是些脱去了绿色的树——他们死了,但还以树的姿态直立着。是塔里木河抛弃了他们,还是他们走得太远?他们成了沙漠上没有归宿、没有目的、不知道要往哪里去的流徙者。他们永远挺起胸膛在走,而永远走不出这块沙质的土地。

塔里木河在不断萎缩,他的退却不仅让百万胡杨游离失所,更严重的是让人类自己饱尝苦果。罗布泊这个巨泽的消亡,与三大水源之一的塔里木河的断流,有着直接的关系。据清代《西域水道记》记载,罗布人"素习水居,不便陆徙",而罗布泊据说在上世纪六十年代还有水,彻底干涸也就是近几十年的事。罗布人实际上应该是沙漠中的渔民,常以中空的胡杨树一劈为二作为行舟,在水面往来穿梭,迅如利箭。如今没有了水,罗布泊人只能以土为生。他们曾经以湖泊为伴,渔歌唱晚,渔樵互答,何曾想到周围的沙漠日近?何曾想到有一天河水会断流?又何曾想到一片汪洋不见岸的大湖会彻底干涸?他们在罗布泊生活了几十代人之久,有一天忽然就被湖泊抛弃了!这是上苍对他们的戏弄,还是对世代拥有汪洋大泊的人以往的漫不经心和虚掷的惩戒?

这是每一本地理书上都写进去的著名河流。我们愈是热爱,我们愈是慌恐;我们愈是负疚,我们愈是失魂落魄。一条河从昨天流到今天还要去明天,而我们的内心竟不能轻松如浪波。哦,塔里木河,你为什么这样浑浊?为什么又这样滞重?

(选自黄毅《负重的河流》,有删改)

问题:

(1)作者为什么说塔里木河是一条"负重的河流"?请结合文本,简要概念。

(2)文中第六段写胡杨林有什么作用?请简要分析。

在的节日几乎都没有祈祷和敬祭等内容,失去了庄严的文化氛围,人们对一些不接地气的节日越来越淡化,相反对产生于国外的又接地气的节日情有独钟。当传统节日越来越没有文化味道,自然就会式微。

尽管传统节日式微是文化在“物化”的结果,但文化是需要传承的。很多传统节日属于非物质文化遗产,是需要保护的,需要去其糟粕取其精华地予以传承,并且,随着时代的发展,传统节日也会增加新的民俗活动和新的文化内涵。我们应该正确地看待传统节日的式微。在笔者看来,节日式微的内容多是不贴近现实生活或不被当今社会人们的价值观、审美观所认可的不合时宜的传统内容。我们应该通过努力,让传统节日焕发新的生机和活力。总之,传统节日是需要保护和传承的文化遗产,切不可在我们手中消失。

（有删改）

问题:

(1)请结合文章,简要概括作者认为中国传统节日式微的真正原因。

(2)请结合文本,简要分析作者为什么说“传统节日是需要保护和传承的文化遗产”?并谈谈你认为应如何保护与传承传统节日。

8. 材料:

苏轼说:“孔子圣人,其学必始于观书。”这是说,要使自己成为孔夫子那样有文化、有道德的人,做学问必须从读书开始。因为,读书能够决定一个人的命运、规划一个人的人生。

童年是一个人读书、接受启蒙教育的第一阶段。这时,在他幼小心灵深处,常会情不自禁地、不断地向外部世界发出一个个“这是什么”和“为什么这样”充满好奇的问号。而“问号是开启任何一门科学的钥匙”。由谁、用什么将他引进科学的殿堂呢?由父母、由老师引导他读书,在读书中唤醒他天生的才能,回答他心中的一个个问题。英国著名作家托马斯·哈代8岁开始在农村上学,一年后,转到郡城一所学校读拉丁文和拉丁文学。16岁离开学校,给一名建筑师当学徒。在语言学家、诗人威廉·巴恩斯影响下,他探索了文学和哲学的源泉,品尝到了文学和哲学的美妙。他自学希腊文,阅读《圣经》,阅读神学著作;法国哲学家笛卡尔8岁进入耶稣会公学,接受传统教育,除神学和经院哲学外,还学了数学和一些自然科学,但他对学校传授的中世纪学说越来越不满意,课外阅读了大量杂志,接触到一些新思想;朱熹5岁,他父亲就带他到云根书院、星溪书院读书,接受了严格的儒学启蒙教育。

读书的第二阶段，是通过广泛阅读，激发人们的兴趣和爱好，在兴趣和爱好中发现自己的未来、选择自己的未来。因为“读书可以让我们意识到自己究竟认知了什么，它既是自我提升的工具，也是自我发现的工具”。22岁那年，哈代去伦敦学习建筑。在伦敦的6年间，他除攻读专业外，还去伦敦大学皇家学院听课，从事文学、哲学和神学的研究，并尝试写作。笛卡尔从公学毕业后，决心走出校门，用自己的理性解决科学问题。他对法学、医学、力学、数学、光学、气象学、天文学，以至音乐都有研究的兴趣，并且接触到了各方面的学者。朱熹受到的“四书”教育，也就是二程理学教育，使他认识到人应当常存敬畏，不可怠懈，提高警觉，永葆清醒境地。

读书的第三阶段，是选择自己的终身职业。“只有当科学能够渗透到整个教育中去，而且通过教育渗透到人们的人生观中，人们才有可能合理地选择科学为其终身职业。”（贝尔纳《培训科学家》）在达尔文《物种起源》、斯温伯恩诗歌和约翰·斯图亚特·穆勒《论自由》论著思想影响下，哈代对宇宙、对人生形成了自己的看法，不久即完全致力于文学创作，成为职业作家，写出深刻反映社会矛盾的《还乡》和震撼人心的长篇小说《德伯家的苔丝》，成为19世纪英国现实主义著名诗人和小说家。笛卡尔批判了经院哲学，建立了自己的认识方法和哲学体系，从此，哲学研究开始重视科学认识的方法论和认识论，笛卡尔从而成为17世纪法国著名物理学家和哲学家。朱熹则通过圣经贤传成为中国伟大的思想家和教育家。从哈代、笛卡尔、朱熹身上，我们感受到了读书规划人生的启迪，认识到了读书的重要。

（选自涂石《读书规划人生》，有删改）

问题：

(1)读书要经历哪些过程？请结合文章内容，简要概括。

(2)朱光潜小时候去姑姑家，到河边等船准备回家时钻进一片柳树林，一边看书一边等船，哪知读着读着只觉十分有趣，便把等船的事忘得一干二净。直到太阳偏西，肚子饿得直叫才猛然想起乘船的事。朱光潜的这一经历体现了读书第几阶段的特点？请结合文章，简要分析。

9. **材料：**

自从有一天，和他因小事争吵，我一怒离家，回来时却发现忘带钥匙，又不肯按铃请他来为我开门，只得索性坐火车去高雄住了一夜。自那以后，我对钥匙就十分小心。在这个意义上来说，它是一种自尊的保障，独立的象征。代表着可以我行我素的自由和不必求助于人的快乐。我的钥匙好像就因为这种意义的追求，才逐渐多起来的。

的“乐观”情绪，但与陶渊明、白居易等人毕竟不同，其中总深深地埋藏着某种要求彻底解脱的出世意念。无怪乎同样具有敏锐眼光的朱熹最不满意苏轼了，他宁肯赞扬王安石，也决不喜欢苏东坡。他感受到苏轼这一套对当时社会秩序具有潜在的破坏性。苏东坡生得太早，他没法做封建社会的否定者，但他的这种美学理想和审美趣味，却对从元画、元曲到明中叶以来的浪漫主义思潮，起了重要的先驱作用。直到《红楼梦》中的”悲凉之雾，遍被华林”，更是这一因素在新时代条件下的成果。苏轼在后期传统美学上的深远的典型意义，其实就在这里。

（摘编自李泽厚《美的历程》，有删改）

问题：

(1)第一段画线句子中“新的质变点”在文中指什么？请简要概括。

(2)“苏轼的意义”在文中的具体表现有哪些？请简要分析。

11. 材料：

建筑之始，本无所谓一定形式，更无所谓派别。所谓某系或某派建筑，其先盖完全由于当时彼地的人情风俗、政治情况之情形，气候及物产材料之供给，和匠人对于力学知识、技术巧拙之了解等复杂情况总影响所产生。一系建筑之个性，犹如一个人格，莫不是同时受父母先天的遗传和朋友师长的教益而形成的。中国的建筑，在中国整个环境总影响之下，虽各个时代各有其特征，其基本的方法及原则，却始终一贯。数千年来的匠师们，在他们自己的潮流内顺流而下，如同欧洲中世纪的匠师们一样，对于他们自己及他们的作品都没有一种自觉。

19世纪末叶及20世纪初年，中国文化屡次屈辱于西方坚船利炮之下以后，中国却忽然到了“凡是西方的都是好的”的段落，又因其先已有帝王骄奢好奇的游戏，如郎世宁辈在圆明园建造西洋楼等事为先驱，于是“洋式楼房”“洋式门面”，如雨后春笋，酝酿出光宣以来建筑界的大混乱。正在这个时期，有少数真正或略受过建筑训练的外国建筑家，在香港、上海、天津……乃至许多内地都邑里，将他们的希腊、罗马、哥特等式样，似是而非地移植过来，同时还有早期的留学生，敬佩西洋城市间的高楼霄汉，帮助他们移植这种艺术。这可说是中国建筑术由匠人手中升到“士大夫”手中之始；但是这几位先辈留学建筑师，多数却对于中国式建筑根本鄙视。近来虽然有人对于中国建筑有相当兴趣，但也不过取一种神秘态度，或含糊地骄傲地用些抽象字句来对外人颂扬它；至于其结构上的美德及真正的艺术上的成功，则仍非常缺乏了解。现在中国各处“洋化”过的旧房子，竟有许多将洋式的短处，来替代中国式的长处，成了兼二者之短的“低能儿”，这些亦正可表示出他们对于中国建筑的不了解态度了。

欧洲大战以后，艺潮汹涌，近来风行欧美的“国际式”新建筑，承认机械及新材料在我们生活中已占据了主要地位。这些"国际式"建筑，名目虽然笼统，其精神观念，却是极诚实的。这种建筑现在已传至中国各通商口岸，许多建筑师又全在抄袭或模仿那种形式。但是对于新建筑有真正认识的人，都应知道现代最新的构架法，与中国固有建筑的构架法，所用材料不同，基本原则却一样——都是先立骨架，次加墙壁的。这并不是他们故意抄袭我们的形式，乃因结构使然。我们若是回顾到我们古代遗物，它们的每个部分莫不是内部结构坦率的表现，正合乎今日建筑设计人所崇尚的途径。这样两种不同时代不同文化的艺术，竟融洽相类似，在文化史中确是有趣的现象。

我们这个时期，正该是中国建筑因新科学、材料、结构而又强旺更生的时期，也是中国新建筑师产生的时期。他们自己在文化上的地位是他们自己所知道的；他们对于他们的工作是依其意向而设计的；他们并不像古代的匠师，盲目地在海中漂泊，他们自己把定了舵，向着一定的目标走。我认为，他们是最有希望的。

（选自梁思成《<建筑设计参考图集>序》，有删改）

问题：

（1）请结合文本，简要概括文中"兼二者之短的'低能儿'"出现的原因。

（2）中国建筑的希望体现在哪些方面？请联系全文，简要分析。

12. 材料：

人们常说，城里是农村人的梦想，农村是城里人的精神家园。可是，我的家乡就像我们的乡亲一样，年复一年地老去。

山还是那座山，河还是那条河，田野依旧平静，炊烟依旧袅绕。除了平坦的乡村道路延伸着一些希望，其他的都早已定格在记忆里。

我的故乡在湖北黄冈，坐落在倒水河畔，是著名的老区。那里远离都市，是一个被现代文明遗忘的角落。群山环绕的故乡被高速公路、铁路抛在一边，更不用说机场了。千百年来，人们或吃田地的出产，或靠一门手艺走村串户，或从事服务业，或在小型企业做手工活，养活着穷二代、穷三代。

老家有百多户人家，胡同连通，鸡犬串户。老屋的一条巷子十二户屋连屋，脊连脊。当年，人们吃饭的时候聚在某一家门前，尝"百家菜"；哪家有红白喜事，大家纷纷自愿帮忙，那叫一个壮观。月儿升起了，竹床、藤椅、小凳搬到一块。劣质烟点燃了，一壶茶，几瓶水，天南海北地唠，小孩们捉迷藏，从第一家一直藏到最后一家。月儿西斜，在大人此起彼伏的吆喝声里，不知疲倦的孩子们才依依不舍地散了。

如今，这条巷子只住着一个独身老人，今年七十多了。其余的都搬家做了城里人。有两间屋

2. 阅读下面的材料，按要求作文。

兔子是短跑冠军，但是不会游泳。松鼠是爬树冠军，也不会游泳。鸭子教练却逼着兔子和松鼠学游泳，费了九牛二虎之力，但成效不大。鸭子教练还不明原因地嚷嚷："成功来自90%的汗水。加油!加油!"

综合上述材料所引发的联想和感悟，写一篇论说文。

要求：用规范的现代汉语写作；角度自选，立意自定，标题自拟；不少于1000字。

3. 阅读下面的材料，按要求作文。

习近平总书记曾指出，家庭是人生的第一所学校，父母是孩子的第一任老师。强调家长要时时、处处给孩子做榜样，要用正确的行动、正确的思想、正确的方法引导孩子。

2019年，全国妇联、教育部等九个部门印发的《全国家庭教育指导大纲(修订)》在家庭教育指导工作应该坚持的四项基本原则中，增加了"科学性原则"，对家庭教育指导工作进行了科学定位，要求家庭教育指导工作"遵循家庭教育规律，为家长提供科学化、专业化、规范化的指导服务"。

综合上述材料所引发的联想和感悟，写一篇论说文。

要求：用规范的现代汉语写作；角度自选，立意自定，标题自拟；不少于1000字。

4. 阅读下面的材料，按要求作文。

我国著名的教育家叶圣陶说："教育就是培养习惯。"习惯就像是走路，人们如果选择了一条道路，就会沿着这条道路一直走下去。好的习惯是成就孩子美好未来的捷径，能让孩子在不知不觉中健康成长；不好的习惯则像缠在身上的铁链，阻碍着孩子每一步的发展。

综合上述材料所引发的联想和感悟，写一篇论说文。

要求：用规范的现代汉语写作；角度自选，立意自定，标题自拟；不少于1000字。

5. 阅读下面的材料，按要求作文。

乡村教师支月英30多年倾心相守，黑发积霜，为大山深处的孩子们点亮了"知识改变命运"的灯塔；新疆老人潘玉莲开办"爱心课堂"，二十五载含辛茹苦，让2000多个孩子有机会走向更广的人生之路；浙江淳安12位教师爱心接力，3年来轮流走山路去上课，让13岁的残疾孩子也有梦想开花的机会。一个个平凡的名字背后有着许多感人至深的故事，他们独特的人格魅力为教师这个称谓写下了我们这个时代最美的注解，他们创造的精神财富直击人的灵魂深处，树立起时代的精神标杆，指引着人生的价值选择。

综合上述材料所引发的联想和感悟，写一篇论说文。

要求：用规范的现代汉语写作；角度自选，立意自定，标题自拟；不少于1000字。

11. 阅读下列材料，按要求作文。

在南美洲的亚马孙河里生活着一种拥有“四只眼睛”的鱼类。

四眼鱼的眼睛是晶状体椭圆形的，眼睛很大，被一层膜从中间分开，看起来就像是四只眼睛，因此被称为四眼鱼。四眼鱼的四只眼睛都可以视物，眼睛的上一半善于看空中的东西，下一半适合看水中的东西。四眼鱼的这种特殊本领，觅起食来就有了得天独厚的条件。按理说应该比其他鱼类活得更轻松自在才是。但结果却不然，四眼鱼几乎濒临灭绝。

是什么导致了四眼鱼减少？科学家们经过几年水中观察，最后得出结论：四眼鱼之所以减少，恰恰与它的四只眼睛有关。因为拥有四只眼睛，四眼鱼就用下面那对眼睛捕捉食物，而用上面那对眼睛望天看风景，然而却忽略了周边的危险，结果成为一些水中鱼类的攻击对象。眨眼之间，四眼鱼就成为其他鱼的腹中之物。

综合上述材料所引发的联想和感悟，写一篇论说文。

要求：用规范的现代汉语写作；角度自选，立意自定，标题自拟；不少于1000字。

12. 阅读下面材料，按要求作文。

东邻有户人家岳母死了，殡葬的时候需要一篇祭文，这家人就找私塾的老师帮忙写一篇。私塾的老师便从古书里规规矩矩地照抄了一篇，没想到却误抄了悼岳丈的祭文。进行葬礼的时候，识字的人发现这篇祭文弄错了。这一家人跑去私塾责问老师，结果塾师说：“古本上的祭文是刊定的，无论如何是不会有错的，只怕是你家死错了人吧。”

综合上述材料所引发的联想和感悟，写一篇论说文。

要求：用规范的现代汉语写作；角度自选，立意自定，标题自拟；不少于1000字。

第二模块　全真模拟试卷

国家教师资格考试全真模拟试卷(一)

➤答案见P78

综合素质(中学)

注意事项:

1. 考试时间为120分钟,满分为150分。
2. 请按规定在答题卡上填涂、作答,在试卷上作答无效,不予评分。

一、单项选择题(本大题共29小题,每小题2分,共58分)

在每小题列出的四个备选项中只有一个是符合题目要求的,请用2B铅笔把答题卡上对应题目的答案字母按要求涂黑。错选、多选或未选均无分。

1. 王老师讲完新课,询问同学们是否学会,班级里鸦雀无声,王老师环视教室,这时小明回答:“会了。”王老师说:“好的。”于是王老师进行了接下来的教学任务,王老师的行为(　　)

A. 正确,与小明的互动体现了因材施教　　B. 正确,关注学生的课堂感受

C. 错误,未能践行以学习者为中心的理念　　D. 错误,只关注学科知识的学习

2. 某学校为弘扬中华传统文化,对传统文化进行了全学科覆盖。比如该校正在编辑的《二十四节气与传统文化》一书将传统文化与语文、地理教学内容相结合;《古代文化常识精选读本》一书则将传统文化纳入历史教学、政治教学中。学校的这一做法符合(　　)

A. 素质教育的理念　　B. 因材施教的意识

C. 自主发展的意识　　D. 公平公正的态度

3. 学校拟派工作多年、任劳任怨的胡老师去外地参加理论研修班,胡老师对校长说:“年轻人喜欢玩,让她们去吧。而且教育、照顾学生,耐心点就行,不需要太多的理论。”这表明胡老师(　　)

A. 关心年轻老师专业成长,甘为人梯　　B. 不服从学校的安排

C. 忽视自身的专业发展,盲目奉献　　D. 积极参加校内管理并提出合理建议

4. 王浩组织能力和语言表达能力都很强,王老师每次都让他在班级小剧场中扮演主角。王老师的做法违背的教育理念是(　　)

A. 促进学生专业发展　　B. 促进全体学生发展

C. 促进学生主动发展　　D. 促进学生个性发展

5. 根据我国新修订的《教育法》规定,盗用、冒用他人身份,顶替他人取得入学资格的,由教育行政部门

27. 在Excel中,要通过扇形面积反映每个对象的一个属性值在总值当中所占比例大小,应该选择的图表类型是(　　)

A. 柱形图　　B. 折线图　　C. 饼图　　D. XY散点图

28. 在国家社科基金重大项目招标中,甲、乙、丙、丁、戊、己六所高校参与了投标。根据相关规则,最终只能有一所高校中标。关于究竟哪所高校是中标者,公布结果前参与投票的三位评审专家谈了各自的看法:

(1)中标的高校不是甲就是乙;

(2)中标的高校不是丙;

(3)戊和己两所高校均未中标。

对照后来公布的中标结果,发现上述专家中只有一人的看法是正确的。

根据以上信息,可以确定下列(　　)项中的三所高校均未中标。

A. 甲、戊、己　　B. 丙、戊、己　　C. 甲、乙、丁　　D. 甲、丙、丁

29. 下列选项中,与"青岛—珠海"逻辑关系相同的是(　　)

A. 新疆—边疆　　B. 大象—老鼠　　C. 植物—水仙　　D. 西瓜—水果

二、材料分析题(本大题共3小题,每小题14分,共42分)阅读材料,并回答问题。

30. 材料:

崔老师真是一个"懒"老师!

就说作文课吧,很多老师都有不成文的程序。首先,来个开场白,接着念几篇范文,发一通评论,再布置一篇作文,附带一堆提示……崔老师却不这样,他经常找一些文章,说阅读对于写作很重要,要大家自主阅读,然后叫大家交流阅读感想。同学们往往争得面红耳赤,忙得不亦乐乎,他却显得逍遥自在。在此基础上,学生顺利地完成作文。崔老师真懒!

崔老师建议同学们自主评选"班级之星",并走"星光大道"。班上42个同学,同学们都说自己能评"星",纷纷上台展现自己的风采。最后居然评出了各种各样50颗"星",他也没有反对。

崔老师负责学校宣传栏。起初,他叫几个能写会画的同学帮忙,后来竟把组稿、绘画、编排等工作全交给同学们。最要命的是,他自己不做,居然还要求大家每次必须有新意、有亮点,大家绞尽脑汁,他最多只在关键时点拨一下。有时大家忙活了半天,他只说一句,"哎,还是没有新意。"同学们又得想办法。时间长了同学们发现自己很有进步。

问题:请结合材料,从学生观的角度,评析崔老师的教育行为。

31. 材料：

小张是一名刚毕业参加工作并担任班主任的教师，因为年轻没有经验，害怕镇不住那些调皮的学生，他不仅在工作上兢兢业业，对待学生也十分严厉，经常采取罚款，不许学生进教室，甚至罚站、罚跑步等方式来惩罚犯错误的学生，严重影响了学生的身心健康。由于小张急于在教学中做出一番成绩，他对成绩好的那些"好孩子"十分关心，在许多问题上，更多采纳"好孩子"们的意见，而不太注意其他学生的感受，学生和家长对他的做法意见很大。对此，学校领导也善意地批评过他，但小张却不以为然。

问题：请结合材料，从教师职业道德的角度，评析小张老师的教育行为。

32. 材料：

一向受到冷落的传统文化，仿佛突然峰回路转、柳暗花明了。近年来，文化遗产争夺战可谓烽烟四起、高潮迭出。

遗憾的是，这并不能代表可喜的民族文化自觉与文物保护意识增强。在志在必得的"文化激情"背后，是利益驱动下"遗产经济学"的精细打算——"每挖掘一个名人故里，就可以开发一个旅游景点，带来可观的经济收入。"

将文化遗产，视为地方经济的"摇钱树"，这样的观念，在目前的中国已经有了很多现实注脚。不少已经夺得文化遗产"归属权"的地方，以创收为核心，将文化演变为商业，大张旗鼓地进行着杀鸡取卵似的经营。

这当然不是传统文化的"利好"，而是历史文化的灾难。

当三江并流、都江堰、武当古刹等文化古迹传出"过度开发"的消息，当几乎每一种有魅力的文化都必有浩浩荡荡却毫无魅力的新建"伪文化"，甚至每一部古典文化名著，都演化为一座荒唐可笑的娱乐场时，不仅观众失去了文化的共鸣，历史文化也在被切割、破坏和颠覆。

值得关注的是，这些年来，"遗产经济学"有了新的表现形式。在许多愈演愈烈的文化名人争夺战中，人们频繁看到当地政府的身影。

由于地方政府的高调介入与认同，一些耗资巨大的标志性"文化符号"也应运而起。"帝尧故里"争夺战中，临汾修建了"中华民族文明之门"的华门，这座出手不凡的大制作从规模到设计处处"天下第一"。

政府参与社会事业的文化构建，本没有错。但问题是，这样的建设应当以公共文化服务为重

6. 依据《中华人民共和国教育法》的相关规定,中华人民共和国公民不分民族、种族、性别、职业、财产状况、宗教信仰等,依法享有( )

A. 平等的受教育机会　　B. 平等的受教育条件

C. 免试入学的机会　　D. 就近入学的机会

7. 使用假冒学位证书,骗取学生家长的信任和高额的培训费,违反治安管理行为的,由( )依法给予处罚。

A. 公安机关　　B. 人民法院

C. 教育行政部门　　D. 人民检察院

8. 林老师注意到,班里的调皮男生张扬身上总是有大片淤青。经过调查发现,张扬父亲认为"不打不成才",对张扬采取棍棒教育。林老师要求张扬父亲立即停止该行为,不料张扬父亲反驳道:"父亲打儿子,天经地义,别人管不着!"对此,理解正确的是( )

A. 张扬父亲的打人行为属于家庭暴力　　B. 张扬父亲的做法符合中国传统家庭伦理道德

C. 林老师不应干涉学生的家庭教育　　D. 张扬父亲的出发点是好的,其行为是可以理解的

9. 下列可以享有并行使选举权的是( )

A. 李某,30岁,精神病患者　　B. 王某,15岁,正在接受收容教养

C. 张某,45岁,美籍华人　　D. 周某,67岁,文盲

10. 某中学安排行政人员代替教师参加教师专业培训,该做法( )

A. 合法,学校有选派培训学员的权利　　B. 合法,学校有管理教学事务的权利

C. 不合法,侵犯了教师进修培训的权利　　D. 不合法,侵犯了教师的教育教学权利

11. 学生周某在国庆期间自行到校学习,但下楼梯时不小心摔了一跤,造成左胳膊骨折。对于周某所受伤害,下列说法正确的是( )

A. 学校存在过错,应当承担赔偿责任　　B. 学校没有过错,但要承担赔偿责任

C. 学校没有过错,无须承担赔偿责任　　D. 学校存在过错,但可免除赔偿责任

12. 王某是一名国家机关公务员,但是他嫌工资低,私下里偷偷参与了教科书的编写工作来赚取外快。根据相关法律,王某的做法( )

A. 能增加经济收入,合情合理　　B. 能解决自己的困难,情有可原

C. 违反法律法规,应给予行政处分　　D. 违反法律法规,但可免予处理

13. 某学校开展青年教师赛课活动,张老师认真研读教材,依据课程标准制定教学目标,运用新教育理念设计教学过程和教学方法,制作了精美的教学课件,为参加比赛做好准备。讲课之后,评委向张老师提出了一些具有教育前沿发展趋势的问题。张老师根据自己的日常学习和体会,迅速做出恰当、合理的回答,赢得了评委的好评。张老师参加赛课的过程反映了教师工作具有( )

A. 示范性与细致性　　B. 复杂性与创造性

C. 全面性与榜样性　　D. 主体性与长期性

14. 刘老师一直固守自己的一套教学模式,对新的教学方法、教学手段不屑一顾。这体现刘老师(　　)

A. 缺乏终身学习的理念　　B. 完成了教书育人的工作

C. 没有做到关爱学生的要求　　D. 忽视了为人师表

15. 李老师突然身体不适,想让下午没课的秦老师代替他上课,秦老师却以“太忙,累了”的理由拒绝,秦老师的做法(　　)

A. 不利于自身专业发展　　B. 不符合爱岗敬业要求

C. 没有做到关心同事　　D. 没有做到以身作则

16. 李老师要面向全区骨干教师上一节示范课,有老师建议他选择班级中比较乖巧的孩子参加,但是李老师安排了全班学生参加。这表明李老师认识到(　　)

A. 学生发展是能动的　　B. 学生发展是平衡的

C. 学生发展是平等的　　D. 学生发展是持续的

17. 鸦片战争后,中国社会陷入了内忧外患的黑暗境地,中国人民经历了山河破碎、民不聊生的艰难状态。近代中国遭遇如此苦难的根本原因是(　　)

A. 封建主义的余毒深重　　B. 无产阶级的力量弱小

C. 资产阶级的出现较晚　　D. 帝国主义的侵略与压迫

18. 标准差是一组数据分散程度的一种度量,是表示精确度的重要指标。在一次考试后,甲组同学的成绩分别为83、82、81、79、78、77,则该组同学成绩的平均分和标准差是(　　)

A. 80和2.16　　B. 80和4.66　　C. 81和2.16　　D. 81和4.66

19. 中国象棋蕴含了丰富的历史文化,棋盘中间的间隔处,通常被称为“楚河汉界”,与其中的“楚”“汉”相关的历史人物是(　　)

A. 刘邦、项羽　　B. 曹操、袁绍　　C. 苻坚、谢安　　D. 孙膑、庞涓

20. 明朝隆庆年间,有人醉酒评论“宋四家”,下列说法明显错误的是(　　)

A.《黄州寒食帖》被誉为天下第二行书　　B. 黄庭坚的书法重“韵”尚“意”

C. 米元章篆、隶、行、草、楷无一不精　　D.《澄心堂纸帖》为蔡襄传世书法作品

21. “中国画里乡村,桃花源里人家”是指我国传统民居中的(　　)

A. 福建土楼　　B. 皖南民居　　C. 北京四合院　　D. 湘西吊脚楼

22. 名句“孔雀东南飞,五里一徘徊”出自(　　)

A. 诗经　　B. 元曲　　C. 乐府诗　　D. 建安诗歌

23. 下列不属于明朝章回体小说的是(　　)

A.《水浒传》　　B.《西游记》　　C.《金瓶梅》　　D.《红楼梦》

24. 始建于两千多年前春秋战国时期的中国(　　)是人类文明史上最伟大的建筑工程。

A. 北京故宫　　B. 长城　　C. 布达拉宫　　D. 莫高窟

25. 二十四节气是一年中地球绕太阳运行到二十四个固定位置上的日期,各节气分别冠以反映自然气

总要在课堂上答复,认为这样可以训练学生如何去“想”。有时实在解决不了,他也很坦白地告诉学生,他要回去继续想,而不是只顾面子,使问题解决得模模糊糊。他还讲到“由薄到厚”和“由厚到薄”的读书方法:“譬如我们读一本书,厚厚的一本,加上自己的注解,就会愈读愈厚,我们知道的东西也就‘由薄到厚’了。但这还只是接受和记忆的过程,读书并不是到此为止。‘由厚到薄’是消化、提炼的过程,即把那些学到的东西,经过咀嚼、消化,融会贯通,提炼出关键性的问题来。”

1979年3月底,华罗庚应英国伯明翰大学邀请,去英国讲学,历时八个月,其间还应邀到荷兰、法国与西德访问了一个多月。7月下旬,“解析数论会议”在英国达勒姆召开,华罗庚应邀参加,他的学生王元与潘承洞也参加了。王元代表华罗庚和他自己做了“数论在近似分析中的应用”的大会报告,潘承洞做了“新中值公式及其应用”的大会报告。一些白发苍苍的数学家用“突出的成就”“很高的水平”等评语,赞扬中国数学家在研究解析数论方面所做的努力,并向华罗庚表示祝贺。

通过对欧洲的访问,华罗庚深刻领悟到“班门弄斧”这个成语是要人隐讳缺点,不要暴露,不如改成“弄斧必到班门”。他每到一个地方做演讲,必讲对方最拿手的东西,其目的就是希望得到帮助与指教。他形象地说:“你要耍斧头就要敢于到鲁班那儿去耍,如果他说你有缺点,一指点,我们下回就好一点了;如果他点点头,就说明我们的工作有相当成绩。”在《数论导引》的序言里,华罗庚曾把搞数学比作下棋,号召大家找高手下,即与大数学家去较量。1982年,在淮南煤矿的一次演讲中,华罗庚还将“观棋不语真君子,落子无悔大丈夫”改成“观棋不语非君子,落子有悔大丈夫”。意思是说,当你看到别人搞的东西有毛病时,一定要指出来;当你发现自己搞的东西有毛病时,一定要及时修正,这才是“真君子”与“大丈夫”。可见,华罗庚的这些想法是一脉相承的。

(摘编自王元《华罗庚》)

问题:

(1)华罗庚的数学教学具有什么样的特点?请简要说明。

(2)“班门弄斧”“观棋不语真君子,落子无悔大丈夫”都是具有广泛影响并流传至今的熟语,华罗庚却从另一个角度翻出新意。你认为华罗庚的改动有没有道理?请谈谈你的看法。

三、写作题(本大题1小题,50分)

33. 阅读下面的材料,按要求作文。

美国著名作家和教育家爱默生曾精辟地指出:“教育成功的秘密在于尊重学生。谁掌握了这把钥匙,谁将获得教育上巨大的成功。”

综合上述材料所引发的联想和感悟,写一篇论说文。

要求:用规范的现代汉语写作;角度自选,立意自定,标题自拟;不少于1000字。

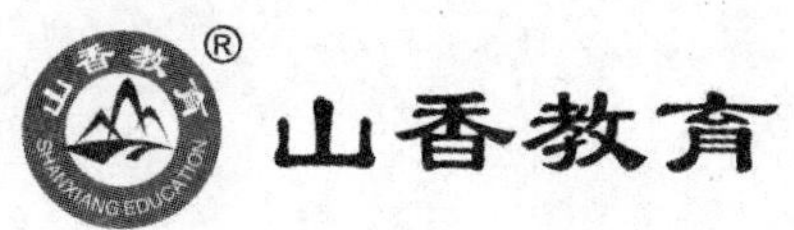

国家教师资格考试

高分题库1000题

山香教师资格考试命题研究中心 主编

中学·综合素质

参考答案及解析

目　录

第一模块　过关必刷题库

第二模块　全真模拟试卷

學

日日行 不怕千万里

常常做 不怕千万事

参考答案及解析

第一模块　过关必刷题库

第一章　职业理念

核心知识提要

①全体学生　②全面发展　③个性发展　④创新精神　⑤实践能力　⑥发展中的　⑦独特的　⑧具有独立意义的　⑨学生学习的促进者　⑩教育教学的研究者　⑪课程的开发者和建设者　⑫社区型开放的教师　⑬尊重、赞赏　⑭帮助、引导　⑮反思　⑯合作

经典真题回顾

一、单项选择题

答案速查

1~5	DCCAA	6~10	ACDDD
11~15	CBDDB	16~20	DBDDD
21~25	CCAAB		

1. D 【解析】本题考查素质教育的内涵。“熟练与传承”意指熟练掌握与继承知识和技能，主要强调的是重复、相同，而创新精神需要创造出一些不同于以往的内容，强调的是不同，故“熟练与传承”不是适合培养学生的创新精神的方法。而“开拓”“创造”“想象”这些都与创新紧密相关，有利于培养学生的创新精神。

2. C 【解析】本题考查素质教育的内涵。素质教育的三大要义是面向全体、全面发展、主动发展。该老师量化了素质教育的目标，能够关注到学生的全面发展，但忽视了全体学生的主动发展，窄化了素质教育的内涵，是对素质教育内涵理解的偏差。故本题选C。

3. C 【解析】本题考查教育观。素质教育是促进学生全面发展的教育。题干中学校安排了两张课程表，在教学中实际执行不公开的课程表，目的仅仅是提高升学率，这说明该校只注重智育，忽视了其他方面的教育。故题干中学校的做法是错误的，漠视了学生全面发展的需要，本题选C。

4. A 【解析】本题考查现代教师教学行为的转变。在对待教学关系上，新课程强调帮助、引导。题干中韩老师完全按照事先准备好的题目引导学生学习，事实上这种引导并不能真正地促进学生学习或反思，在这里韩老师对于引导的理解错误，教学理念偏失。

5. A 【解析】本题考查教师专业发展的阶段理论。斯德菲提出了教师的人文发展模式，又称教师更新生涯发展模式，将教师的发展分为以下五个阶段：(1)预备生涯阶段：主要是初任教职的教师。(2)专家生涯阶段：处于这一阶段的教师已具备较高水平的教学能力与技能，对学生抱有很高的期望。同时，也能激发自我潜能，达到自我实现的目的。(3)退缩生涯阶段：包括初期退缩、持续退缩和深度退缩三个阶段。(4)更新生涯阶段：此阶段的教师致力于追求其专业成长、吸收新知，但仍需要外在的支持，更需要学校行政部门的支持与协助。(5)退出生涯阶段：到了退休年龄，或由于其他原因而离开教育岗位。题干中张老师具有较高水平的教学能力和技巧，还注重激发自我潜能，这些都符合专家生涯阶段的特点，故选A项。

6. A 【解析】本题考查教师观的内容。题干中桂老师对朱松说的话属于发展性评价和激励性评价，有利于激发朱松的学习动力，故选择A项。

7. C 【解析】本题考查学生观。学生是完整的人，学生并不是单纯的抽象的学习者，而是有着丰富个性的完整的人。这要求教师在教育活动中要把学生作为完整的人来对待，反对那种割裂人的完整性的做法，还学生完整的生活世界，丰富学生的精神生活，给予学生全面展现个性力量的时间和空间。本题中范老师撤销晓月班干部职务的做法忽视了学生发展的完整性。故本题选C。

8. D 【解析】本题考查“以人为本”的学生观。题干中曾老师坚持让学生采用多种方法记录学习过程，并指导学生不断优化记录方法的教学行为充分体现了对学生自主性的尊重。

9. D 【解析】本题考查现代教师教学行为的转变。在对待师生关系上，新课程强调尊重、赞赏。尊重学生同时意味着不伤害学生的自尊心。教师应努力做到：不体罚学生，不辱骂学生，不大声训

斥学生,不冷落学生,不羞辱、嘲笑学生,不随意当众批评学生。题干中高老师在班级内当众批评两个传纸条的学生,伤害了学生的自尊心,并且在没弄明白事情原因之前,就判定两个人在谈恋爱,行事武断,故该题选D。

10. D 【解析】本题考查教育公正与中学生的共同发展。在学校教育活动中,"以人为本"必须坚持"教育公正"原则。题干中班主任以分数作为评价学生的标准,偏离了素质教育的理念,没有平等公正地对待所有学生。

11. C 【解析】本题考查教师职业的劳动特点。教师劳动的复杂性包括劳动对象的复杂性,教师的劳动对象是千差万别的人。教师不仅要经常在同一个时空条件下,面对全体学生,实施统一的课程计划、课程标准,还要根据每个学生的实际情况因材施教。题干中吴老师的话主要说明了学生的差异性,也就是教师劳动对象的差异性,进而体现了教师劳动的复杂性。

12. B 【解析】本题考查教育机智。教育机智是教师在教育教学过程中的一种特殊定向能力,是指教师能根据学生新的特别是意外的情况,迅速而正确地做出判断,随机应变地采取及时、恰当而有效的教育措施解决问题的能力。本题中章老师面对课堂突发事件,应发挥自己的教育机智,在保证课堂正常进行的同时维护学生身心健康,在这一前提下继续上课,留待课后处理是合理的做法。故本题选B。

13. D 【解析】本题考查新课程倡导的教师观。题干中段老师在指导大家完成主题为"社会旅游资源"的调查报告后,又指导对古塔的建筑材料、风格产生兴趣的同学确定了新课题,这体现了段老师尊重学生的学习需要和兴趣,并鼓励学生进行自主探究。题干中没有提及段老师对学生研究方法的纠正。

14. D 【解析】本题考查教师观。教学反思是教师以自己的教学活动过程为思考对象,对自己所做出的行为、决策以及由此所产生的结果进行审视和分析的过程,是一种通过提高参与者的自我觉察水平来促进能力发展的途径。反思是教师成长和发展的核心能力之一。题干中,冯老师讲了多遍的题目学生还是不会做,这说明学生可能没有真正理解知识或掌握答题方法、技能,但冯老师不仅没有反思自己的教学方式方法是否适合所有学生,反而一味地埋怨学生,这表明冯老师缺乏教学反思能力。

15. B 【解析】本题考查素质教育的内涵。素质教育是面向全体学生的教育,教师应使每一位学生都得到发展。题目中的老师并没有因为陈涛总是不会还爱举手回答问题就训斥他,而是在课后积极帮助、鼓励他,说明老师不想放弃任何一位学生。

16. D 【解析】本题考查新课程倡导的教师观。王老师为了提高教学水平,有向其他老师学习的意识,说明他具备诚恳学习的态度,但是他提高自己的方式是完全模仿李老师,说明他忽视了学生的差异性,缺乏反思意识和教学创新,故选择D项。

17. B 【解析】本题考查素质教育的内涵。素质教育是以培养创新精神和实践能力为重点的教育。刘老师的做法得当,能够激发学生的创新精神,有利于培养学生的创新意识。从马老师的言语中可以看出,马老师重视考试,禁锢了学生的创造性。

18. D 【解析】本题考查素质教育的内涵。素质教育是面向全体学生,促进学生全面发展的教育。石老师将综合实践活动课用于补数学,只注重学生的数学成绩的做法是错误的,不利于学生的全面发展。

19. D 【解析】本题考查"以人为本"的学生观。学生并不是单纯的抽象的学习者,而是有着丰富个性的完整的人。在教育活动中,作为完整的人而存在的学生,不仅具备全部的智慧力量和人格力量,而且体验着全部的教育生活。题干中,吴老师将可视化学习原理与微型化学实验室联系起来,并总结出指导学生展开微型实验设计与实施的注意事项,其做法不仅有助于学生亲自动手设计并实施微型实验,而且可视化技术的运用能使学生清晰地观察到微型化学实验中原本难以被肉眼看到的化学反应现象与过程,进而从微小的实验细节中获得真实而又丰富的感性经验,掌握复杂的化学知识。故吴老师的做法体现了其注重学生的学习体验,本题选D。

20. D 【解析】本题考查教育公正。教育公正体现在教育活动中就是要保证所有学生的教育机会均等,性别不应该是教师差别对待学生的理由,在教育教学活动中,教师要平等公正地对待每一个人,坚持教育公正。本题中王老师的做法不合理,有违公平待生的理念。故本题选D。

21. C 【解析】本题考查教师的教育机智。教师也有知识的盲点和缺陷,应该和学生一样做新知识的学习者与追求者。教师要真诚面对学生,不能也不必虚伪,这样才能赢得学生的信任和爱戴。题干中王老师遇到不会的字应该及时向学生请教,这样既能达到教学相长,也能赢得学生的尊重与爱戴。

22. C 【解析】本题考查教师的教育机智。题干中该学生的做法最能考验教师的教学综合能力,这种情况下,教师若能够发挥其教育机智引导学生展开讨论,不仅能提高教学效果,也有利于建立良好的师生关系。

23. A 【解析】本题考查教师职业素养。教师的能力素养包括语言表达能力、组织教育和教学的能力、组织管理能力、自我调控和自我反思能力(较高的教育机智)。此外,教师还应该具备教育科研能力、学习能力、观察学生的能力、创新能力以及运用现代教育技术手段的能力。题干中吴老师针对课堂教学中出现的问题进行研究,并发表自己的研究成果,这体现了吴老师具有良好的教学研究能力。

24. A 【解析】本题考查现代教师角色。教师即研究者,意味着教师在教学过程中要以研究者的心态置身于教学情境之中,以研究者的眼光审视和分析教学理论与教学实践中的各种问题,对自身的行为进行反思,对出现的问题进行探究,对积累的经验进行总结,最终形成规律性的认识。题干中的邱老师经常梳理工作中遇到的问题,并进行研究,从而找到问题的成因及解决策略,体现了教师的研究者角色。

25. B 【解析】本题考查现代教师教学行为的转变。在对待师生关系上,新课程强调尊重、赞赏;在对待教学关系上,新课程强调帮助、引导。选项A、C、D体现了教师对学生的尊重、赞赏、引导。选项B中的教师说话太直接,容易伤害学生的自尊心,打消学生学习的积极性,不利于促进学生的学习。

二、材料分析题(参考答案)

1. 材料中,董老师的教育行为体现了新课程倡导的教师观,值得肯定。

(1)从教师与学生的关系看,教师是学生学习的促进者。这要求教师不仅要向学生传播知识,更要引导学生沿着正确的道路前进,引导学生学会自我调适、自我选择,向更高的目标前进。材料中董老师采用不同颜色的纸片有针对性地帮助学生解决学习中遇到的各种问题,有利于学生知识的拓展和能力的提升,真正体现了教师是学生学习的促进者。

(2)从教学与研究的关系看,教师是教育教学的研究者。教师即研究者,意味着教师在教学过程中要以研究者的心态置身于教学情境之中,以研究者的眼光审视和分析教学理论与教学实践中的各种问题,对自身的行为进行反思,对出现的问题进行探究,对积累的经验进行总结,最终形成规律性的认识。材料中,董老师在分析学生认知规律和学习特点的基础上研究出用不同颜色的纸片来提升教学针对性,提高教学效果,体现了董老师是教育教学的研究者。

(3)在对待自我上,新课程强调反思。新课程非常强调教师的教学反思,教学反思有助于教师形成和培养自我反思的意识和自我监控的能力。材料中董老师采用不同颜色纸片辅助教学的方法,正是其在教学过程中不断反思与总结经验的基础上得来的,是新课程强调教学反思的体现。

(4)在对待与其他教育者的关系上,新课程强调合作。在教育教学过程中,教师除了面对学生外,还要与周围其他教师发生联系,要与学生家长进行沟通与配合。材料中董老师面对徒弟王老师的问题,能够进行教学方法上的分享与指导,是与其他教师共同进步、团结协作的表现。

材料中董老师的做法符合新课程倡导的教师观,值得学习和借鉴。

2. 材料中张老师的教育行为是正确的,体现了“以人为本”的学生观的要求,值得肯定。

(1)学生是发展中的人。作为发展中的人,也就意味着学生还是一个不成熟的人,是一个正在成长的人。学生具有巨大的发展潜能,教师应坚信每个学生都是可以积极成长的,是有培养前途的,要看到学生未来的发展潜力,要帮助学生更好地发展。材料中,晓华学习成绩差,很多老师认为他在学业上无可救药,但张老师没有放弃晓华,而是将晓华写的一些文字加工成一首诗,鼓励晓华坚定梦想,不与零分为伍。晓华得到张老师的鼓励后努力学习,取得很大进步并顺利考上高中。这表明张老师能用发展的眼光看待学生。

(2)学生是独特的人。学生是完整的人,每个学生都有自身的独特性,教师要根据学生的特点因材施教。材料中,张老师针对晓华写作上的特点因材施教,帮助晓华修改、完善了作品,并表扬晓华的作品写得很好,赞扬晓华是个有志向的人。这说明张老师看到了晓华的独特性,做到了因材施教。

(3)学生是具有独立意义的人,学生是学习的主体。教师要充分尊重学生的主体地位,促进学生主体性的发展。材料中,张老师对晓华的作品予以表扬,并引导晓华坚定志向,树立并追寻自己的梦想,帮助晓华建立了自信心,进而调动了晓华学习的积极性、主动性,这说明张老师尊重了学生的主体地位。

综上所述,张老师的行为帮助晓华建立了自信心,促进了晓华的积极发展,值得广大教师学习。

3. 材料中李老师的做法很好地践行了素质教育观,值得我们学习。

(1)素质教育是促进学生全面发展的教育。素质教育倡导的是在教育中使每个学生都得到充分的、全面的发展。材料中,李老师常常说:“美术课堂不仅要教会学生画画,还应该培养学生更多的能力。”表明李老师认识到素质教育不仅要教会学生某方面的知识和能力,还要培养学生更多的能力,促进学生全面发展。

(2)素质教育是促进学生个性发展的教育。每一个学生都有其个别性,有不同的欲望需求、不同的兴趣爱好、不同的创造潜能,这些不同点铸造了一个个千差万别的、个性独特的学生。材料中,有的学生将旧衣服改成符合时尚潮流又具有独特魅力的新衣服;有的学生将旧衣物裁剪成布条、布块,制作成灯笼、布娃娃等布艺饰品……体现了学生不同的个性和潜能,李老师的教育方式促进了学生的个性发展。

(3)素质教育是以培养创新精神和实践能力为重点的教育。材料中,在李老师组织的创意大赛中,学生们动脑动手,赋予了旧衣物新的功能和价值,制作出缤纷多彩的作品。此外,李老师在教学中采用听音乐作画、古诗词意境配画等方式,激发学生的想象力和创造力,还带学生去郊外写生、参观美术展览,让学生亲身体验、感悟、实践。这些都说明李老师在教育中培养了学生的创新精神和实践能力。

综上所述,李老师践行了素质教育的理念,促进了学生健康成长。

过关必刷题库

专题一　教育观

一、单项选择题

答案速查

1 ~ 5	DBDAC	6 ~ 10	ABDCA
11 ~ 15	DCCAD	16 ~ 20	ACBBD
21 ~ 25	CADAD	26 ~ 30	CBADD
31 ~ 35	DACAC	36 ~ 40	DACBA

1. D 【解析】素质教育强调面向全体学生,倡导人人有受教育的权利,旨在促进学生的全面发展、个性发展,培养学生的创新精神和实践能力。故ABC三项属于素质教育的特点。强调师道尊严属于传统教育的特点。

2. B 【解析】题干中的学校针对学生的不同兴趣爱好,开设不同的兴趣小组,目的是针对学生的个性特长,有的放矢地进行教育,促进学生的个性发展。

3. D 【解析】素质教育倡导的是在教育中使每个学生都得到充分的、全面的发展。该班主任只注重语文、数学、英语成绩的提高,不利于学生的全面发展。

4. A 【解析】素质教育是以培养创新精神和实践能力为重点的教育。题干中学校开展“快乐进课堂”活动,鼓励学生在课堂上多看、多做、多议,亲身体验探究式学习,这种做法能够激发学生的兴趣,发挥学生的潜能,培养学生的实践能力。

5. C 【解析】王老师的话说明其注重学生的全面发展,而不仅仅只看重学生的成绩,这符合素质教育的理念。

6. A 【解析】素质教育是促进学生全面发展的教育。实施素质教育必须坚持德育、智育、体育、美育和劳动技术教育并举,促进学生生动活泼地发展。题干中,于老师认为学校没必要开设综合实践活动课,而是要多上语文、数学课,这表明他过分注重智育,忽视了学生其他方面的发展,违背了素质教育要求学生全面发展的理念。

7. B 【解析】素质教育是针对应试教育过分强调书本知识的记忆和应试能力的弊端而提出的新的教育理念,两者有重大区别。创新教育是素质教育的核心。素质教育是以培养创新精神和实践能力为重点的教育。故该题说法正确的是B项。

8. D 【解析】素质教育是以培养创新精神和实践能力为重点的教育。该教师思想较刻板,没有敏锐地捕捉教育细节，其评语扼杀了学生的想象力，在一定程度上束缚了学生的创新意识。

9. C 【解析】素质教育是促进学生个性发展的教育。“特长”是对全体学生差别发展的个性教育，也是合格基础上的发展，注重培养学生的兴趣，鼓励每一个学生在某一方面形成优势、学有所长。所以，鼓励学生发展特长体现了素质教育是促进学生个性发展的教育。

10. A 【解析】素质教育是促进学生全面发展的教育。学校教育不仅要抓好智育，更要重视德育，还要加强体育、美育、劳动技术教育和社会实践。题干中，张老师带领学生开展运动会、美术展等活动，这符合素质教育要促进学生全面发展的理念。本题选A。

11. D 【解析】A、B、C三项的话语都带有责怪的语气，不利于良好亲子关系的培养。D项说法恰当，体现了对孩子的鼓励和帮助。

12. C 【解析】教师在教学过程中应尊重学生的主体地位，注重学生的主体性需求。对于学生在课堂上产生的疑问，教师不予理睬、批评学生、敷衍塞责的做法都会打击学生学习的积极性，恰当的方式是给予学生正确的引导，培养学生的创新精神和实践能力。

13. C 【解析】张老师的做法改善了学生的学习方式，变传统的知识讲授为活动教学，使学生获得亲身体验，有助于激发学生的学习兴趣和主动性，增强学生的英语口语表达能力。

14. A 【解析】素质教育是依据人的发展和社会发展的实际需要，以全面提高全体学生的基本素质为根本目的，以尊重学生主体性和主动精神，注重开发人的智慧潜能，形成人的健全个性为根本特征的教育。素质教育倡导人的全面发展。题干中的班主任认为素质教育就是减负和增加课外活动的观点是片面的，忽视了素质教育的全面性。

15. D 【解析】素质教育要求改变课程评价过分强调甄别与选拔的功能，发挥评价促进学生发展、教师提高和改进教学实践的功能。学校设立“创造之星”“孝心少年”等荣誉称号，有利于促进学生的个性发展。

16. A 【解析】素质教育注重发展性评价，孙老师没有用分数来衡量学生，而是关注学生对知识的掌握和运用，体现了素质教育的评价理念。

17. C 【解析】题中学校取消了以分数为依据的传统评价标准，代之以“评语+特长+等级”的评价标准。“评语+特长+等级”评价是素质教育实行的新型评价方式，即鼓励性的发展性评价，评价方式、评价标准都是多元化的。

18. B 【解析】题干庄老师根据不同学生的特点，鼓励其发展特长，表明庄老师能注重学生的个性差异，因材施教，而且通过鼓励学生激发了学生的自信，但题干未表现出庄老师注重学生的全面发展。

19. B 【解析】素质教育是以培养创新精神和实践能力为重点的教育。创新是素质教育的灵魂。题干中冯老师没有对有创新思想的学生进行鼓励，而是讽刺压制，打击了学生的学习积极性，不利于学生创新精神的培养。

20. D 【解析】题干中的教育乱象都对学生造成了很大的伤害，这种做法变相地给学生分了等级，不仅不能促进有错误的学生积极反省，反而严重地阻碍了学生的健康成长。

21. C 【解析】该班主任占用音乐课和美术课的时间来讲授物理、化学题目，不注重学生的美育培养，违背了全面发展的教育观。

22. A 【解析】素质教育倡导的是在教育中使每个学生都得到充分的、全面的发展。实施素质教育必须坚持“五育”并举，促进学生生动活泼地发展。图中的教师利用学生的假期进行补课，只重视对学生进行“智育”，违背了素质教育的理念。

23. D 【解析】小安擅长体育运动，不喜欢文化课，老师希望小安各个方面都有一定的基础，即全面发展。所以选D项。

24. A 【解析】题干中刘老师的做法只注重了学生的成绩，忽视了学生其他方面的发展，不利于学生良好品德的形成。故答案选A项。

25. D 【解析】该班级的这一规定不正确。素质教育是面向全体学生的教育。素质教育倡导人人有受教育的权利，强调在教育中每个人都得到发展，而不是只注重一部分人，更不是只注重少数人的发展。每一位学生都能得到发展，是每一位学生的基本权利。题干中让成绩排名后十名的学生只能坐在最后一排，没有做到平等对待全体学生，违背了“素质教育是面向全体学生的教育”这一内涵。

26. C 【解析】素质教育的基本任务包括培养学生的身体素质、培养学生的心理素质、培养学生的社会素质。

27. B 【解析】题干中的王老师过于看重小刚的学

习成绩,虽然重视了小刚智育的发展,却忽视了小刚体育的发展。因此,王老师的做法不恰当,没有注重学生德智体美劳全面发展。

28. A 【解析】实施素质教育应当贯穿于幼儿教育、中小学教育、职业教育、成人教育、高等教育等各级各类教育,应当贯穿于学校教育、家庭教育和社会教育等各个方面。开展多种形式的社会实践活动,是实施素质教育的重要方法。故A项正确。

29. D 【解析】老师应该保护学生的好奇心,鼓励学生主动质疑、积极思考,培养学生的创造性思维。而王老师的做法欠妥,扼杀了学生的创造性思维。

30. D 【解析】将足球纳入体育课程,有利于增强学生的身体素质,既促进学生的全面发展,又促进学生的个性发展。由于学生学业成绩受多种因素的影响,体育教育对于学生学业成绩的影响是不确定的。

31. D 【解析】学生的发展应是全面的发展,故"引导元元把精力都放在绘画上"的做法不恰当。

32. A 【解析】素质教育倡导人人有受教育的权利,强调在教育中每个人都得到发展,而不是只注重一部分人,更不是只注重少数人的发展。每一位学生都能得到发展,是每一位学生的基本权利。题干中胡老师注意到了有点孤僻的王昕,让她做小组长进而增加与同学的交流,胡老师的行为符合素质教育要面向全体学生的教育理念。

33. C 【解析】启发式教学是素质教育所倡导的教育方式。

34. A 【解析】素质教育应坚持以人为本,以促进学生全面发展为目标。题干中赵老师认为小玲只发展好艺术才能即可,对于文化知识可不用再努力掌握,于是对小玲上课时的不认真行为睁一只眼闭一只眼,赵老师的做法没有关注到学生的全面发展,是不合理的。

35. C 【解析】素质教育是以提高国民素质为根本宗旨的教育,A项正确。素质教育是面向全体学生的教育,是促进学生全面发展、个性发展的教育,B项正确,C项错误。素质教育是以培养创新精神和实践能力为重点的教育,D项正确。

36. D 【解析】在能力的培养上,应试教育只重视技能训练,忽视能力的培养;而素质教育注重各种能力的培养。D项说法错误。

37. A 【解析】A项过于看重分数,不符合题干中描述的当前素质教育的要求。故A项理解错误。

38. C 【解析】素质教育是以培养创新精神和实践能力为重点的教育。故本题选C项。

39. B 【解析】素质教育是以提高国民素质为根本宗旨的教育。故本题选B项。素质教育是以培养创新精神和实践能力为重点的教育,故A选项说法错误。素质教育是促进学生个性发展的教育,个性发展并不等于特长和技能,还包括学生发展的其他方面,故C选项说法错误。培养学生的社会素质是素质教育的基本任务之一,不是素质教育的根本宗旨,故D项不选。

40. A 【解析】素质教育倡导人人有受教育的权利,强调在教育中每个人都得到发展,而不是只注重一部分人,更不是只注重少数人的发展。每一位学生都能得到发展,是每一位学生的基本权利。也就是说,素质教育不允许以任何形式或手段,对入学儿童按照种族、民族、性别、肤色、宗教、语言、经济地位等标准进行筛选,当然也包括纯粹以分数进行非正常的淘汰。故选A项。

二、材料分析题(参考答案)

1. 材料中蒋老师的教育行为,体现了素质教育的理念,值得肯定。

(1)素质教育是面向全体学生的教育。材料中,蒋老师制定的标准考虑到了不同水平的学生,并使所有学生尤其是基础较差的学生得到了较好的发展。

(2)素质教育是促进学生个性发展的教育。材料中,蒋老师制定的标准注重学生个性的培养,充分挖掘每个人的优点和特长。

(3)素质教育是促进学生全面发展的教育。材料中,蒋老师制定的评价标准在注重培养学生的特长的同时也鼓励学生对基础学科的学习,调动了学生的学习积极性,有助于学生提高兴趣、增强自信,促进学生的全面发展。

(4)素质教育是以培养创新精神和实践能力为重点的教育。材料中,蒋老师将"基础科良好,有所发明创造的"学生评定为优秀等级,这体现了蒋老师注重培养学生的创新精神与能力,有助于学生创新精神和实践能力的发展。

总之,材料中蒋老师通过制定不同的标准,激发了全体学生学习的积极性,既促进了学生的全面发展,也促进了学生的个性发展,体现了素质教育的理念,是值得称赞和学习的。

2. 材料中这位教师的行为符合新课改背景下的教

育观,值得我们学习。

(1)素质教育是面向全体学生的教育。素质教育倡导人人都有受教育的权利,强调在教育中每个人都得到发展,而不是只注重一部分人,更不是只注重少数人的发展。材料中,教师经过调查发现学生的知识基础差别比较大,随后根据学生的特点和要求采取分层教学的方式,最终促进了所有学生对知识的掌握。

(2)素质教育是促进学生个性发展的教育。每一个学生都有其个别性,如有不同的认知特征、不同的欲望需求、不同的兴趣爱好、不同的创造潜能,这些不同点铸造了一个个千差万别、个性独特的学生。材料中,教师经过调查发现学生的知识基础差别较大,于是对不同的学生提出不同的要求,让基础好的学生自学,基础一般的学生在教师的引导下学习,进一步激发了全班学生学习的热情,提高了学习效率,促进了每一个学生对知识的掌握。

作为一名教师,要充分践行新课改背景下的教育观,以学生为中心,认真听取学生的意见,因材施教,促进学生的发展。

3. 材料中教师的做法违背了素质教育的内涵,我们要引以为戒。

首先,素质教育是面向全体学生的教育。素质教育倡导人人都有受教育的权利。材料中,老师只关注"回答恰当"的学生,不满其他提出疑惑的同学,最后甚至变相不准学生发问。这样的做法挫伤了学生学习的积极性,会影响学生的长远发展。

其次,素质教育是以培养创新精神和实践能力为重点的教育。培养具有创新精神和实践能力的新一代人才,是素质教育的时代特征。创新教育是素质教育的核心,它是教育对知识经济向人才培养提出的挑战的回应,是旨在激发学生创新意识、培养学生创新能力的教育。材料中,该老师对于学生发散性的思维没有好好予以回应,而是认为这些问题扰乱了自己的教学过程,并且认为学生只有在老师提问时才能举手等等,这些都体现了该教师阻碍了学生创新精神的发展,打消了学生学习的积极性,不利于学生创新精神和实践能力的培养。

因此,作为教师,我们要践行素质教育的理念,坚持以人为本,面向全体学生,培养学生的创新精神和实践能力。

专题二 学生观

一、单项选择题

答案速查

1~5	DCBBB	6~10	ABBAD
11~15	BCDCC	16~20	ACCCB
21~25	BCBDA	26~30	BDBBA
31~35	BDDAA	36~41	AACBDD

1. D 【解析】D项所述属于传统的教学观念,不符合当代学生观所提倡的"以人为本"(即以学生为本)的教育理念。

2. C 【解析】每个学生都有自身的独特性,独特性也意味着差异性,教师不仅要认识到学生的差异性,而且要尊重学生的差异。马老师根据学生不同的学习基础设计课堂提问和练习,说明马老师关注学生的个体差异,这样才能更好地促进全体学生的发展。

3. B 【解析】学生之间存在巨大的差异,在组织绘画兴趣小组时,殷老师规定每个学生都必须参加,这种做法忽视了学生的个性差异。

4. B 【解析】老师面对学生的进步不仅不表扬,反而打击学生的信心,不相信成绩暂时落后的学生会有进步的可能。这是由于老师没有用发展的眼光看待学生。故该老师的做法忽视了学生是处于发展过程中的人。

5. B 【解析】学生是发展中的人,其表现之一是学生具有巨大的发展潜能。教师应坚信每个学生都是可以积极成长的,是有培养前途的,是追求进步和完善的,是可以获得成功的,要对教育好每一个学生充满信心。因此,题干所述内容违背了学生是发展中的人的学生观。

6. A 【解析】学生处于人生的发展阶段,具有很大的不稳定性和可塑性,李老师没有放弃小明,没有像其他任课老师那样认定小明是个坏孩子,而是采取一系列的补救措施,这说明李老师认识到学生是发展中的人。

7. B 【解析】题干的描述体现了学生是具有发展潜能的人。教师应该坚信每个学生都是可以积极成长的,是有培养前途的,是追求进步和完善的,是可以获得成功的,因而对教育好每一个学生应充满信心。

8. B 【解析】素质教育要求教师要正视学生的个别差异,克服按照统一标准和尺度去衡量学生,追求完全趋同,整齐划一的弊病,根据学生各个方面的情况进行因材施教。题干中,吴老师根据学生的知识基础、生活经验以及学习特点，有针对性地进行分层教学，因材施教，这体现了吴老师关注学生发展的个别差异性。

9. A 【解析】学生在学习活动中是认识的主体、实践的主体和发展的主体，是学习的主人。教育的根本目的在于促进学生主体性的发展。针对学生的疑问，张老师可以让学生自己寻找问题产生的原因，培养学生的质疑精神和解决问题的能力，提高学生学习的积极性和主动性。A项做法恰当。

10. D 【解析】学生是发展中的人，要用发展的眼光看待学生。题干中的老师用一种静止的观点去看待学生，认为学习差的学生就会一直学习差，忽视了学生的发展性。

11. B 【解析】"以人为本"的学生观认为，学生是独特的人，学生与成人之间存在着巨大的差别，学生的观察、思考、选择和体验，都和成人有明显不同。题干中，罗老师认为应当把孩子看作孩子，就是认识到学生有自己的独特性，与成人不同，教学要以学生为本，促进学生的发展。本题选B。

12. C 【解析】这句话的意思是，务实的人追求实际，而不图外表好看；致力于自身的修养锻炼，而不计较自身以外之物。反映了教师在教学过程中应该重视学生的人格培养。

13. D 【解析】在学校教育活动中，"以人为本"是以所有学生的发展为本，或者说以每一个学生的发展为本，它必须遵循"教育公正"原则。教育公正在教育活动中的体现，就是所有的学生都能获得同样的教育机会，或者说教育机会对所有的学生来说是均等的。该教师只让写作能力强的学生寄信的做法没有做到公平、公正地对待所有学生。

14. C 【解析】"以人为本"的学生观强调学生是学习的主体。题干中学校鼓励学生积极参与活动，对学生充满信心，发挥了学生的能动性。

15. C 【解析】"人心不同，各如其面"是指人的内心世界各不相同，就好像他们的外貌各不相同一样，这句话揭示了在教育过程中，教师要关注学生的独特性，因材施教。

16. A 【解析】自主性是学生主观能动性的表现。学生是有意识、有情感、有个性的社会人，是具有主观能动性的人。他们不是盲目、机械、被动地接受作用于他们的影响。题干中张老师的做法忽视了学生学习的自主性。

17. C 【解析】"以人为本"的学生观强调学生是发展中的人、是独特的人、是具有独立意义的人。当学生在学习上出现问题时，教师应该耐心教导，不能因为暂时的成绩落后就否定学生的未来。对学生冷嘲热讽甚至否定学生的努力，认为智商低是遗传的，不予理睬等行为都是错误的。

18. C 【解析】个体身心发展的差异性具体表现在以下方面：不同个体同一方面的发展速度和水平不同；不同个体不同方面的发展存在差异；不同个体所具有的个性心理倾向不同；个别差异性也表现在性别之间。题干中的报告显示虽然一年级孩子年龄相似，但是他们的身心发展状况不同，体现出个体身心发展的个别差异性。

19. C 【解析】题干的描述说明每个学生都是独立于教师的头脑之外，不以教师的意志为转移的客观存在。

20. B 【解析】素质教育是依据人的发展和社会发展的实际需要，以全面提高全体学生的基本素质为根本目的，以尊重学生主体性和主动精神，注重开发人的智慧潜能，形成人的健全个性为根本特征的教育。孙老师的教学方式依然是传统的灌输式，忽视了学生的主体性。

21. B 【解析】郑老师对学生的兴趣加以尊重以及引导，尊重学生的主体地位，让学生自己去探索未知，这种在老师指导下的自学体现了老师对学生的信任，学生可以自我教育，在探索知识上有巨大的潜能。所以A、C、D项都是正确的。学生的独特性是老师要意识到学生和学生的不同，因材施教。题目中没有体现学生和学生的差异，故选B项。

22. C 【解析】题干中王老师让同学们互相批改作文并进行评价，调动了学生的主观能动性，体现了学生是学习的主体，培养了学生的独立性。

23. B 【解析】数学老师从李岩现在数学学习上的表现推断其以后物理、化学学习困难，否定了学生拥有巨大的发展潜能，忽视了学生是发展中的人，没有用发展的观点认识学生。

24. D 【解析】从两位老师的谈话中可以看出他们没有树立"以人为本"的学生观。老师不该用僵化的眼光来看待学生，应该充分意识到学生是发展中的人，每位学生都有巨大的发展潜能，应树立"所有的学生都能成才"的观点。

25. A 【解析】王老师根据每个学生的不同情况，制定个人三年发展规划，这说明王老师注重学生发展的差异性，对学生不一概而论。

26. B 【解析】个体的身心发展具有不平衡性。其不平衡性主要表现在：同一方面的发展速度，在不同年龄阶段变化是不平衡的；不同方面在不同发展时期具有不平衡性。心理学家根据个体身心发展的不平衡性提出了发展关键期。教育必须适应人身心发展的不平衡性，在人的素质发展的关键期内施以相应的教育，促进该素质的发展。"狼孩"没有在关键期接受相应的教育，故"狼孩"的学习效果较差。综上所述，答案应选B。

27. D 【解析】题干中，针对李强的情况，梁老师采取了合理的教育措施，改写了李强的"杰作"以此鼓励、夸奖他，给予学生肯定，有助于增强学生的自信心，端正学习态度。这表明梁老师做到了因材施教。本题答案选D。

28. B 【解析】卢梭这段话的意思是在教育活动中，教师要看到不同阶段学生的特点，选择不同的教学方法和教学内容。这表明卢梭看到了学生身心发展的阶段性特点。

29. B 【解析】题干中这位老师认识到学生犯错是在所难免的，只有吸取错误中的教训才会更好地成长。这位老师从长远的目标考虑，把学生看成发展中的人和完整的人来对待。

30. A 【解析】"以人为本"的学生观强调教师应该尊重学生，尊重他们的思想感情和个性。而题干中吴老师对学生进行讽刺、挖苦，显然违背了"以人为本"的学生观。

31.B 【解析】个体身心发展的阶段性具体表现在个体在不同的年龄阶段表现出身心发展不同的总体特征及主要矛盾，面临着不同的发展任务。这就要求教师在教学过程中要有针对性，要根据不同年龄阶段的特点进行教育教学，不能搞"一刀切""一锅煮"等。综上所述，答案应选B。

32. D 【解析】学生是独特的人。教师要正视学生的个别差异，根据学生各个方面的情况因材施教。题干中蒋老师在充分了解学情的前提下，对学生进行分层教学，尊重了学生的个性差异和不同特点，发挥了每一个学生的潜能，做到了因材施教。

33. D 【解析】素质教育强调学生在学习活动中是认识的主体、实践的主体和发展的主体，是学习的主人。教育的根本目的在于促进学生主体性的发展。题干中，赵老师针对学生王亮指出自己板书错误一事，不仅没有肯定王亮主动质疑、勇于发言的精神与行为，反而批评指责学生，打压了学生学习的积极性，忽视了学生的主体地位。本题D项最符合题意。

34. A 【解析】个体身心发展具有顺序性，这是一个由低级到高级、由简单到复杂、由量变到质变的连续不断的发展过程。个体的认知发展是由具体思维发展到抽象思维，从机械记忆发展到意义记忆，这充分体现了个体身心发展的顺序性规律。

35. A 【解析】学生是发展中的人，要用发展的观点认识学生。作为发展中的人，也就意味着学生还是不成熟的人，是一个正在成长的人。教师应坚信每个学生都是可以积极成长的，是有培养前途的，对教育好每一个学生充满信心。题干中的张老师没有一味地批评李鹏，而是鼓励他继续努力，相信李鹏能取得更大的进步，说明张老师把李鹏当做了发展中的人来看待。

36. A 【解析】个体身心发展的顺序性是指人的身心发展是一个由低级到高级、由简单到复杂、由量变到质变的连续不断的发展过程。题干中指出，人的道德认知遵循着从前习俗水平到习俗水平再到后习俗水平的发展过程，是遵循一定顺序发展的，体现了个体身心发展的顺序性。

37. A 【解析】个体身心发展的顺序性是指人的身心发展是一个由低级到高级、由简单到复杂、由量变到质变的连续不断的发展过程。个体的发展的顺序性是客观的、不以人的意志为转移的，教育工作要遵循这种顺序性，循序渐进地促进人的发展。题干中指出学生的学习应从简单到复杂，一步一个脚印，体现了个体身心发展的顺序性。

38. C 【解析】"以人为本"的学生观主要观点有：(1)学生是发展中的人，要用发展的观点认识学生；(2)学生是独特的人；(3)学生是具有独立意义的人。其中，把学生看成是具有独立意义的人，包含以下三个基本含义：每个学生都是独立于教师的头脑之外，不以教师的意志为转移的客观存在；学生是学习的主体；学生是责权的主体。题干中的苏老师认识到了学生是学习的主体，符合学生是具有独立意义的人的观点。

39. B 【解析】个体身心发展具有互补性。互补性是指机体某一方面的机能受损甚至缺失后，可通过其他方面的超常发展得到部分补偿。机体各部分存在着互补的可能，为人在自身某方面缺失的情况下能与环境协调，从而继续生存与发展提供了条件。题干中的冰冰能够用听觉来分辨方向和障碍物,弥补了视觉上的部分缺失,体现了个体身心发展的互补性。

40. D 【解析】个体身心发展的个别差异性要求我们在教育教学中要贯彻因材施教的原则。陶行知先生所说的“不能勉强都长得一样高”启示我们要深入了解学生的个别差异性,因材施教,使每个学生都能发挥所长,得到应有的发展,而不能强求所有学生都得到一样的发展。

41. D 【解析】学生是发展中的人,具有巨大的发展潜能。题干中,李老师把作业从难到易分成三类,说明李老师看到了学生的差异性,但是不允许学生“跳级”做作业,说明李老师忽视了中等生、学困生的学习潜力。

二、材料分析题(参考答案)

1. 材料中张老师很好地践行了“以人为本”的学生观,值得赞扬。

首先,学生是发展中的人,具有巨大的发展潜能,教师要用发展的眼光看待学生。材料中,张老师并没有因为李强痴迷上网就放弃他,而是从其兴趣入手鼓励他,增强了李强学习的积极性,使其学习面貌焕然一新。

其次,学生是独特的人。每个学生都有自身的独特性,教师要针对每个学生的不同特点因材施教,才能够产生更好的教学效果。材料中,张老师根据李强喜欢上网的特点,因势利导,让其担任计算机兴趣小组组长,体现了这一学生观。

最后,学生是具有独立意义的人。每个学生都是独立于教师的头脑之外,不以教师的意志为转移的客观存在。学生是学习的主体,作为教师,我们要调动学生学习的积极性和主动性。材料中,张老师通过采取一系列措施,使李强树立起自信,激发了其学习和参与活动的积极性,体现了这一理念。

因此,作为教师,面对像李强这样的学生时,我们要树立“以人为本”的学生观,积极地促进学生的全面发展。

2. 材料中,马老师的教育行为践行了“以人为本”的学生观,是值得肯定的。

(1)学生是处于发展过程中的人。作为发展中的人,意味着学生还是不成熟的人,是一个正在成长的人。教师要帮助学生解决问题,改正错误,从而不断促进学生的进步和发展。材料中,马老师组织了“交朋友”的班队活动,在活动中让晓星学会了正确与人相处的方法,不再欺负同学,促进了晓星的发展。

(2)学生是完整的人。学生并不是单纯的抽象的学习者,而是有着丰富个性的完整的人,体验着全部的教育生活,具有各种各样的需求。从材料中可以看出,晓星是想要和同学们一起玩耍的,他有这种交往的需求,但是因为欺负同学使他被孤立,老师鼓励班干部主动和他交往,渐渐地晓星有了自己的好朋友,其交往需求得到了满足。

(3)学生是独特的人,每个学生都有自身的独特性。教师要正视学生的个别差异,根据学生各个方面的情况进行因材施教。材料中,马老师找到了晓星问题产生的原因,帮助他融入集体,拥有了好朋友,促进了晓星个性的健康发展,做到了因材施教。

因此,教师要贯彻“以人为本”的学生观,以发展的眼光看待学生的现有问题,促进学生发展。

3. 材料中老师的行为充分体现了“以人为本”的学生观。

(1)“以人为本”的学生观认为学生是具有独立意义的人,教师在教学过程中要尊重学生。材料中的老师在得到学生反对意见时没有急于批评学生,而是听取学生的意见,允许学生有不一样的意见,在学生言之有理的基础上征求全班的意见并予以采纳。

(2)“以人为本”的学生观认为学生是学习的主体。素质教育强调学生在学习活动中是认识的主体、实践的主体和发展的主体,是学习的主人。教育的根本目的在于促进学生主体性的发展。材料中的老师让学生先预习课文并查阅资料,充分调动了学生学习的主动性和积极性,而不是将知识灌输给学生,体现了“学生主体,教师主导”的学生观。

该教师以实际行动践行了以学生为本、尊重学生、关爱学生的教学理念,值得我们学习。

4. 材料中张老师践行了“以人为本”的学生观,值得我们学习。

(1)学生是发展中的人,具有巨大的发展潜能。教师在教育过程中应依据学生身心发展的规律和特点来开展教育活动,充分挖掘学生的潜能。材料中,张老师用发展的眼光来看待王红,并坚信王红有学好数学的潜能,在全面了解了王红的学习现状之后,制定了一系列措施帮助她学习数学,最终促进了王红的发展。

(2)学生是独特的人,每个学生都有自身的独特性。材料中,针对王红的个性特点,张老师与王红一起探索了适宜王红个人特点的学习方法,并根据王红出现的问题,因材施教,促进了王红数学成绩的提高。

(3)学生是具有独立意义的人,学生是学习活动的主体,教师要努力构建学生的主体地位,促进学生发展。材料中,张老师通过对王红的细心指导,充分调动了王红学习的积极性,最终取得了良好的学习效果。

总之,张老师践行了"以人为本"的学生观,充分尊重学生,促进了学生的发展。

5. 材料中张老师的做法恰当合理,符合新课程改革背景下学生观的具体要求。

首先,学生是发展中的人,具有巨大的发展潜能。材料中,张老师在了解晓敏没有报名参加特长展示活动的原因后,鼓励她做家务也是特长并请她在活动上进行展示,还依据晓敏的优点推荐她担任卫生委员,使得晓敏性格逐渐变得自信,能力逐渐增长。这些都说明张老师能认识到学生是处于发展中的人,有巨大的发展潜能。

其次,学生是独特的人,具有自身的独特性。材料中,张老师了解晓敏的情况之后,因势利导使晓敏变得更加自信,还交到了很多朋友。这说明张老师能充分地认识到学生是独特的人,具有自己的独特性。

因此,作为教师,我们要具备"以人为本"的学生观,要做到"一切为了每一位学生的发展"。正是因为学生是发展中的人,是独特的人,所以老师要善于观察学生,主动与学生交流,发挥学生的长处和优点,使每一位学生都能得到最好的发展。

6. 王老师的教育行为体现了"以人为本"的学生观,值得肯定和学习。

(1)"以人为本"的学生观认为,学生是发展中的人,具有巨大的发展潜能。材料中的王老师让学生自己设计作业,激发了学生的学习兴趣,同学们也交出了丰富多彩的作业,这在一定程度上能够激发学生的潜能。

(2)"以人为本"的学生观认为,学生是独特的人,每个学生都有自身的独特性。材料中学生各式各样的"自设作业",表明每一个学生都有其独特性,王老师改进之后的教学方法做到了因材施教,促进了学生的个性健康发展。

(3)"以人为本"的学生观认为,学生是具有独立意义的人,学生是学习的主体。材料中的王老师能够放手让学生自己设计作业,并指导学生把"自设作业"和语文学习结合起来,充分促进了学生主体性的发展。

综上所述,教师要持有"以人为本"的学生观,尊重学生的主体地位,促进学生全面、个性地发展。

7. 材料中老师的做法是不恰当的,违背了"以人为本"的学生观。

首先,"以人为本"的学生观强调学生是发展中的人。学生是处于发展过程中的人,这也就意味着学生还是一个不成熟的人,教师不能因为学生的小错误就否定学生。材料中,当学生犯了错误时,教师没有看到学生未来的发展潜力,正确引导、教育学生,而是气鼓鼓地惩罚学生,准备"杀一儆百",老师的做法没有考虑到学生是发展中的人。

其次,"以人为本"的学生观强调学生是独特的人。教师要正视学生的个体差异,做到因材施教。材料中,教师没有正视学生的个体差异,没有依据孙琦个人的不足进行引导和教育,该做法不利于学生的个性发展,也不利于调动学生的积极性和主动性。

最后,"以人为本"的学生观强调学生是具有独立意义的人。学生是责权的主体,教师要保护学生的合法权利。材料中,教师惩罚孙琦写2000字检查并让其他同学当众指出错误,该做法侵犯了孙琦的人格尊严,可能会给孙琦造成巨大的心理压力,也不利于学生之间的团结协作。

因此,作为教师,要践行"以人为本"的学生观,尊重学生的人格尊严,因势利导地促进学生的身心发展。

专题三　教师观

一、单项选择题

答案速查

1～5	BDADB	6～10	AADCD
11～15	CDABA	16～20	DCABB
21～25	AADBD	26～30	DAAAC
31～35	BDABB	36～40	BDBBB
41～45	CDDDD	46～50	BCACB
51～55	CCBBA	56～60	CBCDB

1. B　【解析】新课程改革要求教师应该是社区型的开放教师,学校教育社区化,社区生活教育化。李老师投身于乡村地区教育、文化事业建设中去,说明李老师具有较强的服务意识。

2. D　【解析】基础教育课程改革背景下的教师观要

求在对待教学关系上,教师应帮助、引导学生。教师应帮助学生设计恰当的学习活动并形成有效的学习方式,引导学生学习方法和思维等。题干中老师让学生记住知识而没有教给学生好的方法,说明该教师关注知识传授而非教会学生学习。

3. A 【解析】行动研究作为教师专业发展的方法,也就是说为弄清课堂上遇到的问题的实质,探索用以改进教学的行动方案,教师以及研究者可以进行调查和实验研究。题干中的孙老师能够针对课堂问题进行分析并解决,说明他积极提升自身专业能力,注重行动研究。

4. D 【解析】在对待师生关系上,新课程强调尊重、赞赏。陈老师用鼓励的话语既起到教育学生的作用又不至于让学生自尊心受到伤害,所以体现了用发展的眼光看待学生,有利于促进学生的发展。老师只采用了评语的评价方式,这是定性的评价,没有具体的分值,所以D项错误。

5. B 【解析】B项的做法最恰当。"肯定琳琳勇于指出老师错误的行为"有利于维护学生发现问题、指出问题的积极性;"跟琳琳解释为什么没有错"一方面解决了学生的问题,另一方面还促进了学生知识的巩固。

6. A 【解析】教师在教学的过程中应以研究者的心态置身于教学情境中,以研究者的眼光审视和分析教学理论与教学实践中的各种问题。题干中"没有一成不变的学生,自然也没有处处皆可适用的经验"等等,都体现出教师要以研究者的眼光对待教育教学。

7. A 【解析】沈老师把废旧的材料改造成教学用具,这是对教学资源的开发,表明他具有教学资源开发能力。

8. D 【解析】新课改背景下的教师观要求教师在对待与其他教育者的关系上强调合作。每个教师不仅要教好自己的学科,还要主动关心和积极配合其他教师的教学,齐心协力培养学生。题干中鹿老师能够主动与其他教师交流并配合教学,体现了他具有团结协作的精神。

9. C 【解析】刘老师的做法是错误的,没有意识到自己的教师责任,没有树立和同事相互合作共同管理学生的意识。

10. D 【解析】D项,老师幽默化解,不但不会损害学生的自尊心,反而可能使学生理解老师提醒自己的良苦用心,从而纠正自己的行为,认真听课。

11. C 【解析】C项是最合适的处理方式。"赞赏该同学救助小猫的行为"有利于保护学生的爱心,也是尊重学生的体现;"将小猫暂时安置在教师办公室"有利于转移全班学生的注意力,使教学活动顺利进行。

12. D 【解析】新课改要求教师根据具体情况创造性地进行教学工作,充分发挥自己的才能和奇思妙想,创造出富有个性的课程。题干中,王老师自制实验器材,开设探究性物理实验课的做法表明其具有较强的课程开发意识与能力。

13. A 【解析】新课改的教师观强调教师与其他教育者之间应该是合作的关系,题干中谢老师没有做到同事间的团结协作。

14. B 【解析】"学为人师,行为世范"的意思是:所学要为世人之师,所行应为世人之范。体现了教师工作的主体性和示范性。

15. A 【解析】福勒和布朗根据教师的需要和不同时期所关注的焦点问题,把教师的成长划分为关注生存、关注情境和关注学生三个阶段。(1)关注生存阶段。处于关注生存阶段的一般是新教师,他们非常关注自己的生存适应性,最担心的问题是"学生喜欢我吗""同事们如何看我""领导是否觉得我干得不错"等。故A项正确。(2)关注情境阶段。处于关注情境阶段的教师关心的是如何教好每一堂课,以及班级大小、时间压力和备课材料是否充分等与教学情境有关的问题,如"内容是否充分得当""如何呈现教学信息""如何掌握教学时间"等。(3)关注学生阶段。这一阶段,教师将考虑学生的个别差异,认识到不同发展水平的学生有不同的需要,根据学生的差异采取适当的教学,促进学生发展。

16. D 【解析】教师遇到此类事件,最好的处理方式是运用教育机智,幽默化解。

17. C 【解析】题干中黄老师与学生交流学校的各种情况,与同事分享经验和资源,鼓励家长参与学校活动等等,都体现出了黄老师高超的沟通与合作能力。

18. A 【解析】题干所述强调了教师劳动对象的复杂性、劳动任务的复杂性,这些都是教师劳动特点中的复杂性的表现。

19. B 【解析】题干中,华云虽然学习差但田径有特长,班主任鼓励其成为运动员,这正是根据其个性特长给予个性化发展的期望和要求,体现了班主任善于因材施教。

20. B 【解析】教师劳动的创造性主要是由劳动对

象的特点决定的。教师劳动的创造性主要表现在三个方面:(1)因材施教。(2)教学方法上的不断更新。(3)教师需要“教育机智”。教育机智是教师在教育教学过程中的一种特殊定向能力,是指教师能根据学生新的特别是意外的情况,迅速而正确地做出判断,随机应变地采取及时、恰当而有效的教育措施解决问题的能力。

21. A 【解析】题干的表述出自乌申斯基,体现了培养教师的教育机智的重要性。教师劳动的创造性主要表现在三个方面:(1)因材施教。(2)教学方法上的不断更新。(3)教师需要“教育机智”。故题干的表述体现的是教师劳动的创造性。

22. A 【解析】新课改要求教师根据具体情况创造性地进行教学工作,充分发挥自己的才能和奇思妙想,创造出富有个性的课程,由课程的“守成者”变成“开发者”。题干中曾老师能将日常生活中的事物与课堂教学的内容联系起来,巧妙地借用自然事物进行演示教学,表明曾老师具有课程资源开发的意识与能力。

23. D 【解析】题干中“从人的出生到死亡整个一生中都应该进行持续的教育”“使教育成为人们生活中不可缺少的一部分”等说明了教师应终身学习,从而满足自身和社会发展的需要。

24. B 【解析】教师劳动的示范性指教师的言行举止,如人品、才能、治学态度等都会成为学生学习的对象。张老师不顾个人安危救助学生的行为对全体学生产生了积极影响,体现了教师劳动的示范性。

25. D 【解析】新课程改革理念提倡教师对待师生关系,应当尊重、赞赏学生。而题干中的老师当众羞辱学生,没有尊重学生的人格尊严。

26. D 【解析】美国学者斯德菲以自我实现理论为依据,提出教师的发展为五个阶段:(1)预备生涯阶段;(2)专家生涯阶段;(3)退缩生涯阶段;(4)更新生涯阶段;(5)退出生涯阶段。其中,处于预备生涯阶段的主要是新任职的教师或重新任职的教师,此阶段的教师特点是:理想主义、有活力,富有创意、容易接纳新观念,积极进取,努力向上。题干中,陈老师的表现符合预备生涯阶段教师的特点。

27. A 【解析】“道之所存,师之所存也”的意思是说:无论(地位)高低贵贱,无论(年纪)大小,道理存在的地方,就是老师存在的地方。这反映的是教师职业角色中的“传道者”角色。

28. A 【解析】新课程背景下的教师观指出,从教学与研究的关系来看,教师应该是教育教学的研究者。这就要求教师以研究者的眼光审视和分析教学理论和教学实践中的各种问题,对自身的行为进行反思,对出现的问题进行探究,对积累的经验进行总结,最终形成规律性的认识。从而实现由“教书匠”到“教育家”的转变。题干中小张老师把自己工作中遇到的问题记录下来,并进行总结分析,这体现的是小张老师的研究者角色。

29. A 【解析】李老师认真学习《中学教师专业标准(试行)》,并制订了每月学习计划,说明李老师具有终身学习的理念。BCD均未体现。

30. C 【解析】新课改下的教师观认为教师在对待师生关系上,应当做到尊重、赞赏学生。尊重学生同时意味着不伤害学生的自尊心,不羞辱、嘲笑学生。题干中的老师说学生是“蚊子”没有做到尊重学生,这种做法是不合理的。

31. B 【解析】题干的描述表明万老师态度认真、工作努力,但其课堂教学以讲授为主,缺乏对学生能力的培养,导致教学效果不好,这表明其教学方式可能存在问题。因此,万老师需要改进教学方式,提高教学效果。

32. D 【解析】A项的做法不利于良好班级氛围的建设;B项做法可能会对班长的心理造成伤害,且教师不知道事情具体情况就让班长反省的做法也不恰当;C项批评全班学生的做法可能会引起学生的抵触情绪,不能起到很好的教育效果,也不利于之后课堂教学的进行。面对偶发事件,教师不应急于表态、下结论,而是弄清来龙去脉后再做处理。所以方老师可以擦掉字先上课,课后再调查了解事情缘由,采取合理措施化解学生之间的矛盾,解决问题。D项做法恰当。

33. A 【解析】刘老师打破常规,尝试新的教学方法,这是创新精神的体现。

34. B 【解析】题干中数学老师林老师的做法是不对的行为,所以CD项的做法都是不对的。教师之间要做到互相尊重,所以A项的严厉批评做法不当,故该题选B。

35. B 【解析】题干大意为:自身品行端正了,即使不发布命令,人们也会服从;自身品行不端正,即使发布命令,人们也不会服从。这体现了教师劳动的示范性特点。

36. B 【解析】新课改背景下的教师观要求教师要从课程的执行者转变为课程的建设者和开发者。林老师编写校本教材并在全区推广新课的做法是课程建设者和开发者的体现。

37. D 【解析】在对待与其他教育者的关系上,新课程强调合作。题干中两位教师为了竞争而暗暗较劲,违背了教师之间的合作理念。

38. B 【解析】具有一定的研究能力是对教师教育专业素养的要求之一,进行教育科学研究有利于教师的专业发展。题干中卢老师的抱怨是不正确的,没有认识到教研的重要性,忽视了自身专业的发展。

39. B 【解析】教师的劳动具有长期性。长期性是指人才培养的周期比较长,教育影响具有滞后性。加缪小学老师的劳动成果直至加缪多年后获得诺贝尔奖才得到验证,这反映了教师劳动具有长期性。

40. B 【解析】学科教研组是教师分享知识、共同研究和探讨问题的同伴互助形式,小李老师加入其中,积极与同事交流,参与各项教研活动,很快适应了岗位工作,表明小李老师在专业发展上注重同伴互助。

41. C 【解析】观摩和分析优秀教师的教学活动是教师成长的途径之一。该校的做法说明其重视教师的专业发展。

42. D 【解析】题干中董老师上完公开课后回看自己的课堂录像,从中总结问题并分析原因,这是在对自己的课堂教学进行自我反思,通过反思不断深化认识,改善教学。所以,该做法体现的教师专业发展途径是教学反思。

43. D 【解析】每个教师不仅要教好自己的学科,还要主动关心和积极配合其他教师的教学,这与新课改倡导的在对待与其他教育者的关系上强调合作相符。题干中各科老师都来帮忙录制视频以帮助学生有更好的学习体验,这是教师间合作性的体现。

44. D 【解析】教师即研究者,意味着教师在教学过程中要以研究者的心态置身于教学情境之中,以研究者的眼光审视和分析教学理论与教学实践中的各种问题,对自身的行为进行反思,对出现的问题进行探究,对积累的经验进行总结,最终形成规律性的认识。题干描述的是教师作为教育研究者在教育教学中的表现。

45. D 【解析】题干中焦老师参加培训活动,体现了终身学习;用于教学实践推动了学校的校本研究,有利于师生共同发展。但题干的表述没有涉及学校之间的合作。

46. B 【解析】课程标准是指在一定课程理论指导下,依据培养目标和课程方案,以纲要形式编制的关于课程的性质与价值、目标与内容、教学实施建议以及课程资源开发等方面的指导性文件。课程标准是国家教育行政部门组织编制的,B项不属于教师的教学反思。

47. C 【解析】面对题干中刘楠这样的学生,教师在教育学生时要发挥教师的主导作用,应以鼓励表扬为主,兼顾其他,有的放矢,引导其虚心听课。

48. A 【解析】教师的知识素养包括政治理论知识、精深的学科专业知识、广博的科学文化知识、必备的教育科学知识、丰富的实践知识。教育理念辅导报告能够提高教师的知识素养,因此本题选择A项。

49. C 【解析】新课程背景下的教师观要求教师要成为课程的建设者和开发者,就是要求教师要有强烈的课程意识与参与意识,同时还要提高参与课程建设的能力。题干中王老师的做法体现了教师是课程的建设者和开发者。

50. B 【解析】教师需要“教育机智”,能根据学生新的特别是意外的情况,迅速而正确地做出判断,随机应变地采取及时、恰当而有效的教育措施解决问题。语文老师最好的做法是引导学生根据亲身的感受,写一篇命题作文。

51. C 【解析】“打铁先得自身硬”是指教师的言谈举止、品德性格和为人处世的态度,对学生起着潜移默化的作用。学生“听其言,观其行”,教师在进行教育过程中时时处处事事都应以高度负责的态度来对待自己的言行,做到以身立教、言传身教,成为学生的表率与楷模。在教师劳动中,即体现了教师劳动的示范性特点。

52. C 【解析】示范性指教师的言行举止,如人品、才能、治学态度等都会成为学生学习的对象。题干中的小明看到陈老师捡起纸片并丢进垃圾桶后,自己也开始效仿,体现了教师劳动的示范性。

53. B 【解析】教师的知识素养包括:政治理论知识、精深的学科专业知识(本体性知识)、广博的科学文化知识、必备的教育科学知识(条件性知识)、丰富的实践知识。题干中,教师除了要精通本门学科知识外,还要学好相关学科知识,强调的是广博的科学文化知识的重要性,这也是科学知识日益融合和渗透的要求。

54. B 【解析】条件性知识即教育科学知识,指教师必须具备的教育学、心理学、教育管理的知识。故选B项。

55. A 【解析】教师劳动的复杂性表现之一是教师劳动任务的复杂性,即教师不仅要传授科学文化知识和训练学生的技能,发展学生的智力,培养学生的能力,还要培养学生一定的思想品德,促进学生的身心健康。

56. C 【解析】从教师与学生的关系看,新课程倡导教师是学生学习的促进者,其内涵主要包括两个方面:(1)教师是学生学习能力的培养者;(2)教师是学生人生的引路人。故题干中的老师在课堂上积极引导学生自主思考,培养学生自主学习的能力,扮演了学生学习促进者的角色。

57. B 【解析】新课程倡导的教师角色之一是"教师是课程的开发者和建设者"。新课程倡导民主、开放、科学的课程理念,同时确立了国家、地方、学校三级课程管理政策,这就要求课程与教学相互整合,教师必须在课程改革中发挥主体作用。教师不仅是课程实施的执行者,更应成为课程的开发者和建设者。故本题选B项。

58. C 【解析】题干中的蒋老师很善于组织课堂教学,每次上课都准备充足,有条不紊,穿插各种生动案例,体现了良好的教学能力。此外,蒋老师还能够积极联系家庭、社团、学校等多方面力量,整合各方资源为学生提供更优质的教学条件和环境,体现了良好的组织教育能力。因此,C项符合题意。

59. D 【解析】教师劳动的示范性指教师的言行举止,如人品、才能、治学态度等都会成为学生学习的对象。D项中的李老师以身作则,要求学生做的事情自己首先做到,在他的熏陶下,班里每个学生都能够认真遵守规章制度,显示出教师言行对学生的影响,体现了教师职业示范性。因此,D项符合题意。

60. B 【解析】福勒和布朗根据教师的需要和不同时期所关注的焦点问题,把教师的成长划分为关注生存、关注情境和关注学生三个阶段。其中,处于关注情境阶段的教师关心的是如何教好每一堂课,以及班级大小、时间压力和备课材料是否充分等与教学情境有关的问题。

二、材料分析题(参考答案)

1. 材料中李老师的教育行为符合教师观的要求,值得其他老师借鉴。

(1)从教师与学生的关系看,教师是学生学习的促进者。材料中,李老师为了让学生更好地体味课文、感受自然、丰富直观经验,她会给学生寻找直观教具或是带学生实地考察,这些都体现出李老师在积极促进学生的学习和发展。

(2)从教学与研究的关系看,教师是教育教学的研究者。材料中,李老师通过学习理论知识以不断改进自身教学实践,体现出她具有教育研究者的意识。

(3)从教学与课程的关系看,教师是课程的建设者和开发者。材料中,李老师精心挑选学生们观察的野花,反复朗读课文,带学生外出寻找蜡梅、看松树。李老师这些创造性地开发课程资源的行为,都体现出她具有课程开发意识。

(4)在教师专业发展上,教师要学会学习,成为终身学习者。材料中,李老师坚持背诵并摘抄名篇,提升语文专业知识,还积极学习教育教学相关理论,这些都体现出她具有终身学习意识。

综上所述,李老师的行为不仅促进了学生的发展,也有利于提升自己的专业素养,其行为值得广大教师学习。

2. 该老师没有树立正确的教师观,需要我们引以为戒。

首先,在对待师生关系上,新课改倡导的教师观强调教师要尊重和赞赏学生,这就要求教师不仅要尊重每一位学生,还要学会发现学生的闪光点,学会赞赏每一位学生。材料中,教室里出现"一片寂静"的原因是教师对甲学生的回答虽然没有批评、指责,但没有准确点评,反而用"很不完整"予以了否定,打击了答题学生的自信心,同时教师的态度情感也使其他学生产生了消极情绪。

其次,在对待教学关系上,新课改倡导的教师观强调教师要帮助、引导学生。这就要求教师要对学生进行启迪与激励。材料中,教师对于学生的答案,没有引导其继续思考,理解古代神话的含义和特点,而是用自己的标准,一味地否定学生,没有通过点评促进学生对知识的理解。

因此,作为教师必须要践行新课改背景下的教师观,既要尊重和赞赏学生的努力,又要帮助和引导学生思考,不断促进学生知识和心理的成长。

3. 陈老师的做法充分践行了新课改倡导的教师观,值得我们学习。

首先,在对待师生关系上,新课改强调尊重、赞赏。"为了每一位学生的发展"是新课程改革的核心理念。材料中,陈老师尊重了王平这位“后进生”的尊严和价值,挖掘他身上的闪光点,用鼓励的方式积极引导学生发展。

其次,在对待教学关系上,新课改强调帮助、引导。教师“教”的职责在于帮助学生检视和反思自我,明了自己想要学习什么和获得什么,确立能够达成的目标。材料中,陈老师充分关注王平同学的特点,有的放矢地进行引导和教育,尊重了他个人发展的意愿,取得了良好的教育效果。

最后,从教师与学生的关系看,教师是学生人生的引路人。这要求教师不仅要向学生传播知识,更要引导学生沿着正确的道路前进。材料中,陈老师根据王平的特点进行合理的引导和鼓励,帮助他确立了合适的前进目标。

因此,作为教师,要践行新课改背景下的教师观,既要懂得尊重和赞赏学生,又要善于帮助和引导学生,做学生学习的促进者,不断促进学生健康成长。

4. 材料中张老师的教学行为是正确的,践行了新课程倡导的教师观,值得学习。

(1)教师要从知识的传授者转变为学生学习的引导者和学生发展的促进者。材料中张老师在物理课上,开展“将杯子放入水中而纸不湿”的实验活动,充分调动学生的积极性和创造力,引导学生积极探究,培养了学生善于思考和动手实践的能力,促进了学生的全面发展。

(2)教师是教育教学的研究者。材料中张老师在教育教学中善于研究,设计有趣的物理实验,在课后又认真反思总结,提高了自己的教学能力和水平,也培养了学生勇于思考质疑和积极探究科学的品质。

(3)从教师教学行为上来看,新课程要求教师在对待师生关系上,强调尊重、赞赏。在对待教学上,强调帮助、引导。材料中张老师及时肯定和鼓励学生的发现,并适时地引导、启发学生,使得学生快乐地完成了本节课的学习任务,体验到了科学实验的乐趣。

综上所述,张老师的教学行为符合新课程倡导的教师观的要求,促进了学生发展,值得肯定。

5. 材料中该教师的做法非常机智,符合新课程改革背景下的教师观,值得学习。

首先,从对待师生关系上看,新课程强调尊重、赞赏。尊重学生同时意味着不伤害学生的自尊心。教师应努力做到:不体罚学生,不辱骂学生,不大声训斥学生,不冷落学生,不羞辱、嘲笑学生,不随意当众批评学生。教师不仅要尊重每一位学生,还要学会发现学生的闪光点,学会赞赏每一位学生。材料中的老师发现学生不认真听课而是传纸条时,没有对学生狠心批评,而是采用教育机智,幽默化解,言谈举止中体现出教师对学生的尊重。

其次,在对待自我上,新课程强调反思。教学反思被认为是“教师专业发展和自我成长的核心因素”。新课程非常强调教师的教学反思。材料中的老师在面对学生的错误时,能够通过思考,及时调整自己的教育措施,用一种恰当的方式化解了课堂危机,充分体现了教师要具有反思意识。

因此,作为新时代的教师,教学行为要符合新课改背景下的教师观,在教学过程中做到尊重、赞赏学生,并不时地反思自己的做法,这样不仅能提高课堂教学效率,更能促进学生健康成长。

6. 材料中张老师的行为符合新课改理念下的教师观,值得我们借鉴。

首先,张老师的做法体现了教师是课程的建设者和开发者。材料中,张老师为了提高学生的实践能力,适应国家经济建设的要求,主动改进教学内容,有助于为国家培养更多应用型人才。

其次,张老师的做法体现了教师是学生学习的促进者。材料中,张老师主动改进教学内容,主动联系企业为学生提供实践机会,就是为了培养学生的综合素养和实践能力,促进学生的全面发展。

因此,作为教师,要在新课改背景下转变教师角色,做学生学习和发展的促进者,做课程的建设者和开发者。此外,教师还应创造和谐育人环境,促进学生全面发展。

7. 王老师的教育教学行为符合新课程倡导的教师观,值得我们学习。

(1)新课程倡导的教师观要求教师由知识的传授者转变为学生学习的促进者。材料中王老师以学生喜欢的方式教学,帮助学生建立学习兴趣,获得自然知识、写作技能,并培养他们对大自然的热爱之情。

(2)在对待师生关系上,新课程强调尊重、赞赏。材料中王老师的教学方式符合学生身心发展规律,尊重了学生的主体地位,这是对学生的尊重。

综上所述,王老师的教育教学行为体现了对学生的尊重,促进了学生的全面发展。

第二章　教育法律法规

核心知识提要

①教育教学权　②管理学生权　③获取报酬待遇权　④进修培训权

经典真题回顾

单项选择题

答案速查

1~5	CBBBC	6~10	CBDDA
11~15	DDAAD	16~20	AAABC
21~25	CCBBA		

1. C　【解析】本题考查《中华人民共和国宪法》。《中华人民共和国宪法》第一百二十五条规定：中华人民共和国国家监察委员会是最高监察机关。国家监察委员会领导地方各级监察委员会的工作，上级监察委员会领导下级监察委员会的工作。

2. B　【解析】本题考查我国公民的权利与义务。《中华人民共和国义务教育法》第四条规定，凡具有中华人民共和国国籍的适龄儿童、少年，不分性别、民族、种族、家庭财产状况、宗教信仰等，依法享有平等接受义务教育的权利，并履行接受义务教育的义务。李某已经22岁，不属于适龄儿童、少年，故无接受义务教育的权利，A选项正确。《中华人民共和国宪法》第四十七条规定，中华人民共和国公民有进行科学研究、文学艺术创作和其他文化活动的自由。D选项正确。我国《宪法》第五十五条规定，保卫祖国、抵抗侵略是中华人民共和国每一个公民的神圣职责。依照法律服兵役和参加民兵组织是中华人民共和国公民的光荣义务。C选项正确。我国《宪法》第五十六条规定，中华人民共和国公民有依照法律纳税的义务。公民纳税的义务与其是否有工作无关，故B项说法错误，本题答案为B。

3. B　【解析】本题考查《中华人民共和国宪法》。依据《中华人民共和国宪法》第六十一条规定，全国人民代表大会会议每年举行一次，由全国人民代表大会常务委员会召集。如果全国人民代表大会常务委员会认为必要，或者有五分之一以上的全国人民代表大会代表提议，可以临时召集全国人民代表大会会议。全国人民代表大会举行会议的时候，选举主席团主持会议。

4. B　【解析】本题考查《中华人民共和国教育法》。根据《中华人民共和国教育法》第三十条规定，学校及其他教育机构应当履行下列义务：(一)遵守法律、法规；(二)贯彻国家的教育方针，执行国家教育教学标准，保证教育教学质量；(三)维护受教育者、教师及其他职工的合法权益；(四)以适当方式为受教育者及其监护人了解受教育者的学业成绩及其他有关情况提供便利；(五)遵照国家有关规定收取费用并公开收费项目；(六)依法接受监督。题干中的初中未向社会公开收费项目的做法是不合法的。

5. C　【解析】本题考查《中华人民共和国教育法》。根据《中华人民共和国教育法》第二十七条规定，学校及其他教育机构，必须具备下列基本条件：(一)有组织机构和章程；(二)有合格的教师；(三)有符合规定标准的教学场所及设施、设备等；(四)有必备的办学资金和稳定的经费来源。

6. C　【解析】本题考查《中华人民共和国教育法》。根据《中华人民共和国教育法》第四十三条规定，受教育者享有“参加教育教学计划安排的各种活动，使用教育教学设施、设备、图书资料”的权利。第三十条规定，学校及其他教育机构应当履行“维护受教育者、教师及其他职工的合法权益”的义务。题干中学校的做法侵犯了学生的受教育权。

7. B　【解析】本题考查《中华人民共和国教师法》。根据《中华人民共和国教师法》第三十九条规定，教师认为当地人民政府有关行政部门侵犯其根据本法规定享有的权利的，可以向同级人民政府或者上一级人民政府有关部门提出申诉，同级人民政府或者上一级人民政府有关部门应当作出处理。

8. D　【解析】本题考查《中华人民共和国教师法》。根据《中华人民共和国教师法》第九条规定，为保障教师完成教育教学任务，各级人民政府、教育行政部门、有关部门、学校和其他教育机构应当履行下列职责：(一)提供符合国家安全标准的教育教学设施和设备；(二)提供必需的图书、资料及其他教育教学用品；(三)对教师在教育教学、科学研究中的创造性工作给以鼓励和帮助；(四)支持教师制止有害于学生的行为或者其他侵犯学生合法权益的行为。题干中校长批评马老师“多管闲事”的做法是不正确的，学校应当支持教师制止有害于学生的行为。

9. D 【解析】本题考查《中华人民共和国教师法》。根据《中华人民共和国教师法》第七条规定，教师享有按时获取工资报酬，享受国家规定的福利待遇以及寒暑假期的带薪休假的权利。本题中的中学以扣发工资强迫教师在寒假期间加班的做法是不正确的，侵犯了教师的带薪休假权。故本题选D。

10. A 【解析】本题考查《中华人民共和国教师法》。根据《中华人民共和国教师法》第十四条规定，受到剥夺政治权利或者故意犯罪受到有期徒刑以上刑事处罚的，不能取得教师资格，已经取得教师资格的，丧失教师资格。《教师资格条例》第十八条规定，依照教师法第十四条的规定丧失教师资格的，不能重新取得教师资格，其教师资格证书由县级以上人民政府教育行政部门收缴。

11. D 【解析】本题考查《中华人民共和国义务教育法》。根据《中华人民共和国义务教育法》第十四条规定，根据国家有关规定经批准招收适龄儿童、少年进行文艺、体育等专业训练的社会组织，应当保证所招收的适龄儿童、少年接受义务教育；自行实施义务教育的，应当经县级人民政府教育行政部门批准。

12. D 【解析】本题考查《中华人民共和国义务教育法》。根据《中华人民共和国义务教育法》第五十六条规定，学校以向学生推销或者变相推销商品、服务等方式谋取利益的，由县级人民政府教育行政部门给予通报批评；有违法所得的，没收违法所得；对直接负责的主管人员和其他直接责任人员依法给予处分。D项不属于法律规定的处理此事的方式。

13. A 【解析】本题考查《中华人民共和国未成年人保护法》(2020年修订)。根据《中华人民共和国未成年人保护法》第五十四条规定，禁止拐卖、绑架、虐待、非法收养未成年人，禁止对未成年人实施性侵害、性骚扰。禁止胁迫、引诱、教唆未成年人参加黑社会性质组织或者从事违法犯罪活动。禁止胁迫、诱骗、利用未成年人乞讨。第一百二十九条规定，违反本法规定，侵犯未成年人合法权益，造成人身、财产或者其他损害的，依法承担民事责任。违反本法规定，构成违反治安管理行为的，依法给予治安管理处罚；构成犯罪的，依法追究刑事责任。题干中李某的行为严重违反治安管理，应由公安机关依法给予处罚。

14. A 【解析】本题考查《中华人民共和国预防未成年人犯罪法》(2020年修订)。依据《中华人民共和国预防未成年人犯罪法》第十六条规定，未成年人的父母或者其他监护人对未成年人的预防犯罪教育负有直接责任，应当依法履行监护职责，树立优良家风，培养未成年人良好品行；发现未成年人心理或者行为异常的，应当及时了解情况并进行教育、引导和劝诫，不得拒绝或者怠于履行监护职责。

15. D 【解析】本题考查侵犯学生权利的表现。隐私包括个人私生活、个人日记、照片、储蓄及财产状况和通讯秘密等。隐私权是公民生活中不愿为他人公开或知悉的个人秘密不可侵犯的人身权利。学校和教师侵犯学生隐私的表现形式有：故意隐匿、毁弃或者非法开拆学生信件，披露、宣扬学生自身及家庭成员资料，提供学生成绩的方式不适当等。题干中班主任擅自翻看学生书包的做法侵犯了学生的隐私权。

16. A 【解析】本题考查教师的职业权利。教师具有获取报酬待遇权，获取报酬待遇权即按时获取工资报酬，享受国家规定的福利待遇以及寒暑假期的带薪休假的权利。这是教师的基本物质保障权利。产假是国家规定的福利待遇，学校的做法不合法，侵犯了教师的权利。

17. A 【解析】本题考查侵犯学生权利的主要表现。受教育权是学生最基本的权利。学校应当保障未成年学生受教育的权利，关心、爱护学生，对品行有缺点、学习有困难的学生，应当耐心教育、帮助，不得歧视，不得违反法律和国家规定开除或变相开除未成年学生。肖强是处于义务教育阶段的初中生，班主任劝退肖强的做法侵犯了肖强的受教育权。

18. A 【解析】本题考查《学生伤害事故处理办法》。依据《学生伤害事故处理办法》第十三条规定，下列情形下发生的造成学生人身损害后果的事故，学校行为并无不当的，不承担事故责任；事故责任应当按有关法律法规或者其他有关规定认定：(一)在学生自行上学、放学、返校、离校途中发生的；(二)在学生自行外出或者擅自离校期间发生的；(三)在放学后、节假日或者假期等学校工作时间以外，学生自行滞留学校或者自行到校发生的；(四)其他在学校管理职责范围外发生的。第二十八条规定，未成年学生对学生伤害事故负有责任的，由其监护人依法承担相应的赔偿责任。题干中,余亮离校后故意将同学赵刚打伤,事故发生在校外,学校不承担赔偿责任,故B、D不选。余亮是直接致害人,但因其是初一学生,属于未成年人,故应由余亮的监护人对赵刚所受伤害承担赔偿责任。

19. B 【解析】本题考查《学生伤害事故处理办法》。《学生伤害事故处理办法》第二十八条规定:未成年学生对学生伤害事故负有责任的,由其监护人依法承担相应的赔偿责任。该事故发生在放学后,付某是过错方,因为其是未成年人,因此应由其监护人承担赔偿责任,与学校、餐馆无关。

20. C 【解析】本题考查《学生伤害事故处理办法》。根据《学生伤害事故处理办法》第九条规定,学校组织学生参加教育教学活动或者校外活动,未对学生进行相应的安全教育,并未在可预见的范围内采取必要的安全措施的,学校应当依法承担相应的责任。第二十三条规定,对发生学生伤害事故负有责任的组织或者个人,应当按照法律法规的有关规定,承担相应的损害赔偿责任。题干所述学生伤害事故中,学校有一定的过错,有过错的学校应当依法承担相应的责任。所以,学校应当对林某依法赔偿损失。

21. C 【解析】本题考查《学生伤害事故处理办法》。根据《学生伤害事故处理办法》第九条第(十)项规定,学校教师或者其他工作人员在负有组织、管理未成年学生的职责期间,发现学生行为具有危险性,但未进行必要的管理、告诫或者制止而造成的学生伤害事故,学校应当依法承担相应的责任。题干中,李老师没有对陈某的行为进行管理或制止,故学校应依法承担相应责任。根据《学生伤害事故处理办法》第十条第(一)项规定,学生违反法律法规的规定,违反社会公共行为准则、学校的规章制度或者纪律,实施按其年龄和认知能力应当知道具有危险或者可能危及他人的行为而造成学生伤害事故的,学生应当依法承担相应的责任。题干中,陈某违反课堂纪律,悄悄移开顾某的座椅,其行为直接对顾某造成了伤害,陈某应依法承担这起伤害事故的相应责任。故本题选C。

22. C 【解析】本题考查侵犯学生隐私权的表现。隐私权是指公民生活中不愿为他人公开或知悉的个人秘密不可侵犯的人身权利。隐私包括个人私生活、个人日记、照片、储蓄及财产状况和通讯秘密等。题干中李老师检查学生的手机,以便了解学生情况的做法,侵犯了学生的隐私权。

23. B 【解析】本题考查《学生伤害事故处理办法》。根据《学生伤害事故处理办法》第十二条规定,因地震、雷击、台风、洪水等不可抗的自然因素造成的学生伤害事故,学校已履行了相应职责,行为并无不当的,无法律责任。故AD可排除。题干中,天花板因地震脱落砸伤保护学生的刘老师,学生小林无过错,其监护人无需承担赔偿责任。故C项不选。刘老师履行教师职责,积极保护学生,学校应对受伤的刘老师给予适当补偿,故本题答案为B项。

24. B 【解析】本题考查《中华人民共和国义务教育法》。根据《中华人民共和国义务教育法》第十九条规定,县级以上地方人民政府根据需要设置相应的实施特殊教育的学校(班),对视力残疾、听力语言残疾和智力残疾的适龄儿童、少年实施义务教育。特殊教育学校(班)应当具备适应残疾儿童、少年学习、康复、生活特点的场所和设施。普通学校应当接收具有接受普通教育能力的残疾适龄儿童、少年随班就读,并为其学习、康复提供帮助。

25. A 【解析】本题考查《学生伤害事故处理办法》。根据《学生伤害事故处理办法》第九条规定,学校教师或者其他工作人员体罚或者变相体罚学生,或者在履行职责过程中违反工作要求、操作规程、职业道德或其他有关规定而造成的学生伤害事故,学校应当依法承担相应的责任。体育课老师迟到,违反了工作章程,因此学校应承担相应的责任。根据该《办法》第十条规定,学生或者其监护人知道学生有特异体质,或者患有特定疾病,但未告知学校而造成的学生伤害事故,学生或者未成年学生监护人应承担相应的责任。题干中宋某有先天性心脏病但并未事先告诉学校,因此其监护人应承担相应的责任。故本题选A。

过关必刷题库

专题一　教育法律法规概述

单项选择题

答案速查

1 ~ 5	BCDBC	6 ~ 10	DABDA
11 ~ 15	DBBCB	16 ~ 20	ACCBB
21 ~ 25	BABCA	26 ~ 30	ADBBA

续表

31～35	CACDA	36～40	ADCDA
41～45	BACAD	46～50	CDABC
51～55	ABDAC	56～60	DADBA
61～65	BCDDD	66～70	BBCBC
71～75	BDDAC	76～80	DCACC
81～85	BDDAD	86～90	BDCDB
91～95	AADAC	96～100	DBDCD
101～105	ABDAD	106～110	CDDCC
111～115	DCAAC	116～120	CCDCC
121～125	BDBCD	126～130	BDDBD
131～135	DDCDD	136～140	BBAAD
141～145	BAABA	146～150	BCBBA
151～155	ADADC		

1. B 【解析】根据我国《宪法》第十四条规定，国家合理安排积累和消费，兼顾国家、集体和个人的利益，在发展生产的基础上，逐步改善人民的物质生活和文化生活。

2. C 【解析】根据我国《宪法》第四十条规定，中华人民共和国公民的通信自由和通信秘密受法律的保护。除因国家安全或者追查刑事犯罪的需要，由公安机关或者检察机关依照法律规定的程序对通信进行检查外，任何组织或者个人不得以任何理由侵犯公民的通信自由和通信秘密。故AB项错误，C项正确。邮局信件收寄记录属于个人通信秘密，D项错误。

3. D 【解析】根据我国《宪法》第四十六条规定，中华人民共和国公民有受教育的权利和义务。国家培养青年、少年、儿童在品德、智力、体质等方面全面发展。本题答案为D项。

4. B 【解析】根据我国《宪法》八十九条规定，国务院有权根据宪法和法律，规定行政措施，制定行政法规，发布决定和命令。

5. C 【解析】根据《中华人民共和国教育法》第一条规定，为了发展教育事业，提高全民族的素质，促进社会主义物质文明和精神文明建设，根据宪法，制定本法。其中并没有体现对社会主义文化的发展，故本题选C。

6. D 【解析】根据《中华人民共和国教育法》第八条规定，国家实行教育与宗教相分离。任何组织和个人不得利用宗教进行妨碍国家教育制度的活动。故选D。

7. A 【解析】根据《中华人民共和国教育法》第九条规定，中华人民共和国公民有受教育的权利和义务。凡是具有中华人民共和国国籍的人都是中华人民共和国公民。故具有中国国籍的林某，也享有我国法律规定的受教育的权利和义务。

8. B 【解析】根据《中华人民共和国教育法》第九条规定，中华人民共和国公民有受教育的权利和义务。公民不分民族、种族、性别、职业、财产状况、宗教信仰等，依法享有平等的受教育机会。小张属于未成年人，享有受教育权，学校让小张转学或退学的做法侵犯了小张的受教育权。

9. D 【解析】根据《中华人民共和国教育法》第十二条规定，国家通用语言文字为学校及其他教育机构的基本教育教学语言文字，学校及其他教育机构应当使用国家通用语言文字进行教育教学。民族自治地方以少数民族学生为主的学校及其他教育机构，从实际出发，使用国家通用语言文字和本民族或者当地民族通用的语言文字实施双语教育。因此，黄老师使用本地方言教学的做法不合法，其应当使用普通话进行教学。

10. A 【解析】根据《中华人民共和国教育法》的相关要求，对于题干中校长的违法行为，首先要没收违法所得，其次对校长进行行政处分。一般行政机关工作人员出现问题，多以行政处分为主。

11. D 【解析】《中华人民共和国教育法》中关于教师素质的规定是制定和执行教师素质要求的根本依据。《中华人民共和国教育法》第三十三条、三十五条对教师应具备的素质做了概括性的规定。第三十三条规定，教师享有法律规定的权利，履行法律规定的义务，忠诚于人民的教育事业。第三十五条规定，国家实行教师资格、职务、聘任制度，通过考核、奖励、培养和培训，提高教师素质，加强教师队伍建设。从中可以看出，《中华人民共和国教育法》对于教师应当具备的素质结构包括“政治思想素质和业务素质”两方面的要求。政治思想素质的核心是忠诚于人民的教育事业；业务素质是通过教师资格、职务、聘任制度，通过考核、奖励、培养和培训，以期优化和提升教师的整体素质结构。

12. B 【解析】根据《中华人民共和国教育法》第三十六条规定，学校及其他教育机构中的管理人员，实行教育职员制度。学校及其他教育机构中的教学辅助人员和其他专业技术人员，实行专业技术职务聘任制度。

13. B 【解析】根据《中华人民共和国教育法》第四十一条规定，从业人员有依法接受职业培训和继续教育的权利和义务。

14. C 【解析】根据《中华人民共和国教育法》第四十三条规定，受教育者享有参加教育教学计划安排的各种活动，使用教育教学设施、设备、图书资料的权利。该班主任不让王某上公开课的做法是错误的，侵犯了王某参加教育教学计划安排的各种活动的权利。

15. B 【解析】根据《中华人民共和国教育法》第四十三条规定，受教育者享有对学校给予的处分不服向有关部门提出申诉，对学校、教师侵犯其人身权、财产权等合法权益，提出申诉或者依法提起诉讼的权利。王老师没收学生李正的手机，拒不归还，侵犯了李正的财产权。根据受教育者的权利可知，对学校、教师侵犯其人身权、财产权等合法权益的情况，学生有提出申诉或者依法提起诉讼的权利。故本题答案选B。

16. A 【解析】根据《中华人民共和国教育法》第五十四条规定，国家建立以财政拨款为主、其他多种渠道筹措教育经费为辅的体制，逐步增加对教育的投入，保证国家举办的学校教育经费的稳定来源。

17. C 【解析】根据《中华人民共和国教育法》第七十二条规定，结伙斗殴、寻衅滋事，扰乱学校及其他教育机构教育教学秩序或者破坏校舍、场地及其他财产的，由公安机关给予治安管理处罚；构成犯罪的，依法追究刑事责任。题干中跳舞群众播放的歌曲已经严重影响学校的正常教学，这属于扰乱学校教学秩序的行为，因此，学校可向公安机关报案，并按规定进行处理。

18. C 【解析】根据《中华人民共和国教育法》第七十二条规定，“侵占学校及其他教育机构的校舍、场地及其他财产的，依法承担民事责任”。该校长私自将学校的空房出租出去，自己收取房租的行为是不合法的，依法需承担民事责任。

19. B 【解析】根据《中华人民共和国教育法》第七十二条规定，结伙斗殴、寻衅滋事，扰乱学校及其他教育机构教育教学秩序或者破坏校舍、场地及其他财产的，由公安机关给予治安管理处罚；构成犯罪的，依法追究刑事责任。故答案选B项。

20. B 【解析】根据《中华人民共和国教育法》第七十三条规定，明知校舍或者教育教学设施有危险，而不采取措施，造成人员伤亡或者重大财产损失的，对直接负责的主管人员和其他直接责任人员，依法追究刑事责任。李老师经同学反映，已知晓学生宿舍的热水器存在危险，但他却不采取任何措施，导致学生在使用热水器的过程中触电身亡，在此次事故当中，应依法追究李老师的刑事责任。

21. B 【解析】根据《中华人民共和国教育法》第七十三条规定，明知校舍或者教育教学设施有危险，而不采取措施，造成人员伤亡或者重大财产损失的，对直接负责的主管人员和其他直接责任人员，依法追究刑事责任。该学校明知正在拆除的教学楼有危险，却仍没有对其进行防护，结果导致学生重伤，根据法律规定，应对直接负责的主管人员和其他直接责任人员，依法追究刑事责任，故该题选B。

22. A 【解析】根据《中华人民共和国教育法》第七十八条规定，学校及其他教育机构违反国家有关规定向受教育者收取费用的，由教育行政部门或者其他有关行政部门责令退还所收费用；对直接负责的主管人员和其他直接责任人员，依法给予处分。

23. B 【解析】根据《中华人民共和国教育法》第七十九条规定，考生在国家教育考试中有下列行为之一的，由组织考试的教育考试机构工作人员在考试现场采取必要措施予以制止并终止其继续参加考试；组织考试的教育考试机构可以取消其相关考试资格或者考试成绩；情节严重的，由教育行政部门责令停止参加相关国家教育考试一年以上三年以下；构成违反治安管理行为的，由公安机关依法给予治安管理处罚；构成犯罪的，依法追究刑事责任：(一)非法获取考试试题或者答案的；(二)携带或者使用考试作弊器材、资料的；(三)抄袭他人答案的；(四)让他人代替自己参加考试的；(五)其他以不正当手段获得考试成绩的作弊行为。故A、C、D三项均违反了我国《教育法》有关规定。B项没有违反我国《教育法》有关规定，答案选B项。

24. C 【解析】根据《中华人民共和国教育法》第八十条规定，任何组织或者个人在国家教育考试中组织作弊，有违法所得的，由公安机关没收违法所得，并处违法所得一倍以上五倍以下罚款；情节严重的，处五日以上十五日以下拘留；构成犯罪的，依法追究刑事责任；属于国家机关工作人员的，还应当依法给予处分。题干中指出该教师已构成犯罪，应依法追究其刑事责任。

25. A 【解析】根据《中华人民共和国教师法》第一条规定，为了保障教师的合法权益，建设具有良好思想品德修养和业务素质的教师队伍，促进社会主义教育事业的发展，制定本法。

26. A 【解析】根据《中华人民共和国教师法》第二条规定，本法适用于在各级各类学校和其他教育机构中专门从事教育教学工作的教师。第七条规定，教师享有“按时获取工资报酬，享受国家规定的福利待遇以及寒暑假期的带薪休假”的权利。因此，非正式在编的教师也受我国《教师法》的保护，享受教师应有的权利，故题干中学校的做法是不正确的。

27. D 【解析】《中华人民共和国教师法》第七条规定，教师享有“按时获取工资报酬，享受国家规定的福利待遇以及寒暑假期的带薪休假”的权利。题干中学校要求老师晚上11点才能下班，延长了教师的工作时间，并且未按照相关规定支付教师相应的加班报酬，故学校的做法不合法，侵犯了教师获取工资报酬的权利。

28. B 【解析】根据《中华人民共和国教师法》第七条规定，教师享有进行教育教学活动，开展教育教学改革和实验的权利。题干中张老师打破传统课堂讲授模式，进行讨论式教学改革的做法体现的是他对教师教育教学权的运用。

29. B 【解析】根据《中华人民共和国教师法》第七条规定，教师享有指导学生的学习和发展，评定学生的品行和学业成绩的权利。题干中该班主任拒绝了校长的要求是合理的，班主任享有评定学生的品行和学业成绩的权利。

30. A 【解析】根据《中华人民共和国教师法》第七条第二项规定，教师享有“从事科学研究、学术交流，参加专业的学术团体，在学术活动中充分发表意见”的权利。在不影响教育教学工作的前提下，教师有权参加有关学术交流活动，参加有关学术团体并在团体中兼任职务。故该校领导的做法是不正确的，侵犯了教师的学术研究权。

31. C 【解析】根据《中华人民共和国教师法》第七条第六项规定，教师享有“参加进修或者其他方式的培训”的权利。教育行政部门和学校应积极创造条件，采取多种形式，保障教师参加进修或者其他方式的培训，使教师享有这项权利。题干中学校的做法侵犯了教师的进修培训权。

32. A 【解析】根据《中华人民共和国教师法》第八条规定，教师应当履行下列义务：(一)遵守宪法、法律和职业道德，为人师表；(二)贯彻国家的教育方针，遵守规章制度，执行学校的教学计划，履行教师聘约，完成教育教学工作任务；(三)对学生进行宪法所确定的基本原则的教育和爱国主义、民族团结的教育，法制教育以及思想品德、文化、科学技术教育，组织、带领学生开展有益的社会活动；(四)关心、爱护全体学生，尊重学生人格，促进学生在品德、智力、体质等方面全面发展；(五)制止有害于学生的行为或者其他侵犯学生合法权益的行为，批评和抵制有害于学生健康成长的现象；(六)不断提高思想政治觉悟和教育教学业务水平。故A项属于教师的义务。B、C、D三项属于教师的权利。

33. C 【解析】根据《中华人民共和国教师法》第十条规定，国家实行教师资格制度。中国公民凡遵守宪法和法律，热爱教育事业，具有良好的思想品德，具备本法规定的学历或者经国家教师资格考试合格，有教育教学能力，经认定合格的，可以取得教师资格。故A、B、D三项说法正确。根据第十一条规定可知，取得初级中学教师资格，应当具备高等师范专科学校或者其他大学专科毕业及其以上学历。故C项说法错误。

34. D 【解析】《中华人民共和国教师法》第十七条规定，学校和其他教育机构应当逐步实行教师聘任制。教师的聘任应当遵循双方地位平等的原则，由学校和教师签订聘任合同，明确规定双方的权利、义务和责任。

35. A 【解析】根据《中华人民共和国教师法》第十四条规定，受到剥夺政治权利或者故意犯罪受到有期徒刑以上刑事处罚的，不能取得教师资格；已经取得教师资格的，丧失教师资格。

36. A 【解析】根据《中华人民共和国教师法》第十四条规定，受到剥夺政治权利或者故意犯罪受到有期徒刑以上刑事处罚的，不能取得教师资格；已经取得教师资格的，丧失教师资格。据此，黄某将丧失教师资格，并且不能再次取得教师资格，故其终身不能从事教师职业。

37. D 【解析】根据《中华人民共和国教师法》第十七条规定，学校和其他教育机构应当逐步实行教师聘任制。教师的聘任应当遵循双方地位平等的原则，由学校和教师签订聘任合同，明确规定双方的权利、义务和责任。实施教师聘任制的步骤、办法由国务院教育行政部门规定。

38. C 【解析】根据《中华人民共和国教师法》第二十二条规定，教育行政部门对教师的考核工作进行指导、监督。故本题选C项。

39. D 【解析】根据《中华人民共和国教师法》第二十二条规定，学校或者其他教育机构应当对教师的政治思想、业务水平、工作态度和工作成绩进行考核。教育行政部门对教师的考核工作进行指导、监督。

40. A 【解析】根据《中华人民共和国教师法》第二十四条规定，教师考核结果是受聘任教、晋升工资、实施奖惩的依据。

41. B 【解析】根据《中华人民共和国教师法》第二十五条规定，教师的平均工资水平应当不低于或者高于国家公务员的平均工资水平，并逐步提高。建立正常晋级增薪制度，具体办法由国务院规定。

42. A 【解析】根据我国《教师法》第二十七条规定，地方各级人民政府对教师以及具有中专以上学历的毕业生到少数民族地区和边远贫困地区从事教育教学工作的，应当予以补贴。

43. C 【解析】根据《中华人民共和国教师法》第三十五条规定，侮辱、殴打教师的，根据不同情况，分别给予行政处分或者行政处罚；造成损害的，责令赔偿损失；情节严重，构成犯罪的，依法追究刑事责任。题干中王某在校长下班的路上将其打成重伤，情节严重，依法应对王某追究刑事责任。

44. A 【解析】根据《中华人民共和国教师法》第三十五条规定，侮辱、殴打教师的，根据不同情况，分别给予行政处分或者行政处罚；造成损害的，责令赔偿损失；情节严重，构成犯罪的，依法追究刑事责任。

45. D 【解析】根据《中华人民共和国教师法》第三十七条规定，教师有下列情形之一的，由所在学校、其他教育机构或者教育行政部门给予行政处分或者解聘：(一)故意不完成教育教学任务给教育教学工作造成损失的；(二)体罚学生，经教育不改的；(三)品行不良、侮辱学生，影响恶劣的。教师有前款第(二)项、第(三)项所列情形之一，情节严重，构成犯罪的，依法追究刑事责任。

46. C 【解析】根据《中华人民共和国教师法》第三十七条规定，教师故意不完成教育教学任务给教育教学工作造成损失的，可由所在学校、其他教育机构或者教育行政部门给予行政处分或者解聘。

47. D 【解析】根据《中华人民共和国教师法》第三十七条规定，教师体罚学生，经教育不改的，由所在学校、其他教育机构或者教育行政部门给予行政处分或者解聘。排除A项。行政处分的种类有：警告、记过、记大过、降级、撤职、开除等，排除B、C项。本题选择D项。

48. A 【解析】根据《中华人民共和国教师法》第三十七条规定可知，教师故意不完成教育教学任务给教育教学工作造成损失的，由所在学校、其他教育机构或者教育行政部门给予行政处分或者解聘。因此，题干中的教师魏某多次旷工给学校教学工作造成严重损失，他的这种行为违反了《中华人民共和国教师法》，学校可以对魏某采取予以解聘的措施。

49. B 【解析】根据《中华人民共和国教师法》第三十九条规定，教师对学校或者其他教育机构侵犯其合法权益的，或者对学校或者其他教育机构作出的处理不服的，可以向教育行政部门提出申诉，教育行政部门应当在接到申诉的三十日内，作出处理。

50. C 【解析】根据《中华人民共和国教师法》第四十二条规定，外籍教师的聘任办法由国务院教育行政部门规定。

51. A 【解析】根据《中华人民共和国义务教育法》第二条规定，国家实行九年义务教育制度。

52. B 【解析】根据《中华人民共和国义务教育法》第二条规定，国家实行九年义务教育制度。义务教育是国家统一实施的所有适龄儿童、少年必须接受的教育，是国家必须予以保障的公益性事业。所以，小丽父母的做法违反了国家规定的九年义务教育制度。

53. D 【解析】《中华人民共和国义务教育法》第五条规定，适龄儿童、少年的父母或者其他法定监护人应当依法保证其按时入学接受并完成义务教育。题干中，江某和陈某为玲玲的父母，无论他们是否离异，都应承担起让玲玲接受义务教育的责任。

54. A 【解析】根据《中华人民共和国义务教育法》第七条规定，义务教育实行国务院领导，省、自治区、直辖市人民政府统筹规划实施，县级人民政府为主管理的体制。

55. C 【解析】根据《中华人民共和国义务教育法》第十一条规定，凡年满六周岁的儿童，其父母或者其他法定监护人应当送其入学接受并完成义务教育；条件不具备的地区的儿童，可以推迟到七周岁。适龄儿童、少年因身体状况需要延缓入学或者休学的，其父母或者其他法定监护人应当提出申请，由当地乡镇人民政府或者县级人民政府教育行政部门批准。

56. D 【解析】根据《中华人民共和国义务教育法》第十一条规定，凡年满六周岁的儿童，其父母或者其他法定监护人应当送其入学接受并完成义务教育；条件不具备的地区的儿童，可以推迟到七周岁。C项做法不符合规定。第十二条规定，适龄儿童、少年免试入学。地方各级人民政府应当保障适龄儿童、少年在户籍所在地学校就近入学。父母或者其他法定监护人在非户籍所在地工作或者居住的适龄儿童、少年，在其父母或者其他法定监护人工作或者居住地接受义务教育的，当地人民政府应当为其提供平等接受义务教育的条件。具体办法由省、自治区、直辖市规定。A项做法不符合规定，D项做法符合规定。第十四条规定，禁止用人单位招用应当接受义务教育的适龄儿童、少年。B项做法不符合规定。故本题选D项。

57. A 【解析】根据《中华人民共和国义务教育法》第十二条规定，适龄儿童、少年免试入学。A项说法错误。第十一条规定，凡年满六周岁的儿童，其父母或者其他法定监护人应当送其入学接受并完成义务教育；条件不具备的地区的儿童，可以推迟到七周岁。B选项表述正确。第九条规定，任何社会组织或者个人有权对违反本法的行为向有关国家机关提出检举或者控告。C选项表述正确。第七条规定，义务教育实行国务院领导，省、自治区、直辖市人民政府统筹规划实施，县级人民政府为主管理的体制。D选项表述正确。故本题选择A项。

58. D 【解析】根据《中华人民共和国义务教育法》第十二条规定，适龄儿童、少年免试入学。地方各级人民政府应当保障适龄儿童、少年在户籍所在地学校就近入学。因此，该初中自行组织入学考试，跨学区招生，这违反了免试就近入学的规定。

59. B 【解析】根据《中华人民共和国义务教育法》第十三条规定，县级人民政府教育行政部门和乡镇人民政府组织和督促适龄儿童、少年入学，帮助解决适龄儿童、少年接受义务教育的困难，采取措施防止适龄儿童、少年辍学。

60. A 【解析】根据《中华人民共和国义务教育法》第十七条规定，县级人民政府根据需要设置寄宿制学校，保障居住分散的适龄儿童、少年入学接受义务教育。

61. B 【解析】根据《中华人民共和国义务教育法》第十九条规定，普通学校应当接收具有接受普通教育能力的残疾适龄儿童、少年随班就读，并为其学习、康复提供帮助。

62. C 【解析】根据《中华人民共和国义务教育法》第十九条规定，普通学校应当接收具有接受普通教育能力的残疾适龄儿童、少年随班就读，并为其学习、康复提供帮助。

63. D 【解析】根据《中华人民共和国义务教育法》第十九条规定，县级以上地方人民政府根据需要设置相应的实施特殊教育的学校(班)，对视力残疾、听力语言残疾和智力残疾的适龄儿童、少年实施义务教育。特殊教育学校(班)应当具备适应残疾儿童、少年学习、康复、生活特点的场所和设施。普通学校应当接收具有接受普通教育能力的残疾适龄儿童、少年随班就读，并为其学习、康复提供帮助。

64. D 【解析】根据《中华人民共和国义务教育法》第二十一条规定，对未完成义务教育的未成年犯和被采取强制性教育措施的未成年人应当进行义务教育，所需经费由人民政府予以保障。故答案选D项。

65. D 【解析】根据《中华人民共和国义务教育法》第二十二条规定，县级以上人民政府及其教育行政部门应当促进学校均衡发展，缩小学校之间办学条件的差距，不得将学校分为重点学校和非重点学校。学校不得分设重点班和非重点班。第二十五条规定，学校不得违反国家规定收取费用，不得以向学生推销或者变相推销商品、服务等方式谋取利益。故①②③④皆违反了《中华人民共和国义务教育法》。

66. B 【解析】根据《中华人民共和国义务教育法》第二十二条规定，县级以上人民政府及其教育行政部门应当促进学校均衡发展，缩小学校之间办学条件的差距，不得将学校分为重点学校和非重点学校。学校不得分设重点班和非重点班。

67. B 【解析】根据《中华人民共和国义务教育法》第二十三条规定，各级人民政府及其有关部门依法维护学校周边秩序，保护学生、教师、学校的合法权益，为学校提供安全保障。

68. C 【解析】根据《中华人民共和国义务教育法》第二十五条规定，学校不得违反国家规定收取费用，不得以向学生推销或者变相推销商品、服务等方式谋取利益。

69. B 【解析】根据《中华人民共和国义务教育法》第二十六条规定，学校实行校长负责制。校长应当符合国家规定的任职条件。校长由县级人民政府教育行政部门依法聘任。

70. C 【解析】根据《中华人民共和国义务教育法》第二十七条规定，对违反学校管理制度的学生，学校应当予以批评教育，不得开除。

71. B 【解析】A、C两项属于体罚和变相体罚，因此，A、C项做法错误；根据《中华人民共和国义务教育法》第二十七条规定，对违反学校管理制度的学生，学校应当予以批评教育，不得开除。因此，D项做法错误；小东一个月旷课5次，班主任应当与其家长联系，了解实际情况，学校与家长一起合作，对症下药，帮助小东解决旷课问题。故本题答案选B项。

72. D 【解析】小陈属于义务教育阶段的在校生，学校应当依法保护其接受义务教育的权利，不能以任何理由和借口(包括劝退的方式)来侵犯适龄儿童、少年接受义务教育的权利。学校如果因为学生学习成绩差就将学生劝退，不符合我国《义务教育法》的相关规定。所以，A、B、C项说法正确。我国《义务教育法》第五十七条规定，学校有“违反本法规定开除学生的”情形的，由县级人民政府教育行政部门责令限期改正；情节严重的，对直接负责的主管人员和其他直接责任人员依法给予处分。故D选项说法错误。

73. D 【解析】根据《中华人民共和国义务教育法》第二十七条规定，对违反学校管理制度的学生，学校应当予以批评教育，不得开除。根据《中华人民共和国未成年人保护法》第二十八条规定，学校应当保障未成年学生受教育的权利，不得违反国家规定开除、变相开除未成年学生。所以，D项符合题意。

74. A 【解析】根据《中华人民共和国义务教育法》第二十九条规定，教师应当尊重学生的人格，不得歧视学生，不得对学生实施体罚、变相体罚或者其他侮辱人格尊严的行为，不得侵犯学生合法权益。题干中的教师对学生进行言语侮辱、讽刺，这侵犯了学生的人格尊严权，违反了我国《义务教育法》的规定。故本题选A项。

75. C 【解析】根据《中华人民共和国义务教育法》第三十一条规定，特殊教育教师享有特殊岗位补助津贴。在民族地区和边远贫困地区工作的教师享有艰苦贫困地区补助津贴。

76. D 【解析】根据《中华人民共和国义务教育法》第三十一条规定，教师的平均工资水平应当不低于当地公务员的平均工资水平。

77. C 【解析】根据《中华人民共和国义务教育法》第三十五条规定，国务院教育行政部门根据适龄儿童、少年身心发展的状况和实际情况，确定教学制度、教育教学内容和课程设置，改革考试制度，并改进高级中等学校招生办法，推进实施素质教育。

78. A 【解析】根据《中华人民共和国义务教育法》第三十六条规定，学校应当把德育放在首位，寓德育于教育教学之中，开展与学生年龄相适应的社会实践活动，形成学校、家庭、社会相互配合的思想道德教育体系，促进学生养成良好的思想品德和行为习惯。

79. C 【解析】根据《中华人民共和国义务教育法》第三十九条规定，国家实行教科书审定制度。教科书的审定办法由国务院教育行政部门规定。未经审定的教科书，不得出版、选用。

80. C 【解析】根据《中华人民共和国义务教育法》第四十一条规定，国家鼓励教科书循环使用。因此④不符合题意。第五十九条规定，有下列情形之一的，依照有关法律、行政法规的规定予以处罚：(一)胁迫或者诱骗应当接受义务教育的适龄儿童、少年失学、辍学的；(二)非法招用应当接受义务教育的适龄儿童、少年的；(三)出版未经依法审定的教科书的。①②③符合法条表述，故该题选C。

81. B 【解析】根据《中华人民共和国义务教育法》第五十七条规定，学校有下列情形之一的，由县级人民政府教育行政部门责令限期改正；情节严重的，对直接负责的主管人员和其他直接责任人员依法给予处分：(一)拒绝接收具有接受普通教育能力的残疾适龄儿童、少年随班就读的；(二)分设重点班和非重点班的；(三)违反本法规定开除学生的；(四)选用未经审定的教科书的。因此B项没有违反相关规定，而C、D两项违反了《中华人民共和国义务教育法》。根据《中华人民共和国义务教育法》第二十五条规定，学校不得违反国家规定收取费用，不得以向学生推销或者变相推销商品、服务等方式谋取利益。故A项违反了《中华人民共和国义务教育法》。因此，答案选B项。

82. D 【解析】根据《中华人民共和国义务教育法》第五十八条规定，适龄儿童、少年的父母或者其他法定监护人无正当理由未依照本法规定送适龄儿童、少年入学接受义务教育的，由当地乡镇人民政府或者县级人民政府教育行政部门给予批评教育，责令限期改正。

83. D 【解析】根据《中华人民共和国未成年人保护法》第四条规定，保护未成年人，应当坚持最有利于未成年人的原则。处理涉及未成年人事项，应当符合下列要求：(一)给予未成年人特殊、优先保护；(二)尊重未成年人人格尊严；(三)保护未成年人隐私权和个人信息；(四)适应未成年人身心健康发展的规律和特点；(五)听取未成年人的意见；(六)保护与教育相结合。故本题选D项。

84. A 【解析】根据《中华人民共和国未成年人保护法》第四条规定，保护未成年人，应当坚持最有利于未成年人的原则。处理涉及未成年人事项，应当符合下列要求：(一)给予未成年人特殊、优先保护；(二)尊重未成年人人格尊严；(三)保护未成年人隐私权和个人信息；(四)适应未成年人身心健康发展的规律和特点；(五)听取未成年人的意见；(六)保护与教育相结合。

85. D 【解析】根据《中华人民共和国未成年人保护法》第五十六条规定，公共场所发生突发事件时，应当优先救护未成年人。

86. B 【解析】根据《中华人民共和国未成年人保护法》第五条规定，国家、社会、学校和家庭应当对未成年人进行理想教育、道德教育、科学教育、文化教育、法治教育、国家安全教育、健康教育、劳动教育，加强爱国主义、集体主义和中国特色社会主义的教育，培养爱祖国、爱人民、爱劳动、爱科学、爱社会主义的公德，抵制资本主义、封建主义和其他腐朽思想的侵蚀，引导未成年人树立和践行社会主义核心价值观。

87. D 【解析】根据《中华人民共和国未成年人保护法》第十一条规定，任何组织或者个人发现不利于未成年人身心健康或者侵犯未成年人合法权益的情形，都有权劝阻、制止或者向公安、民政、教育等有关部门提出检举、控告。

88. C 【解析】根据《中华人民共和国未成年人保护法》第十一条规定，任何组织或者个人发现不利于未成年人身心健康或者侵犯未成年人合法权益的情形，都有权劝阻、制止或者向公安、民政、教育等有关部门提出检举、控告。

89. D 【解析】根据《中华人民共和国未成年人保护法》第十五条规定，未成年人的父母或者其他监护人应当学习家庭教育知识，接受家庭教育指导，创造良好、和睦、文明的家庭环境；第十六条规定，未成年人的父母或者其他监护人应当履行为未成年人提供生活、健康、安全等方面的保障的职责；第十七条规定，未成年人的父母或者其他监护人不得放任未成年人进入营业性娱乐场所、酒吧、互联网上网服务营业场所等不适宜未成年人活动的场所。小杨属于未成年人，小杨妈妈带小杨出入娱乐场所这一行为没有正确履行监护人职责。

90. B 【解析】根据《中华人民共和国未成年人保护法》第十七条规定，未成年人的父母或者其他监护人不得放任、唆使未成年人吸烟(含电子烟)、饮酒、赌博、流浪乞讨或者欺凌他人。题干中小张父亲对小张吸烟的行为未加制止，违反了此项规定。

91. A 【解析】根据《中华人民共和国未成年人保护法》第十七条规定，未成年人的父母或者其他监护人不得虐待、遗弃、非法送养未成年人或者对未成年人实施家庭暴力。阿雅的父亲陈某经常在喝酒后打骂阿雅，对阿雅实施家庭暴力，违背了《中华人民共和国未成年人保护法》“家庭保护”中的法律规定。

92. A 【解析】根据《中华人民共和国未成年人保护法》“家庭保护”一章中第十七条规定，未成年人的父母或者其他监护人不得允许、迫使未成年人结婚或者为未成年人订立婚约。

93. D 【解析】根据《中华人民共和国未成年人保护法》第二十二条规定，未成年人的父母或者其他监护人因外出务工等原因在一定期限内不能完全履行监护职责的，应当委托具有照护能力的完全民事行为能力人代为照护；无正当理由的，不得委托他人代为照护。未成年人的父母或者其他监护人在确定被委托人时，应当综合考虑其道德品质、家庭状况、身心健康状况、与未成年人生活情感上的联系等情况，并听取有表达意愿能力未成年人的意见。

94. A 【解析】根据《中华人民共和国未成年人保护法》第二十四条规定，未成年人的父母离婚时，应当妥善处理未成年子女的抚养、教育、探望、财产等事宜，听取有表达意愿能力未成年人的意见。不得以抢夺、藏匿未成年子女等方式争夺抚养权。小明的父亲对小明不管不问说明其父亲没有妥善处理好抚养、探访相关事宜。

95. C 【解析】根据《中华人民共和国未成年人保护

法》“家庭保护”一章中的第二十二条规定，未成年人的父母或者其他监护人因外出务工等原因在一定期限内不能完全履行监护职责的，应当委托具有照护能力的完全民事行为能力人代为照护；无正当理由的，不得委托他人代为照护。未成年人的父母或者其他监护人在确定被委托人时，应当综合考虑其道德品质、家庭状况、身心健康状况、与未成年人生活情感上的联系等情况，并听取有表达意愿能力未成年人的意见。

96. D 【解析】根据《中华人民共和国未成年人保护法》第二十七条规定，学校、幼儿园的教职员工应当尊重未成年人人格尊严，不得对未成年人实施体罚、变相体罚或者其他侮辱人格尊严的行为。题干中的老师用木棍轮流打学生的行为违反了《中华人民共和国未成年人保护法》。

97. B 【解析】根据《中华人民共和国未成年人保护法》第二十七条规定，学校、幼儿园的教职员工应当尊重未成年人人格尊严，不得对未成年人实施体罚、变相体罚或者其他侮辱人格尊严的行为。根据第一百一十九条规定，学校、幼儿园、婴幼儿照护服务等机构及其教职员工违反本法第二十七条、第二十八条、第三十九条规定的，由公安、教育、卫生健康、市场监督管理等部门按照职责分工责令改正；拒不改正或者情节严重的，对直接负责的主管人员和其他直接责任人员依法给予处分。

98. D 【解析】根据《中华人民共和国未成年人保护法》第三十三条规定，学校应当与未成年学生的父母或者其他监护人互相配合，合理安排未成年学生的学习时间，保障其休息、娱乐和体育锻炼的时间。

99. C 【解析】根据《中华人民共和国未成年人保护法》第三十五条规定，学校、幼儿园应当建立安全管理制度，对未成年人进行安全教育，完善安保设施、配备安保人员，保障未成年人在校、在园期间的人身和财产安全。学校、幼儿园不得在危及未成年人人身安全、身心健康的校舍和其他设施、场所中进行教育教学活动。

100. D 【解析】根据《中华人民共和国未成年人保护法》第三十五条规定，学校、幼儿园安排未成年人参加文化娱乐、社会实践等集体活动，应当保护未成年人的身心健康，防止发生人身伤害事故。

101. A 【解析】根据《中华人民共和国未成年人保护法》第四十二条规定，全社会应当树立关心、爱护未成年人的良好风尚。国家鼓励、支持和引导人民团体、企业事业单位、社会组织以及其他组织和个人，开展有利于未成年人健康成长的社会活动和服务。

102. B 【解析】根据《中华人民共和国未成年人保护法》第四十四条规定，博物馆、纪念馆、科技馆、展览馆、美术馆、文化馆、社区公益性互联网上网服务场所以及影剧院、体育场馆、动物园、植物园、公园等场所，应当按照有关规定对未成年人免费或者优惠开放。此规定属于社会保护的内容，故本题选B项。

103. D 【解析】根据《中华人民共和国未成年人保护法》第五十条规定，禁止制作、复制、出版、发布、传播含有宣扬淫秽、色情、暴力、邪教、迷信、赌博、引诱自杀、恐怖主义、分裂主义、极端主义等危害未成年人身心健康内容的图书、报刊、电影、广播电视节目、舞台艺术作品、音像制品、电子出版物和网络信息等。

104. A 【解析】根据《中华人民共和国未成年人保护法》第五十八条规定，学校、幼儿园周边不得设置营业性娱乐场所、酒吧、互联网上网服务营业场所等不适宜未成年人活动的场所。营业性歌舞娱乐场所、酒吧、互联网上网服务营业场所等不适宜未成年人活动场所的经营者，不得允许未成年人进入；游艺娱乐场所设置的电子游戏设备，除国家法定节假日外，不得向未成年人提供。经营者应当在显著位置设置未成年人禁入、限入标志；对难以判明是否是未成年人的，应当要求其出示身份证件。第一百二十三条规定，相关经营者违反本法第五十八条规定的，由文化和旅游、市场监督管理、烟草专卖、公安等部门按照职责分工责令限期改正，给予警告，没收违法所得，可以并处五万元以下罚款；拒不改正或者情节严重的，责令停业整顿或者吊销营业执照、吊销相关许可证，可以并处五万元以上五十万元以下罚款。

105. D 【解析】根据《中华人民共和国未成年人保护法》第五十八条规定，学校、幼儿园周边不得设置营业性娱乐场所、酒吧、互联网上网服务营业场所等不适宜未成年人活动的场所。营业性歌舞娱乐场所、酒吧、互联网上网服务营业场所等不适宜未成年人活动场所的经营者，不得允许未成年人进入；游艺娱乐场所设置的电子游戏设备，除国家法定节假日外，不得向未成年人提供。经营者应当在显著位置设置未成年人禁入、限入标志;对难以判明是否是未成年人的,应当要求其出示身份证件。

106. C 【解析】根据《中华人民共和国未成年人保护法》第五十九条规定,任何人不得在学校、幼儿园和其他未成年人集中活动的公共场所吸烟、饮酒。

107. D 【解析】根据《中华人民共和国未成年人保护法》第六十一条规定,任何组织或者个人不得招用未满十六周岁未成年人,国家另有规定的除外。

108. D 【解析】根据《中华人民共和国未成年人保护法》第七十五条规定,网络游戏服务提供者不得在每日二十二时至次日八时向未成年人提供网络游戏服务。

109. C 【解析】根据《中华人民共和国未成年人保护法》第七十六条规定,网络直播服务提供者不得为未满十六周岁的未成年人提供网络直播发布者账号注册服务;为年满十六周岁的未成年人提供网络直播发布者账号注册服务时,应当对其身份信息进行认证,并征得其父母或者其他监护人同意。

110. C 【解析】根据《中华人民共和国未成年人保护法》第七十九条规定,任何组织或者个人发现网络产品、服务含有危害未成年人身心健康的信息,有权向网络产品和服务提供者或者网信、公安等部门投诉、举报。

111. D 【解析】根据《中华人民共和国未成年人保护法》第八十三条规定,各级人民政府应当保障未成年人受教育的权利,并采取措施保障留守未成年人、困境未成年人、残疾未成年人接受义务教育。

112. C 【解析】根据《中华人民共和国未成年人保护法》第九十六条规定,县级以上人民政府及其民政部门应当根据需要设立未成年人救助保护机构、儿童福利机构,负责收留、抚养由民政部门监护的未成年人。

113. A 【解析】根据《中华人民共和国未成年人保护法》第八十五条规定,各级人民政府应当发展职业教育,保障未成年人接受职业教育或者职业技能培训,鼓励和支持人民团体、企业事业单位、社会组织为未成年人提供职业技能培训服务。

114. A 【解析】根据《中华人民共和国未成年人保护法》第九十二条规定,未成年人流浪乞讨或者身份不明,暂时查找不到父母或者其他监护人,民政部门应当依法对未成年人进行临时监护。

115. C 【解析】根据《中华人民共和国未成年人保护法》第九十四条规定,具有下列情形之一的,民政部门应当依法对未成年人进行长期监护:(一)查找不到未成年人的父母或者其他监护人;(二)监护人死亡或者被宣告死亡且无其他人可以担任监护人;(三)监护人丧失监护能力且无其他人可以担任监护人;(四)人民法院判决撤销监护人资格并指定由民政部门担任监护人;(五)法律规定的其他情形。

116. C 【解析】根据《中华人民共和国未成年人保护法》第九十六条规定,民政部门承担临时监护或者长期监护职责的,财政、教育、卫生健康、公安等部门应当根据各自职责予以配合。县级以上人民政府及其民政部门应当根据需要设立未成年人救助保护机构、儿童福利机构,负责收留、抚养由民政部门监护的未成年人。

117. C 【解析】根据《中华人民共和国未成年人保护法》第一百零一条规定,公安机关、人民检察院、人民法院和司法行政部门应当确定专门机构或者指定专门人员,负责办理涉及未成年人案件。办理涉及未成年人案件的人员应当经过专门培训,熟悉未成年人身心特点。专门机构或者专门人员中,应当有女性工作人员。

118. D 【解析】根据《中华人民共和国未成年人保护法》第一百零三条规定,公安机关、人民检察院、人民法院、司法行政部门以及其他组织和个人不得披露有关案件中未成年人的姓名、影像、住所、就读学校以及其他可能识别出其身份的信息,但查找失踪、被拐卖未成年人等情形除外。

119. C 【解析】根据《中华人民共和国未成年人保护法》第六十三条规定,除下列情形外,任何组织或者个人不得开拆、查阅未成年人的信件、日记、电子邮件或者其他网络通讯内容:(一)无民事行为能力未成年人的父母或者其他监护人代未成年人开拆、查阅;(二)因国家安全或者追查刑事犯罪依法进行检查;(三)紧急情况下为了保护未成年人本人的人身安全。因此李老师的做法违反了《中华人民共和国未成年人保护法》。

120. C 【解析】根据《中华人民共和国未成年人保护法》第一百一十八条规定,未成年人的父母或者其他监护人不依法履行监护职责或者侵犯未成年人合法权益的，由其居住地的居民委员会、村民委员会予以劝诫、制止；情节严重的，居民委员会、村民委员会应当及时向公安机关报告。

121. B 【解析】根据《中华人民共和国预防未成年人犯罪法》第十六条规定，未成年人的父母或者其他监护人对未成年人的预防犯罪教育负有直接责任，应当依法履行监护职责，树立优良家风，培养未成年人良好品行；发现未成年人心理或者行为异常的，应当及时了解情况并进行教育、引导和劝诫，不得拒绝或者怠于履行监护职责。第六十一条规定，公安机关、人民检察院、人民法院在办理案件过程中发现实施严重不良行为的未成年人的父母或者其他监护人不依法履行监护职责的，应当予以训诫，并可以责令其接受家庭教育指导。

122. D 【解析】根据《中华人民共和国预防未成年人犯罪法》第四条规定，预防未成年人犯罪，在各级人民政府组织下，实行综合治理。国家机关、人民团体、社会组织、企业事业单位、居民委员会、村民委员会、学校、家庭等各负其责、相互配合，共同做好预防未成年人犯罪工作，及时消除滋生未成年人违法犯罪行为的各种消极因素，为未成年人身心健康发展创造良好的社会环境。

123. B 【解析】根据《中华人民共和国预防未成年人犯罪法》第十二条规定，预防未成年人犯罪，应当结合未成年人不同年龄的生理、心理特点，加强青春期教育、心理关爱、心理矫治和预防犯罪对策的研究。本题选择B项。

124. C 【解析】根据《中华人民共和国预防未成年人犯罪法》第十六条规定，未成年人的父母或者其他监护人对未成年人的预防犯罪教育负有直接责任，应当依法履行监护职责，树立优良家风，培养未成年人良好品行；发现未成年人心理或者行为异常的，应当及时了解情况并进行教育、引导和劝诫，不得拒绝或者怠于履行监护职责。

125. D 【解析】根据《中华人民共和国预防未成年人犯罪法》第三十一条规定，学校对有不良行为的未成年学生，应当加强管理教育，不得歧视；对拒不改正或者情节严重的，学校可以根据情况予以处分或者采取以下管理教育措施：(一)予以训导；(二)要求遵守特定的行为规范；(三)要求参加特定的专题教育；(四)要求参加校内服务活动；(五)要求接受社会工作者或者其他专业人员的心理辅导和行为干预；(六)其他适当的管理教育措施。排除A、B、C项，本题选择D项。

126. B 【解析】根据《中华人民共和国预防未成年人犯罪法》第三十四条规定，未成年学生旷课、逃学的，学校应当及时联系其父母或者其他监护人，了解有关情况；无正当理由的，学校和未成年学生的父母或者其他监护人应当督促其返校学习。

127. D 【解析】根据《中华人民共和国预防未成年人犯罪法》第四十三条规定，对有严重不良行为的未成年人，未成年人的父母或者其他监护人、所在学校无力管教或者管教无效的，可以向教育行政部门提出申请，经专门教育指导委员会评估同意后，由教育行政部门决定送入专门学校接受专门教育。

128. D 【解析】根据《中华人民共和国预防未成年人犯罪法》第三十五条规定，收留夜不归宿、离家出走未成年人的，应当及时联系其父母或者其他监护人、所在学校；无法取得联系的，应当及时向公安机关报告。

129. B 【解析】根据《中华人民共和国预防未成年人犯罪法》三十七条规定，未成年人的父母或者其他监护人、学校发现未成年人组织或者参加实施不良行为的团伙，应当及时制止；发现该团伙有违法犯罪嫌疑的，应当立即向公安机关报告。

130. D 【解析】根据《中华人民共和国预防未成年人犯罪法》第三十八条规定，本法所称严重不良行为，是指未成年人实施的有刑法规定、因不满法定刑事责任年龄不予刑事处罚的行为，以及严重危害社会的下列行为：(一)结伙斗殴，追逐、拦截他人，强拿硬要或者任意损毁、占用公私财物等寻衅滋事行为；(二)非法携带枪支、弹药或者弩、匕首等国家规定的管制器具；(三)殴打、辱骂、恐吓，或者故意伤害他人身体；(四)盗窃、哄抢、抢夺或者故意损毁公私财物；(五)传播淫秽的读物、音像制品或者信息等；(六)卖淫、嫖娼，或者进行淫秽表演；(七)吸食、注射毒品，或者向他人提供毒品；(八)参与赌博赌资较大；(九)其他严重危害社会的行为。故D项属于严重不良行为。

131. D 【解析】根据《中华人民共和国预防未成年

人犯罪法》第三十九条规定，未成年人的父母或者其他监护人、学校、居民委员会、村民委员会发现有人教唆、胁迫、引诱未成年人实施严重不良行为的，应当立即向公安机关报告。公安机关接到报告或者发现有上述情形的，应当及时依法查处；对人身安全受到威胁的未成年人，应当立即采取有效保护措施。

32. D 【解析】根据《中华人民共和国预防未成年人犯罪法》第四十三条规定，对有严重不良行为的未成年人，未成年人的父母或者其他监护人、所在学校无力管教或者管教无效的，可以向教育行政部门提出申请，经专门教育指导委员会评估同意后，由教育行政部门决定送入专门学校接受专门教育。

33. C 【解析】根据《中华人民共和国预防未成年人犯罪法》第三十四条规定，未成年学生旷课、逃学的，学校应当及时联系其父母或者其他监护人，了解有关情况；无正当理由的，学校和未成年学生的父母或者其他监护人应当督促其返校学习。所以，A项说法错误。第十条规定，任何组织或者个人不得教唆、胁迫、引诱未成年人实施不良行为或者严重不良行为，以及为未成年人实施上述行为提供条件。所以，B项说法错误。第十六条规定，未成年人的父母或者其他监护人对未成年人的预防犯罪教育负有直接责任，应当依法履行监护职责，树立优良家风，培养未成年人良好品行；发现未成年人心理或者行为异常的，应当及时了解情况并进行教育、引导和劝诫，不得拒绝或者怠于履行监护职责。所以，C项说法正确。学校不得违反法律和国家规定开除义务教育阶段学生，学校也没有罚款权，所以，D项说法错误。

134. D 【解析】根据《中华人民共和国预防未成年人犯罪法》第四十五条规定，未成年人实施刑法规定的行为、因不满法定刑事责任年龄不予刑事处罚的，经专门教育指导委员会评估同意，教育行政部门会同公安机关可以决定对其进行专门矫治教育。

135. D 【解析】根据《中华人民共和国预防未成年人犯罪法》第五十八条规定，刑满释放和接受社区矫正的未成年人，在复学、升学、就业等方面依法享有与其他未成年人同等的权利，任何单位和个人不得歧视。因此，A项说法错误。第五十三条规定，对被拘留、逮捕以及在未成年犯管教所执行刑罚的未成年人，应当与成年人分别关押、管理和教育。对未成年人的社区矫正，应当与成年人分别进行。对有上述情形且没有完成义务教育的未成年人，公安机关、人民检察院、人民法院、司法行政部门应当与教育行政部门相互配合，保证其继续接受义务教育。因此B、C两项说法错误。D项说法正确。

136. B 【解析】根据《学生伤害事故处理办法》第十三条规定，下列情形下发生的造成学生人身损害后果的事故，学校行为并无不当的，不承担事故责任；事故责任应当按有关法律法规或者其他有关规定认定：(一)在学生自行上学、放学、返校、离校途中发生的；(二)在学生自行外出或者擅自离校期间发生的；(三)在放学后、节假日或者假期等学校工作时间以外，学生自行滞留学校或者自行到校发生的；(四)其他在学校管理职责范围外发生的。题干中小强是在放学回家的路上将同学打伤的，学校无需承担责任，与班主任也无关。小强是未成年人，故应该承担赔偿责任的是其父母或其他监护人。

137. B 【解析】根据《学生伤害事故处理办法》第九条规定，因学校组织学生参加教育教学活动或者校外活动，未对学生进行相应的安全教育，并未在可预见的范围内采取必要的安全措施而造成的学生伤害事故，学校应当依法承担相应的责任。题干中学校在组织活动时，未对学生进行相应的安全教育，并未在可预见的范围内采取必要的安全措施，导致学生失联。这是因学校的过错导致的学生伤害事故，故学校应该承担过错责任。

138. A 【解析】根据《学生伤害事故处理办法》第七条规定，学校对未成年学生不承担监护职责，但法律有规定的或者学校依法接受委托承担相应监护职责的情形除外。根据《学生伤害事故处理办法》第五条规定，学校应当对在校学生进行必要的安全教育和自护自救教育。故B、D两项说法错误。根据第五条规定，学校对学生进行安全教育、管理和保护，应当针对学生年龄、认知能力和法律行为能力的不同，采用相应的内容和预防措施。故C项说法错误。故A项为最佳答案。

139. A 【解析】根据《学生伤害事故处理办法》第二十一条规定，对经调解达成的协议，一方当事人不履行或者反悔的，双方可以依法提起诉讼。

140. D 【解析】学校承担学生伤害事故的责任范围之一是:学生伤害事故必须是在学校负有教育管理职责的时间和空间范围内发生的。周某在上课期间逃课上网,属于学校负有教育管理职责的时间范围内,因此学校应承担相应的责任。

141. B 【解析】根据《学生伤害事故处理办法》第九条规定,因学生有特异体质或者特定疾病,不宜参加某种教育教学活动,学校知道或者应当知道,但未予以必要的注意而造成的学生伤害事故,学校应当依法承担相应的责任。根据题干描述可知,班主任对小李的病情是知情的,但未告知体育老师并对小李予以必要的注意。因此,小李在参加学校的教育教学活动中受伤,学校应当承担相应的赔偿责任。故小李父母的要求是合理的。

142. A 【解析】根据《学生伤害事故处理办法》第九条规定,因学校组织学生参加教育教学活动或者校外活动,未对学生进行相应的安全教育,并未在可预见的范围内采取必要的安全措施而造成的学生伤害事故,学校应当依法承担相应的责任。

143. A 【解析】根据《学生伤害事故处理办法》第九条规定,因"学校的校舍、场地、其他公共设施,以及学校提供给学生使用的学具、教育教学和生活设施、设备不符合国家规定的标准,或者有明显不安全因素的"造成的学生伤害事故,学校应当依法承担相应的责任。

144. B 【解析】根据《学生伤害事故处理办法》第九条规定,学校教师或者其他工作人员在负有组织、管理未成年学生的职责期间,发现学生行为具有危险性,但未进行必要的管理、告诫或者制止的,学校应当依法承担相应的责任。同时,王某是导致郑某失聪的直接责任人,因此王某的监护人也应当承担责任。

145. A 【解析】《学生伤害事故处理办法》第九条规定了十二种发生学生伤害事故后,学校应当依法承担相应责任的情形。其中第四种情形是"学校组织学生参加教育教学活动或者校外活动,未对学生进行相应的安全教育,并未在可预见的范围内采取必要的安全措施的",第十种情形是"学校教师或者其他工作人员在负有组织、管理未成年学生的职责期间,发现学生行为具有危险性,但未进行必要的管理、告诫或者制止的"。因此,根据本题所述情形,应承担主要赔偿责任的是学校。

146. B 【解析】根据《学生伤害事故处理办法》第十条规定,因"学生或者其监护人知道学生有特异体质,或者患有特定疾病,但未告知学校"这一情形而造成的学生伤害事故,应当由学生或者其监护人承担相应责任。

147. C 【解析】根据《学生伤害事故处理办法》第二十八条规定,未成年学生对学生伤害事故负有责任的,由其监护人依法承担相应的赔偿责任。因此,A项说法正确。根据《学生伤害事故处理办法》第十四条规定,因学校教师或者其他工作人员与其职务无关的个人行为,或者因学生、教师及其他个人故意实施的违法犯罪行为,造成学生人身损害的,由致害人依法承担相应的责任。因此,B项说法正确。根据《学生伤害事故处理办法》第十二条规定可知,在对抗性或者具有风险性的体育竞赛活动中发生意外伤害的,学校已履行了相应职责,行为并无不当的,无法律责任。因此,C项说法错误。根据《学生伤害事故处理办法》第十一条规定,学校安排学生参加活动,因提供场地、设备、交通工具、食品及其他消费与服务的经营者,或者学校以外的活动组织者的过错造成的学生伤害事故,有过错的当事人应当依法承担相应的责任。因此,D项说法正确。

148. B 【解析】根据《学生伤害事故处理办法》第十条规定可知,学生行为具有危险性,学校、教师已经告诫、纠正,但学生不听劝阻、拒不改正,由此造成的学生伤害事故,学生或者未成年学生监护人应当依法承担相应的责任。题干中教师已经反复强调注意事项和纪律,但学生王某对教师的强调置之不理,由此产生的学生伤害事故,应由学生王某或者其监护人依法承担相应的责任。

149. B 【解析】根据《学生伤害事故处理办法》第十条规定,学生违反法律法规的规定,违反社会公共行为准则、学校的规章制度或者纪律,实施按其年龄和认知能力应当知道具有危险或者可能危及他人的行为,从而造成的学生伤害事故,学生或者未成年学生监护人应当依法承担相应的责任。李刚作为初三学生,违反学校规章制度,明知翻墙有危险,却仍然做出该行为,其事故主要责任应由李刚父母承担。

150. A 【解析】根据《学生伤害事故处理办法》第九条规定,学校教师或者其他工作人员在负有组织、管理未成年学生的职责期间，发现学生行为具有危险性，但未进行必要的管理、告诫或者制止的，学校应当依法承担相应的责任。

151. A 【解析】根据《中小学教育惩戒规则（试行）》第七条规定，学生有下列情形之一，学校及其教师应当予以制止并进行批评教育，确有必要的，可以实施教育惩戒：（一）故意不完成教学任务要求或者不服从教育、管理的；（二）扰乱课堂秩序、学校教育教学秩序的；（三）吸烟、饮酒，或者言行失范违反学生守则的；（四）实施有害自己或者他人身心健康的危险行为的；（五）打骂同学、老师，欺凌同学或者侵害他人合法权益的；（六）其他违反校规校纪的行为。A项拒绝参加班级公益服务不属于上述的可以实施教育惩戒的情况，故本题选A项。

152. D 【解析】根据《中小学教育惩戒规则（试行）》第八条规定，教师在课堂教学、日常管理中，对违规违纪情节较为轻微的学生，可以当场实施以下教育惩戒：（一）点名批评；（二）责令赔礼道歉、做口头或者书面检讨；（三）适当增加额外的教学或者班级公益服务任务；（四）一节课堂教学时间内的教室内站立；（五）课后教导；（六）学校校规校纪或者班规、班级公约规定的其他适当措施。教师对学生实施前款措施后，可以以适当方式告知学生家长。故本题选D项。

153. A 【解析】根据《中小学教育惩戒规则（试行）》第十条规定，小学高年级、初中和高中阶段的学生违规违纪情节严重或者影响恶劣的，学校可以实施以下教育惩戒，并应当事先告知家长：（一）给予不超过一周的停课或者停学，要求家长在家进行教育、管教；（二）由法治副校长或者法治辅导员予以训诫；（三）安排专门的课程或者教育场所，由社会工作者或者其他专业人员进行心理辅导、行为干预。B、C、D三项说法错误，A项说法正确。故本题选A项。

154. D 【解析】根据《中小学教育惩戒规则（试行）》第十二条规定，教师在教育教学管理、实施教育惩戒过程中，不得有下列行为：（一）以击打、刺扎等方式直接造成身体痛苦的体罚；（二）超过正常限度的罚站、反复抄写，强制做不适的动作或者姿势，以及刻意孤立等间接伤害身体、心理的变相体罚；（三）辱骂或者以歧视性、侮辱性的言行侵犯学生人格尊严；（四）因个人或者少数人违规违纪行为而惩罚全体学生；（五）因学业成绩而教育惩戒学生；（六）因个人情绪、好恶实施或者选择性实施教育惩戒；（七）指派学生对其他学生实施教育惩戒；（八）其他侵害学生权利的。故D项中的做法不得实施。

155. C 【解析】《中国教育现代化2035》明确了推进教育现代化的基本原则：坚持党的领导、坚持中国特色、坚持优先发展、坚持服务人民、坚持改革创新、坚持依法治教、坚持统筹推进。故本题选C项。

专题二 教师的权利与义务

单项选择题

答案速查

1~5	ACAAA	6~10	CBCAB
11~15	DBDDB	16~20	CDDDA
21~25	AADAB		

1. A 【解析】根据《中华人民共和国教师法》第七条规定，教师有进行教育教学活动，开展教育教学改革和实验的权利。题干中梁老师尝试进行分层教学的做法就是行使教育教学权的体现。

2. C 【解析】《中华人民共和国教师法》第七条中规定了教师的权利。教师有教育教学权、学术研究权、管理学生权、获得报酬权、参与管理权和进修培训权。教师没有罚款的权利。

3. A 【解析】当教师的合法权益受到损害时，应该向主管学校的教育行政机关提出申诉，因此王某需要向当地县教育局提出申诉。

4. A 【解析】教师必须关心、爱护全体学生，应公平对待学生，不能歧视个别学生。题目中该老师只以成绩作为判断标准，对学生没有做到公平，而且以言语讽刺，没有做到爱护尊重学生。

5. A 【解析】根据《中华人民共和国教师法》的规定，教师申诉的范围包括：(1)教师认为学校或其他教育机构侵犯其根据《中华人民共和国教师法》规定的合法权益的，可以提起申诉。(2)教师对学校或其他教育机构作出的处理决定不服的，可以提出申诉。(3)教师认为当地人民政府的有关行政部门侵犯其根据《中华人民共和国教师法》规定享有的合法权益的，可以提出申诉。需特别指出的是，这里的被申诉对象只能是当地人民政府隶属的行政机关，而不能是当地人民政府。企事业单位及其他个人侵犯教师合法权益的不属于教师申诉的范围。

6. C 【解析】管理学生权（指导评价权）包括：指导

学生的学习和发展权；学生品行评定权；学生学业成绩评定权。故题干中张老师的行为是在行使管理学生权。

7. B 【解析】根据《中华人民共和国教师法》第三十九条规定，教师对学校或者其他教育机构侵犯其合法权益的，或者对学校或者其他教育机构作出的处理不服的，可以向教育行政部门提出申诉，教育行政部门应当在接到申诉的三十日内，作出处理。

8. C 【解析】根据《中华人民共和国教师法》第三十九条规定，教师对学校或者其他教育机构侵犯其合法权益的，或者对学校或者其他教育机构作出的处理不服的，可以向教育行政部门提出申诉，教育行政部门应当在接到申诉的三十日内，作出处理。教师认为当地人民政府有关行政部门侵犯其根据本法规定享有的权利的，可以向同级人民政府或者上一级人民政府有关部门提出申诉，同级人民政府或者上一级人民政府有关部门应当作出处理。题干中，教师杨某对学校做出的处理决定不服，向教育行政部门提出申诉，其中被申诉对象为学校。C项正确。

9. A 【解析】题干中这位校长的做法是错误的，他侵犯了教职工的获取劳动报酬权；违反了国家要求的不得对学校和教师乱摊派的规定；侵犯了教职工的个人财产自主权。但他并没有侵犯教职工的隐私权，所以答案选A项。

10. B 【解析】从事科学研究、学术交流，参加专业的学术团体，在学术活动中充分发表意见。这是教师作为专业技术人员的一项基本权利。校长的做法侵犯了李老师的学术研究权。

11. D 【解析】根据《中华人民共和国教师法》第七条第四项规定，教师享有“按时获取工资报酬，享受国家规定的福利待遇以及寒暑假期的带薪休假”的权利。题干中暑假期间的教师工资没有按时发放，而是开学后补发，违背了教师获取报酬待遇的权利。D项正确。

12. B 【解析】根据《中华人民共和国教师法》第七条规定，教师的权利包括：(1)教育教学权；(2)科学研究权（学术自由权）；(3)管理学生权（指导评价权）；(4)获得报酬权；(5)民主管理权；(6)进修培训权。其中，管理学生权指，指导学生的学习和发展，评定学生的品行和学业成绩。因此，题干所述的王老师行使的是管理学生权。

13. D 【解析】根据《中华人民共和国教师法》第七条规定，教师有“对学校教育教学、管理工作和教育行政部门的工作提出意见和建议，通过教职工代表大会或者其他形式，参与学校的民主管理”的权利。因此，李老师向校领导反映学校考评考核制度中存在的问题，其实是在行使教师权利。

14. D 【解析】根据《中华人民共和国教师法》第三十九条规定，教师对学校或者其他教育机构侵犯其合法权益的，或者对学校或者其他教育机构作出的处理不服的，可以向教育行政部门提出申诉，教育行政部门应当在接到申诉的三十日内，作出处理。王老师对学校领导的处罚不服，应向教育行政部门提出申诉。故该题选D。

15. B 【解析】B项属于教师的权利，A、C、D三项属于教师的义务。

16. C 【解析】根据我国《教师法》第七条规定，教师享有以下六方面的权利：(1)教育教学权；(2)科学研究权；(3)管理学生权；(4)获得报酬权；(5)民主管理权；(6)进修培训权。因此，张老师参加专业学术会议，提高自身业务水平的行为，是在行使教师权利。故C项说法正确。

17. D 【解析】获取报酬权是指教师有权按时获取工资报酬，享受国家规定的福利待遇以及寒暑假期的带薪休假，这是教师的基本物质保障权利，是宪法赋予公民的劳动权和劳动者休息权的具体化。

18. D 【解析】根据《中华人民共和国教师法》第七条规定，教师享有下列权利：(一)进行教育教学活动，开展教育教学改革和实验；(二)从事科学研究、学术交流，参加专业的学术团体，在学术活动中充分发表意见；(三)指导学生的学习和发展，评定学生的品行和学业成绩；(四)按时获取工资报酬，享受国家规定的福利待遇以及寒暑假期的带薪休假；(五)对学校教育教学、管理工作和教育行政部门的工作提出意见和建议，通过教职工代表大会或者其他形式，参与学校的民主管理；(六)参加进修或者其他方式的培训。学校不支付张老师工资侵犯了张老师的获得报酬权。

19. D 【解析】根据《中华人民共和国教师法》第八条规定可知，A、B、C三项均属于教师应当履行的义务。根据第九条规定可知，各级人民政府、教育行政部门、有关部门、学校和其他教育机构为保障教师完成教育教学任务，应当提供必需的图书、资料及其他教育教学用品。故D项不属于教师应当履行的义务。

20. A 【解析】教师应当关心爱护全体学生，不能因该学生曾经犯过错而歧视他，要一视同仁，对其进行教育。BCD选项都没有做到对此类学生的一视同仁。

21. A 【解析】根据《中华人民共和国教师法》第七条第一项规定，教师享有进行教育教学活动，开展教育教学改革和实验的权利。陈老师根据本班学生的实际情况进行课堂教学改革属于行使教师教育教学权的体现，是正确的，应坚持改革。

22. A 【解析】根据《中华人民共和国教师法》第三十九条规定，教师对学校或者其他教育机构侵犯其合法权益的，或者对学校或者其他教育机构作出的处理不服的，可以向教育行政部门提出申诉，教育行政部门应当在接到申诉的三十日内，作出处理。

23. D 【解析】根据《中华人民共和国教师法》第十三条规定，取得教师资格的人员首次任教时，应当有试用期。因此，题干中的校长破格让小王转正的做法是违法的，违反了《中华人民共和国教师法》，故答案选D项。

24. A 【解析】根据《中华人民共和国教师法》第七条规定，教师享有按时获取工资报酬，享受国家规定的福利待遇以及寒暑假期的带薪休假的权利。教育行政部门强制教师在暑假参加培训，占用了教师的休息时间，侵犯了教师的权利。故答案选A项。

25. B 【解析】教师的民主管理权是指，教师依法享有“对学校教育教学、管理工作和教育行政部门的工作提出意见和建议，通过教职工代表大会或者其他形式，参与学校的民主管理”的权利。题干中教师在教职工代表大会上提出意见或建议后遭到打击报复，这侵犯了教师的民主管理权。

专题三　学生的权利及其保护

单项选择题

答案速查

1～5	BDDDC	6～10	CCBAA
11～15	ADDBA	16～20	BBAAD
21～25	DDADA	26～30	AAACC

1. B 【解析】学校和教师必须尊重学生的人格尊严，严禁对学生实施体罚、变相体罚或其他侮辱人格尊严的行为，否则将侵犯学生的人格尊严权。吴老师罚站小北，是体罚学生。故选B选项。

2. D 【解析】未成年人的著作权受国家法律保护，题干中发表的作文属于王玲的著作，因此，王玲理应收到相应的报酬。

3. D 【解析】教师动手打学生、罚学生过度劳动、罚学生多遍抄写班规等行为都有害于学生的生命健康，故该班主任的做法侵犯了小李的生命健康权。

4. D 【解析】根据《中华人民共和国义务教育法》第二十九条规定，教师在教育教学中应当平等对待学生，关注学生的个体差异，因材施教，促进学生的充分发展。教师应当尊重学生的人格，不得歧视学生，不得对学生实施体罚、变相体罚或者其他侮辱人格尊严的行为，不得侵犯学生合法权益。题干中张老师的做法没有平等对待学生，侵犯了学生的人格尊严权。

5. C 【解析】根据《中华人民共和国义务教育法》第三十四条规定，教育教学工作应当符合教育规律和学生身心发展特点，面向全体学生，教书育人，将德育、智育、体育、美育等有机统一在教育教学活动中，注重培养学生独立思考能力、创新能力和实践能力，促进学生全面发展。题干中学校将音乐、美术、体育等课程改为自习课的行为侵犯了学生的受教育权。

6. C 【解析】教师侵犯学生财产权的表现形式有：损坏学生财物、非法没收学生物品、乱罚款、乱摊派、推销商品等。手机是学生的个人财产，李老师将学生的手机当场砸烂的做法侵犯了学生的财产权。

7. C 【解析】根据《中华人民共和国教育法》第四十三条规定可知，受教育者享有“在学业成绩和品行上获得公正评价”的权利。因此，题干中的老师因为学生的刁难，就刻意给学生打低分，这一行为侵犯了学生获得公正评价的权利。

8. B 【解析】受教育权是学生最基本的权利。《中华人民共和国教育法》第四十三条规定，受教育者享有“参加教育教学计划安排的各种活动”的权利。这是学生在学校中享有的最基本的权利。在教育教学中，学生有权参加教学计划安排的授课、讲座、课堂讨论、观摩、实验、实习和考试等活动。林老师不让王同学参加学校的期末考试侵犯了王同学的受教育权。

9. A 【解析】受教育权是学生最基本的权利。其中一个常见的侵权行为是侵犯学生教育机会平等的权利。教育机会平等主要是指学生享有平等的受教育机会，学生的这项权利主要包括享有和使用学校的教育教学资源、图书资料、实验设备等，教师不能以任何理由歧视和区别对待学生。

题干中学校以男孩是残疾人为由,拒绝招收,没有做到公平对待所有学生,侵犯了该男孩的受教育权。

10. A 【解析】变相体罚是指采取间接手段,对学生肉体和精神实施惩戒并使其受到伤害的行为,如劳动惩罚、抄过量作业、脸上写字、讽刺挖苦、谩骂、烈日下暴晒等行为。题干中这位班主任的行为属于变相体罚,侵犯了学生的人格尊严权。

11. A 【解析】学校和教师必须尊重学生的人格尊严,严禁对学生实施体罚、变相体罚或其他侮辱人格尊严的行为。王老师因为本班的平均成绩排名靠后而骂自己的学生,此做法侵犯了学生的人格尊严权。

12. D 【解析】A、B、C项都属于体罚学生的行为,是明令禁止的。《中小学教育惩戒规则(试行)》第七条规定,学生有下列情形之一,学校及其教师应当予以制止并进行批评教育,确有必要的,可以实施教育惩戒:(一)故意不完成教学任务要求或者不服从教育、管理的;(二)扰乱课堂秩序、学校教育教学秩序的;(三)吸烟、饮酒,或者言行失范违反学生守则的;(四)实施有害自己或者他人身心健康的危险行为的;(五)打骂同学、老师,欺凌同学或者侵害他人合法权益的;(六)其他违反校规校纪的行为。因此选D项。

13. D 【解析】人格尊严权是指学校、教师应当尊重学生尊严,不得对学生实施体罚、变相体罚或其他侮辱人格尊严的行为。材料中许老师罚学生自扇耳光,并将其座位调至最后一排,严重侵犯了学生的人格尊严权。

14. B 【解析】学校和教师必须尊重学生的人格尊严,严禁对学生实施体罚、变相体罚或其他侮辱人格尊严的行为。题干中的黄老师对该同学进行粗暴的言语辱骂,侵犯了学生的人格尊严权。

15. A 【解析】隐私包括个人私生活、个人日记、照片、储蓄及财产状况和通讯秘密等。隐私权是指公民生活中不愿为他人公开或知悉的个人秘密的不可侵犯的人身权利。学校和教师侵犯学生隐私的表现形式有:故意隐匿、毁弃或者非法开拆学生信件,披露、宣扬学生自身及家庭成员资料,提供学生成绩的方式不适当等。题干中教师未经学生同意就公开成绩,这侵犯了学生的隐私权。

16. B 【解析】学校和教师侵犯学生隐私的表现形式有:故意隐匿、毁弃或者非法开拆学生信件,披露、宣扬学生自身及家庭成员的资料,提供学生成绩的方式不适当等。题干中班主任偷看刘鸣同学日记的行为主要侵犯了他的隐私权。

17. B 【解析】李老师私自翻看小明的日记,侵犯了小明的隐私权;勒令小明暂时不能到校上课,侵犯了其受教育权。故本题答案选B项。

18. A 【解析】名誉权,是法律规定公民、法人享有的保有和维护自身名誉的权利。名誉是指社会对公民个人的品德、情操、才干、声望、信誉和形象及法人信誉、形象等各方面形成的综合评价。谭老师讥笑小青“听不懂人话”的行为侵犯了小青的名誉权。

19. A 【解析】受教育权是学生基本的权利。《中华人民共和国教育法》第四十三条规定,受教育者享有“参加教育教学计划安排的各种活动”的权利。在教育教学中,学生有权参加教学计划安排的授课、讲座、课堂讨论、观摩、实验、实习和考试等活动。因此,题干中教师的做法侵犯了学生的受教育权。

20. D 【解析】人身自由权是公民的一项基本权利,包括身体行动自由和表达的自由。侵害学生人身自由的表现形式有:非法拘禁和限制学生、非法搜查学生、非法限制学生表达自由等。题干中的王老师因小明在课堂上捣乱,就将其关进体育器材室,这一行为侵犯了小明的人身自由权。

21. D 【解析】受教育权是学生最基本的权利。其中一个常见的侵权行为是随意开除学生。根据《中华人民共和国未成年人保护法》第二十八条规定,学校应当保障未成年学生受教育的权利,不得违反国家规定开除、变相开除未成年学生。教师王某劝退成绩比较落后的学生的做法侵犯了学生的受教育权。

22. D 【解析】我国公民拥有肖像权,有权禁止他人未经允许制作和使用自己的肖像。因此,题干中该书法辅导机构未经小丽的允许,私自使用小丽的照片做宣传,这说明该机构侵犯了小丽的肖像权。

23. A 【解析】大磊偷看程程的私人日记,侵犯了程程的隐私权;他又把日记内容泄露给同学,致使同学们窃窃私语,嘲笑程程,侵犯了程程的名誉权。综上,答案选A项。

24. D 【解析】隐私权是指公民生活中不愿为他人公开或知悉的个人秘密不可侵犯的人身权利。学校和教师侵犯学生隐私的表现形式有:故意隐匿、毁弃或者非法开拆学生信件,披露、宣扬学生自身及家庭成员的资料,提供学生成绩的方式不适当等。

25. A 【解析】根据《中华人民共和国教育法》规定，受教育者享有“参加教育教学计划安排的各种活动”的权利。在教育教学中，学生有权参加教学计划安排的授课、讲座、课堂讨论、观摩、实验、实习和考试等活动。题干中该班主任不让迟到的学生进教室上课的做法侵犯了学生的受教育权。

26. A 【解析】根据《中华人民共和国教育法》规定，受教育者享有“参加教育教学计划安排的各种活动”的权利。在教育教学中，学生有权参加教学计划安排的授课、讲座、课堂讨论、观摩、实验、实习和考试等活动。题干中该班主任让小明在上课时间打扫宿舍卫生，剥夺了小明参加教学计划安排的授课的权利，属于对小明受教育权的侵犯。

27. A 【解析】人身自由是公民的一项基本权利，包括身体行动自由和表达的自由。学校和教师侵害学生人身自由的表现形式有：非法拘禁和限制学生、非法搜查学生、非法限制学生表达自由的权利等。题干中，老师为了提高小兰的学习成绩，让小兰放学后在教室独自学习，侵犯了学生的人身自由权，故A项正确。

28. A 【解析】根据有关规定，只要是自己独立完成的，体现了自己的思想、情感、构思和表达方式的，属于文学、艺术和科学领域内并能以某种有形形式复制的智力成果都是著作权法所称的作品。构成作品并不需要达到一定的文学、艺术或者科技水准。著作权人对其作品享有发表权，任何人不得未经许可发表其作品。中小学生的作文也是作品，是受我国《著作权法》保护的文字作品。题干中该教师的做法侵犯了学生的著作权。

29. C 【解析】在教学过程中，学生有权参加教育教学计划安排的各种课堂教学、讲座、课堂讨论、观摩、实验、见习、实习、测验和考试等活动。任何组织和个人都不得以任何借口非法剥夺学生参加教育教学活动的权利。题干所述该教师侵犯了学生的受教育权，选C项。

30. C 【解析】学生享有人格尊严权，学校和教师必须尊重学生的人格尊严，严禁对学生实施体罚、变相体罚或其他侮辱人格尊严的行为。题干中的老师所说的话侮辱了小蕾的人格尊严，因此侵犯了小蕾的人格尊严权。

第三章 教师职业道德

核心知识提要

①爱国守法 ②本质要求 ③关爱学生 ④教书育人 ⑤内在要求 ⑥终身学习

经典真题回顾

一、单项选择题

答案速查

1～5	CACBC	6～10	BABAA
11～15	DDABC		

1. C 【解析】本题考查《中小学教师职业道德规范》(2008年)的内容。《中小学教师职业道德规范》(2008年)中的“关爱学生”要求教师关心爱护全体学生，尊重学生人格，平等公正对待学生。题干中老师处理问题的方式过于简单粗暴，容易伤害学生的自尊心，不利于良好师生关系的构建。

2. A 【解析】本题考查《中小学教师职业道德规范》(2008年)中的关爱学生。《中小学教师职业道德规范》中“关爱学生”要求教师要关心爱护全体学生，尊重学生人格，平等公正对待学生。题干中班主任“不问过去，只看现在”是关爱学生的表现。

3. C 【解析】本题考查《中小学教师职业道德规范》(2008年)的内容。“关爱学生”要求教师关心爱护全体学生，尊重学生人格，平等公正对待学生。对学生严慈相济，做学生良师益友。保护学生安全，关心学生健康，维护学生权益。题干中苏老师“注意观察张刚，跟他聊天”“经常开导他，帮助他从悲伤中走了出来”等都体现了苏老师细心观察，适时捕捉教育契机以及关爱学生的教师职业道德规范。

4. B 【解析】本题考查《中小学教师职业道德规范》(2008年)。《中小学教师职业道德规范》(2008年)中“教书育人”要求教师要“遵循教育规律，实施素质教育。循循善诱，诲人不倦，因材施教。培养学生良好品行，激发学生创新精神，促进学生全面发展。不以分数作为评价学生的唯一标准”。题干中班主任唯分是举，认为孩子考试成绩不好发展前途就不好，这是不合理的，他应该对学生综合评价之后再与家长沟通。

5. C 【解析】本题考查教师的职业行为规范。教师的仪表行为规范的要求之一是：衣着整洁，朴实大方，服饰要符合职业特点，体现教师为人师表的好形象。题干中的中学规定教师不能穿超短裙和破洞牛仔裤等服装,体现了对教师仪表得当的规范。

6. B 【解析】本题考查《中小学教师职业道德规范》的主要内容。终身学习要求教师要崇尚科学精神,树立终身学习理念,拓宽知识视野,更新知识结构;潜心钻研业务,勇于探索创新,不断提高专业素养和教育教学水平。题干中王老师在教学中总是尝试新的教学方法,体现了终身学习的理念。“学而不已,阖棺乃止”比喻学习没有止境,到进入棺材那一刻才终止。这句话出自西汉学者韩婴的《韩诗外传》,是孔子所说的话,符合终身学习的理念。“吾生也有涯,而知也无涯”出自《庄子》;“古人于为学,终生与之俱”出自清代梁启超的五言诗;“朝闻道,夕死可矣”出自《论语》,意思是早晨能够得知真理,即使当晚死去,也没有遗憾。这些都与终身学习不相符。

7. A 【解析】本题考查教师职业道德的范畴。教师道德荣誉,是指教师在履行教师道德义务后,社会所给予的赞扬和肯定,以及教师个人所产生的尊严与自豪感。教师道德荣誉的实质是教师对人民、对祖国、对党和对教育事业的无私奉献,是全心全意为学生服务。题干中的王老师虽然教了几十年的书,但他仍然要求与年轻教师一起参加培训,说明王老师注重自己的专业成长,具有终身学习的理念,体现了他对教育事业的热爱之情以及对教育事业的无私奉献精神。故题干的描述表明王老师重视教师道德荣誉。

8. B 【解析】本题考查教师与同事的关系。教师之间要做到:互相尊重,切忌嫉妒;相互学习,取长补短;平等相待,不卑不亢;乐于助人,关心同事。题干中夏老师工作很努力、教学能力强,这些优点是值得赞扬的,但他对教学能力差的同事不屑一顾,没有做到尊重理解、团结互助。夏老师应该反思“一些老师不愿意搭理他”的原因,改善与同事的关系。

9. A 【解析】本题考查教师的职业行为。题干中姜老师经常资助家庭困难的学生,并有针对性地对学生进行心理辅导,这说明姜老师在教育过程中做到了关怀学生,爱护学生,姜老师的教育行为选择是基于关怀。

10. A 【解析】本题考查教师与学生家长的关系。家长与教师的关系是平等的,是互相协作的关系。题干中的方老师要求家长完全按照自己的方法来教育学生,没有尊重家长的意见,看似认真负责,实则是把自己应该做的都全盘托付给了家长,把家长当作自己的“助教”,这种做法是不可取的。

11. D 【解析】本题考查《中小学班主任工作规定》中班主任待遇与权利的相关内容。班主任在日常教育教学管理中,有采取适当方式对学生进行批评教育的权利。面对学生在教室乱扔废纸的问题,教师应该对学生进行批评教育,督促学生养成好习惯。

12. D 【解析】本题考查教师劳动中利益关系的处理。题干中,张老师因一名学生不认真听课而中断了课堂教学,批评该学生直到下课,忽视了全班同学的整体利益,没有处理好教育对象的利益关系,B项说法正确。这件事被学生家长反映到校长那里,说明张老师课后没有就该生的情况及自己的处理措施与家长进行相应沟通,没有处理好社会利益关系,A项说法正确。校长作为学校各项事务的实际负责人,对张老师进行了严厉批评,这说明张老师没有处理好行政管理的利益关系,C项说法正确。教师集体利益关系是教师与教师之间的利益关系,题干没有涉及,D项说法错误,本题选D。

13. A 【解析】本题考查教师与同事的关系以及素质教育的内涵。素质教育要求促进学生的全面发展,不可忽视孩子的兴趣和个性。教师在处理与同事之间的关系时要做到:互相尊重,切忌嫉妒;相互学习,取长补短;平等相待,不卑不亢;乐于助人,关心同事。面对题干所述的情况,田老师应该努力取得同事的支持,继续指导学生活动。

14. B 【解析】本题考查教师与同事的关系。教师之间要做到:互相尊重,切忌嫉妒;相互学习,取长补短;平等相待,不卑不亢;乐于助人,关心同事。题干中吴老师经验丰富,应主动指导蒋老师,让其迅速掌握教学技能,不能等着蒋老师来请教,也不能任由蒋老师自己探索。推门听课必须取得蒋老师的同意,在课堂上直接指出不妥之处不仅会打断课堂教学,也是对蒋老师的不尊重。

15. C 【解析】本题考查《中小学教师违反职业道德行为处理办法》。依据《中小学教师违反职业道德行为处理办法》第五条规定,学校及学校主管教育部门发现教师存在违反第四条列举行为的,应当及时组织调查核实,视情节轻重给予相应处理。作出处理决定前,应当听取教师的陈述和申辩,听取学生、其他教师、家长委员会或者家长代表意见,并告知教师有要求举行听证的权利。对于拟给予降低岗位等级以上的处分,教师要求听证的,拟作出处理决定的部门应当组织听证。所以A、B、D三项说法正确。第七条规定,开除处分,公办学校教师由所在学校提出建议,学校主管教育部门决定并报同级人事部门备案。民办学校教师或者未纳入人事编制管理的教师由所在学校决定并解除其聘任合同,报主管教育部门备案。王老师是民办学校的教师,可由学校决定解除其聘任合同,学校作出处理决定后应报主管教育部门备案,故C项说法错误。

二、材料分析题(参考答案)

1. 材料中王老师的行为是正确的,体现了教师职业道德的相关要求,值得我们学习借鉴。

(1)爱岗敬业的师德规范要求教师要忠诚于人民教育事业,志存高远,勤恳敬业,甘为人梯,乐于奉献。对工作高度负责,认真备课上课,认真批改作业,认真辅导学生。不得敷衍塞责。材料中王老师积极承担疫情防控的相关工作,在进行线上教学时精心设计和讲解直播课,坚持在线批改作业等行为,体现了爱岗敬业的职业道德。

(2)关爱学生的师德规范要求教师要关心爱护全体学生,尊重学生人格,平等公正对待学生。对学生严慈相济,做学生良师益友。保护学生安全,关心学生健康,维护学生权益。材料中,王老师通过电话、微信等方式每天询问、记录、上报学生动向和身体情况,叮嘱他们做好防护,在线上教学时积极关注学生的心理状况,体现了关爱学生的职业道德。

(3)教书育人的师德规范要求教师要遵循教育规律,实施素质教育。循循善诱,诲人不倦,因材施教。培养学生良好品行,激发学生创新精神,促进学生全面发展。不以分数作为评价学生的唯一标准。材料中王老师在直播课中注重引导学生互动,还建立班级学习群引导大家讨论,学习气氛活跃,体现了教书育人的职业道德。

(4)为人师表的师德规范要求教师要坚守高尚情操,知荣明耻,严于律己,以身作则。衣着得体,语言规范,举止文明。关心集体,团结协作,尊重同事,尊重家长。作风正派,廉洁奉公。自觉抵制有偿家教,不利用职务之便谋取私利。材料中,王老师主动承担防疫值班工作,起到带头作用,把初心写在行动上,把使命落在岗位上,为学生树立了良好榜样,体现了为人师表的职业道德。

(5)终身学习的师德规范要求教师要崇尚科学精神,树立终身学习理念,拓宽知识视野,更新知识结构。潜心钻研业务,勇于探索创新,不断提高专业素养和教育教学水平。材料中,面对线上教学的种种困难,王老师就地取材,自制教学用具,布置"直播间",学习了许多新技能,体现了终身学习的师德规范。

综上所述,王老师的行为遵循了教师职业道德规范,值得提倡。

2. 材料中邹老师的行为符合教师职业道德规范的要求,值得肯定和提倡。

(1)"爱岗敬业"的师德规范要求教师忠诚于人民教育事业,志存高远,勤恳敬业,甘为人梯,乐于奉献。对工作高度负责,认真备课上课,认真批改作业,认真辅导学生。不得敷衍塞责。材料中,邹老师对工作认真负责,对学生提出的难懂的问题不厌其烦地解释,认真辅导学生,这表明邹老师做到了爱岗敬业。

(2)"关爱学生"的师德规范要求教师关心爱护全体学生,尊重学生人格,平等公正对待学生。对学生严慈相济,做学生良师益友。保护学生安全,关心学生健康,维护学生权益。不讽刺、挖苦、歧视学生,不体罚或变相体罚学生。材料中,邹老师关心那些"顽皮生",利用课余时间了解学生的生活和学习情况,对学生的意见和要求能换位思考,对犯错学生不严厉惩罚而是给予指导,帮助他们改正,这些都体现了邹老师关爱学生。

(3)"教书育人"的师德规范要求教师遵循教育规律,实施素质教育。循循善诱,诲人不倦,因材施教。培养学生良好品行,激发学生创新精神,促进学生全面发展。不以分数作为评价学生的唯一标准。材料中,邹老师对班级里的"顽皮生"耐心引导,并答疑解惑,还带着学生到校外参观、郊游,指导有错的学生改正,促进了学生的发展,这些都体现了邹老师做到了教书育人。

(4)"为人师表"的师德规范要求教师坚守高尚情操,知荣明耻,严于律己,以身作则。衣着得体,语言规范,举止文明。关心集体,团结协作,尊重同事,尊重家长。作风正派,廉洁奉公。自觉抵制有偿家教,不利用职务之便谋取私利。材料中,邹老师不收学生送的名牌领带,将领带退还,这说明邹老师做到了廉洁奉公,不利用职务之便谋取私利,体现了为人师表。

综上所述,邹老师的行为符合教师职业道德规范的要求,做法恰当且合理,值得提倡和学习。

3. 材料中,毕老师一开始的做法是不当的,经过反思后的做法符合教师职业道德的要求,我们应辩证地看待毕老师反思前后的做法。

(1)为人师表的师德规范要求教师严于律己，以身作则，衣着得体，语言规范，举止文明。材料中毕老师因生气便使劲把教材往地上一摔，继而大声训斥孙涛，收到孙涛的辞职信后，又当众宣布罢免孙涛的职务，这一连串的行为都容易给学生带来消极影响，违背了为人师表的师德规范。

(2)教书育人的师德规范要求教师遵循教育规律，实施素质教育，循循善诱，诲人不倦，因材施教。材料中，毕老师反思之后，心平气和地与孙涛交谈，引导他正确看待学习和班级工作之间的关系，让他明白只要努力就一定能同时搞好学习和班级工作，符合教书育人的师德规范。

(3)爱岗敬业的师德规范要求教师对工作高度负责，不得敷衍塞责。材料中毕老师在反思之前遇到了问题就把责任推卸到孙涛身上，违背了爱岗敬业的师德规范。在反思之后，毕老师认识到自己行为的不妥当，主动找孙涛道歉并进行长谈，最终顺利解决了问题。

(4)关爱学生的师德规范要求教师关心爱护全体学生，尊重学生人格，平等公正对待学生。对学生严慈相济，做学生良师益友。材料中毕老师刚开始严厉斥责孙涛，没有做到严慈相济，违背了关爱学生的师德规范。经过反思之后，毕老师找孙涛长谈，一起分析问题所在，最终共同解决了问题。

综上所述，作为教师我们应该正确践行职业道德规范，做一名合格的教师。

过关必刷题库

专题一　教师职业道德规范

一、单项选择题

答案速查

1～5	DBCDD	6～10	BADCD
11～15	ADBDB	16～20	CDBAD
21～25	AAAAC	26～30	BBDBC
31～35	DBDBD	36～40	CBDBD
41～45	BCDBB	46～50	CDACD
51～55	ADBAB	56～60	DACBB
61～65	BBACC	65～70	BCAAB

1. D 【解析】“其身正，不令而行；其身不正，虽令不从。”这是对教师为人师表的要求，即教师要具备良好的职业道德素养。

2. B 【解析】张丽莉老师不顾个人安危，勇救学生的事迹体现了她关爱学生、保护学生安全的良好品德，可谓“行为世范”。

3. C 【解析】“关爱学生”的教师职业道德规范要求教师关心爱护全体学生，尊重学生人格，平等公正对待学生。题干中教师对学习成绩不好的学生所说的话违反了关爱学生的教师职业道德规范。

4. D 【解析】2008年修订的《中小学教师职业道德规范》中的教书育人要求教师要遵循教育规律，实施素质教育；循循善诱，诲人不倦，因材施教；培养学生良好品行，激发学生创新精神，促进学生全面发展；不以分数作为评价学生的唯一标准。题干中，该老师唯分数论的主张是错误的，违背了“不以分数作为评价学生的唯一标准”的要求。所以小王的说法是正确的。

5. D 【解析】教师必须树立终身学习的观念，不断在读书学习中拓宽知识视野，更新知识结构，这是教师专业成长的必由之路。王老师每年都给自己制订读书计划表明王老师注重终身学习。

6. B 【解析】爱国守法是教师职业的基本要求，故选B项。爱岗敬业是教师职业的本质要求，教书育人是教师的天职，关爱学生是师德的灵魂。

7. A 【解析】夸美纽斯的话说明教师要真正履行自己的职责，就要努力提高知识素养。这对教师的要求是终身学习。

8. D 【解析】廉洁从教要求教师要坚守高尚情操，发扬奉献精神，自觉抵制社会不良风气影响。不利用职责之便谋取私利。“有偿家教”违背了教师应该遵守的廉洁从教的职业道德要求。

9. C 【解析】杨老师虚心接受学生的意见并纠正错别字的行为是值得肯定的。首先，这一行为体现出杨老师对教学工作认真负责，不敷衍塞责，做到了爱岗敬业；其次，这一行为说明杨老师严于律己，以身作则，做到了为人师表。

10. D 【解析】关爱学生的教师职业道德规范要求教师保护学生安全，关心学生健康，维护学生权益。不讽刺、挖苦、歧视学生，不体罚或变相体罚学生。题干中的老师让学生王某抄写课文三十遍，这属于变相体罚，该老师的做法是错误的。

11. A 【解析】教书育人要求教师培养学生良好品行，激发学生创新精神，促进学生全面发展，不以分数作为评价学生的唯一标准。张老师只根据学生成绩来评选“三好学生”，把分数作为评价学生的唯一标准，违背了教书育人的原则。

12. D 【解析】《中小学教师职业道德规范》(2008

年)要求教师要为人师表。其中,为人师表要求教师"不利用职务之便谋取私利"。题干中该教师私自向学生推销课外辅导资料,是利用职务之便以权谋私,这是一种违背师德规范的做法。

13. B 【解析】2008年修订的《中小学教师职业道德规范》中关于爱岗敬业的具体规定是:忠诚于人民教育事业,志存高远,勤恳敬业,甘为人梯,乐于奉献。对工作高度负责,认真备课上课,认真批改作业,认真辅导学生。不得敷衍塞责。习总书记强调好老师要甘守三尺讲台,这是告诫教师要肩负起自己的使命,立足岗位、不断学习、学以致用,做好本职工作。即要践行爱岗敬业的师德规范。

14. D 【解析】2008年修订的《中小学教师职业道德规范》中关于为人师表的要求有"不利用职务之便谋取私利"。因此,对于家长所送的礼物,教师应当全部退回,并对家长表示感谢。

15. B 【解析】关爱学生要求教师关心爱护全体学生,尊重学生人格,平等公正对待学生。李老师没有平等对待学生。

16. C 【解析】关爱学生要求教师做到:关心爱护全体学生,尊重学生人格,不体罚或变相体罚学生。王老师的做法构成了体罚,没有做到关爱学生。

17. D 【解析】《中华人民共和国义务教育法》规定,教师应当尊重学生的人格,不得歧视学生,不得对学生实施体罚、变相体罚或者其他侮辱人格尊严的行为,不得侵犯学生合法权益。题目中老师对学生的惩罚行为违背了法律的规定。

18. B 【解析】教书育人的教师职业道德规范要求教师不以分数作为评价学生的唯一标准。题干中的班主任老师根据一次考试的成绩就断定学生"没救了"的做法违反了这一规范。关爱学生的教师职业道德规范要求教师关心爱护全体学生,尊重学生人格,平等公正对待学生。题干中这位老师对学生所说的话是不尊重学生的表现,违反了这一规范。

19. A 【解析】题干中孙老师的做法表明他只注重学生的考试成绩,忽视了学生其他方面的表现,单纯以量化的分数标准评价学生,违背了《中小学教师职业道德规范》(2008年)中的"教书育人"的要求。

20. D 【解析】为人师表要求教师要衣着得体,该老师显然违背了这一要求。

21. A 【解析】2008年修订的《中小学教师职业道德规范》中关于"关爱学生"方面所规定的具体职业行为要求之一是,保护学生安全,关心学生健康,维护学生权益。题干中的李老师关心学生健康,在看到小张气色不好后,询问了相关情况,便把小张送到了医院,并在确定无大碍的情况下才离开,体现了这一要求。

22. A 【解析】循循善诱的品德是针对教师和学生的关系而言的,与题干中教师与同事之间的交流没有关系。

23. A 【解析】廉洁从教是指教师坚守高尚情操,发扬奉献精神,自觉抵制社会不良风气影响。不利用职责之便谋取私利。因此,若是教师接受家长付款,则违背了廉洁从教的师德规范。

24. A 【解析】《中小学教师职业道德规范》(2008年)中"终身学习"一条要求教师要崇尚科学精神,树立终身学习理念,拓宽知识视野,更新知识结构。潜心钻研业务,勇于探索创新,不断提高专业素养和教育教学水平。题干中宋老师的做法正是缺乏终身学习理念的表现。

25. C 【解析】题干中宋老师因自己情绪不好就迁怒学生,不分青红皂白训斥学生,说明宋老师的自我调适能力较差。作为教师,应该学会控制自己的情绪,不能把自己的消极情绪带进课堂,更不能因为自己不高兴而责骂学生,这违背了教师职业道德规范。

26. B 【解析】2008年修订的《中小学教师职业道德规范》中"关爱学生"的具体职业行为要求有:关心爱护全体学生,尊重学生人格,平等公正对待学生;不讽刺、挖苦、歧视学生,不体罚或变相体罚学生。梦晨同学因为家里的原因,上课走神。班主任老师没有主动与梦晨沟通,了解她走神的原因,帮助她调整心态尽快投入学习,反而在全班同学面前讽刺她,这违背了关爱学生的教师职业道德规范。

27. B 【解析】爱岗敬业是教师职业的本质要求。它要求教师要对工作高度负责,认真备课上课,认真批改作业,认真辅导学生,不得敷衍塞责。题干中的教师不检查、不批改作业,违背了爱岗敬业的职业道德规范。老师的这些行为不符合爱岗敬业的职业道德规范。

28. D 【解析】2008年修订的《中小学教师职业道德规范》中关于"为人师表"的要求之一是自觉抵制有偿家教,不利用职务之便谋取私利。题干中的王老师的做法明显违背了为人师表的师德规范。

29. B 【解析】《中小学教师职业道德规范》(2008年)中“爱岗敬业”要求教师要忠诚于人民教育事业,志存高远,勤恳敬业,甘为人梯,乐于奉献。对工作高度负责,认真备课上课,认真批改作业,认真辅导学生。不得敷衍塞责。“终身学习”一条要求教师崇尚科学精神,树立终身学习理念,拓宽知识视野,更新知识结构。潜心钻研业务,勇于探索创新,不断提高专业素养和教育教学水平。唐老师制作了500多件教具体现了其对工作高度负责,认真备课上课,潜心钻研业务,勇于探索创新,不断提高专业素养和教育教学水平,不对学生敷衍塞责。

30. C 【解析】教书育人指教师一方面要传授基础知识、基本技能,另一方面还要重视学生的思想品德教育。张老师在讲解数学定理公式的同时对学生进行精神品质教育,体现了教师职业道德中的教书育人。

31. D 【解析】严谨治学要求教师要树立优良学风,刻苦钻研业务,不断学习新知识,探索教育教学规律,改进教育教学方法,提高教育、教学和科研水平。教师追求真理、探索真理、捍卫真理的科学精神体现的是教师的严谨治学。

32. B 【解析】关爱学生的师德规范要求教师要关心爱护全体学生,尊重学生人格,平等公正对待学生。题干中尹老师的做法体现了对每个学生的关爱。

33. D 【解析】题干中教育学家的话强调教师既要爱漂亮的孩子,也要爱不漂亮的孩子,即要爱全体学生,这符合关爱学生的教师职业道德规范。

34. B 【解析】题干中教师让学生用自己的话来表演,尊重学生的意见,体现了教师公平公正对待每一位学生。A项正确。从教师职业道德的角度来说,这位教师的做法体现出关爱学生的职业道德。教师在遇到学生不同意见的时候,仍然非常和蔼,并且还“高兴地抚摸了一下学生的头”,体现了这位教师对学生的爱。但案例中没有体现出教师爱岗敬业的职业道德。B项错误。从师生关系的角度来说,这位教师的做法体现了良好的师生关系。这位教师愿意倾听学生的意见,尊重和鼓励学生的不同想法,这种民主与平等的师生关系有利于提高教育教学的质量。C项正确。新的教学理念倡导开放与生成的教学观,认为教学不只是课程传递和执行的过程,更是课程创生与开发的过程。这位教师并没有因为课前对角色扮演的预设而限制学生的行为,而是根据学生的情况及时调整教学,并取得了较好的效果。从新课改的角度来说,这位教师的做法体现了新课改提倡的教育教学理念。D项正确。

35. D 【解析】“终身学习”要求教师要树立优良学风,刻苦钻研业务,不断学习新知识,探索教育教学规律。材料中李老师写心得、教育论文,用最新的研究成果不断丰富、提高自己的教学等行为体现了终身学习。

36. C 【解析】教书育人的师德规范要求教师不以分数作为评价学生的唯一标准,张老师不但按照考试成绩给学生排座位,还把成绩当做评优的唯一标准,这违背了教书育人的师德规范。

37. B 【解析】爱岗敬业的师德规范要求教师对工作高度负责,认真备课上课,认真批改作业,认真辅导学生,不得敷衍塞责。李老师没有认真备课上课,对待教学工作态度敷衍,违反了爱岗敬业的师德规范。

38. D 【解析】廉洁从教要求教师要坚守高尚情操,发扬奉献精神,自觉抵制社会不良风气影响。不利用职责之便谋取私利。对于题干中所述行为,吴老师应该婉拒,因为这是变相腐败的行为,可能会恶化教学氛围。

39. B 【解析】“捧着一颗心来,不带半根草去”的教育信条,强调了崇高无私的奉献精神,体现了教师的职业道德素养。

40. D 【解析】“春蚕到死丝方尽,蜡炬成灰泪始干”意为春蚕结茧到死时,缠绵的丝才吐完;蜡烛要燃尽成灰时,像眼泪一样的蜡油才能滴干,体现在教师职业道德规范中,就是要爱岗敬业,乐于奉献。

41. B 【解析】2008年修订的《中小学教师职业道德规范》中关于“为人师表”方面要求教师要“严于律己,以身作则”,即教师在职业活动中对自己要严格要求,要以自己的行为作为他人,特别是学生的楷模。题干中的江老师严格要求自己,以自己的言行影响学生,很好地践行了为人师表的教师职业道德规范。

42. C 【解析】家教工作不是班主任工作的职责和任务。

43. D 【解析】《中小学班主任工作规定》第七条指出,选聘班主任应当在教师任职条件的基础上突出考查以下条件:(一)作风正派,心理健康,为人师表;(二)热爱学生,善于与学生、学生家长及其他任课教师沟通;(三)爱岗敬业,具有较强的教育引导和组织管理能力。

44. B 【解析】"以身立教""其身亡而其教存"都说明教师应以身作则,为人师表。

45. B 【解析】教师职业道德规范中"为人师表"要求教师要衣着得体,语言规范,举止文明。题干中该教师不注重自己的个人卫生,衣着邋遢,没有做到衣着得体,违背了为人师表的职业道德要求。

46. C 【解析】让家长处理、批评或不理会都是不恰当的做法。教师教育学生要晓之以理,动之以情。只有C项的做法最恰当。

47. D 【解析】《中小学教师职业道德规范》(2008年)中"为人师表"一条指出,教师应自觉抵制有偿家教,不利用职务之便谋取私利。题干中薛老师要求班里的学生报名其妹妹开的培训班的做法违背了为人师表的职业道德规范。

48. A 【解析】题干中教师的做法违背了2008年修订的《中小学教师职业道德规范》中"关爱学生"的要求,关爱学生要求教师要"关心爱护全体学生,尊重学生人格,平等公正对待学生"。

49. C 【解析】《中小学教师职业道德规范》(2008年修订)关于"关爱学生"方面要求教师关心爱护全体学生,尊重学生人格,平等公正对待学生。题干中,李老师让爱说话的小虎一个人坐到教室后面的角落的做法,是不尊重学生人格的体现,会伤害学生的自尊心,这一行为违背了关爱学生的这一要求。

50. D 【解析】教师职业道德规范中的终身学习强调教师应当具有终身学习的理念,不断在读书学习中拓宽知识视野,更新知识结构,

51. A 【解析】爱国守法要求教师要热爱祖国,热爱人民,拥护中国共产党领导,拥护社会主义。全面贯彻国家教育方针,自觉遵守教育法律法规,依法履行教师职责权利。不得有违背党和国家方针政策的言行。题干描述的正是爱国守法的要求。

52. D 【解析】遇到题干中这种问题,教师应从学生立场出发,着眼于学生身心的健康发展,最好以关心的语气帮助他清醒。D选项属于最不恰当的处理方式。

53. B 【解析】关爱学生,必然意味着教师要公平公正地对待学生。不论是表现较好还是表现较差的学生,只要做出成绩,教师就应给予表扬;只要存在缺点和错误,就要及时指出,尽早纠正。题干中,班里的老师都对雯雯"开绿灯"的做法违背了关爱学生的要求,没能公平公正对待学生。

54. A 【解析】教书育人的职业道德强调,教师要实施素质教育,培养学生良好品行,激发学生创新精神,促进学生全面发展。题干中的陈老师一方面教授学生知识,另一方面还注重培养学生良好的品行,是促进学生全面发展的表现,符合教书育人的要求。

55. B 【解析】为人师表强调教师要以身作则,在各个方面做好率先示范作用。衣着得体,语言规范,举止文明。

56. D 【解析】教师用一丝不苟的精神,认真钻研教材、研究学生体现的是教师严谨的治学态度和精益求精的治学精神。A选项中的寻弊索瑕有吹毛求疵之意,故排除,选D项。

57. A 【解析】2008年修订的《中小学教师职业道德规范》中关于"爱岗敬业"方面所规定的具体职业行为要求有:对工作高度负责;认真备课上课;认真批改作业;认真辅导学生;不得敷衍塞责。题干中"部分教师的教案和课件'十年如一日'"违背了认真备课上课;"学生作业交由课代表批改"违背了认真批改作业;"对学生的提问也是草草回答、敷衍了事"违背了认真辅导学生、不得敷衍塞责。故本题选A项。

58. C 【解析】廉洁从教要求教师坚守高尚情操,发扬奉献精神,自觉抵制社会不良风气影响。不利用职责之便谋取私利。向学生家长索要财物,属于谋取私利,违背了廉洁从教的教师职业道德。

59. B 【解析】在2008年修订的《中小学教师职业道德规范》中,关爱学生要求教师关心爱护全体学生,尊重学生人格,平等公正对待学生。关爱学生的关键是做到对学生平等公正。平等,是师生之间的平等、生生之间的平等;公正,是将关爱给每一个学生,不论这些学生的发展状况、社会背景和家庭背景如何。B项中王某只提问互动积极的学生,这种做法是错误的,违背了平等公正对待学生的要求,违背了关爱学生的师德规范。

60. B 【解析】陶行知和苏霍姆林斯基的话语都反映了教师的言语和行为对学生具有重要的示范作用,因此,这就要求教师要注意自己的言行举止,遵守为人师表的教师职业道德规范。

61. B 【解析】爱岗敬业是教师职业的本质要求,要求教师要对工作高度负责,认真备课上课。材

料中的校长要求教师要认真上课，体现了教师爱岗敬业的职业道德规范。

62. B 【解析】教书育人指教师要遵循教育规律，实施素质教育，培养学生良好品行，激发学生创新精神，促进学生全面发展；不以分数作为评价学生的唯一标准。教师给学生布置海量的作业，让学生苦不堪言，违背了教书育人的师德规范。

63. A 【解析】爱岗敬业要求教师要忠诚于人民教育事业，志存高远，勤恳敬业，甘为人梯，乐于奉献。题干中鲁迅先生的话充分体现出陶行知先生的爱岗敬业。

64. C 【解析】关爱学生要求教师要关心爱护全体学生，尊重学生人格，平等公正地对待学生；不讽刺、挖苦、歧视学生，不体罚或变相体罚学生。语文老师的话没有尊重学生的人格，歧视学生，违背了关爱学生的职业道德规范。

65. C 【解析】2008年修订的《中小学教师职业道德规范》中关于“为人师表”方面所规定的具体职业行为要求有：坚守高尚情操，知荣明耻，严于律己，以身作则。衣着得体，语言规范，举止文明。关心集体，团结协作，尊重同事，尊重家长。作风正派，廉洁奉公。自觉抵制有偿家教，不利用职务之便谋取私利。故本题选C项。

66. B 【解析】2008年修订的《中小学教师职业道德规范》中关于“终身学习”方面所规定的具体职业行为要求之一是，崇尚科学精神，树立终身学习理念，拓宽知识视野，更新知识结构。题干引文的意思是：没有一件事不应该学习，没有一个时刻不应该学习，没有一个地方不应该学习。好学者事事、时时、处处都应该学习。这句话体现了教师要树立终身学习理念。故本题选B项。

67. C 【解析】《中小学班主任工作规定》第二条指出：班主任是中小学日常思想道德教育和学生管理工作的主要实施者，是中小学生健康成长的引领者，班主任要努力成为中小学生的人生导师。故本题选C项。

68. A 【解析】2008年修订的《中小学教师职业道德规范》的具体内容之一为“教书育人”。教书育人指的是学校教师要培养学生良好品行，激发学生创新精神，促进学生全面发展。题干中黄老师注重培养学生正确的审美观和健康向上的人格践行了教书育人的职业道德规范的要求。

69. A 【解析】《中小学教师职业道德规范》(2008年)关于“关爱学生”方面所规定的具体职业行为要求有：关心爱护全体学生，尊重学生人格，平等公正对待学生；对学生严慈相济，做学生良师益友；保护学生安全，关心学生健康，维护学生权益；不讽刺、挖苦、歧视学生，不体罚或变相体罚学生。题干中顾老师的行为体现了关爱学生的师德要求。

70. B 【解析】2008年修订的《中小学教师职业道德规范》的具体内容之一为“爱岗敬业”。爱岗敬业是教师职业的本质要求。教师爱岗敬业就是要把教书育人作为终身职业，把自己的理想、信念、青春、才智毫不保留地献给学生和教育事业，做好本职工作，把一点一滴的小事做好，把一分一秒的时间抓牢。

二、材料分析题(参考答案)

1. 材料中这位教师的做法很好，值得借鉴。

(1)该老师的做法符合关爱学生的职业道德要求，关爱学生要求教师要关心爱护全体学生，尊重学生人格，平等公正对待学生。对学生严慈相济，做学生良师益友。保护学生安全，关心学生健康，维护学生权益。不讽刺、挖苦、歧视学生，不体罚或变相体罚学生。材料中的教师并没有因为学生成绩不好，不会回答问题而批评学生，而是在不伤害学生的情况下与学生“订下了君子协议”，这是“关爱学生”的表现。

(2)该老师的做法符合教书育人的职业道德要求，教书育人要求教师要遵循教育规律，实施素质教育。循循善诱，诲人不倦，因材施教。培养学生良好品行，激发学生创新精神，促进学生全面发展。不以分数作为评价学生的唯一标准。材料中教师能够对学生上课举手适时给予引导，激发学生兴趣和潜力，与其一起寻找合理的解决方法，让学生在思考中进步，体现了教书育人的教师职业道德要求。

因此，作为教师，我们要遵守教师职业道德规范，关心爱护全体学生，因材施教，促进学生全面发展。

2. 材料中杨老师的教育行为符合教师职业道德规范的要求，值得称赞。

(1)爱岗敬业是教师职业的本质要求。教师要做到忠诚于人民教育事业，志存高远，勤恳敬业，甘为人梯，乐于奉献；对工作高度负责，认真备课上课，认真批改作业，认真辅导学生；不得敷衍塞责。材料中的杨老师兢兢业业地工作，开创新的教学模式，取得了非常好的效果，符合爱岗敬业这一教师职业道德规范的要求。

(2)关爱学生是师德的灵魂。教师要关心爱护全体学生，尊重学生人格，平等公正对待学生。对学生严慈相济，做学生良师益友。保护学生安全，关心学生健康，维护学生权益。材料中的杨老师不仅关心学生的学习成绩，更关心学生的身心健康。她组织各种活动帮助内向的学生克服紧张情绪；督促体弱的学生加强体育锻炼，养成良好的生活习惯，这些行为都体现了关爱学生这一职业道德规范的要求。

(3)教书育人是教师的天职。教师应遵循教育规律，实施素质教育。循循善诱，诲人不倦，因材施教。培养学生良好品行，激发学生创新精神，促进学生全面发展。不以分数作为评价学生的唯一标准。材料中的杨老师能够遵循教育规律，对学生实施素质教育，循循善诱，诲人不倦，因材施教。这些教育行为符合教书育人的职业道德的内涵。

(4)终身学习是教师专业发展不竭的动力。教师应崇尚科学精神，树立终身学习理念，拓宽知识视野，更新知识结构。潜心钻研业务，勇于探索创新，不断提高专业素养和教育教学水平。材料中杨老师在繁忙的工作之余，坚持每天读书，积极思考教学中遇到的问题，与同事们探讨，实施新的教学模式，让学生快乐、有效地学习。这都体现出杨老师具有终身学习的理念。

通过上述分析可知，杨老师具备良好的职业道德，是我们学习的榜样。

3. 材料中苏老师的教育行为符合教师职业道德规范的要求，值得我们学习。

(1)苏老师的教育行为符合关爱学生的教师职业道德规范。2008年修订的《中小学教师职业道德规范》中关于“关爱学生”方面所规定的具体职业行为要求有以下几点：关心爱护全体学生，尊重学生人格，平等公正对待学生。对学生严慈相济，做学生良师益友。保护学生安全，关心学生健康，维护学生权益。不讽刺、挖苦、歧视学生，不体罚或变相体罚学生。材料中的苏老师面对在教室门口不断挑衅的张明，和蔼地请他帮忙发作业，没有简单粗暴地因为张明的错误而讽刺、体罚学生。“我相信他下课后会正确处理这件事的”是苏老师尊重学生的表现。苏老师的这些做法体现了关爱学生的师德规范要求。

(2)苏老师的教育行为符合教书育人的教师职业道德规范。2008年修订的《中小学教师职业道德规范》中关于“教书育人”方面所规定的具体职业行为要求之一是循循善诱，诲人不倦，因材施教。材料中的苏老师在课后询问王鹏事情的经过，并耐心开导、告诉其道理，是对王鹏进行循循善诱的表现。苏老师的这一做法体现了教书育人的师德规范要求。

作为教师，我们应该向苏老师学习，尊重学生人格，对学生的错误行为予以理解，并循循善诱，因材施教，促进学生健康成长。

4. 材料中，张桂梅校长的事迹体现了爱国守法、爱岗敬业、关爱学生、教书育人、为人师表的师德规范。

(1)“爱国守法”的师德规范要求教师全面贯彻国家教育方针；自觉遵守教育法律法规，依法履行教师职责权利；不得有违背党和国家方针政策的言行。倡导“爱国守法”就是要求教师热爱祖国、遵纪守法。材料中张桂梅校长在教育中坚持为党育人、为国育才，以党建统领教学、以革命传统立校、以红色文化育人，引导学生们感党恩、听党话、跟党走，做党的好女儿。这说明张桂梅校长热爱祖国，在教育过程中全面贯彻国家的教育方针，做到了爱国守法。

(2)“爱岗敬业”的师德规范要求教师忠诚于人民教育事业，志存高远，勤恳敬业，甘为人梯，乐于奉献。材料中张桂梅校长扎根贫困地区40余年，始终坚持为党育人、为国育才，这说明张桂梅校长做到了爱岗敬业。

(3)“关爱学生”的师德规范要求教师关心爱护全体学生；保护学生安全，关心学生健康，维护学生权益等。材料中张桂梅校长为了山区贫困女孩可以接受高中阶段教育，创办免费女子高中，并且拿出自己的大部分工资接济贫困学生，把母亲般的慈爱全部献给学生，这说明张桂梅校长做到了关爱学生。

(4)“教书育人”的师德规范要求教师遵循教育规律，实施素质教育；培养学生良好品行，激发学生创新精神，促进学生全面发展等。材料中张桂梅校长创办免费女子高中，坚持为党育人、为国育才，帮助近2000名贫困山区女孩圆大学梦，并荣获“全国教书育人楷模”荣誉称号。这说明张桂梅校长做到了教书育人。

(5)“为人师表”的师德规范要求教师坚守高尚情操，知荣明耻；严于律己，以身作则；作风正派，廉洁奉公等。材料中张桂梅校长个人生活节俭，却拿出自己的大部分工资接济困难学生，并且先后获得“全国十佳师德标兵”“全国教书育人楷模”

等荣誉称号。这些都充分体现了张桂梅校长做到了为人师表。

通过上述分析可知，张桂梅校长的一言一行都在践行教师职业道德规范，值得我们向她学习。

5. 材料中何老师的教育行为符合教师职业道德规范的要求，值得称赞。

(1)关爱学生是师德的灵魂。教师要关心爱护全体学生，尊重学生人格，平等公正对待学生。对学生严慈相济，做学生良师益友。材料中小龙在班级里表现不好，何老师多次批评教育无效，并没有因此放弃对他的教育，而是进行了家访。在了解了小龙的家庭情况后，收回了本来要“告状”的想法，并且在班级里夸奖小龙，帮助他改正了以往的坏习惯，增加了小龙的自信心，并使小龙与同学们的关系融洽了许多。这些都是关爱学生的体现。

(2)教书育人是教师的天职。教师要遵循教育规律，实施素质教育。循循善诱，诲人不倦，因材施教。培养学生良好品行，激发学生创新精神，促进学生全面发展。不以分数作为评价学生的唯一标准。材料中，何老师在通过家访了解到小龙的家庭情况后，在班级里表扬小龙懂礼貌并号召同学们向他学习，这对培养小龙良好的品行有巨大的激励作用，有助于小龙良好习惯的形成。

总之，何老师的行为体现了崇高的教师职业道德规范，这种精神应该大力弘扬，值得每个老师学习。

6. 材料中张老师的做法符合教师职业道德的要求，值得我们学习。

首先，张老师的行为符合教书育人的职业道德要求，教书育人要求教师要培养学生良好品行，激发学生创新精神，促进学生全面发展。材料中张老师对学生不尊重残疾同学的问题，积极开展教育，采用班会等多种形式，引发同学们对残疾同学的理解和尊重，取得了良好的效果。

其次，张老师的行为符合关爱学生的职业道德要求。关爱学生要求教师关心爱护全体学生，尊重学生人格。材料中，张老师通过开展广泛的教育活动，让残疾同学更好地得到大家的爱与尊重，促进了学生的发展。

因此，作为教师，我们要遵守教师职业道德，关心爱护全体学生，做学生的良师益友，关注学生道德品质和心理发展。

7. 材料中，张老师的行为严重违背了教师职业道德规范的要求，我们要引以为戒。

首先，教师职业道德规范要求教师爱国守法。教师要自觉遵守教育法律法规，依法履行教师职责权利。材料中，张老师用“个人指导”等方式严重伤害了学生的身心健康，违背了相关的教育法律法规，侵害了学生的权益。

其次，教师职业道德规范要求教师关爱学生。教师要关心爱护全体学生，尊重学生人格，平等公正对待学生。材料中，张老师对学生教育的耐心不足，教育方法简单粗暴，不但不能取得良好的教学效果，还打击了学生进步的积极性。

再次，教师职业道德规范要求教师为人师表。教师应该坚守高尚情操，知荣明耻，严于律己，以身作则，举止文明。材料中，张老师在学生面前无法控制不良情绪，恶语伤人，给学生成长造成了极坏的影响。

最后，教师职业道德规范要求教师爱岗敬业。教师应该忠诚于人民教育事业，勤恳敬业。对工作高度负责，认真备课上课，认真辅导学生，不得敷衍塞责。材料中，张老师上课呆板无趣，教学效果差，不但没有进行教学反思，反而将责任归咎于学生，难以取得良好的教学效果。

综上所述，材料中张老师的行为已经违背了教师职业道德的要求，产生了不良影响，学校或当地教育主管部门应对其进行严肃处理。

8. 材料中杜老师的做法体现了教师职业道德规范中爱岗敬业、关爱学生、教书育人的要求。

(1)爱岗敬业是教师职业的本质要求。要做到这一点，教师必须对工作高度负责，认真备课上课，不得敷衍塞责。材料中的杜老师“认真备课、反复试讲”，才“心情忐忑地走上讲台”，说明他对待工作的态度十分认真，对自己严格要求；从他回答学生的话中，可以看出他真心热爱自己的工作，做到了爱岗敬业。

(2)关爱学生是师德的灵魂。这要求教师关心爱护全体学生，尊重学生人格，对学生严慈相济，做学生良师益友。材料中杜老师面对学生的问题，他郑重的态度和真诚的回答都表现出了他对学生的尊重和爱护，“我既然成了同学们的老师，大家就成为一家人……只要我们共同努力，都会成为优秀学生的。老师喜欢你们，看好你们！”这些话语无不透露着杜老师对学生们的关爱，同时又蕴含着对学生们的要求和期望，这些正是严慈相济的生动表现。

(3)教书育人是教师的天职。“育人”是教师职业劳动的本质，通过“教书”的途径，培养全面发展的人,才是教师工作的根本目的。因此教师须对学生循循善诱,诲人不倦,因材施教。材料中杜老师针对自认为“条件不好,学习基础又差”的学生,先用对家人的感情来让学生体会自己的一片赤诚,接着又通过夸奖他们“朴实、能吃苦”来打消学生们的自卑心理,最后还鼓励学生们努力学习,这“很快抓住了孩子们的心”。显然杜老师的一番话大大提高了学生们的自信心,有了信心,学生就迈出了通向成功的第一步,杜老师也就达到了教书育人的目的。

因此,作为教师,我们应遵守教师职业道德规范,关心爱护全体学生,更好地帮助学生成长。

9. (1)材料的描述体现了刘老师关爱学生的教师职业道德规范。关爱学生要求教师做到关心爱护全体学生,尊重学生人格,平等公正对待学生。保护学生安全,关心学生健康,维护学生权益。材料中的刘老师“为学生买棉鞋”“资助了26名学生”以及阻止女孩退学的事情,都很好地体现了关爱学生的师德规范。

(2)刘老师的做法符合爱岗敬业的教师职业道德要求。爱岗敬业的职业道德要求教师忠诚于人民教育事业,志存高远,乐于奉献;对工作高度负责。材料中的刘老师能够热爱自己的教育事业,无私资助学生,不让学生辍学,甚至还去学生家里做思想工作,使学生能够完成自己的学业,这体现了刘老师的奉献精神和认真负责的精神,是爱岗敬业的表现。

(3)刘老师的做法符合爱国守法的教师职业道德要求。爱国守法要求教师全面贯彻国家教育方针,自觉遵守教育法律法规,依法履行教师职责权利。材料中的刘老师多次做学生家长的工作,不让应该接受义务教育的学生辍学,是自觉遵守《中华人民共和国义务教育法》,依法履行自己的教师职责的表现,她的行为符合爱国守法的教师职业道德要求。

因此,作为教师,我们应该向刘老师学习,自觉遵守教师职业道德规范,为学生的健康成长保驾护航。

10. 材料中刘老师的教育行为符合教师职业道德的要求,值得我们学习。

首先,刘老师的行为体现了教书育人的职业道德要求。教书育人要求教师遵循教育规律,循循善诱,诲人不倦,培养学生良好品行,激发学生创新精神,促进学生全面发展。材料中,刘老师为了提高学生自信心而开展“独一无二的我”的班会活动,在活动中让学生发现自己的独特之处,交流优缺点。这是关注学生全面发展,实施素质教育的表现。

其次,刘老师的教育行为体现了关爱学生的职业道德要求。关爱学生要求教师关心爱护全体学生,尊重学生人格,平等公正对待学生。保护学生安全,关心学生健康。材料中,刘老师帮助小丽关注到自己的优点,帮助小丽融入集体,这是关注学生心理健康、关爱学生的表现。

最后,刘老师的教育行为体现了为人师表的职业道德要求。为人师表要求教师严于律己,廉洁奉公。材料中刘老师能够自觉拒绝家长的红包,不利用职务之便谋取私利,是为人师表的表现。

因此,作为教师,我们要遵守教师职业道德,爱岗敬业,乐于奉献,行为世范,关注学生道德品质和心理健康,从而促进学生全面发展。

专题二　教师的职业行为

单项选择题

答案速查

1~5	DABBB	6~10	BCCCC
11~15	CACBC	16~20	ACDDD
21~25	BACDC		

1. D 【解析】处理教师与学生的关系时,教师要做到:热爱学生,关心学生,尊重学生。胡老师给学生起绰号并对学生罚站,没有做到尊重学生,关心学生,不利于良好师生关系的创建。
2. A 【解析】A项的做法可能会使家长的情绪更加激烈,引起家长对教师,甚至学校的意见。B、C、D三项都是稳定家长情绪的做法,有利于问题的解决。
3. B 【解析】“团结协作”要求教师与同事要搞好团结,相互理解、相互支持。钱学森的话强调了教师要团结集体的力量,建立团结协作的工作氛围。
4. B 【解析】教师之间应互相尊重,彼此理解,团结协作。小李老师意识到同事赵老师的不足之处,应给予及时的帮助。选项B中的做法比较合理。
5. B 【解析】教师处理与同事的关系时,要做到:互相尊重,切忌嫉妒;相互学习,取长补短;平等相待,不卑不亢;乐于助人,关心同事。李老师不愿意帮助新入职的王老师学习进步,是缺乏团结协作精神的表现。
6. B 【解析】学生之间发生矛盾,教师不能偏袒任何一方,而是要公平公正地处理。首先教师要向矛盾双方了解事情原委,再根据实际情况做进一步处理,不宜将事件进一步扩大化,将双方家长都牵扯进来,也不宜直接对错误方学生直接进行批评,而是要引导其认识到自己的错误并加以改正。B项做法最合适。

7. C 【解析】《新时代中小学教师职业行为十项准则》第九条规定,坚守廉洁自律。严于律己,清廉从教;不得索要、收受学生及家长财物或参加由学生及家长付费的宴请、旅游、娱乐休闲等活动,不得向学生推销图书报刊、教辅材料、社会保险或利用家长资源谋取私利。因此,题干所述冯某的做法违背了坚守廉洁自律的教师职业行为准则。

8. C 【解析】题干中明明家长的要求是不合理的,班主任首先应当拒绝。其次,班主任在拒绝的同时,还应当对明明家长做出合理的解释,取得家长的认可,以免影响家校关系。所以,C项做法最恰当。

9. C 【解析】教师要注重与家长的配合,与家长形成教育合力。

10. C 【解析】教师应尊重学生,公平公正地对待每一位学生,这样才能创建良好的师生关系。孟老师喜欢比较听话并且成绩好的学生,没有做到公正平等的对待学生,这样不利于创建良好的师生关系。

11. C 【解析】作为同事,首先应该尊重小李,既不能笑话他,也不能视若无睹,最好想些具体的方法来帮助小李克服困难。选项C中的做法体现出了同事之间的相互尊重与帮助,是可取的办法。

12. A 【解析】面对处于青春期的学生的早恋行为,教师应该采取适当的方式进行引导教育,在校外发现学生的早恋行为,当场批评是不可取的,应该找合适的时间进行沟通。责怪家长的行为不仅让学生对教师失去信任,同时也会引起学生的逆反心理,适得其反。把早恋行为公之于众会伤害学生的自尊心,是不合适的。

13. C 【解析】处理与家长的关系时,教师要做到:尊重家长,理解家长;经常家访,互通情况;密切配合,教育学生。题干中冯老师的做法是可行的,体现了其注重沟通技巧,既尊重家长又爱护学生。

14. B 【解析】教师运用行为规范处理与学生家长的关系时,要做到:尊重家长,理解家长;经常家访,互通情况;密切配合,教育学生。需要注意的是,尊重并不代表迁就,故B项说法错误。

15. C 【解析】教师仪表行为规范要求教师着装要整洁得体,题干中小丽老师在学校穿超短裙不符合教师礼仪规范,作为同事,要适当提醒。

16. A 【解析】爱学生是教师处理与学生关系的根本出发点。教师要掌握高超的沟通和表达技巧让学生体会到老师的爱。

17. C 【解析】学生有不良行为习惯,班主任老师应耐心教育、帮助,采取措施引导,促进其养成良好的习惯。C选项,将小华的位置调到教室某个单独的角落里,属于歧视学生的做法,不利于学生改正不良行为习惯,也违反了相关法律规范。所以,C项的做法不恰当。

18. D 【解析】翁老师在帮助学生提升语文成绩时,给学生布置了大量的作业,造成学生学习语文的负担过重,从而没有多余时间学习其他科目。针对这一问题,班主任老师应该积极和翁老师进行沟通,并协商有利于学生全面发展的合理方法。

19. D 【解析】学生因家庭原因出现成绩下滑现象,班主任要加以重视并及时处理,首先应该和学生沟通交流,及时了解学生的心理动向,并与家长沟通交流,解决影响学生成绩的家庭因素。同时,班主任及同班同学要多关心该学生,使他能够在大家的共同帮助下尽快走出困境,全身心地投入学习。所以,有利于班主任及时帮助小童调整状态的做法和顺序是③⑤②⑥,D项正确。题干中指出小童因家庭原因成绩直线下滑,所以①中分析成绩下降的原因不适用,④的做法“上课多提问小童,下课多督促他学习”并没有找到根本原因,是治标不治本的做法。

20. D 【解析】处理教师与同事的关系时,教师之间要做到:互相尊重,切忌嫉妒;相互学习,取长补短;平等相待,不卑不亢;乐于助人,关心同事。题干中的教师们互相学习,共同提高,说明教师们能够做到通力合作,共同进步。

21. B 【解析】教师仪表行为规范要求教师言语文明,着装整洁,题干中吴老师的粗鄙之语和邋遢形象会给学生造成不良影响。作为同事,要委婉提醒。

22. A 【解析】教师在处理与家长关系时应遵循的道德要求包括:(1)主动与学生家长联系;(2)认真听取家长的意见和建议;(3)尊重学生家长的人格;(4)教育学生尊重家长。题干中的陈老师直接当众指责李同学的家长,没有做到尊重学生家长的人格,这种做法是不恰当的。对于李同学头发过长的问题,陈老师应该首先与家长积极进行沟通和交流,讲明学生的仪表规范要求,取得家长的认同,从而共同致力于李同学的教育问题。

23. C 【解析】面对家长的投诉,张老师应调节好自己的情绪,进行自我反思,积极与家长沟通,听取建议。

24. D 【解析】如果只是简单教训嘲笑玉妙的男生,而不使他们真正认识到自己的错误,学会尊重他人,可能会加剧玉妙与同学之间的矛盾,因此,D项做法不可取。

25. C 【解析】教师处理与同事的关系时,要做到:互相尊重,切忌嫉妒;相互学习,取长补短;平等相待,不卑不亢;乐于助人,关心同事。题干中,李老师作为导师手把手教导青年教师,体现了他团结协作和甘为人梯的精神。

第四章　文化素养

经典真题回顾

单项选择题

答案速查

1~5	ABDBA	6~10	BBAAB
11~15	BABCB	16~20	DABAD
21~25	DBBBB		

1. A 【解析】本题考查历史素养。《法显传》又名《历游天竺记》《昔道人法显从长安行西至天竺传》《释法显行传》《历游天竺记传》《佛国记》等,是东晋法显所撰游记。

2. B 【解析】本题考查青铜冰鉴的产生时代。青铜冰鉴,战国时期的青铜酒器,出土于湖北省随州市的曾侯乙墓中,该鉴出土时还带有长柄的铜勺,是舀酒的用具。青铜冰鉴长76厘米、宽76厘米、高63.2厘米,是一件双层的方形器皿,有内外两层,外面的叫青铜鉴,内有一个方壶,叫青铜缶,鉴上有镂孔盖,盖身正中有方形孔,正好套住方缶口。两件器物套合而成。缶呈方形,缶的外壁和鉴的内壁之间有很大的空间。夏天在青铜鉴和青铜缶之间装上冰,可冰镇酒;冬天可在鉴和缶之间改放热水,则可以温酒。

3. D 【解析】本题考查秦朝的内容。题干中强调秦始皇统一度量衡,度指长度,量指体积,衡指重量。秦半两钱表示货币;秦铜马车是出土于秦始皇陵墓的历史文物;阳陵虎符是调动军队的兵符;商鞅方升又称商鞅量,是秦国制造的标准量器。所以本题选D。

4. B 【解析】本题考查德意志帝国的建立。19世纪六七十年代,在俾斯麦的领导下,普鲁士通过三次王朝战争完成了德国的统一大业。1871年,德意志帝国建立。

5. A 【解析】本题考查历史素养。《汉谟拉比法典》全文用楔形文字刻在黑色的玄武岩上,是世界上现存的第一部比较完备的成文法典。故本题选A。

6. B 【解析】本题考查科学素养。北宋末年,中国的海船上开始使用指南针。朱彧在1119年写成《萍洲可谈》一书,书中写道:“舟师识地理,夜则观星,昼则观日,阴晦则观指南针。”这是世界航海史上使用指南针航海的最早记录。

7. B 【解析】本题考查数学成就。勾股定理是一个基本的几何定理,指直角三角形的两条直角边的平方和等于斜边的平方。中国古代数学家称直角三角形为勾股形,并且直角边中较短者为勾,另一长直角边为股,斜边为弦,所以称这个定理为勾股定理,也有人称商高定理。公元前六世纪希腊数学家毕达哥拉斯证明了勾股定理,因而西方人都习惯地称这个定理为毕达哥拉斯定理。

8. A 【解析】本题考查新中国的航空航天成就。北斗卫星导航系统已广泛应用于交通运输、海洋渔业、水文监测、气象预报、测绘地理信息、森林防火、通信系统、电力调度、救灾减灾、应急搜救等领域,逐步渗透到人类社会生产和人们生活的方方面面,为全球经济和社会发展注入新的活力。故A项错误。

9. A 【解析】本题考查西方近代物理学成就。量子是现代物理的重要概念,最早是由德国物理学家普朗克在1900年提出的。

10. B 【解析】本题考查中国古代对行星的称谓。中国古代将五星(即金、木、水、火、土五大行星)和日月合称为“七政”或“七曜”。A项,土星,因其公转周期为29.5年,近似为28年,恰好遍历二十八星宿,每年填一宿(或曰镇一宿),故称填星或镇星。B项,木星是太阳系八大行星中体积最大、自转最快、从内向外的第五颗行星。古人很早就认识到木星约十二年绕太阳运行一周天，因人们把周天分为十二分，称十二星次(星空区域)，古人根据木星运行到哪个星次(即木星所在位置)来纪年，所以木星在古代被称为“岁星”。本题选B。C项，金星，又名“太白星”，因金星日出之前见于东方，称“启明星”，黄昏见于西方，又称“长庚星”“昏星”。此外，因金星亮度极高，也有“明星”之称。D项，水星，离太阳最近的行星，古人把一周天分为十二辰，每辰三十度，因此称水星为“辰星”。火星，古称“荧惑”，古人认为“荧惑”是一颗灾星，掌管葬礼、战争，以及进行执法。

11. B 【解析】本题考查生物常识。维生素C能抗坏血病，是广泛存在于新鲜水果蔬菜及许多生物中的一种重要的维生素。

12. A 【解析】本题考查《世界记忆遗产名录》的内容。《世界记忆遗产名录》收编的是符合世界意义入选标准的文献遗产，是世界记忆工程的主要名录。

13. B 【解析】本题考查历史典故与人物。王羲之，世称“王右军”，东晋书法家，善隶书、草书、楷书、行书，被誉为“书圣”，代表作《兰亭集序》被称为“天下第一行书”。成语“入木三分”出自唐代张怀瓘的《书断·王羲之》：“王羲之书祝版，工人削之，笔入木三分。”相传，王羲之笔法有力，在板上写字，木工刻字时发现墨汁透入木板有三分深。该成语本指书法笔力强劲，后用来比喻描写或议论深刻。本题选B。A项，王献之，王羲之第七子，楷书、行书、草书、隶书诸体兼精，尤擅行草，作品有《洛神赋十三行》《中秋帖》等，在书法上与其父王羲之并称“二王”，又与其父及张芝、钟繇合称“书中四贤”。C项，颜真卿，唐代书法家，自创“颜体”，代表作《勤礼碑》《多宝塔碑》《祭侄文稿》等，《祭侄文稿》被称为“天下第二行书”。D项，柳公权，唐代书法家，自创“柳体”，代表作《玄秘塔碑》《神策军碑》。

14. C 【解析】本题考查上古神话。1999年，为了反映我国汉代丰富多彩的石刻艺术，展示这一珍贵的文化遗产，国家邮政局发行了《汉画像石》特种邮票，全套6枚。图中邮票表现的神话故事是“嫦娥奔月”。

15. B 【解析】本题考查历史常识。国家文物局将四川成都金沙遗址出土的黄金饰品“太阳神鸟(四鸟绕日)”金饰图案作为中国文化遗产标志。

16. D 【解析】本题考查先秦文学。屈原是“楚辞”的创立者和代表人物，其作品有《天问》《九歌》等。其中《湘夫人》出自《九歌》。

17. A 【解析】本题考查文学素养。“满纸荒唐言，一把辛酸泪。都云作者痴，谁解其中味”出自我国古典文学名著《红楼梦》的开卷。意指全书都是由血泪交融而成；人们只会说作者太痴情了，又有谁能了解作者在写作时内心的千愁万苦呢？题干中的两句诗常被写文章的人用来抒发自己不为人知的满腹悲愤。故本题选A。

18. B 【解析】本题考查外国文学。《老人与海》是美国作家海明威的作品。A、C、D项均是马克·吐温的作品。

19. A 【解析】本题考查文艺复兴时期人物的贡献与评价。A项，但丁，意大利从中世纪向文艺复兴过渡时期最有代表性的作家、诗人，恩格斯称他为“中世纪的最后一位诗人，同时又是新时代的最初一位诗人”。但丁创作了欧洲文学经典著作《神曲》，《神曲》用意大利民族语言写成，对意大利文学民族语言的形成和发展起了重要作用。本题选A。B项，薄伽丘是意大利作家，代表作《十日谈》是欧洲文学史上第一部现实主义作品。C项，彼特拉克，意大利学者、诗人，被称为“人文主义之父”，第一个指出“人学”和“神学”是两个对立的概念，代表作有抒情诗集《歌集》(以十四行诗为主)。彼特拉克与但丁、薄伽丘被称为意大利“文艺复兴三杰”。D项，马基雅维利是意大利政治学家，代表著作有《君主论》《论李维》。《君主论》阐述了君主治国之道，《论李维》一书集中了马基雅维利全部共和政治思想的精华。马基雅维利被认为是古典政治哲学向现代政治哲学的转折性人物，他首先将道德从政治中分离，这一点逐渐成为现代政治的基本原则。

20. D 【解析】本题考查生物医学知识。A项，疟疾是严重危害人体健康的寄生虫病之一，疟疾的病原体是疟原虫。我国学者屠呦呦女士因发现用于治疗疟疾的青蒿素而获得诺贝尔生理学或医学奖。B项，麻疹是由麻疹病毒引起的急性出疹性传染病，多见于儿童，主要借助飞沫直接传播，愈后可产生持久免疫力。C项，乙型肝炎是由乙型肝炎病毒引起的以肝脏病变为主的一种传染病，主要通过血液和血制品、性接触、母婴等途径传播。D项，百日咳是由百日咳杆菌引起的一种急性呼吸道传染病，以阵发性痉挛性咳嗽为临床表现，多见于儿童。百日咳杆菌属于细菌的一种，故本题选D。

21. D 【解析】本题考查物理常识。多普勒效应是指波源与观察者相互靠近或者相互远离时，接收到的波的频率都会发生变化。在交通应用中，交通警察向行进中的车辆发射频率已知的超声波，同时测量反射波的频率，根据反射波的频率变化的多少就能知道车辆的速度。

电磁效应即电磁感应，电磁感应现象是指放在变化磁通量中的导体，会产生电动势。此电动势称为感应电动势或感生电动势，若将此导体闭合成一回路，则该电动势会驱使电子流动，形成感应电流(感生电流)。

光电效应，1887年，赫兹在研究电磁波的实验中偶然发现，接收电路的间隙如果受到光照，就更容易产生电火花。这就是最早发现的光电效应。后来这一现象引起许多物理学家的关注，并进行了实验研究，证实了这个现象，即照射到金属表面的光，能使金属中的电子从表面逸出。这个现象称为光电效应。

康普顿效应，美国物理学家康普顿在研究石墨对X射线的散射时，发现在散射的X射线中，不仅存在与入射波长相同的射线，同时还存在波长大于入射线波长的射线成分，这个现象称为康普顿效应。

22. B 【解析】本题考查数学常识。中位数是指在按顺序排列在一起的一组数据中居于中间位置的数，即这组数据中，有一半的数据比它大，有一半的数据比它小。由于题干所给的数据总数为偶数，所以其中位数是居于中间位置的两个数值和的二分之一，即(103+107)/2=105。

23. B 【解析】本题考查传统文化素养。古语中的“桃李年华”指的是20岁左右的女性。

24. B 【解析】本题考查文学素养。清朝末年，严复翻译了英国生物学家赫胥黎的《进化与伦理》，宣传了“物竞天择，适者生存”的观点，该译作即《天演论》。《原富》(即《国富论》)是严复对英国经济学家、哲学家亚当·斯密所著的《The Wealth of Nations》翻译的第一个译本起的书名。《社会通诠》是英国学者甄克思著，严复译，于1904年商务印书馆出版，是论述政治历史的专著。《群己权界论》是严复用文言语句翻译约翰·穆勒的《论自由》时所译书名。

25. B 【解析】本题考查艺术素养。评剧原名蹦蹦戏、落子戏，1935年正式定名“评剧”，后又吸收东北二人转的音乐和剧目，融合京剧、皮影等音乐和表演艺术，代表人物有新凤霞、小白玉霜等，代表作品有《刘巧儿》《花为媒》《杨三姐告状》等。

越剧由浙江嵊州“落地唱书”发展而来，主要曲调有“四工腔”“尺调腔”和“弦下腔”三种，代表人物有袁雪芬、尹桂芳等，代表作品有《梁山伯与祝英台》《红楼梦》《西厢记》等。

黄梅戏是安徽地方剧种，原名“黄梅调”“采茶戏”，代表人物有严凤英、王少舫、马兰、张云风等，代表作品有《天仙配》《女驸马》《牛郎织女》等。

豫剧由河南梆子发展而来，是中国第一大地方剧种，代表人物有马金凤、常香玉、牛得草等，代表作品有《穆桂英挂帅》《花木兰》《拷红》《七品芝麻官》《朝阳沟》等。

过关必刷题库

专题一　历史素养

单项选择题

答案速查

1～5	ADAAA	6～10	CACBD
11～15	DAAAC	16～20	BBABC
21～25	DACDA	26～30	CADBB
31～35	CCCCB	36～40	AACAC
41～45	DCDBB	46～50	BACBD

1. A 【解析】郡县制是中国古代继宗法血缘分封制度之后出现的以郡统县的两级地方行政制度，是中央垂直管理，官员由中央直接任免的流官任期制，标志着官僚政治取代血缘政治。

2. D 【解析】A的正确顺序是：平王东迁→楚王问鼎→三家分晋；B的正确顺序是：文景之治→张骞通西域→光武中兴；C的正确顺序是：玄奘西行→开元盛世→安史之乱。

3. A 【解析】三省六部制是中国古代封建社会一套组织严密的中央官制，其中“六部”包括吏部(掌管吏政)、户部(掌管财政)、礼部(掌管学政)、兵部(掌管军政)、刑部(掌管法律刑狱)、工部(掌管营造工程)。

4. A 【解析】清朝政府为加强对新疆地区的管理，设置伊犁将军，故选A项。

5. A 【解析】七国之乱是发生在西汉景帝时期的一次诸侯国叛乱。

6. C 【解析】开元年间，唐朝在唐玄宗治理下进入全盛时期，中国封建社会达到顶峰阶段，史称“开元盛世”。

7. A 【解析】魏源提出的“师夷之长技以制夷”的意思是学习外国先进技术用来抵制外国侵略，其中的“长技”是指西方的先进技术。

8. C 【解析】公元七世纪初，松赞干布统一吐蕃各部，在青藏高原上建立起统一而强大的吐蕃王国。

9. B 【解析】2014年2月27日，十二届全国人大常委会第七次会议决定将9月3日确定为中国人民抗日战争胜利纪念日。

10. D 【解析】澶渊之盟是北宋与辽在经过多年的战争后缔结的盟约。盟约规定北宋每年送给辽岁币银10万两，绢20万匹。这个盟约对北宋来说是带有屈辱性质的。

11. D 【解析】虎门销烟是清政府委任钦差大臣林则徐在广东虎门集中销毁鸦片的历史事件。此事后来成为第一次鸦片战争的导火索。

12. A 【解析】题干中的诗句出自毛泽东的七律《人民解放军占领南京》，“天翻地覆”的含义就是指人民解放军解放南京。故选A项。

13. A 【解析】百团大战是在中国人民抗日战争的相持阶段，中国八路军与日军在中国华北地区发生的一次规模最大、持续时间最长的战役。淞沪会战，是中日双方在中国人民抗日战争中的第一场大型会战，也是整个中国人民抗日战争中进行的规模最大、战斗最惨烈的一场战役。平津战役是解放战争中的三大战役之一。武汉会战是中国人民抗日战争战略防御阶段发生的规模最大、时间最长、歼敌最多的一次战役。故选A。

14. A 【解析】毛泽东在八七会议的发言中提出了“政权是由枪杆子中取得的”的著名论断。

15. C 【解析】两宋时期，北方战乱频繁。北宋灭亡以后，南宋政权偏安于东南一隅，使南方经济进一步发展，当时太湖流域流传着“苏湖熟，天下足”的谚语，表明江南的农业生产已经超过北方，完全取代了北方经济重心的地位，经济重心从黄河流域转移到长江流域，C正确。

16. B 【解析】首次实现了人类环绕地球一周的航行，从而证实了地球是一个球体的航海家是麦哲伦。

17. B 【解析】达尔文和法拉第是19世纪的科学家，拉瓦锡是18世纪的科学家，故排除。牛顿的经典力学，打破了神主宰世界的迷信，以纯粹的规律来支配世界，这激发了人们对于人类理性的追求。因此被称为“理性主义”时代，为启蒙运动准备了先决条件。

18. A 【解析】1957年整风运动的主要内容为：反官僚主义、反宗派主义、反主观主义。其中反官僚主义是这次整风运动的重中之重。

19. B 【解析】遵义会议是中国共产党第一次独立自主地运用马克思列宁主义基本原理解决自己的路线、方针、政策方面问题的会议，在极端危险的时刻，挽救了党和红军。这次会议开始确立了以毛泽东为代表的马克思主义的正确路线在中共中央的领导地位，是中国共产党历史上一个生死攸关的转折点，标志着中国共产党从幼稚走向成熟。

20. C 【解析】注意题干中的时间和关键信息点——隋朝时期，促进南北经济文化交流，答案选C。长城是从先秦开始建造的，排除A项；故宫是明朝建造的，排除B项；大运河是隋朝开凿的，促进了南北经济文化的交流。虽然赵州桥也是隋朝建造的，但并没有促进南北经济文化交流，排除D项。

21. D 【解析】真理标准问题的大讨论冲破了“两个凡是”和个人崇拜的长期禁锢，打破了思想僵化、教条主义的沉重枷锁，为重新确立党的解放思想、实事求是的思想路线和实现全党工作重心的转移奠定了理论基础，为十一届三中全会的召开完成了思想理论与舆论上的准备。

22. A 【解析】辛亥革命前夕，由光复会志士秋瑾和徐锡麟共同组织，在浙皖两省发起了以推翻清王朝为目的的武装起义，史称浙皖起义。

23. C 【解析】元朝时期，波斯人、阿拉伯人迁入中国，同汉、蒙等族融合，形成了一个新的民族——回族，所以答案选C。

24. D 【解析】义和团运动，是清末的一次大规模农民起义，是在《辛丑条约》签订之后，广大群众因为受到严重的剥削而引起的反抗运动。它取得过辉煌的战绩，但是由于农民阶级本身的局限性，最终还是在中外反动势力的联合扼杀下失败了。

25. A 【解析】罗斯福在20世纪30年代经济大危机的背景下实行国家干预，减轻了经济危机的危害，缓和了阶级矛盾，遏制了法西斯势力，巩固了资本主义的统治，开创了国家干预经济的新模式，在一定程度上挽救了现代资本主义国家。邓小平在极“左”思潮带来的动乱把中国经济推向崩溃边缘的情况下，把重心转移到经济建设上，实行改革开放，走上了一条中国特色的社会主义道路，在一定程度上挽救了现代社会主义国家。

26. C 【解析】《马关条约》是中国清朝政府和日本明治政府于1895年4月在日本马关签订的不平等条约。《马关条约》使中国的民族危机空前严重，半殖民地化程度大大加深。该条约适应了帝国主义列强对华资本输出的需要，随后列强掀起了瓜分中国的狂潮。

27. A 【解析】和平共处五项原则的提出，是新中国外交政策从突出强调意识形态的“一边倒”，到超越社会制度和意识形态的界限，转向较多地考虑国家利益而开始，标志着中国外交的成熟。

28. D 【解析】曾国藩、李鸿章和张之洞均为洋务运动的地方代表人物。黄兴，中国近代民主革命家，中华民国的创建者之一，孙中山先生的第一知交。黄兴是辛亥革命时期的先驱和领袖。故选D。

29. B 【解析】文艺复兴的核心思想是人文主义。人文主义提倡人性，反对神性，主张人生的目的是追求现实生活中的幸福，倡导个性解放，反对愚昧迷信。故选B项。

30. B 【解析】1905年，孙中山在日本东京建立统一的革命组织——中国同盟会，同盟会以“驱除鞑虏，恢复中华，建立民国，平均地权”为政治纲领。孙中山在《民报》发刊词中，将同盟会的政治纲领阐发为“民族”“民权”“民生”三大主义，即三民主义。

31. C 【解析】19世纪60年代末，日本所进行的由上而下、具有资本主义性质的全盘西化与现代化的改革运动是明治维新运动。

32. C 【解析】斯大林格勒保卫战，是第二次世界大战中纳粹德国为争夺苏联南部城市斯大林格勒而进行的战役，是第二次世界大战东部战线的转折点。斯大林格勒保卫战是法西斯德国遭遇的战略范围最严重的失败，不仅终结了德国南方集群自1941年以来保持的攻势局面，而且直接造成了苏联与德国总体力量对比的根本变化。从世界范围看，斯大林格勒会战与同时期发生的瓜达尔卡纳尔岛战役及阿拉曼战役一起，构成了1942年底反法西斯战争大转折的标志性事件。

33. C 【解析】开罗会议是在第二次世界大战期间，美国、中国、英国三国政府首脑在埃及首都开罗举行的盟国会议。《开罗宣言》中明确宣告:在战争结束后，日本必须将东北三省、台湾和澎湖列岛归还给中国。

34. C 【解析】“法兰西第一帝国的皇帝”是拿破仑。拿破仑在历史上有功有过，对外战争既带去灾难又带去先进的大革命的精神，故人们对他褒贬不一。

35. B 【解析】1919年的五四运动是一次彻底的反帝反封建的爱国运动，表现了中华民族强大的民族精神力量，故选B项。

36. A 【解析】题干中“不同国家的人持有统一的护照，使用统一的货币”的地区是西欧。1993年西欧国家在欧洲共同体的基础上成立了欧洲联盟，简称欧盟，各国逐步使用统一货币——欧元，欧盟成员国内部人员、资本和货物可以自由流通，不同国家的人可以自由地在任何一个成员国工作、学习或居住；同时欧盟还力求在外交和国家安全等方面步调一致；欧盟成员国之间资源共享、优势互补。

37. A 【解析】二战后，美国在欧洲推行马歇尔计划，影响了东欧，苏联认为这是向社会主义国家的渗透，为了应对这一局面，苏联和东欧其他国家成立了经济互助委员会。

38. C 【解析】巴黎和会实质上是第一次世界大战后战胜国分赃以及重新瓜分世界的会议，会上签订对德和约，即《凡尔赛和约》，C项符合题干要求，故答案选C。

39. A 【解析】题干中的诗句是孙中山于民国元年(公元1912年)撰写的歌颂黄帝的祭文。轩辕黄帝是传说中原各民族的共同祖先。

40. C 【解析】张骞是汉朝出使西域的使者;玄奘促进的是中印文化的交流;甘英在汉朝时出使西域促进了中国对西亚各国的认识。鉴真在唐玄宗时期东渡日本，历经磨难，在日本期间广泛传播唐朝文化，为中日文化交流做出重要贡献，是唐朝时期中日文化交流中最杰出的使者。

41. D 【解析】结合材料和史实可知，新航路开辟后，欧洲商人奔走于世界各地，掀起一场“商业革命”，这大大加强了洲际经济联系，D项正确。A项不能全面体现材料，排除。B项结论无法从材料中得出。C项与材料主旨无关。故答案选D。

42. C 【解析】上联描写的是项羽，下联描写的是勾践。韩信是刘邦手下的大将，夫差是越王勾践卧薪尝胆之后最终战胜的吴王。

43. D 【解析】春秋争霸是各大国争夺霸权的政治斗争，是大国靠武力胁迫小国承认其领导地位的强权政治，其实质是奴隶主之间的掠夺战争。故选D。

44. B 【解析】1405—1433年，郑和先后七次航海，访问了亚非30多个国家和地区，最远到达非洲东海岸和红海沿岸。其中，红海位于非洲东北部和阿拉伯半岛之间的狭长海域。故本题的正确答案为B。

45. B 【解析】党对军队绝对领导的根本原则和制度，发端于南昌起义，奠基于三湾改编，定型于古田会议，是人民军队完全区别于一切旧军队的政治特质和根本优势。

46. B 【解析】仰韶文化，是指黄河中游地区一种重要的新石器时代彩陶文化，其持续时间大约在公元前5000年至公元前3000年。

47. A 【解析】重庆谈判，是抗日战争胜利之际，中国共产党和中国国民党两党就中国未来的发展前途、建设大计在重庆进行的一次历史性会谈。从1945年8月29日至10月10日，经过43天谈判，国共双方代表签署了《政府与中共代表会谈纪要》，即《双十协定》。协定规定：坚决避免内战，建设独立、自由和富强的新中国。

48. C 【解析】1941年3月，八路军三五九旅在南泥湾开展了著名的大生产运动。南泥湾精神是延安精神的重要组成部分。

49. B 【解析】"十字军东征"是一系列在教皇的准许下进行的宗教性军事行动，是由西欧的封建领主和骑士对地中海东岸的国家发动的战争。当时原属于罗马天主教圣地的耶路撒冷落入伊斯兰教手中，罗马天主教为了收复失地，便进行多次东征行动。

50. D 【解析】诺曼底登陆开始于1944年6月；德国进攻波兰发生于1939年9月；慕尼黑阴谋发生于1938年9月；日本偷袭珍珠港发生于1941年12月。因此，按事件发生的先后顺序排列正确的选项为D项。

专题二　科学素养

单项选择题

答案速查

1～5	CABBB	6～10	CDBCB
11～15	ABBDD	16～20	BBCBA
21～25	CADBB	26～30	CBCCD
31～35	ADACC	36～40	AADBB
41～45	ADCBA	46～50	ADCCB

1. C 【解析】大亚湾核电站位于深圳，是我国建成的第二座核电站，是中国第一座大型商用核电站。

2. A 【解析】阿基米德在物理学方面的一大贡献就是发现了杠杆定律，这句话表达了他对杠杆巧妙运用的一种理想。

3. B 【解析】战国时期，墨翟（墨子）和他的弟子，进行了世界上第一个小孔成像实验，对光的直线传播第一次作出科学解释。

4. B 【解析】彩虹简称虹，是气象中的一种光学现象，当太阳光照射到半空中的水滴时，光线被折射及反射，在天空上形成拱形的七彩光谱，由外圈至内圈呈红、橙、黄、绿、蓝、靛、紫七种颜色。

5. B 【解析】20世纪初，普朗克、爱因斯坦、波尔等科学家提出量子力学的早期理论。

6. C 【解析】热机工作是把内能转化为机械能，C项错误。

7. D 【解析】明朝医药学家李时珍编著的《本草纲目》，分类科学严密，包含药物数目众多，文笔流畅生动，被誉为"东方医药巨典"。唐朝孙思邈所著的《千金方》被誉为"中国最早的临床百科全书"。《神农本草经》大约成书于汉代，是已知最早的中药学著作。《伤寒杂病论》是东汉末年张仲景所著的一部以论述外感病与内科杂病为主要内容的医学典籍。故选D。

8. B 【解析】《齐民要术》由北魏贾思勰所著，是中国现存最早的一部完整的农书，B项符合题意。西汉时期编定的《黄帝内经》是我国现存较早的重要医学文献，被称为"医之始祖"。《神农本草经》是中国第一部完整的药物学著作，是中医药药物学理论发展的源头。明朝李时珍编著的《本草纲目》是一部具有总结性质的药物学巨著，全面总结了16世纪以前中国的医药学，被译为多国文字，被誉为"东方药物巨典"。故选B。

9. C 【解析】看到船儿是光的直线传播形成的，水中的鸟儿和青山是光的反射，只有看到鱼儿是光的折射形成的。

10. B 【解析】衣橱中的樟脑丸时间长了体积会缩小，这是部分樟脑丸由固体直接变成气体，这种变化属于升华。物质由气态变为固态的现象称为凝华。蒸发是指物质由液态变为气态的过程。物质由气态变为液态的过程称为液化。

11. A 【解析】法拉第发现了电磁感应定律，B项错误；光电效应证实了光的粒子性，C项错误；相对论的创立表明经典力学有局限性，只适用于低速宏观物体的运动，并不是不再适用，D项错误；只有A项正确。

12. B 【解析】2016年8月16日,我国成功发射世界首颗量子科学实验卫星——“墨子号”。命名为“墨子号”,是为了纪念我国古代科学家墨子。

13. B 【解析】热力学第一定律即能量守恒与转化定律,其内容为:在任何孤立的系统中,热量可以从一个物体传递到另一个物体,也可以与机械能或其他能量互相转换,但是在转换过程中,能量的总值保持不变。所以,不存在不消耗能量而能永远对外做功的机器。

14. D 【解析】我国现存的第一部完整的农学著作是北魏农学家贾思勰所著的《齐民要术》。《天工开物》是我国明朝时期宋应星所著的世界上第一部关于农业、手工业生产的综合性著作,被誉为“中国17世纪的工艺百科全书”。《梦溪笔谈》为北宋时期沈括所著,反映了我国古代特别是北宋时期自然科学达到的辉煌成就,被李约瑟评价为“中国科学史上的里程碑”。《农政全书》为明朝徐光启所著,介绍了我国传统农业科学成就,其与北魏贾思勰的《齐民要术》并列为我国农学著述之两大丰碑。故本题选D项。

15. D 【解析】含硫煤燃烧产生大量的SO_2污染物,污染环境,同时煤炭是不可再生能源。其他三种都属于清洁能源。

16. B 【解析】郭守敬是元朝著名的天文学家、数学家、水利工程专家。孙思邈是唐代医药学家,被后人尊称为“药王”。沈括是北宋政治家、科学家。朱世杰是元代数学家、教育家。

17. B 【解析】德米特里·伊万诺维奇·门捷列夫(1834~1907)是俄罗斯伟大的化学家,自然科学基本定律化学元素周期表的创始人。

18. C 【解析】中国旅游日(5月19日)源自《徐霞客游记》的首篇《游天台山记》开篇之日(公元1613年5月19日)。《徐霞客游记》是明代地理学家徐霞客创作的一部散文游记。沈括是北宋科学家,著有被称为“中国科学史上的里程碑”的《梦溪笔谈》。周达观是元代地理学家,他写成了现存唯一一本详细记录吴哥王朝风土人情的著作《真腊风土记》。裴秀是魏晋时期地图学家,开创中国古代地图绘制学。

19. B 【解析】蛋白质工程是指依据DNA指导合成蛋白质,人们可以根据需要对负责编码某种蛋白质的基因进行重新设计,使合成出来的蛋白质的结构变得符合人们的要求。由于蛋白质工程是在基因工程的基础上发展起来的,在技术方面有诸多同基因工程技术相似的地方,因此蛋白质工程也被称为第二代基因工程。

20. A 【解析】重力势能转化为动能是因为从高处到低处的过程中有重力持续做功,导致物体速度增加,动能增加。因此水能够流动是因为重力势能转化成了动能,A项正确;“流水落花春去也,天上人间”出自南唐后主李煜的《浪淘沙令·帘外雨潺潺》,B项错误;落叶是植物减少水分蒸发的一种适应,落叶减少了植物的表面积,降低了植物的能耗,有利于植物渡过不良的环境条件。C项错误;依据二十四节气可知,“春去”后的第一个节气是立夏,D项错误。故本题答案为A。

21. C 【解析】范旭东,原名源让,字明俊;后改名为范锐,字旭东。他是中国重化学工业的奠基人,被称作“中国民族化学工业之父”。侯德榜是我国著名科学家、杰出化学家,其主要成就有“侯氏制碱法”,是中国重化学工业的开拓者。张謇是清末民初的实业家、政治家、教育家,其主张“实业救国”,是中国棉纺织领域早期的开拓者。卢作孚是近代著名爱国实业家、教育家、社会活动家,民生公司创始人、中国航运业先驱,被誉为“中国船王”、“北碚之父”。本题答案为C选项。

22. A 【解析】温室效应,又称“花房效应”,是大气保温效应的俗称。大气能使太阳短波辐射到达地面,但地表受热后向外放出的大量长波热辐射线却被大气吸收,这样就使地表与低层大气温度增高,因其作用类似于栽培农作物的温室,故名温室效应。自工业革命以来,人类向大气中排入的二氧化碳等吸热性强的温室气体逐年增加,大气的温室效应也随之增强,其引发的一系列问题已引起了世界各国的关注。

23. D 【解析】卢瑟福,1908年获得诺贝尔化学奖的天才物理学家,被公认为二十世纪最伟大的实验物理学家,被称为近代原子核物理学之父。

24. B 【解析】金鱼利用鳃进行呼吸,而鱼鳃只能吸收溶解在水中的氧,所以金鱼的口和鳃盖不停地交替张合,是为了完成呼吸。

25. B 【解析】北宋沈括的《梦溪笔谈》是以笔记体裁形式写成的科学典籍,《梦溪笔谈》在磁学方面研究成果尤为卓著,最早记载了人工磁化的一种简便方法,即“以磁石磨针锋”造指南针。

26. C 【解析】1838年,德国植物学家施莱登发表了《植物发生论》,指出细胞是构成植物的基本单位。

27. B 【解析】第一次绿色革命发生在20世纪50年代初，其主要特征是把水稻的高秆变矮秆，另外辅助于农药和农业机械，从而解决了19个发展中国家粮食自给问题。我国的杂交水稻是第一次绿色革命时期的杰出代表。

28. C 【解析】1969年1月开始，屠呦呦领导课题组从系统收集整理历代医籍、本草、民间方药入手，在收集2000余方药基础上，编写了640种药物为主的《抗疟单验方集》，对其中的200多种中药开展实验研究，历经380多次失败，利用现代医学和方法进行分析研究、不断改进提取方法，终于在1971年获得青蒿抗疟发掘成功。这个发现并非源于意外，而是在科学方法指引下刻苦钻研的结果。

29. C 【解析】噬菌体侵染细菌实验采用同位素示踪法证明了DNA是遗传信息的载体，也就是遗传物质。蛋白质是生命的物质基础，白细胞是人体的免疫细胞，血小板是哺乳动物血液中的成分，具有凝血和止血的重要作用。

30. D 【解析】动脉粥样硬化的特点是：一般先有脂质和复合糖类积聚、出血及血栓形成，进而纤维组织增生及钙质沉着，并有动脉中层的逐渐蜕变和钙化，导致动脉壁增厚变硬、血管腔狭窄。故选D项。

31. A 【解析】一个细胞1小时分裂成2个，那么2小时分裂2^2个，3小时分裂2^3个……以此类推，8小时分裂2^8个，这时容器装满，那么容器的1/8即$1/8\times2^8$，即2^5，所以装到容器的1/8需要5个小时。

32. D 【解析】2020年12月17日凌晨，嫦娥五号返回器携带月壤样品在内蒙古预定区域安全着陆。

33. A 【解析】中国南极长城站是中国在南极建立的第一个科学考察站，是中国为对南极地区进行科学考察而在南极洲设立的常年性科学考察站。

34. C 【解析】太阳系中的八大行星，按照距离太阳由近及远的顺序，依次是水星、金星、地球、火星、木星、土星、天王星、海王星。故选C。

35. C 【解析】图中的仪器是地动仪，地动仪是汉代科学家张衡制作的测量地震的仪器。

36. A 【解析】因为山体高度的存在，高度每上升100米，气温约下降0.6℃，所以山上的温度低于平原地区。“人间四月芳菲尽”指的是山脚下或平原地区，由于温度较高，花开较早，而“山寺”之中由于海拔较高，温度较低，花开较晚，故选A项。

37. A 【解析】热带雨林气候（也称赤道雨林气候），位于各洲的赤道两侧，向南、北延伸5°～10°左右，如南美洲的亚马孙平原，非洲的刚果盆地和几内亚湾沿岸，亚洲东南部的一些群岛等。

38. D 【解析】南仁东是“中国天眼”工程的主要发起者和奠基人，首席科学家兼总工程师，人称“中国天眼之父”，故本题答案为D项。黄旭华是中国第一代核动力潜艇研制创始人之一，被誉为“中国核潜艇之父”。潘建伟是我国著名的物理学家，主要从事量子物理和量子信息等方面的研究。黄大年的主要研究方向为超高精密机械和电子技术、纳米和微电机技术、高温和低温超导原理技术、冷原子干涉原理技术、光纤技术和惯性技术，其带领团队创造了多项“中国第一”，为中国“巡天探地潜海”填补了多项技术空白，为深地资源探测和国防安全建设作出了突出贡献。

39. B 【解析】臭氧层是大气层的平流层中臭氧浓度相对较高的层次，其主要作用是吸收短波紫外线，避免紫外线过强对人体造成损伤。

40. B 【解析】我国的领土大部分位于北温带，少部分位于热带，无寒带。

41. A 【解析】我国濒临的海洋从北到南依次为渤海、黄海、东海、南海。

42. D 【解析】连接南北两极的线，叫经线。和经线相垂直的线，叫纬线。因为经线指示南北方向，所以经线又叫子午线。国际上规定，把通过英国伦敦格林尼治天文台原址的那条线叫作0°经线，也叫本初子午线。纬线指示东西方向，0°纬线又称赤道。

43. C 【解析】普朗克是著名物理学家，主要成就是创立量子力学；相对论是由爱因斯坦提出的，依其研究对象的不同可分为狭义相对论和广义相对论。C项对应错误，当选。

44. B 【解析】因为较浓的氢氧化钠溅到皮肤上，会腐蚀表皮，造成烧伤，所以氢氧化钠通常称为烧碱，或叫火碱、苛性钠。

45. A 【解析】测定台风等级的依据不是台风眼内的风力，而是中心附近地面最大风速，B错误。火山不仅分布在陆地上，大洋底部也有许多火山，C错误。震源是地震发生的起始位置，震源垂直向上到地表的距离是震源深度。震源越浅，烈度越大，波及范围越小，D错误。故答案选A。

46. A 【解析】一次性用品的过度使用会造成环境

污染,A项错误。随手关灯能够节约用电,节约资源,B项正确。相对于开车,骑自行车能够减少汽车尾气的排放,有利于环境保护,C项正确。一水多用,能够提高水资源的使用效率,节约用水,D项正确。本题为选非题,故选A。

47. D 【解析】南朝数学家祖冲之,在世界上首次将圆周率精确到小数点后第七位。毕达哥拉斯是古希腊思想家、哲学家、数学家、科学家,是第一个注重“数”的人,发现了毕达哥拉斯定理(勾股定理),证明了正多面体的个数。亚里士多德是古希腊伟大的哲学家、科学家和教育家,是百科全书式的科学家。牛顿是英国著名的物理学家,百科全书式的“全才”,著有《自然哲学的数学原理》《光学》。故选D。

48. C 【解析】啤酒都是经过发酵的,扎啤是不经过传统高温杀菌的啤酒,但也经过发酵。

49. C 【解析】“火要虚”的目的是增大可燃物与空气的接触面积,使之更充分地燃烧。

50. B 【解析】《新修本草》是唐高宗显庆四年(公元659年)编修而成的,由唐朝政府颁行,这是国家颁定药典的创始。

专题三 传统文化素养

单项选择题

答案速查

1~5	BBAAA	6~10	CDBBA
11~15	DBACA	16~20	ADDAA
21~25	ABBDA	26~30	ACCAD
31~35	BBBBA		

1. B 【解析】《十面埋伏》是以楚汉相争的历史为题材而创作的琵琶独奏曲,该曲以公元前202年楚汉两军垓下之战的史实为内容,用标题音乐的形式描绘了激烈的战争场面。

2. B 【解析】三国时期,东吴名将吕蒙听了孙权的劝告后,发奋读书。一段时间后,鲁肃来视察吕蒙的防地。吕蒙把对蜀防刘备的事情讲得有条有理,鲁肃很惊讶。于是,鲁肃对吕蒙说道:“士别三日,即更刮目相待。”

3. A 【解析】题干中的诗句,是读书求学的人通过科举考试后,由贫民一跃而成高官的真实写照。

4. A 【解析】夜半对应子时,时间是从前一日23点至次日1点。

5. A 【解析】①为春季的谷雨,②为秋季的白露,③为春季的惊蛰,④为夏季小满。根据二十四节气歌“春雨惊春清谷天,夏满芒夏暑相连,秋处露秋寒霜降,冬雪雪冬小大寒”可知答案选A项。

6. C 【解析】这两句诗出自唐代诗人崔国辅的《九日》:“江边枫落菊花黄,少长登高一望乡。九日陶家虽载酒,三年楚客已沾裳。”描写的是重阳节人们赏菊饮酒的情景。

7. D 【解析】“慎终追远,民德归厚”的思想在清明祭奠中得以充分体现。

8. B 【解析】二十四个节气体现在农历中,正月有立春、雨水;二月有惊蛰、春分;三月有清明、谷雨;四月有立夏、小满;五月有芒种、夏至;六月有小暑、大暑;七月有立秋、处暑;八月有白露、秋分;九月有寒露、霜降;十月有立冬、小雪;十一月有大雪、冬至;十二月有小寒、大寒。

9. B 【解析】干支纪年法中,十天干有:甲乙丙丁戊己庚辛壬癸;十二地支有:子丑寅卯辰巳午未申酉戌亥。根据十天干可知,丙的下一个年份是丁;根据十二地支可知,辰的下一个年份为巳。所以,1977年应是农历丁巳年。

10. A 【解析】“刘三姐”是我国民间传说中壮族的人物。

11. D 【解析】宗法制是以血缘关系为纽带、以“嫡长子继承制”为核心的政治制度,源于古代社会的父权家长制,现代的寻根祭祖、认祖归宗都源于宗法制。禅让制是统治者的让位制度,世袭制是将名号、爵位以及财产等按照血统关系世代传承,分封制是西周时期的地方行政制度。

12. B 【解析】春秋时期,吴越两国交战,越国战败。越王勾践请和,并入吴国为奴。之后,勾践睡觉就卧在柴薪之上,并每日尝苦胆,以示不忘国耻。经过多年积聚国力,最终越国吞灭了吴国。

13. A 【解析】“学通行修,经中博士”是汉代察举制“四科取士”的内容之一。察举制是西汉时期选拔官吏的一种制度,它的主要特征是由地方长官在辖区内随时考察、选取人才并推荐给上级或中央,经过试用考核再任命官职。

14. C 【解析】“沉鱼”是形容西施的,“落雁”是形容王昭君的,“闭月”是形容貂蝉的,“羞花”是形容杨玉环的。

15. A 【解析】古代女子出嫁被称为于归之喜。生男孩被称为弄璋之喜,生女孩被称为弄瓦之喜,迁居被称为乔迁之喜。

16. A 【解析】古人称自己一方的亲属朋友时,常用“家”“舍”等谦辞。“家”是称比自己的辈分高或年纪大的亲属时用的谦辞,例如,称呼自己的父亲为家父、家严等,称呼自己的母亲为家母、家慈；而“舍”用以谦称自己或自己的卑幼亲属，如舍弟。对于对方或对方亲属的敬称有令、尊、贤等。如称呼对方的父亲为令父、令尊。

17. D 【解析】A项，踏青、放风筝是清明节的习俗，剪窗花是春节的习俗，燃放灯火是元宵节的习俗；B项，赏月是中秋节的习俗，佩茱萸、饮菊花酒是重阳节的习俗，猜灯谜是元宵节的习俗；C项，插柳是清明节的习俗，贴春联是春节的习俗，赏菊花是重阳节的习俗，放孔明灯是一种地方习俗，用来祈福，各地燃放孔明灯的时节有所不同；D项中四种民俗均是端午节的习俗。

18. D 【解析】永乐为明朝第三位皇帝明成祖朱棣的年号。明神宗朱翊钧年号万历，在位四十八年，是明朝在位时间最长的皇帝。

19. A 【解析】惊蛰，又名“启蛰”，是二十四节气中的第三个节气，标志着仲春时节的开始。每年3月5日或6日太阳到达黄经345°时为惊蛰。从惊蛰起，春耕正式开始。故选A。

20. A 【解析】介子推对晋国公子重耳有恩，重耳成为晋文公之后，想请介子推出山做官，介子推不愿，就躲入山中，重耳为了逼他出山，遂放火烧山，结果介子推宁愿被烧死，也未出山。重耳后悔不已，后来为了纪念他，就把这天定为“寒食节”，即禁火寒食，以寄哀思。

21. A 【解析】火把节是彝族地区的传统节日；《江格尔》是蒙古族英雄史诗，深刻地反映了蒙古族人民的生活理想和美学追求；手鼓舞是维吾尔族民间舞蹈；唐卡是藏族文化中一种独具特色的绘画艺术形式，题材内容涉及藏族的历史、政治、文化和社会生活等诸多领域。

22. B 【解析】伯、仲、叔、季，是指兄弟长幼的次序。兄弟排行的次序，长兄为伯，次为仲，又次为叔，最幼为季。

23. B 【解析】A项中的“癸丑”、D项中的“辛亥”都属于直接使用了干支纪年。C项中的“淳熙丙申”指的是宋孝宗淳熙三年，兼用了年号和干支纪年法。B项中的“四月辛巳”指农历四月十三日，使用了干支纪日法，而非干支纪年。故选B。

24. D 【解析】“期颐”用来代指一百岁。七十岁用“古稀”来代指，六十岁用“耳顺”“花甲”来代指，九十岁用“耄耋”来代指。

25. A 【解析】古时儿童不束发，头发下垂，故以垂髫指儿童；八九岁到十三四岁的少年称为“总角”；男子十五岁称为“束发”；少女十三四岁称为“豆蔻”。故选A。

26. A 【解析】汉武帝原名刘彻，是西汉的第七位皇帝，谥号“孝武皇帝”，史称汉武帝，庙号为世宗。

27. C 【解析】梅、兰、竹、菊号称四君子。其中，梅，探波傲雪，剪雪裁冰，一身傲骨，是为高洁志士；兰，空谷幽放，孤芳自赏，香雅怡情，是为世上贤达；竹，筛风弄月，潇洒一生，清雅淡泊，是为谦谦君子；菊，凌霜飘逸，特立独行，不趋炎附势，是为世外隐士。故此题选C。

28. C 【解析】由于历史上中国的主要政治、经济、文化、农业活动中心多集中在黄河流域的中原地区，二十四节气也就是以这一带的气候、物候为依据建立起来的。

29. A 【解析】“不夜侯”是茶的雅号；“仙芽”是对茶的美称；“雀舌”是一种茶叶名称，因形状小巧似雀舌而得名。

30. D 【解析】院试是清代由各省学政主持的考试。院试录取后称生员，即秀才，A项错误。乡试是由南、北直隶和各布政使司举行的地方考试。乡试考中的称举人，第一名称解元，B项错误。会试是由礼部主持的全国考试，又称礼闱。考中的称贡士，第一名称会元，C项错误。殿试在会试后当年举行，应试者为贡士。贡士在殿试中均不落榜，只是由皇帝重新安排名次。殿试由皇帝亲自主持。录取分三甲：一甲三名，赐进士及第，第一名称状元，第二名称榜眼，第三名称探花，合称“三鼎甲”。二甲赐进士出身，三甲赐同进士出身。一、二、三甲统称进士，D项正确。

31. B 【解析】“投笔从戎”出自《后汉书·班超传》，讲的是班超不甘于为官府抄写文书而弃笔从军的故事。本题为选非题，故选B。

32. B 【解析】诗句原文为“北大红楼两巨人，纷传北李与南陈；孤松独秀如椽笔，日月双悬照古今。”诗中的“北李与南陈”指李大钊和陈独秀，故本题选B。

33. B 【解析】2020年12月17日晚，我国单独申报的“太极拳”、我国与马来西亚联合申报的“送王船——有关人与海洋可持续联系的仪式及相关实践”两个项目，经联合国教科文组织保护非物质文化遗产政府间委员会评审通过，列入联合国教科文组织人类非物质文化遗产代表作名录。

34. B 【解析】北宋初期，朝廷通过改革科举制度，扩大了取士数量。然而朝廷无力通过兴办官学为士人提供求学之所，于是具有私学性质的书院得以迅速发展。北宋初年,相继出现了著名的四大书院,分别是河南嵩山(今登封)的嵩山书院、河南睢州(今商丘)的应天书院、湖南长沙的岳麓书院和江西江州(今九江)的白鹿洞书院。

35. A 【解析】中国世界自然遗产包括:四川九寨沟风景名胜区、四川黄龙风景名胜区、湖南武陵源风景名胜区、四川大熊猫栖息地、中国南方喀斯特、江西三清山国家公园、中国丹霞、云南澄江化石遗址、云南三江并流保护区、新疆天山、湖北神农架、青海可可西里、贵州梵净山、中国黄(渤)海候鸟栖息地(第一期)。

专题四　文学素养

单项选择题

答案速查

1~5	DBABD	6~10	DABCB
11~15	BDBDC	16~20	BBCBA
21~25	ADABB	26~30	ACCCB
31~35	AAAAD	36~40	ABCDB

1. D 【解析】《史记》是西汉史学家司马迁撰写的纪传体史书,是中国历史上第一部纪传体通史,记载了上至上古传说中的黄帝时代,下至汉武帝时期共3000多年的历史。而蔡伦、华佗和张仲景都生活在东汉时期。

2. B 【解析】《资治通鉴》是北宋司马光主编的一部多卷本编年体史书,是我国编年史书中包含时间最长的一部巨著,故选B项。

3. A 【解析】木马计的提出者是奥德修斯,他让士兵藏在木马中,以混进特洛伊城。

4. B 【解析】《悲惨世界》是雨果最重要的一部作品,也是最能体现他的人道主义思想的一部作品。

5. D 【解析】蒋防的《霍小玉传》描写了霍小玉悲剧的一生,成为中唐传奇的压卷之作。

6. D 【解析】《荷马史诗》是欧洲文学史上最早的优秀文学巨著,它反映了古希腊史前时代的生活面貌,是研究希腊早期社会的重要文献。它那独特精湛的艺术特色,对后世欧洲文学和世界文学的发展具有深远的影响。

7. A 【解析】因为列夫·托尔斯泰在其作品中描写了俄国革命时人民的顽强抗争,所以被列宁称为"俄国革命的一面镜子"。

8. B 【解析】汉乐府诗《孔雀东南飞》和北朝民歌《木兰诗》合称为"乐府双璧"。这两首诗歌都是叙事长诗,以其深刻的社会思想意义和极高的艺术成就,为历代文人所推崇。

9. C 【解析】《追求》是茅盾创作的中篇小说,收录在中篇小说集《蚀》中。《家》是巴金创作的"激流三部曲"中的第一部。《平凡的世界》是路遥创作的一部全景式地表现中国当代城乡社会生活的百万字长篇小说。《朝花夕拾》原名《旧事重提》,是现代文学家鲁迅的散文集。故答案选C项。

10. B 【解析】这个典故源自古希腊传说,讲的是狄奥尼修斯国王请他的朋友达摩克利斯赴宴,命其坐在用一根马鬃悬挂的一把寒光闪闪的利剑下。这个典故意指令人处于一种危机状态,"临绝地而不衰",或者随时有危机意识,心中敲起警钟等。因此"达摩克利斯"是大臣的名字,本题答案为B。

11. B 【解析】"双鬓多年作雪,寸心至死如丹"出自南宋诗人陆游的《感事六言》,大意是:我的头发早在多年以前就白了,但我的心却至死都是赤诚的。这两句诗表达了作者至死为国的忠诚。

12. D 【解析】由"三十六员天罡星,七十二座地煞星,共是一百单八个……"可判断出这段文字节选自《水浒传》。《水浒传》是反映农民起义的长篇章回体白话小说,A项错误。《水浒传》作者施耐庵,生活在元末明初,而曹雪芹生活在清代,B项错误。"白帝城托孤"是《三国演义》中的情节,C项错误。《水浒传》以北宋末年为故事背景,D项正确。

13. B 【解析】梁启超提出"文界革命"的口号,他提倡反映现实、形式自由的新文风。他采用俗语书写,追求雅俗共赏、平易畅达,以俚语、韵语及外国语法掺杂其中,"纵笔所至不检束",而又"条理明晰,笔锋常带感情,对于读者,别有一种魔力",被称为"新文体"。

14. D 【解析】吴承恩的《西游记》是我国著名的长篇章回体神魔小说,是古典文学中辉煌的神话作品,标志着浪漫主义小说的新高峰。

15. C 【解析】C项,"湖光秋月两相和,潭面无风镜未磨"出自刘禹锡的《望洞庭》,描写了洞庭湖的优美景色,洞庭湖位于湖南省,当选。A项,"湖上春来似画图,乱峰围绕水平铺"出自白居易的《春题湖上》,描写了三面群山环抱的西湖春景。B项,"孤山寺北贾亭西,水面初平云脚低"出自白居易的《钱塘湖春行》,钱塘湖即西湖。D项,"水光潋滟晴方好,山色空蒙雨亦奇"出自苏轼的《饮湖上初晴后雨》,描绘了西湖晴天和雨天的不同美景。故选C。

16. B 【解析】这句诗出自晚唐诗人李商隐的《无

题·昨夜星辰昨夜风》。

17. B 【解析】陈奂生是高晓声创作的一系列小说的主人公。这些小说包括《“漏斗户”主》《陈奂生上城》《陈奂生转业》《陈奂生包产》《陈奂生战术》《种田大户》《陈奂生出国》等。

18. C 【解析】《百年孤独》是哥伦比亚作家加西亚·马尔克斯创作的长篇小说,被誉为“再现拉丁美洲历史社会图景的鸿篇巨著”。

19. B 【解析】《史记》分本纪、表、书、世家、列传五部分,其中,“本纪”是全书提纲,按年月时间记述帝王的言行政绩;“表”用表格来简列世系、人物和史事;“书”则记述制度发展,涉及礼乐制度、天文兵律、社会经济、河渠地理等诸方面内容;“世家”记述子孙世袭的王侯封国史迹和特别重要人物的事迹;“列传”是除帝王诸侯外其他各方面代表人物的生平事迹和少数民族的传记。

20. A 【解析】《蒿里行》是汉末文学家曹操的诗作。此诗是借乐府旧题写时事,内容记述了汉末军阀混战的现实,真实、深刻地揭示了人民的苦难,堪称“汉末实录”的“诗史”。

21. A 【解析】“忆昔开元全盛日,小邑犹藏万家室”出自杜甫的《忆昔二首》,“寂寞天宝后,园庐但蒿藜”出自杜甫的《无家别》。

22. D 【解析】法国作家莫里哀在《吝啬鬼》中塑造的阿巴贡,俄国作家果戈理在《死魂灵》里塑造的泼留希金,英国作家莎士比亚在《威尼斯商人》中塑造的夏洛克,以及法国作家巴尔扎克在《欧也妮·葛朗台》中塑造的葛朗台,是西方文学史上最著名的四大吝啬鬼形象。《叶甫盖尼·奥涅金》是俄国诗人普希金创作的长篇诗体小说,作品的主人公叶甫盖尼·奥涅金是俄国贵族青年。

23. A 【解析】《再别康桥》中的康桥,今通译为剑桥,是英国的一个城市,著名的剑河从小城蜿蜒流过,河边散落着著名的剑桥大学的三十多所学院。

24. B 【解析】A项,“月落乌啼霜满天,江枫渔火对愁眠”出自唐代诗人张继的古诗作品《枫桥夜泊》;B项,“举杯邀明月,对影成三人”是李白《月下独酌》中的千古名句;C项“海上生明月,天涯共此时”出自唐代诗人张九龄的《望月怀远》;D项“但愿人长久,千里共婵娟”出自北宋诗人苏轼的《水调歌头》。

25. B 【解析】王维是唐代山水田园诗人,他诗画俱绝,苏轼评价其作品为“诗中有画,画中有诗”。

26. A 【解析】《巴黎圣母院》是法国作家维克多·雨果的第一部大型浪漫主义小说。它以离奇和对比手法描写了一个发生在15世纪法国的故事:巴黎圣母院副主教克洛德道貌岸然、蛇蝎心肠,先爱后恨,迫害吉普赛女郎爱丝美拉达。面目丑陋、心地善良的敲钟人卡西莫多为救女郎舍身。小说揭露了宗教的虚伪,宣告禁欲主义的破产,歌颂了下层劳动人民的善良、友爱、舍己为人,反映了雨果的人道主义思想。

27. C 【解析】文天祥曾在《过零丁洋》中写道:“留取丹心照汗青。”故题干的这句话对应的人物是文天祥。

28. C 【解析】王实甫,元代著名杂剧作家,杂剧《西厢记》的作者。《西厢记》全名《崔莺莺待月西厢记》,书中的男女主角是张生和崔莺莺。

29. C 【解析】莫泊桑是法国批判现实主义作家,与契诃夫和欧·亨利并称为“世界三大短篇小说巨匠”,代表作有《项链》《漂亮朋友》《羊脂球》《我的叔叔于勒》等。《包法利夫人》是法国作家福楼拜的作品;《装在套子里的人》是俄国作家契诃夫的作品;《麦琪的礼物》是美国短篇小说家欧·亨利的作品,故本题选择C选项。

30. B 【解析】题干这句话出自我国朦胧诗派诗人顾城的作品《一代人》。

31. A 【解析】《日出》是曹禺的作品。《茶馆》《骆驼祥子》《四世同堂》均是老舍的作品。

32. A 【解析】“文章千古事,得失寸心知”出自唐代杜甫的《偶题》。“不识庐山真面目,只缘身在此山中”出自宋代苏轼的《题西林壁》。“春风又绿江南岸,明月何时照我还”出自北宋王安石的《泊船瓜洲》。“生当作人杰,死亦为鬼雄”出自宋代李清照的《夏日绝句》。故答案选A项。

33. A 【解析】《文心雕龙》是南朝文学理论家刘勰创作的一部理论系统、结构严密、论述细致的文学理论专著。它是中国文学理论批评史上第一部有严密体系的“体大而虑周”的文学理论专著。

34. A 【解析】莎士比亚的四大悲剧是《麦克白》《李尔王》《哈姆雷特》和《奥赛罗》,四大喜剧是《仲夏夜之梦》《威尼斯商人》《第十二夜》《皆大欢喜》。

35. D 【解析】屈原是中国历史上第一位伟大的爱国诗人,中国浪漫主义文学的奠基人,“楚辞”的创立者和代表作家。

36. A 【解析】《人间词话》中提到的“三种境界”具体是:第一层境界“昨夜西风凋碧树,独上高楼,望尽天涯路”;第二层境界“衣带渐宽终不悔,为伊消得人憔悴”;第三种境界“众里寻他千百度,蓦然回首,那人却在,灯火阑珊处”。

37. B 【解析】《老人与海》是美国作家海明威在古巴写的一篇中篇小说。该作围绕一位老年古巴渔夫,与一条巨大的马林鱼在离岸很远的湾流中搏斗而展开故事的讲述,塑造了一个硬汉形象。“一个人并不是生来要被打败的,你尽可以把他消灭,可就是打不败他”就出自该小说。

38. C 【解析】由“峨眉共比高”可知,诗中所说的一门三父子是四川人,符合这一要求的只有北宋时期苏洵及其两个儿子苏轼和苏辙。三人合称“三苏”,均位于唐宋八大家之列。

39. D 【解析】《风景谈》是茅盾的散文名篇,其他三篇散文都是朱自清的作品。

40. B 【解析】巴尔扎克在《人间喜剧》中以清醒的现实主义笔触,给人们提供了一部法国社会,特别是巴黎上流社会的卓越的现实主义历史。《双城记》是英国作家查尔斯·狄更斯所著的一部以法国大革命为背景的长篇历史小说。《寒灰集》是中国现代作家郁达夫所撰小说集,共十一篇。《悲惨世界》是法国作家维克多·雨果在1862年发表的一部长篇小说,其内容涵盖了拿破仑战争和之后的十几年的时间。

专题五　艺术素养

单项选择题

答案速查

1~5	DBADC	6~10	ADBDD
11~15	CCCBA	16~20	CAABA
21~25	ADBCC	26~30	DABDD
31~35	CBAAD	36~40	ADAAC

1. D 【解析】意大利文艺复兴时期,艺术成就最高的“三杰”分别为:达·芬奇、拉斐尔、米开朗基罗。

2. B 【解析】甲骨文是商周时期的文字;小篆是秦朝推行的一种文字;隶书是小篆简化改进后的字体;楷书是由隶书发展而来的;行书是在楷书的基础上发展起源的。故选B。

3. A 【解析】使用盝顶造型的现象在中国古建筑中实不多见,现存最大、最出名的盝顶建筑,要数江南三大名楼之一的岳阳楼。

4. D 【解析】汴京是北宋时期对京城开封的称谓,又从“置身流水游龙间”可以判断这幅画就是著名的《清明上河图》,作者是张择端。

5. C 【解析】“丹青”指红色和青色的颜料,借指绘画,C正确。“墨宝”指宝贵的字画,也用来尊称别人写的字或画。“丝竹”泛指各种乐器。“金石”是指古代镌刻着文字纪事的钟鼎碑碣等金属和石制器物。

6. A 【解析】霍去病墓石雕是西汉大型石雕中的代表作。霍去病墓石雕的手法采用因材施雕的技巧,代表性的石雕有马踏匈奴、伏虎、跃马等。

7. D 【解析】“楷书四大家”是对书法史上以楷书著称的四位书法家的合称,也称“四大楷书”。他们分别是:唐朝欧阳询(欧体)、唐朝颜真卿(颜体)、唐朝柳公权(柳体)、元朝赵孟頫(赵体)。

8. B 【解析】欧体是唐代书法家欧阳询创作的一种楷书字体,欧阳修是北宋政治家、文学家,A项说法错误。张旭是唐代书法家,以草书著名,书法与怀素齐名,被后世尊称为“草圣”,B项说法正确。怀素和尚是书法史上领一代风骚的草书家,他的草书称为“狂草”,用笔圆劲有力,使转如环,奔放流畅,一气呵成,与唐代另一草书家张旭齐名,人称“颠张狂素”或“颠张醉素”,C项说法错误。《兰亭集序》是中国晋代书圣王羲之写出的“天下第一行书”,D项说法错误。故本题答案是B。

9. D 【解析】脸谱中的红色代表忠勇侠义,多为正面角色,代表角色为关羽;脸谱中的黑色代表直爽、刚毅、勇猛,代表角色为张飞;脸谱中的白色代表阴险奸诈、刚愎自用,代表角色为曹操。故答案选D。

10. D 【解析】汉代云气纹也称流云纹,是汉魏时代流行的中国传统装饰花纹之一,是一种用流畅的圆涡形线条组成的图案。一般作为神人、神兽、四神等图像的地纹。

11. C 【解析】丰子恺是中国著名的漫画家,他的作品大多取材于儿童生活、街头景象和古诗词意,风格平淡,代表作品有《人散后,一钩新月天如水》等。

12. C 【解析】《寒食帖》又名《黄州寒食诗帖》或《黄州寒食帖》,是苏轼行书的代表作,被称为“天下第三行书”。“天下第一行书”是指王羲之的《兰亭序》,“天下第二行书”是指颜真卿的《祭侄文稿》。

13. C 【解析】近代绘画大师陈衡恪在其《文人画之价值》一文中提道:“文人画不但把意思趣味放在画里,而且把写字方法也放进去。”

14. B 【解析】中国少数民族地区的建筑形式多样，西南各少数民族常依山傍水，建筑样式为“木结构干栏式楼房”。故答案是B。

15. A 【解析】我国存世最早最完整的国画作品是顾恺之的《女史箴图》。故选A。

16. C 【解析】最著名的年画产地有天津杨柳青、苏州桃花坞和山东潍坊的杨家埠。A、B、D均不是著名年画产地。故C正确。

17. A 【解析】《洛神赋》又称《洛神赋十三行》，是王羲之第七子王献之的小楷书法代表作。字体“体势秀逸，笔致洒脱”，清朝杨宾认为其“字之秀劲圆润，行世小楷无出其右”。故答案是A。

18. A 【解析】吴道子在用笔技法上，创造了一种波折起伏、错落有致的“莼菜条”式的描法，用这种描法画人物的衣袖、飘带，具有迎风起舞的动势，故有“吴带当风”之称。

19. B 【解析】《富春山居图》以浙江富春江为背景，画面用墨淡雅，山和水的布置疏密得当，墨色浓淡干湿并用，极富于变化。前半卷现藏于浙江省博物馆，后半卷现藏于台北故宫博物院。

20. A 【解析】霍去病墓石刻是目前我国保存的古代大型石雕中时间最早且最完整的石刻艺术遗产。现存石刻共16件：马踏匈奴、卧马、跃马、石人、人与熊、怪兽吃羊、野猪、伏虎、卧牛、卧象、蛙、蟾、石鱼两件、石刻题记两件。马踏飞燕是东汉青铜器，说唱俑是东汉雕塑。

21. A 【解析】委拉斯贵支是西班牙17世纪最著名的绘画大师。作品《教皇英诺森十世》是画家第二次去意大利时完成的一幅肖像作品。在这幅肖像中，画家既表现了教皇凶狠、狡猾的一面，又表现了他精神虚弱的一面。

22. D 【解析】达达主义的代表人物是法国人杜尚，其代表作品有《泉》《带胡须的蒙娜丽莎》等。A项，《沉默之眼》是超现实主义画家恩斯特的油画；B项《野罂粟》是法国印象派画家莫奈的作品；C项《格尔尼卡》是立体主义画家毕加索的代表作。故答案选D。

23. B 【解析】达利是一位具有非凡才能和想象力的艺术家，他的绘画追求极度的无条理性，运用分解、综合和意识流的手法描绘梦境和幻想，以似是而非的客观真实记录了他主观的奇思妙想，他的代表作品《内战的预言》体现了这一点，画面是由人物四分五裂的器官所组成的一个触目惊心的梦中幻象，揭示了战争的荒谬和残酷，故答案是B。

24. C 【解析】巴洛克建筑是17、18世纪在意大利文艺复兴建筑基础上发展起来的一种建筑和装饰风格。它的特点是外形自由，追求动感，喜好富丽的装饰和雕刻，强烈的色彩，常用穿插的曲面和椭圆形空间。意大利文艺复兴晚期著名建筑师和建筑理论家维尼奥拉设计的罗马耶稣会教堂是由手法主义向巴洛克风格过渡的代表作，也有人称之为第一座巴洛克建筑。故选C。

25. C 【解析】《蒙娜丽莎》《萨莫色雷斯的胜利女神》和《米洛斯的维纳斯》被称为卢浮宫的镇馆三宝。

26. D 【解析】《春之声》是维也纳圆舞曲之王小约翰·施特劳斯所作。曲子洋溢着饱满的热情，最早是钢琴曲，后来逐渐演变成为声乐圆舞曲。贝多芬的代表作是《第五交响曲》，柴可夫斯基的代表作是《天鹅湖》，舒伯特的代表作是《魔王》。

27. A 【解析】八音是中国古代对乐器的统称，通常为金、石、丝、竹、匏、土、革、木八种不同材料所制。三弦为八音中的丝类乐器，ABCD四个选项均有三弦，故可判断A项正确。

28. B 【解析】《高山》和《流水》是两首著名的古琴曲。

29. D 【解析】黄自，中国20世纪30年代著名作曲家、音乐教育家、音乐理论家，他的作品中最为著名的是清唱剧《长恨歌》。作品内容取材于白居易的同名长诗，并选用其中的诗句作为各乐章的标题。

30. D 【解析】聂耳，原名聂守信，是中华人民共和国国歌《义勇军进行曲》的曲作者。《游击队歌》是贺绿汀作词作曲的歌曲。《松花江上》是张寒晖创作的抗日歌曲。《在太行山上》由桂涛声作词，冼星海作曲。故选D。

31. C 【解析】《黄河大合唱》包括《黄河船夫曲》《黄河之水天上来》《黄河颂》《黄水谣》《河边对口曲》《黄河怨》《保卫黄河》《怒吼吧，黄河》这八个乐章。

32. B 【解析】元杂剧是一种把诗歌、音乐、舞蹈、表演、宾白相结合，演出一个完整故事的戏曲艺术。

33. A 【解析】魏良辅对昆山腔的声律和唱法进行了改革创新，对昆山腔的艺术发展有突出贡献，被后人奉为“立昆之宗”，在曲艺界更有“曲圣”之称。选项B马连良，是我国著名的京剧表演艺术家，代表剧目有《海瑞罢官》《清风亭》《四进士》。选项C王实甫,元代著名杂剧作家,代表作品有元杂剧《西厢记》,为后人广泛流传。选项D关汉卿,元代著名戏曲作家,代表作有《窦娥冤》。

34. A 【解析】《看大王在帐中和衣睡稳》选自京剧《霸王别姬》。

35. D 【解析】南宋画家马远与夏圭因构图多截取角或片断不全之景,两面中留大块空白,世称"马一角""夏半边"。

36. A 【解析】巴洛克时期的音乐可分为早期、中期和晚期三个阶段。早期是巴洛克风格的形成期,发源于文艺复兴晚期的意大利;中期是巴洛克风格的定型期,并逐渐传遍欧洲各国;晚期是建立在早期和中期的成果之上的,以巴赫和亨德尔为代表的音乐大师们将百年的音乐发展推向了辉煌的顶点。四个选项中,意大利是巴洛克时期欧洲最具影响的音乐城市。

37. D 【解析】查理·卓别林以独特的喜剧艺术表演风格和辛辣的讽刺,尖锐地批判了资本主义社会的罪恶。其代表作有《城市之光》《摩登时代》《大独裁者》等。

38. A 【解析】"现代主义建筑的最后大师"、1983年第五届普利兹克奖得主华裔建筑师贝聿铭先生于2019年5月16日去世。他的代表作品有:东海大学路思义教堂、香港中银大厦、北京香山饭店、日本美秀美术馆、苏州博物馆新馆、卢浮宫玻璃金字塔等。悉尼歌剧院由丹麦建筑师约恩·伍重设计。故本题选择A。

39. A 【解析】变脸是川剧表演的特技之一,用于揭示剧中人物的内心及思想感情的变化,即把不可见、不可感的抽象的情绪和心理状态变成可见、可感的具体形象——脸谱。

40. C 【解析】"梅派"指梅兰芳先生创立的"梅派"艺术,是京剧旦行中首先形成的、影响极其深远的京剧流派。梅派唱腔的创始人就是梅兰芳先生,C正确。戏班、剧团一般被称为"梨园",A错误;"净"俗称花脸,指男性角色,B错误;《梁山伯与祝英台》是越剧经典曲目之一,D错误。

第五章　基本能力

经典真题回顾

一、单项选择题

答案速查

1～5	DDDDA	6～10	BBDCB
11～15	CABDD	16～20	ACCCD

1. D 【解析】本题考查Word文档的基本操作。A项,单击Word文档中的"修订"按钮,即可开启文档的修订状态。当文档的修订状态开启时,插入的文本内容会通过颜色和下划线进行标记,而删除的内容则以加删除线的形式显示出来。B项,用户在编辑文本时,若对以前所进行的操作不满意,可通过"撤消"命令撤消已完成的操作,"恢复"命令可以把刚才撤销掉的内容恢复回来。C项,用"定位"命令可以使光标快速定位到指定的项,可定位的项有:页、节、行、书签、批注、脚注、尾注、域、表格、图形、公式、对象和标题等。D项,利用Word文档的"替换"功能,可将文档中查找到的某个字或词等,统一替换为另一个字或词。依据题干所述,若要在Word文档中一次性更正出现的多处相同错误,可使用"编辑"中的"替换"命令。

2. D 【解析】本题考查Word的基本操作中文档的编辑。在"插入"选项卡下找到"符号"功能按钮,"符号"下拉菜单中点击"其他符号",就可以找到题干中想要添加的特殊符号。

3. D 【解析】本题考查信息处理能力。在常见的网址后缀名中,". gov"表示政府部门,". edu"表示教育机构,". org"表示非营利组织,". com"表示商业机构。

4. D 【解析】本题考查Excel中的函数。RANK函数用于排序,若要在单元格F2中求出6名学生的总成绩排名,输入的公式应为=RANK(E2, $E$2:$E$7)。其中E2表示总成绩,使用相对地址引用,代表的是要排序的数;$E$2:$E$7表示的是整个总成绩所在的区域,使用绝对地址引用。

5. A 【解析】本题考查Excel工作界面中功能区各选项卡的内容。点击题干所述图标可实现在工作表中插入图表。

6. B 【解析】本题考查Excel中的单元格区域。单元格区域B3:E5所包含的单元格的个数是12。

7. B 【解析】本题考查Excel中的函数。在Excel中,STDEVP()函数用于计算标准差,SUM()函数用于求和,MODE()函数用于统计众数,AVERAGE()函数用于计算平均值。

8. D 【解析】本题考查类比推理。题干中"大学生"和"志愿者"是交叉关系。ABC三项均为交叉关系,D项“医生”和“护士”是全异关系,与题干逻辑关系不一致。故选D。

9. C 【解析】本题考查直言命题的推理。该题要求得出“只有本地人当经理,才能把企业搞好”的否命题,即否定“本地人当经理”,也可以得出“把企业搞好”。否定“本地人当经理”,也就是不由本地人当经理。故选C。

10. B 【解析】本题考查数字推理。根据“1=4”“2=8”“3=24”可以看出规律是:从第二个等式开始,每一个等式的前一个数字乘以前一个等式的后一个数字,构成本等式的后一个数字,即4×2=8,8×3=24,24×4=96,所以4=96。

11. C 【解析】本题考查图形推理。题干正方体的数量依次为2、4、6,呈现公差为2的等差数列规律,故空白处正方体的数量应为8。故选C。

12. A 【解析】本题考查Word文档排版。悬挂缩进,在这种段落格式中,段落的首行文本不加改变,而除首行以外的文本缩进一定的距离。悬挂缩进常用于项目符号和编号列表。故本题答案为A。首行缩进是将段落的第一行从左向右缩进一定的距离,首行外的各行都保持不变,便于阅读和区分文章整体结构。左缩进是整段文档相对于文档左边框右移一定的距离。右缩进是整段文档相对于文档右边框左移一定的距离。

13. B 【解析】本题考查Word的基本操作。A选项,选中需要合并且连续的单元格,右击鼠标,选择“合并单元格”即可实现单元格的合并。B选项,两张表格中间有换行符,无法合并成同一张表格,若在第一张表格后边直接再插入一张表格,则他们是同一张表格,而不是两张表格。C选项,在表格内部任意地方右击鼠标,选择“拆分表格”即可对表格进行拆分。D选项,选中表格,右击鼠标,选择“表格属性”进行设置即可。故本题选B。

14. D 【解析】本题考查Excel函数的作用。选项A是求和函数,选项B是计算某个区域中满足给定条件的单元格数目的函数,选项C是求最小值函数,选项D是求平均值函数。故本题选D。

15. D 【解析】本题考查PowerPoint窗口界面的内容。幻灯片放映模式用于播放幻灯片。大纲模式用于批量编辑幻灯片;幻灯片模式用于编辑具体幻灯片单页;幻灯片浏览模式用于快速查找定位幻灯片。

16. A 【解析】本题考查PowerPoint的设计模板。PowerPoint的设计模板只限定模板的类型,对于版式则不设限定。

17. C 【解析】本题考查联言命题推理。“以事实为根据,以法律为准绳”是联言判断p并且q,“若想人不知,除非己莫为”是假言判断,其他选项是联言判断,故选C项。

18. C 【解析】本题考查类比推理。题干中,“医生”和“军人”是交叉关系,如军医。A、B两项是全异关系;C项是交叉关系,如青年干部;D项是包含关系,明星包含影星、歌星等。故本题选C。

19. C 【解析】本题考查图形推理。题干所给的三个图形,都是由3个大小相等、形状相同的图形叠加得到的,选项中只有C项的图形符合这一逻辑特点,故本题选C。

20. D 【解析】本题考查等比数列及其变式。前四个数字形成数列:101,169,305,577。该数列的后一项减去前一项的差形成新数列:68,136,272。在新数列中,后一项是前一项的2倍。则空缺处应该填入的数字为577+272×2=1121。

二、材料分析题(参考答案)

(1)“猛虎”和“蔷薇”分别代表人性的两面。“猛虎”代表人性中男性的一面,雄伟、外向和阳刚。“蔷薇”代表人性中女性的一面,秀美、内向且阴柔。二者相辅相成,每个人多多少少都兼有这两种气质,只是比例不同。

(2)①人生既是战场,又是幽谷。有猛虎才能在逆境中立定脚跟,在逆风里把握方向,创造英雄事业;有蔷薇才能烛隐显幽,体贴入微,才能做到“一沙一世界,一花一天国”。

②在人性的国度里,一只真正的猛虎应该能充分地欣赏蔷薇,而一朵真正的蔷薇也应该能充分地尊敬猛虎。完整的人生应将这两种境界调和与统一,如此,能动也能静,能屈也能伸,一句话,他心里已有猛虎在细嗅蔷薇。

三、写作题

【写作思路】

(1)根据材料一中“冬者岁之余,夜者日之余,阴雨者时之余也”,我们可以得出,“善于利用时间”“珍惜闲暇时间”“终身学习,奋斗不止”等立意。

(2)根据材料二中“‘画者工之余,诗者睡之余,寿者劫之余’,将画画、写字、作诗等事融入自己的生活中”,可以理解为要将学习与日常生活融为一体,而不是将两者割裂开来。

【参考范文】

加倍人生

事半可以功倍。中国人常说“事半功倍”，意思是用一半的力量，却得到加倍的效果。什么人能事半功倍？除了少数特别聪明、行动特别快的人，事半功倍的常常是懂得“一时两用”甚至“一时三用”的人。

一分钟可以干很多的事情，一分钟可以写二十多个字，可以走一百多步路，可以看一页书。如果这样做一个小时，就可以写一千多个字，走好几千步路，看好几十页书。只要把时间充分利用，一天中能做的事情还是很多的！

莫扎特只活了35岁，但在他短短的一生中却有600首以上旷世之作遗留于世。可想而知，在莫扎特短短的35年生命里，他是如何安排自己的时间进行学习与创作的。反观那些活了七八十年却默默无闻的音乐家，纵然有可能是天赋所限，但他们对时间的安排也绝比不上莫扎特。

鲁迅的成功，有一个重要的秘诀，就是珍惜时间。鲁迅年少念私塾时，父亲正患重病，两个弟弟年纪尚幼，鲁迅不仅经常上当铺，跑药店，还得帮助母亲做家务。为免影响学业，他必须作好精确的时间安排。他曾说过：时间就像海绵里的水，只要愿挤，总还是有的。鲁迅读书的兴趣十分广泛，所以时间对他来说，实在非常重要。在鲁迅的眼中，时间就如同生命。

“少壮不努力，老大徒伤悲。”有多少因为不珍惜时间而暗自后悔的人呢？时间是不会等人的。我们生活在时间里，却又往往忽视时间的流逝。有多少人在行将老去时，才会恍然醒悟，你的人生还有许多事未做，还有许多事等着你去做。与其碌碌无为地度过一生，不如抓紧时间，利用人生中的每一分，每一秒，为自己的生命增添色彩，让自己的人生更有意义，更值得回味。

人生大部分时间几乎都是重复的，所以，我们总以为自己的时间还长。有过这样一则童话：如果时间可以买卖，那么大人们会不惜重金来买时间，因为他们不想那么快老去；相反，调皮的孩子则会嬉戏着卖出时间，因为他们想快快长大，去外面的世界探索更多新奇有趣的事物。可没人注意到，时间正在身边悄悄流逝，一分一秒，从未停止，不管你如何一再地想要阻止时间的流逝，到头来会发现，一切都是徒劳，过去的已经过去，现在的也将流逝。

人或许永远跑不过时间，但总归可以跑快一些，积少成多，在这多出来的步伐里，你可能就会创造出很多东西，就可以在岁月的长河中留下光辉的一瞬。

居里夫人、鲁迅、巴尔扎克、雨果，他们都是和时间赛跑的人。居里夫人连椅子都不肯多摆，害怕来客坐下来会谈天说地耽误了时间；鲁迅一天必须完成规定的文字；巴尔扎克为了多写文章，拼命地喝咖啡提神；雨果通过运动使本来枯萎的生命又得到延长，又为人类写出了许多光辉的著作。他们都是善于把握时间、利用时间的人，所以活出了加倍人生，所以为我们带来了许多精彩的作品与发明，从而青史留名。

“逝者如斯夫，不舍昼夜”，时间不会因为人的哀叹而停止，也不会因为人的强求而放慢脚步，而我们只有抓住从身边悄悄流逝的分分秒秒，才能活出加倍人生。

过关必刷题库

专题一　信息处理能力

单项选择题

答案速查

1～5	BCAAD	6～10	BDCBD
11～15	DACAA	16～20	DDDBA
21～25	CBABD	26～30	ACCDD
31～35	ACAAD	36～40	CCBBC
41～45	BBCCB	46～50	CDBCB
51～55	DCDCA	56～60	DCACA
61～65	DCBDC	66～70	BBABB

1. B 【解析】将鼠标指针移到该行的最左侧(选定栏)，此时鼠标指针形状变为向右倾斜的空心箭头，单击左键，则该行被选中。用鼠标在此行的选定栏双击可选定该段落；在段落的任意位置三击(连续按三次左键)可选定整个段落。

2. C 【解析】在Word中，“插入”和“页面布局”选项卡是并列选项卡，“页面布局”选项卡中不包括“插入”命令。

3. A 【解析】“四号”“五号”“16磅”“18磅”都表示文字的字号，其中“四号”大于“五号”，“18磅”大于“16磅”。

4. A 【解析】选择任意矩形区域的方式是按住Alt键，然后拖动鼠标。B选项可以实现选中多个不连续的文本；C选项可以实现选择连续的文本；D选项只能从光标处选取矩形区域。

5. D 【解析】在水平标尺上，有四个段落缩进滑块：

首行缩进、悬挂缩进、左缩进以及右缩进。

6. B 【解析】在Windows系统中卸载一个应用程序,可以通过"控制面板"|"卸载或更改程序",在安装的程序列表中选中要卸载的程序,单击"卸载/更改"按钮进行卸载。

7. D 【解析】在Word文档的表格的单元格中既可以输入文本,又可以输入图片和符号。

8. C 【解析】A选项和B选项为剪切操作,D项"撤销"之后"恢复"为无效操作。

9. B 【解析】在Word编辑状态下,单击"插入"→"文件",即可将另一文档的内容全部添加在当前文件光标处。

10. D 【解析】在Word中,文字有五种对齐方式,分别是左对齐、右对齐、居中对齐、两端对齐和分散对齐。A项表示居中,B项表示分散对齐,C项表示右对齐,D项表示两端对齐。

11. D 【解析】"复制"是将选定的内容复制到剪贴板中。

12. A 【解析】在Word中,选择"文件"菜单下的"另存为…"命令,弹出"另存为"对话框,在"保存类型"下拉列表框中可以选择要另存的文件类型。Word文档可以另存为txt文本文件、xml文档、mht单个文件网页、htm网页、dot文档模板等。

13. C 【解析】出现"文档受保护,以防止误编辑。只能查看此区域"是因为开启了限制编辑。

14. A 【解析】Insert键用来切换输入模式。

15. A 【解析】Ctrl+S是保存文档的快捷键。Ctrl+O是打开文档;Ctrl+A是全选的快捷键。

16. D 【解析】Ctrl+End组合键可以立即将光标移动到文档末尾。

17. D 【解析】字符间距是通过字体对话框完成的。

18. D 【解析】在Word中,插入的剪贴画有嵌入型、四周型、紧密型、衬于文字下方和浮于文字上方等环绕方式,默认的环绕方式是嵌入型。衬于文字下方则是将图片作为背景显示在文字的下方,不影响文字的格式和排版。

19. B 【解析】在Word2007中,"文档"选项卡指向"打印"选项,在打开的下一级菜单中即可选择"打印预览"命令。

20. A 【解析】在Word中,绘制的图形、自选图形、艺术字和图表都被当作是图片对象。

21. C 【解析】Word中的表格不可以实现分类汇总。

22. B 【解析】A项用于设置表格各行高度相同;B项用于设置表格各行宽度相同;C项操作会使表格大小跟Word窗口大小一样;D项操作会使表格根据内容自动调整到适合的宽度、高度。

23. A 【解析】当在计算机中安装有Word处理程序时,用IE浏览器打开Word文档实际是调用Word处理程序打开的,否则是不能打开的。

24. B 【解析】在Word中,选择"开始"菜单下的"段落"命令,可弹出"段落"对话框,在"缩进与间距"栏目中可以更改"行距"下拉列表框中的数据来设置行间距。

25. D 【解析】插入页码时,选择"插入—页码"可统一设置,无须每一页都输入页码。

26. A 【解析】使用Word的邮件合并功能,首先要建立Excel电子表格存储活动信息,然后在Word中新建文档制作任务模板,打开Word中"邮件合并"工具栏,选择相应数据源,在模板中相应位置单击"插入合并域",选择对应字段,选择"合并到新文档",调整模板大小并打印。所以正确的顺序是⑤③①④②。故选A。

27. C 【解析】当用户在编辑文本时,如果对以前所进行的操作不满意,可以单击快速访问工具栏上的"撤消"按钮或者组合键"Ctrl+Z"恢复到操作前的状态。撤消可以取消用户的误操作,恢复原来的内容。

28. C 【解析】在Word中,Shift+"绘图"工具栏"矩形"工具可绘制正方形。

29. D 【解析】单元格是Excel中最基本的组成单元,单元格名称是由列标和行号命名的,列号用英文字母表示,行号用阿拉伯数字表示,因此表格中第5行第3列的单元格称为C5。

30. D 【解析】在Excel中,利用自动填充柄可进行自动填充。可以实现等差、等比等多种形式的填充,还可以进行日期的填充。

31. A 【解析】绝对引用的形式是在每一个列标及行号前加一个"$"符号。

32. C 【解析】在Excel中,自动填充柄的自动填充功能可完成复制操作。

33. A 【解析】可以通过升序排列或者降序排列来找到该门课程成绩最好的学生。

34. A 【解析】在Excel表中,若以正月开头,自动填充后,下面应接续显示二月、三月、…,需要以1月开头,自动填充后才能接续显示2月、3月、…,即在Excel表格中,自动填充的内容、格式要保持一致,所以A项不能实现自动填充。故本题应选A。

35. D 【解析】"¥"是中国货币符号,单元格自动显示￥123，说明此单元格的格式被设置成了货币类型。

36. C 【解析】当Excel工作簿中既有工作表又有图表时，执行“保存文件”命令则将工作表和图表一起保存。

37. C 【解析】Excel中图表数据源的内容变化后，图表数据会发生相应变化，自动更新。

38. B 【解析】在Excel中，通过“格式”→“条件格式”命令，可以将符合条件的单元格内容突出显示。

39. B 【解析】在Excel中，输入公式前必须先输入“=”。

40. C 【解析】在Excel中，在单元格中同时按下Alt+Enter，可以使文字在单元格内实现换行。

41. B 【解析】Excel中，筛选条件之间是“和”的关系，筛选结果要同时满足所有条件。因此，利用条件“数学>70”与“总分>350”对考生成绩数据表进行筛选后，显示的结果是所有数学>70并且总分>350的记录。

42. B 【解析】在Excel中，若删除数据时选择的区域是“整行”，则删除后，该行位置被下方的行填充；若选择的区域是“整列”，则删除后，该列的位置将被右侧的列填充。

43. C 【解析】当鼠标为向左方空心箭头时，仅拖动鼠标可以将此单元格的数据拖到任意位置。

44. C 【解析】在Excel中，拖放填充单元格，会执行按一定的规律填充的功能，若单元格内容为“星期一”，则会按照顺序依次排列，即会出现星期二、星期三、星期四、星期五、星期六、星期日。

45. B 【解析】13+13显示为13+13，不为26。

46. C 【解析】在单元格中输入“1／4”显示“1月4日”。A项，若要求显示的内容为1／4，则应把单元格的格式设置为文本格式。B项，在单元格中输入“=1／4”显示0.25。D项，将单元格的格式设置为小数点后三位，并输入“=1／4”显示0.250。

47. D 【解析】在Excel中，图表是工作表数据的一种视觉表现形式。图表是动态的，改变图表所依赖的数据后，系统就会自动更新图表。

48. B 【解析】柱形图是一种以长方形的长度为变量的表达图形的统计报告图，用于数据的统计和分析；条形图显示各个项目之间的比较情况；折线图可以显示随时间而变化的连续数据；饼图显示一个数据序列中各项的大小与各项总和的比例。

49. C 【解析】单元格中写入的数据开始正常，进行操作后变成一串“#”符号，说明单元格列宽太小，需要调整宽度。

50. B 【解析】AVERAGE是求平均数的函数，主要功能是求出所有参数的平均值。求和函数是SUM，求最小值函数是MIN，求最大值函数是MAX。

51. D 【解析】*. avi是一种多媒体容器格式，可以存放多种视频格式，不适合在网络上传播；在同等视频质量下，*. wmv格式的文件可以边下载边播放，因此很适合在网上播放和传输；*. rmvb具有体积小，清晰度流畅度高的特点；mpg文件格式是运动图像压缩算法的国际标准，它采用了有损压缩方法减少运动图像中的冗余信息，因此不适合在网上传输。

52. C 【解析】选择“幻灯片放映”-“幻灯片切换”命令，打开“幻灯片切换”对话框，在该对话框中可以设置切换效果、切换声音、速度、换片方式等。

53. D 【解析】为对象设置了自定义动画后，可以一个一个地播放动画效果。

54. C 【解析】幻灯片母版是指具有特殊用途的幻灯片，用来设置演示文稿中所有幻灯片的文本格式，如字体、字形或背景对象。

55. A 【解析】PowerPoint的超链接功能可以使幻灯片从一张幻灯片直接跳转到另一张幻灯片。

56. D 【解析】在PowerPoint中，用户可以为幻灯片设置不同颜色、图案或者纹理的背景，可以将图片作为幻灯片背景，可以为单张幻灯片设置背景，还可以同时为多张幻灯片设置相同的背景。

57. C 【解析】在PowerPoint的空白幻灯片中，可以直接插入图片、图表、文本框、页眉和页脚、艺术字、视频、音频等。若要插入字符，需要先点击文本框，然后进行相应操作。

58. A 【解析】在PowerPoint中，运用母版功能可以实现为所有幻灯片设置统一的、特有的外观风格。

59. C 【解析】“自定义动画”可以将对象设置为“单击时”“之前”“之后”响应，也可以设置延迟时间，说明使用鼠标或时间等都可以控制动画，故本题选C。

60. A 【解析】在PowerPoint中，如果要输入大量文字，最方便的视图是大纲视图。

61. D 【解析】可以通过“动画”来设置幻灯片的放映效果，使幻灯片中的对象按照某个规律，以动画的效果逐个显示出来。在“动画”中可以通过“对动画重新排序”选项重新设置幻灯片中各个对象的出现顺序。

62. C 【解析】Ctrl+H为替换快捷键。

63. B 【解析】在幻灯片播放过程中，要想停止播放，可以按Esc键。

64. D 【解析】选择“插入”→“页眉和页脚”命令，打开“页眉和页脚”对话框，在“幻灯片”选项卡中，选中“日期和时间”复选框，选中“自动更新”单选按钮，可在幻灯片的左下角插入时间日期，该时间是自动更新的，以保证每次放映该幻灯片时，显示的都是当天日期。

65. C 【解析】排练计时是通过记录模拟彩排的播放过程，将每张幻灯片放映的停留时间以及幻灯片中的动画效果的播放时间记录下来，在放映时实现自动播放。因此，要使幻灯片在放映时能够自动播放，需要为其设置排练计时。

66. B 【解析】选择“幻灯片放映”→“设置”命令，打开“设置幻灯片放映”对话框，其中的放映类型默认为“演讲者放映(全屏幕)”。

67. B 【解析】幻灯片浏览视图以最小化的形式显示演示文稿中的所有幻灯片，在这种视图下可以进行幻灯片顺序的调整、幻灯片动画设计、幻灯片放映设置和幻灯片切换设置等操作，但是不能编辑幻灯片中具体的内容。按住Ctrl键并拖动某幻灯片可实现幻灯片的复制。

68. A 【解析】在PowerPoint中，向幻灯片中添加文本时，可以选择“插入”菜单中的文本框命令。故选A。

69. B 【解析】占位符也是PowerPoint的一种对象，也可以为其添加动画效果。

70. B 【解析】显示器是输出设备，是将一定的电子文件通过特定的传输设备显示到屏幕上再反射到人眼的显示工具。扫描仪是输入设备，是利用光电技术和数字处理技术，以扫描方式将图形或图像信息转换为数字信号的装置。绘图仪是输出设备，能按照人们的要求自动绘制图形，将计算机的输出信息以图形的形式输出。音箱是输出设备，是可将音频信号变换为声音的一种设备。

专题二　逻辑思维能力

单项选择题

答案速查

1～5	ADDBB	6～10	CCBAD
11～15	CCCAB	16～20	DCCAD
21～25	DBAAC	26～30	DABAB
31～35	DDBCA	36～40	ACCAD

1. A 【解析】题干可推出“所有与甲型H1N1流感患者接触的人都与徐海华接触过”，再根据直接推理，可得“有些与徐海华接触过的人与甲型H1N1流感患者接触过”，故A项正确，C项错误，B、D两项信息题干中没有提到。

2. D 【解析】题干中，四季就是指春夏秋冬，二者为全同关系。A项，情绪不仅仅包括喜怒哀乐，还有其他情绪，所以二者为包含关系；B项，颜色不仅包括赤橙黄绿还有其他颜色，二者为包含关系；C项，一天不仅包括早中晚，还有其他时间，二者为包含关系；D项，四方就是指东南西北，二者为全同关系。

3. D 【解析】根据题意，如果小远没有参加婚礼，那么小凡就没有参加，小青可能参加也可能不参加，小青和小凡不会都参加。故选D。

4. B 【解析】每两个数一组，后项分别减去前项：5-3=2,10-6=4,17-11=6。所得的差为：2,4,6,(8)，所以18+8=26。

5. B 【解析】直接递推，数列前两项的差值，等于第三项。52-32=20,32-20=12,20-12=8，故空缺处为12-8=4，该题选B。

6. C 【解析】题干中的六个图形，从图形的某点出发画图且每条线只画一次不能重复，其中①③⑤图形需要两笔画成；②④⑥图形均可以一笔画成。

7. C 【解析】题干中李白和王维是唐朝诗人，属于逻辑中的复言命题，表达两个判断。A、B、D三项都是复言命题，与题干一致。C项苏洵、苏轼是父子，表达了个体判断，是直言命题，与题干不一致，故选择C项。

8. B 【解析】伞和雨衣都遮雨，伞还有遮阳的功能；空调和暖气都可以取暖，空调还有降温的功能。

9. A 【解析】交警根据交规来处理违章，交规是交警处理违章的依据。A项，保安员根据规定来维持秩序，规定是保安员维持秩序的依据，与题干逻辑关系一致，当选。B项，厨师并非根据菜单来烹饪佳肴，菜谱才是厨师烹饪佳肴的依据，与题干逻辑关系不一致，排除。C项，维修工并非根据合同来维修电器，维修工维修电器的依据是维修的基础知识和家电的损坏原因，与题干逻辑关系不一致，排除。D项，教师并非根据教案来备课，教案是在教师备课过程中产生的，是对教学内容、教学步骤、教学方法等进行的具体设计和安排的一种实用性教学文书，是教师上课的依据，而不是备课的依据，与题干逻辑关系不一致，排除。

10. D 【解析】"琴棋书画"与"经史子集"这两个词语中的四个字均为名词，且为并列关系。D项，"鸟兽虫鱼"与"江河湖海"这两个词语中的四个字均为名词，且为并列关系，符合题干的逻辑结构。A、B、C三项均与题干的逻辑结构不符。

11. C 【解析】第一组图形中对称轴位置分别为横轴、左上一右下、纵轴，对称轴每次逆时针旋转45度。第二组图形满足同样的规律，左上一右下、纵轴，下个图形对称轴的方向应该是右上一左下，故本题选C。

12. C 【解析】如果"我们班有的同学不会跳舞"，则A项为真，B项为假，D项为真，而C项则不能确定其真假。

13. C 【解析】钱三入选，题干中并未说明赵三和孙三来自什么专业和什么协会，因此赵三和孙三有一人入选，但不能确定谁必定入选，故排除A、B。因为李一和郑一都来自法律系，最多有一个入选。而王一来自哲学系，和钱三同一专业，所以王一必定不能入选。因此，剩下的两人周一和吴一必定都入选。故选C。

14. A 【解析】咸菜烧豆腐——有言(盐)在先，是一个歇后语，咸菜中含盐，和"言"是谐音。A项，和尚没有头发，"发"和"法"是谐音，与题干逻辑关系一致；B项，老鼠钻书箱和咬文嚼字没有谐音，与题干逻辑关系不一致，排除；C项，桀犬吠尧和各为其主没有谐音，与题干逻辑关系不一致，排除；D项，徐庶进曹营和一言不发没有谐音，与题干逻辑关系不一致，排除。故正确答案为A。

15. B 【解析】白醋的主要功能是烹调，次要功能是消毒；且白醋为液体。A项，加热是热水器的主要功能，而且热水器不是液体，不符合题干逻辑关系，排除。B项，汽油的主要功能是用作燃料，次要功能是去渍，而且汽油是液体，符合题干逻辑关系，当选。C项，调味是白糖的主要功能，且白糖不是液体，不符合题干逻辑关系，排除。D项，滋补是人参的主要功能，而且人参不是液体，不符合题干逻辑关系，排除。故正确答案为B。

16. D 【解析】由于甲药比乙药有效，而乙药又与己药药效相同，所以甲药比己药药效好。

17. C 【解析】由题干可知每人只对了一半，是一道题干信息真假不确定的排列组合，考虑代入法，代入选项后符合每人的预测都只对了一半即为正确答案。代入选项能够得出C项符合题意。

18. C 【解析】启明星、太白星均指金星；火焰山位于吐鲁番；中国文学与艺术哲学是并列关系；长篇小说属于文学作品，后者是对前者性质的概括。

19. A 【解析】此数列为等差数列，公差为8。故空中数应为30。

20. D 【解析】第一组图中，第一个图形是一个立体图，后两个分别是第一个图的俯视图和正视图。正视图意味着要沿水平方向从前面向后面看，则第二组图中第一个图形中间的圆面和最上边的圆面均会被遮挡。

21. D 【解析】鞠躬尽瘁和呕心沥血是近义关系，二者均是成语；精益求精和锦上添花是近义关系，二者均是成语。

22. B 【解析】"内正其心外修其行"是"表里如一"的必要非充分条件。B项"若能内正其心外修其行，则必能表里如一"是错误的，这种表述忽略了表里如一的其他条件，使前者成为后者的充要条件。

23. A 【解析】郁郁葱葱用来形容森林，二者是语法关系。A项，庄严肃穆用来形容法庭；B项，勤奋好学形容的是学生，不能是校园；C项，饕餮大餐指丰富的、大量的食物，不能形容餐桌；D项，嬉戏玩闹形容的是人，不能是公园。故本题选A。

24. A 【解析】此数列为等比数列，公比为6，故空缺处的数应为1296。

25. C 【解析】"得陇望蜀"比喻贪得无厌；"狼子野心"比喻凶暴的人习性难改，也比喻人的野心很大。两个词语是近义关系。"坐井观天"指坐在井里看天，用来比喻和讽刺眼界狭窄或学识肤浅之人；"鼠目寸光"意为老鼠的眼睛只能看到一寸远，形容目光短浅，没有远见。两个成语是近义关系，符合题干逻辑关系，故答案选C。

26. D 【解析】观察发现，题干中的白点和黑点依次呈交错递增规律，黑点数量依次为：1、2、3、4；白点数量依次为：1、2、3、?。? 前已有1个白点，? 后已有两个黑点，因此？处白点应为3个，黑点应为3个，只有D项符合。

27. A 【解析】分别将选项代入题干，确定逻辑关系。A项，杂志拥有读者，音乐拥有听众；且杂志、音乐为欣赏物，读者、听众是人，前后逻辑关系一致，当选。B项，杂志和动画无直接逻辑关系，听众与艺术也无直接逻辑关系，排除。C项，杂志与指挥家无法对应，排除。D项，人群与听众为包含关系，但杂志和作品无直接逻辑关系，排除。故答案选A。

28. B 【解析】由题中数列可知,相邻两数的差为:5、7、11、13、?。即构成一个质数数列,因此,? = 17,即空格处的数字为17+38=55。

29. A 【解析】地球是行星,并且是一个具体存在的行星。A项,英国是一个具体存在的国家,与题干逻辑关系一致,当选;B项,陕西是中国的一个省,两者之间是组成关系,与题干逻辑关系不一致,排除;C项,公路不是具体某一条道路,与题干逻辑关系不一致,排除;D项,岛屿和大陆两者之间是并列关系,与题干逻辑关系不一致,排除。故答案选A。

30. B 【解析】题干关系是事物与原材料的关系。高粱是制造白酒的原料之一,黄豆是制造酱油的原料之一。

31. D 【解析】此题只需要清楚一个例子,就是要得20分只能是答对两道题,答错两道题,不答两道题这么一种可能情况。然后,应用此例子逐个排除。A至多答对一道题,可以排除掉;B至少三道没有答,意思是有三道或者三道以上没答,可以排除;C至少答对三道,也可以排除;随后得出D项是正确答案。

32. D 【解析】前一项加1的和再乘以自然数列等于下一项。即(3+1)×1=4,(4+1)×2=10,(10+1)×3=33,(33+1)×4=(136)。

33. B 【解析】典型和数列。前两项之和等于第三项,故4+6=(10),6+(10)=16。

34. C 【解析】典型和数列。前三项之和等于第四项,依此类推,8+15+27=(50)。

35. A 【解析】题干中数列的规律是:6×4=24,24÷3=8,8×2=16,16÷1=16,16×0=(0)。

36. A 【解析】根据题干,四位邻居中只有一个人说了真话,且这起盗窃案件是一人所为。如果小王说了真话,其余三人说了假话,那么小李没作案,小邓没作案,但与小李本人说法相同,假设不成立。如果小邓说了真话,即小李作案,同时印证了小王说了真话,假设不成立。如果小刘说的是真话,即小邓作案,同时印证了小王、小李说了真话,假设不成立。如果小李说的是真话,其余三人说了假话,那么小李没作案,小邓没作案,小王作案,假设成立。故答案选A。

37. C 【解析】"八卦"即乾坤震艮离坎兑巽,包含"乾坤";"五音"即宫商角徵羽,包含"宫商"。故答案选C。

38. C 【解析】黑匣子会记录飞机的飞行过程,行车记录仪会记录汽车的行车过程。

39. A 【解析】元素组成不同,且无明显属性规律,优先考虑数量规律。观察发现,图3、5出现简单的汉字,优先考虑笔画数。题干六幅图的笔画数依次为1、2、3、4、5、6,因此?处应选择一个笔画数为7的图形,只有A项符合。

40. D 【解析】杀鸡的目的是儆猴。A项,得陇与望蜀是并列关系,与题干关系不一致。B项,唇亡与齿寒是因果关系,与题干关系不一致。C项,居安与思危是并列关系,与题干关系不一致。D项,凿壁的目的是偷光,与题干关系一致。故本题选D。

专题三 阅读理解能力

材料分析题(参考答案)

1. (1)"圆"在中国古代美学中,代表着生命流转,蕴含着宇宙万物。天坛的大量圆形建筑正是体现了一种"天行健"的精神以及生生不息的宇宙观。
(2)和"清"的关系最大。"清"由"青"而来,"青"是祥和、安宁的象征,树木的基本色调也是青色,与天坛的基本色调是一致的,体现了一种空灵的美。

2. (1)①五六月间盛开;②色彩鲜艳;③花形奇特;④花姿向阳;⑤气息摄人。
(2)①看法一:最后两段画蛇添足,删去更好。
理由:删去后,文章避免了繁冗拖沓,更加简洁明快。文章第八、九、十段,母亲做饭,父亲喝茶哼歌,"我"陶醉,人和景完美融合,表现了生活的幸福美好,与前文"棋盘花""绣锦夺目"相呼应,内容已足够完整。以第十段的景物描写作结,戛然而止,意蕴悠长,给人留下丰富的想象空间,更有艺术性。
②看法二:最后两段并非画蛇添足,不应删去。
理由:文章的标题是"棋盘花",而文章第十段以"大地的金色和新麦的金色融为一体"结束,没有提及棋盘花,这样结尾显得内容不完整。文章开头写棋盘花,以棋盘花引出对家乡、父母的描写,再以多年后在别处遇到棋盘花结尾,使首尾照应,结构严谨。以再遇棋盘花结尾,表明美好的事物不会因时空的变化而变化,说明美是永恒的,深化了主题。
(支持哪种看法都可以,言之有理即可)

3. (1)对自然的死亡,不怕,因为不可避免;对痛苦的死亡,以前是无可奈何,现已不太害怕;对快乐的死亡,十分忧虑,非常蔑视。
(2)本文虽然是作者从自身的职业角度发出的感

慨,但这就像是举了个例子一样。这种只注重表面功夫,不做好本职工作的做法并不是只在作家中出现,作者是借此对整个社会中存在的这种现象进行批判。因此,本文“快乐的死亡”不单是对作家而言,对其他人也有启迪作用:我们不要热衷于表面的热热闹闹、轰轰烈烈,而要踏踏实实搞好本职工作,做出实际成绩。

4. (1)人生合理的生活,便是指敬业。人生在世是要天天劳作的,根据自己的才能、境地,认定一件事情去做,并忠于这件事,实实在在把全部精力集中到这事上,圆满的劳作。这便是人生合理的生活。

(2)“事的性质,从学理上解剖起来,并没有高下”,“我信得过我当木匠的做成一张好桌子,和你们当政治家的建设成一个共和国家同一价值”意思是任何职业从价值角度看,都是平等的,劳动本身没有高低贵贱之分。“不想当元帅的士兵不是好士兵”意思是职位有高低之分,人要有更好的目标和理想,并为之奋斗。这两句话不存在矛盾。从事一项职业,必须具有敬业精神,实实在在把它做好;只要把职业做好了就可以得到更高的职位,就能获得进步,更上一层楼。

5. (1)①塔里木河身处沙漠,不得不与沙漠进行长期的、坚韧的较量;②塔里木河给沙漠带来生命与文明,却又不得不亲历文明的衰落;③塔里木河的奔腾和消失承载着人们的热爱、慌恐等复杂情感,引发了沉重的思考。

(2)①生动地刻画出胡杨林坚韧顽强的形象,增强文章的感染力;②深化主题,以胡杨树的生死暗示河流的变化,表现生命离开河流后的困顿;③由河到树,由树到人,承上启下,结构更加严密。

6. (1)①第一类:蕴含着书写者的学养功底和气质风神。②第二类:格式不规范,书写不工整,文辞浅陋。

(2)①对当今文化现状的焦虑(惆怅):传统尺牍信札中所包含的博大精深的中华文明,似乎正渐行渐远。②对一些中华文明(传统文化)逝去的怀念:对几千年来中国传统文人“达则兼济天下,穷则独善其身”的美好理想和对优雅文化的无限怀想。③对优秀传统文化传承的企盼:继承传统不忘经典,用中国语言、中国气派、中国风格的理论体系和话语系统来解读当今中国社会的发展秘密,找到通向世界、与各种文明有效对话的渠道和钥匙。

7. (1)作者认为,传统节日式微真正的原因是文化在“异化”和“物化”。传统节日越来越没有文化味道,越来越趋向物质化。

(2)①作者认为传统节日蕴含丰富的文化内涵,是珍贵的非物质文化遗产,但日渐式微,所以需要保护和传承。

②开展传统节日文化的学习、教育、宣传活动;在传统节日开展新的民俗活动,以增加其新的文化内涵,如在春节期间大力宣传中国年的悠久历史、以网络祭拜方式祭奠祖先等。

8. (1)要经历接受启蒙教育,激发兴趣爱好,选择终身职业这三个过程。

(2)朱光潜的经历体现了读书的第一阶段的特点。在朱光潜幼小的心灵中,怀着对知识的好奇,因而他在读书兴趣的支配下,陶醉于书中内容,忘记了等船的事,与第一阶段相符。

9. (1)“钥匙”在文中有多种内涵,具体如下:①是个人自尊的保障、生活独立的象征;②是一种自由和遇事不必求助于人的快乐;③象征的是自己一种独特的权利,也是别人对自己的信任;④是有备无患的快乐,也是左右逢源的保障;⑤是安心的投奔和无言的挽留。

(2)钥匙见证了作者的人生历程,见证了作者的悲欢喜乐,见证了作者情感的收获,见证了作者家庭的和美幸福和工作的满足欣慰,钥匙是作者心灵的守护神。所以在交出钥匙的时候,作者会有小小的伤感与不舍。

10. (1)①苏轼表达的那种人生空漠之感更深刻更沉重;②苏轼的“退隐”心绪,不只是对政治的退避,而且是对社会的退避;③苏轼对人生目的和意义怀疑、厌倦和乞求解脱与放弃。

(2)①苏轼是地主士大夫进取与退避矛盾心情最早的鲜明人格化身。②苏轼最早在诗文中表达那种人生空漠感和厌倦感。③苏轼发现陶渊明的美与真谛,使之备受关注,广为流传。④苏轼的美学理想和审美情趣,对后世具有重要的先驱作用。

11. (1)①社会上有崇洋媚外的风气;②一部分建筑师对中国建筑存在鄙视;③一部分建筑师虽对中国建筑感兴趣,但缺乏真正的了解。

(2)①数千年来中国建筑取得了真正的艺术成就,有其一贯的基本方法及原则;②中国建筑因新科学、材料、结构正赶上强旺更生的时期;③拥有文化自信和自觉艺术追求的新建筑师群体正在产生。

12. (1)这句话的意思是指农村的青年都到城里打工,在城里生活,很少有挣了钱回乡建设发展安居的。

(2)作者说故乡在“年复一年地老去”的原因有以下几点:①随着时间的流逝,城市的发展,很多青壮年都去城市打工安居,村里很少见青壮年;②村里巷子残破、衰败;③村里的小学随着人数的减少而荒废;④田野里沉寂萧条、没有生机;⑤村里的工厂失去了旺盛的人气;⑥乡村经济、交通落后。

专题四 写作能力

写作题

1.【参考范文】

重建社会信任需要“正能量”

当前,我国社会的总体信任进一步下降,人际不信任进一步扩大,这已成为民众心中难解的痛。一方面,社会上的诚信缺失现象频频出现,种种不信任事件每天都在上演;另一方面,人们对人际关系的陌生与不信任又深恶痛绝,怨声载道。这看似是一种矛盾,实际上,大部分民众都是善良的,他们更愿意看到温馨和谐的人间真情。“罗马不是一日建成的”,社会信任的重建也不可能一蹴而就,需要全社会的力量,从很多方面予以纠正。但归根结底,要想重建社会信任,迫切需要一种“正能量”。

有人说,社会就像疾驰的列车,需要能量来驱动。“负能量”如同劣质汽油,会对列车造成伤害,甚至引发故障。只有不断灌注“正能量”,列车才能安全顺利地驶向远方。“正能量”能使人们健康乐观、积极向上,它催人奋进,予人力量,让人们充满希望和期待。创造、传递、接力“正能量”,重建社会信任,应从政府、个人、媒体三方面出发。

一、政府创造宏观“正能量”

首先,在建立社会信任机制上,公共权力处于核心地位。从制度层面建立社会信任机制,政府起到至关重要的作用。其次,维系诚信仅靠道德约束是不够的,也需要法律制约。从法律上降低信任风险,重建社会信任,也需要政府发挥作用。再次,政府公信力的建立和强化对于社会总体信任状况的影响也是巨大的。民众缺乏信任感,不相信陌生人,甚至不相信政府,这与一些政府官员不作为、乱作为或贪污腐败不无关系。因此,政府应该进一步建设“阳光型政府”“服务型政府”,坚持公开透明,树立自身的公信力。最后,政府应积极发挥引领社会风尚的示范和教化作用,倡导全社会的爱心善举,多创造宏观“正能量”。

二、个人创造微观“正能量”

我国目前处于社会转型期,原来的“熟人社会”逐渐向“陌生人社会”过渡,信任格局发生变化,导致人际信任下降。这与每个人的生活状况息息相关。社会上确实存在一些人,自私、拜金,凡事抱着不关我事的思想,对陌生人处处提防,看条件与人交往……很多时候,这仅仅是一种态度而已,而态度是可以转变的。如果每一名社会成员都从自身出发,创造微观“正能量”,就可以逐渐扭转社会风气,有助于社会信任的重建。

三、媒体传播“正能量”

现代社会资讯发达,媒体的导向作用变得愈发重要。人们通过媒体接触到广泛的社会信息,包括正面信息和负面信息,当人们接收到过多的负面信息后,就会变得更加敏感、警觉,对他人的信任度也随之降低。因此,在重建社会信任中,媒体不要有选择性地只为了自己的报道能够吸引眼球,就大肆宣传负面信息,也应积极传播“正能量”,多宣扬社会的真善美,让民众对社会重新燃起信心。

信任,是相互的,需要每一个人的参与,重建社会信任有赖于政府、个人、媒体。对于全社会来说,每一个体系、每一个个体的“正能量”相互叠加,就会构成极其强大的能量,这份能量会打破人与人之间冷漠的坚冰,用善意唤醒更多的善意,逐渐建立人与人之间的信任,社会将更加和谐美好。

2.【参考范文】

因材施教

美国教育心理学家布卢姆指出:“许多学生在学习中未能取得优异成绩,主要问题不是学生智力、能力的缺失,而是由于未得到适当的教学条件和合理的帮助。”这启示我们,应最大限度地为不同层次的学生提供“合理的帮助”,就如同“学游泳”的故事,要根据学生的不同特点,发掘潜质,因材施教。

“尺有所短,寸有所长。”鸭子天生会游泳,一下水便驾轻就熟。兔子擅长短跑,松鼠擅长爬树,这是他们的特性所定。然而硬让他们去做自己不擅长的事情,即便费尽心思,付出十足努力,收效也不会很大。这就像让农夫去造机器,让教师去打针一样,即使努力,也必定弄出乱子,无法完成任务。

学校教育的对象是学生,每个学生都有着自己的性格和特点,他们对于学习也有着不同的态度和选择。这就要求教育必须注重个性发展,促进和引导学生个性化,培养学生的个性意识、自主精神和创新精神。再者,社会的繁荣发展需要各行各业、各个层次的人才,这也需要发展个性的教育,在学生先天禀赋的基础上,培养出各有特长的人,从而满足社会发展的需求。素质教育是十分重视张扬个性的教育,其目的就是要让学生的个性能够得到充分的发挥,特长得到最充分的施展。

有一次,孔子讲完课,回到自己的书房,学生公西华给他端上一杯水。这时,子路匆匆走进来,大声向老师讨教:"先生,如果我听到一种正确的主张,可以立刻去做么?"孔子看了子路一眼,慢条斯理地说:"总要问一下父亲和兄长吧,怎么能听到就去做呢?"子路刚出去,另一个学生冉有悄悄走到孔子面前,恭敬地问:"先生,我要是听到正确的主张应该立刻去做么?"孔子马上回答:"对,应该立刻实行。"冉有走后,公西华奇怪地问:"先生,一样的问题你的回答怎么相反呢?"孔子笑了笑说:"冉有性格谦逊,办事犹豫不决,所以我鼓励他临事果断。但子路争强好胜,办事鲁莽,考虑不周全,所以我就劝他遇事多听取别人的意见,三思而行。"

在不同的学习场合,不同类型、不同能力水平的学生,其学习表现也是不尽相同的,需要教师凭着自己的经验和智慧灵活地设计教法,因材施教。教师要留意观察,分析学生学习的特点。教师要根据学生的学习风格,在教学中有针对性地选择教学方式,而且要引导学生认识自己的学习风格特点,促使学生把学习风格转化为学习策略。

苏霍姆林斯基说过:"每个学生都是一个独一无二的世界。"每一个学生都是与众不同的,都有自己的特点和长处。花有花的香,树有树的美,晴有晴的丽,雨有雨的趣。因材施教是教学中一项重要的教学原则。在教学中,教师要根据学生的认知水平、学习能力以及自身素质的差异,进行有针对性的教学,发挥学生的长处,弥补学生的不足,激发学生的兴趣,树立学习的信心,从而促进学生全面发展。

3.【参考范文】

家校合育的科学性

在学生的成长过程中,家长是一直陪在学生身边的角色,家庭环境对学生的成长产生着重要的影响。因此教育不能只交给学校,家长也应该作为表率引导孩子往积极乐观的方向发展。良好的教育不仅仅是学校给的,还需要家庭教育与学校教育进行合作,这两者是不可分割的。

孩子的成长与进步既离不开学校,也离不开家庭。在学校,学生接受到的教育大部分都是书本上的知识,但是家庭教育带给学生的却是性格的养成与心灵的健康,对学生以后的发展方向是非常重要的,因此家长也要以身作则,为学生做一个好榜样。学校除了做好文化知识教学外,还需要做好家长工作,加强与家长交流互动,开展家校共育,积极探索和建设一种健康、生态、科学的家校关系,实现合力教育,增强学生的核心素养。

家庭教育对人产生的影响是终身的,而学校教育对人产生的影响是阶段性的,因此必须加大家校合作力度。在教学过程中,教师应转变原有观念,将学生的学习与家庭教育结合起来,在教学过程中积极寻求家长的合作。学校也应积极地与家长沟通协调,在学校与家庭之间构建一个沟通平台,这样一来,学校的教育有了方向,而家长也了解了学生在校园的真实情况。泰曼·约翰逊认为"成功的家教造就成功的孩子,失败的家教造就失败的孩子",从这个意义上讲,家庭教育是其他一切教育的基础,是学校教育和社会教育的助手和补充。父母是孩子的第一任老师,父母的言行能对子女产生潜移默化的影响。

要想做到家校合育,首先学校要转变原有观念,重视家校合育,重构家校关系。在教学过程中教师可以积极与家长联系,寻求家庭的配合,多举办家校活动,加强学生与家长、教师与家长、学生与教师之间的联系。只有明确班级发展目标,才能够更好地吸引家长参与班级建设和学生教育。要想促进家校合育,就要努力提高家长参与性,让学习不再只产生于学生与教师之间,要学会利用主题活动带动家长参与。这样一来既在无形之中加深了家长与学生之间的联系,让家长能够了解学生的学习情况,学生能够了解家长的想法,同时也有利于教师工作的开展。

家校合作、家校共育是当前教育领域倡导的理念,家庭和学校形成合力,才能确保教育理念落实到位。

4.【参考范文】

培养习惯要从小做起

20世纪60年代,苏联发射了第一艘载人宇宙飞船,大家都知道这艘宇宙飞船上的宇航员名叫加加林。当时挑选第一个上太空的人选时，有几十个宇航员去参观他们要乘坐的飞船，进舱门的时候，只有加加林一个人把鞋脱下来了。他想："这么贵重的一个舱，怎么能穿着鞋进去呢？"就是加加林的这一个动作，让主设计师非常感动。他想："只有把飞船交给一个如此爱惜它的人，我才放心。"在他的推荐下，加加林成了人类历史上第一个飞上太空的宇航员。所以有人开玩笑说：成功从脱鞋开始。实际上，成功是从好的习惯开始。

美国心理学家威廉·詹姆士说："播下一个行动，收获一种习惯；播下一种习惯，收获一种性格；播下一种性格，收获一种命运。"因此，培养好的习惯对于人的一生至关重要，而儿童时期是培养习惯的关键期。

孔子曾说："性相近也，习相远也。"王夫之也说："习与性成者，习成而性与成也。"也就是说，一般人的先天素质条件是相差不远的，经后天教育而形成的个性发展是相差甚远的。所以，培养人的良好习惯要从小做起，要加强家庭教育和学校教育对于儿童良好习惯的培养。

有人觉得在教育中空谈习惯过于形式，没有实际意义，其实习惯就在我们身边。简单的一个例子就是翻东西。翻东西是儿童时期特有的一种习惯。小孩去串门，看到人家的抽屉，挨着个儿地翻；爸爸妈妈下班了，孩子翻爸爸妈妈的包。当然，对儿童来说，这是一个特点，不是一个缺点。这源于他的好奇心，而且，儿童的社会化程度很低，还不知道要尊重别人。但是如果随着儿童的成长，大人不及时纠正、引导和教育，他翻惯了，就成了习惯。这就是教育的欠缺。

现在，越来越多的家长和教师反映学生难以教育，其实说的并不是孩子的智育，而是孩子的品德、行为和习惯的培养。心理不健康的青少年越来越多，有自杀和暴力倾向的青少年也越来越多，这不得不使我们认真地反思我们的家庭教育和学校教育。教育的核心不是传授知识，而是培养良好的习惯、健康的人格。因此有人说："一个家庭如果不重视习惯的养成，就谈不上家庭教育；一个学校如果不重视习惯的养成，就谈不上教育教学。"

那么我们该如何培养孩子良好的习惯呢？

首先，要为孩子树立适当的规矩。无规矩不成方圆，家长要根据孩子的年龄特点，适时为孩子建立规矩。比如玩完玩具必须放回原处，否则就没收玩具；作息时间要规律；伤害他人及破坏环境的行为不能做等。

其次，要选择恰当的教育方法。家长要依据孩子的实际情况采用适当的方法，帮助孩子养成良好的习惯。比如当孩子出现不良行为时，家长要找到出现这种行为的原因，然后加以引导和纠正，不可一味地训斥。

再次，将"爱"和"严"结合起来。培养孩子良好的习惯，还需要家长具有一定的意志力，不能因为溺爱而纵容，立下规矩后就要督促孩子坚持去做，经过一段时间的训练才能形成一个好的习惯。

最后，家庭、学校、社会要形成教育合力。培养孩子的良好习惯需要家长、学校和社会在教育要求上一致。这样才能更好地帮助孩子养成良好的习惯，并使养成的习惯更加持久、稳定。

培养孩子良好的习惯是一件不容易的事，让我们为了孩子，为了祖国的未来一起努力吧！

5.**【参考范文】**

致敬"最温柔的守护者"

"直到我只剩最后一口气，我也要一直教汉语，我教汉语教到不能动为止。"年逾花甲的汉语教师米斯巴引发关注。在巴基斯坦，很多会说汉语的人都是米斯巴的学生；而她毕生致力于传播汉语的信念，则源自对其影响至深的两位中国教师。教师点燃爱的火焰，竟能赋予人超越国界与文化的力量。

有人如此评价教师：在沉淀了所有的苦之后，升华为一种罕见的甜。在我们身边，从不缺少以苦为乐、甘于奉献的好老师。他们用点滴行动，一次次擦亮教师的职业名片。乡村教师支月英30多年倾心相守，黑发积霜，为大山深处的孩子们点亮了"知识改变命运"的灯塔；新疆老人潘玉莲开办"爱心课堂"，二十五载含辛茹苦，让2000多个孩子有机会走向更广阔的人生之路；浙江淳安12位老师爱心接力，3年来轮流走山路去上课，让13岁的残疾孩子也有梦想开花的机会……类似的价值选择与职业坚守，令人动容，给人温暖。

每个人成长的路途上，都曾驻留教师的身影。他们或许没有轰轰烈烈的事迹，也不曾荣膺至高无上的美誉，但却深深刻印在人们心中，成为随时可以唤醒的记忆。在问答网站上，有人发帖讨论："你有哪些关于老师的温暖和感动的故事？"

网友们的回忆触动了许多人。高考前最后一次自习，一位教师对同学们说："你们再看看书,我再看看你们。”一位网友晒出教师的亲笔书信:“此番赴考,不论成功与否,汝皆应不失少年之志,继之以读万卷书,行万里路,作万篇文。”千千万万俯首耕耘于三尺讲台的教师,普通而平凡,却能影响人的一生。

“善之本在教,教之本在师。”在中华文化的价值排序中,教师素来处于重要位置。“曾子避席”“程门立雪”等典故,映照着尊师重道、崇学尚智的传统赓续不息。也正是在一代代老师“传道受业解惑”的过程中,我们实现了知识技能的传递、文明薪火的延续。今天,社会发展日新月异,获取知识空前便利,但教师的价值并不会因此而泯灭。

让教师成为学生最温柔的守护者,让更多教师享有属于他们的职业荣光,是我们给予教师最好的回馈。

6.【参考范文】

摘掉有色眼镜,为每一个学生骄傲

杜鲁门的母亲是一位伟大的母亲,她不仅为有一个身为总统的儿子而自豪,同时也为另一个默默无闻地在地里挖土豆的儿子而自豪。同样的自豪,是母亲的博大胸襟,是一种不掺杂任何世俗观念的无差别的爱。同样,教育事业也需要我们的教育工作者尊重和关爱所有学生,不管是差生还是优生。

不可否认,多数教师都为那些学习成绩优秀,在各类竞赛中获奖的学生而感到自豪。我们也无法忘记,每当说起本班的学生何等优秀时,自豪的神情充盈在教师的脸上。如果班级受到批评或周、月综合考核分数低下时,学生乃至老师都会把责任归咎到那些学习成绩不好、“不务正业”的学生身上。

“寸有所长,尺有所短”,红花绿叶,各有其妙。我们应尊重和承认学生的个性差异和个性特点,善于发现学生身上的闪光点,扬长避短,发挥学生的长处、弥补学生的不足,使学生的个性特点得到充分发挥。俗话说“十个手指不一般齐”,学生也是如此。各方面的原因,造成了他们的差异,尤其是学习有困难的学生,我们不能“一刀切”,应该对他们适当地降低要求,让他们能够在学习中有所收获,让他们也品尝到成功的快乐,进而激发他们的学习欲望。给予学生爱和信任。学生一旦有了进步,我们就应该及时中肯而饱含深情地鼓励他们,这时一句鼓励的话语,一个期待的眼神,一个亲切的手势,都会让孩子感到无限的温暖,给他们留下深刻的印象。转变观念,摘掉“有色眼镜”,尊重学生。尊重意味着关怀、理解、接纳,可谓是温暖的化身。尽力去体谅接纳学生的过失与困惑。“以他的心情去体会他的心情,也以他的思想来推理他的一切。”

不论怎样,即使孩子们变不成“总统”,我们也不要气馁,因为社会不只需要总统,也需要“挖土豆”的普通人来保证我们的生存基础。我们能做的,就是身体力行地让每个孩子都能够愉快地学习,愉快地生活,愉快地做人!

一个总统的母亲都能够为自己种土豆的儿子而自豪,我们为人师者为什么就不可以呢?我们能够自豪地承认优秀学生,也可以为其他学生的一点点进步、一点点成长感到自豪!善待我们身边的每一个孩子,尤其是那些“挖土豆”的孩子,真诚地给予他们关爱。

7.【参考范文】

教师的责任

责任就是承担应当承担的任务,完成应当完成的使命,做好应当做好的工作。正如马克思所说:“作为确定的人,现实的人,你就有规定,就有任务。”教师的责任无处不在,教师如果没有责任意识,就不会明白自己的职责,不会明白自己肩负的历史使命,影响的将是几代人甚至是国家的未来。这就要求教师要知责任,明责任,负责任,尽责任。

周济同志曾阐述了当代教师面临的三项主要责任,即岗位责任、社会责任、国家责任。这就要求教师在每天所做的极其平凡的工作之中,始终牢记为学生负责,为家长负责,为社会负责,为国家负责。教师对学生的负责,就是对社会、对民族、对未来的负责。现实生活中,有的教师缺乏责任感,即使学生的不良言行就在眼前,也视而不见,导致学生走向犯罪的道路。这不能不归结为教师的责任。教师必须担当起保护学生的责任,自觉抵制一切侵害学生的行为。实践证明,一个受到良好责任教育并有责任意识的教师,也比较容易有所作为。一个对国家与社会有高度责任感的教师,既能给学生以战胜困难的勇气和智慧,又能帮助学生不断修正前进的方向。一名教师要想证明自己的价值,就要尽到自己的责任。

责任如此重要,那么教师应该怎样培养自己的责任心、增强责任感呢?具体来说要从以下几个方面来进行:

(一)要明确任务,认认真真上好每一堂课

教师的任务,首先是传授知识。要使学生扎

扎实实地掌握自然科学、社会科学以及文学艺术知识，掌握现代科学文化发展所必需的基础知识。知识的传授又多是通过每日的课堂教学来传授，所以教师要钻研教材，运用适当的教学方法，认认真真上好每一堂课，积极负责地完成自己的本职工作。

(二)要严谨治学，对学生负责

教师所传授的知识，对学生的发展具有重大影响，所以教师的教学内容必须准确科学。教书育人来不得半点虚假、敷衍和马虎，不允许有错误的概念出现，要保证学生掌握正确的知识。这就要求教师自身要有渊博的知识，能够对科学知识的严密系统有通透的理解，如此才能在教学过程中做到游刃有余，知识才能被学生所接受理解，内化为学生的知识结构，并转化为学生解决问题的能力，才能完成知识传授的过程。否则，可能会让学生形成错误的认知。

(三)要有对国家和社会负责的意识

集体是水，个人是鱼。所以，无论你处在哪个岗位，你都有对国家和社会负责的义务。教师只有热爱国家，热爱岗位，热爱学生，才会刻苦钻研业务。尽职尽责做好每一件事情，才能保持对工作愉悦、专注的态度，兢兢业业、一丝不苟，高质量地完成工作。

总之，一个教师的责任心有多大，他的人生舞台就有多大。可以说责任心是金。因此，教师要不断培养自己的责任感和责任心，为培养社会主义建设者和接班人做出应有的贡献。

8.【参考范文】

构建更好的教育

人的全面发展理论是教育目的最基本的理论基础。古今中外，只要是真正的和正常的教育，无一不是以促进人的全面、和谐发展为出发点和归宿的。所以，要想构建更好的教育，必须以促进人的全面发展为目的，也就是以德育、智育、体育、美育、劳动技术教育全面发展为目的。

德智体美劳是对人的素质定位的基本准则，也是人类社会教育的趋向目标，所以人类社会的教育就离不开德智体美劳这个根本。

首先是德育。我国的德育教育体现了整个教育的社会主义性质，对受教育者的全面发展起着定向作用。要想对学生进行更好的德育教育，需要学校、家庭和社会三者之间的共同努力。其中，思想品德课与其他学科的教学是对学生进行德育教育的基本途径。通过教学实施德育是通过传授和学习科学文化知识实现的，要充分发掘各科教材本身所固有的德育因素，把教学的科学性和思想性统一起来，使学生形成良好品德。而家庭成员之间潜移默化的影响也是学生思想品德形成的重要因素，家长在日常生活中要注意孩子的"模仿"。此外，学生的思想品德也是在活动和交往中形成，并通过活动和交往表现出来的，因此，让学生适当参与社会实践活动也是学校德育不可缺少的辅助措施。

其次是智育。智育是教育者创设一定的情境，以提升教育对象的智慧水平为目标的教育。智育对社会和个体发展具有非常重要的促进作用。在智育中，我们要注重知识的传授和技能的发展，同时也要注重培养学生的自主性和创造性，不能只是一味地进行填鸭式教育。

再者是体育。体育是指以发展、锻炼体魄为目标的教育活动。在体育方面，要树立"健康第一"的教育理念，开齐开足体育课，把学生引导到体育场、健身房、大自然中去锻炼身体，强健体魄。让学生在体育锻炼中享受乐趣、增强体质、健全人格、锤炼意志。

接下来是美育。美育是素质教育的重要内容，这是由美育的性质与自身特点决定的。美育的社会功能在于全面培养人，它是从塑造美的心灵着手，使个体成为一种立体的存在。因此，美育着眼的是整个的人，是人的身心的健全发展。要构建好的美育教育，应该在艺术课和基础课中进行美育教学，贯穿始终。可以开展丰富多彩的课外活动，组织好第二课堂，传承、弘扬古今中外优秀文化艺术，让高雅艺术进校园、进课堂，开设人文素养课程和兴趣活动小组，供学生选修和参与。坚持以美育人、以文化人，提高学生审美和人文素养。

最后是劳育。在劳育方面，应加强劳动教育，要让学生真正懂得"劳动最光荣、最崇高、最伟大、最美丽"的道理，要让他们在劳动实践中去体验、去感悟、去锤炼。

要想构建更好的教育，我们应该把学校的各项工作，把教师的教、学生的学，都坚定不移地围绕实现德智体美劳这个大目标进行。在人力、财力、设备、时间等分配上，要兼顾德智体美劳各个方面，构建适合的教育体系。

9.【参考范文】

不忘初心，方得始终

幼年时喜欢一部史诗，继而决定投身于考古研究，这在长大的我们看来有些幼稚，但也幼稚地让大多数人感动。曾经有多少人是和谢里曼一样做着这种美梦长大,不过渐渐地,随着岁月的流逝,梦想也变得无迹可寻了。

在几何上,两点之间直线最短,距离最近,花费的时间最少,耗费的精力也最小,这是完美状态。我们追求理想也是这样,总想着选择最快的那条路,没有人希望通过一条蜿蜒曲折的路到达目的地。但是,因为很多客观条件的限制,我们在通向理想的道路中往往没有太多的直路可走,代表捷径的直路像是万人争过的独木桥。因此大多数的时候,我们不得不选择像谢里曼一样,曲线迂回,达成我们的理想。但是,只有很少的人像谢里曼那样为了理想坚持努力。年轻时埋在心里的梦想就像树苗的种子,刚刚发芽,12岁的谢里曼细心地守护着它,为它浇水、施肥,他的努力似乎早已注定幼苗长成参天大树是指日可待的事情。

我们每个人都有自己的理想,在年少时都曾兴高采烈地谈论着各自伟大的理想,科学家、航天员、作家、教师、画家……但随着岁月的流逝,又会有多少人记得当初的壮志豪情,我们连目的地都忘记了是哪里,又何来选择走什么样的路?

不忘初心,方得始终。

初心是我们对理想怀有的信念,是我们面对困境时勇往直前的支撑。曲折的路沿途会有许多的波折、不平、跌宕,谢里曼12岁起在外打拼,还是孩童的他在追求理想的路上何尝不是困难重重,或许他也经历过退缩、彷徨、绝望,但幸运的是,他没有忘记这一切艰辛的目的所在,他坚持下来了。对于他,我们忍不住感叹一声“幸好”,那么对于我们自己的理想,为何要放弃呢?

一路走来,有人忘记了初心,有人丢弃了初心,有人干脆把心蒙住,糊里糊涂、浑浑噩噩地往前走,至于到底要走到哪里,可能他们自己都不知道。因此,每当我们看见一个“谢里曼”式的人物就会忙不迭地羡慕、敬仰,但又有几个人能真正变成让自己心生敬佩的人,如同谢里曼一般,在曲折的路途中为最初的梦想努力,向着最终的目的地前进。

不忘初心,方得始终。

生命之始,人人都拥有一颗赤子之心,所以我相信最初的理想动机往往是最单纯无瑕的,当然也是最美好的。古人云不忘初心,或许正是希望世人都饱含着赤子之心,去追求真正的理想,将幼时萌生的理想种子培育壮大,这或许是最令人满意的结局了。

10.【参考范文】

要有海一样的胸怀

“大肚能容,容天下难容之事”是人们给弥勒佛写的一副对联的上联,说的是弥勒佛笑口常开,因为他能容人,能容事。一句话,他宽容。

学会宽容是当今时代的强音,人们强烈地呼唤宽容。

作为以教育下一代为己任的人民教师,首先应该在这方面做学生的表率,做学生的楷模,成为学生学习的榜样。

但是,在现实的教育教学活动中,有些教师由于这样那样的原因,总会做出一些不宽容的事,给学生们留下不太美好的印象。

有位初中语文老师,有着10多年的教龄,在当地还算小有名气。由于其能力比较强,被选拔去教高中。因为有10多年没有再去重温当年所学的知识,在上课时,这位老师偶尔会出现一些知识上的小错误。开始时,学生们也不太在意。可是,到了高三,随着教学内容越来越难,这位老师出的差错也就越来越多。班上学生的意见也越来越大。最后,全班50多位同学联合签名,把要求撤换该老师的信件交给了县里的主管领导和学校的校长。结果,可想而知,这位老师被撤换下来了。后来,该老师生病在家。那些当时要求撤换她的学生觉得对不起老师,大家就买了水果等礼品,一起去探望老师。令这些学生失望的是,老师竟把他们买来的水果全部丢到了大门外。学生们一看这情形,傻眼了,只好一个个灰溜溜地走了出来。在回家的路上,同学们议论纷纷,大家都说:“原来老师也有素质差的!”这件事情在当时影响很大。

老师,请不要忘记,你这一扔,扔掉的是学生的一片心意、一片情意;扔掉的是学生对你的尊敬。尽管他们原先可能伤害过你,使你失去了自尊,失去了面子,失去了工作,但学生有权利选择更适合的老师。

老师的胸怀,应该比大海还要宽广,这样才能够容纳学生的缺点和错误,才能够不计前嫌。我们要知道,学生还是成长中的孩子,在成长的道路上经常会犯错误,他们还没有成人,他们还需要老师去教他们怎样做人。从这个意义上来说,老师本身就应该比学生更懂得如何尊重人、理解人、宽容人。

宽容,并非人的本性,从来就没有谁敢放言自己从小就知道怎么去宽容别人,包括老师。重要的是,应该去学,应该在实践中去学,从自己的成功与失败中去学。

其实，我们每一个老师都应该反思自己，我们在对待学生时，宽容过他们的错误吗？你宽容了他们，他们高兴了吗？

老师，请记住："你的教鞭下有瓦特，你的冷眼里有牛顿，你的讥笑中有爱迪生。"请你学会宽容吧！

11.【参考范文】

如何利用"多余的"眼睛

俗话说眼睛是心灵的窗户，由此可见，一双能够看见光明、察觉危险、分辨善恶的眼睛，对于人类来说是多么珍贵。如果把眼睛比作与生俱来的一种资源优势，那么多拥有一双眼睛的四眼鱼无疑是"富有"的，它甚至是人类羡慕的对象。然而，"富有"的四眼鱼却濒临灭绝。在为其悲叹的同时，我想到了我们社会中的一个群体——"富二代"。

"富二代"也是一个"富有"的群体，他们与生俱来拥有得天独厚的条件，往往是那些生长在一般家庭里的孩子可望而不可即的。然而，他们在社会中的成长道路并不是那么一帆风顺。尤其是近年来，关于"富二代"的负面消息充斥于社会舆论中，这个含着"金勺子"出生的群体，却以道德缺失、仗势欺人以及飞扬跋扈的形象进入人们的视野，以至于"富二代"成为一个带有讽刺意味的名词，渐渐被嗤之以鼻，人们开始怀疑这群拥有优越生长环境的"幸运儿"，他们能否在未来走得更远，他们能否融入我们的社会。

科学家们发现，四眼鱼的濒临灭绝正是由于它们没有有效地利用自己得天独厚的资源优势——那双多出来的眼睛，在危机四伏的自然环境中，它们没有清醒地认识到自己的处境。如果四眼鱼懂得合理利用它们的眼睛，即一双用来观察猎物，另一双用来警戒危险，那么它们将会是亚马孙河中最安逸自得的一族。然而，我们却只能眼睁睁地看着它们濒临灭绝，却无法把人类的智慧讲给它们听。但是，对于我们的孩子，我们却可以做得更多。其实，无论是"富二代""官二代"，还是普通家庭里生长的孩子，我们每个人都带着与生俱来的可贵资源。金钱、家世，美貌、聪慧，甚至一副美妙的歌喉，都是一双多出来的"眼睛"。只有善于利用这富余的资源，孩子才可以成为于己、于人、于社会有益的人。

因此，我们更应该反思我们的教育理念和观点，正确引导孩子摒弃功利目的，认识自身的优势，并促使其合理发展。例如，多年来教育体系对"奥数"等智力竞赛倍加关注，众多名校纷纷将其胜出者破格录取，促使社会上兴起一股"奥数"补习风。然而，"奥数"不是每个孩子的强项，对于很多孩子来说，上"奥数"辅导班只是徒增负担。因此，政府果断出台政策进行限制，遏制那些急功近利的不良风气，将更多的时间留给孩子去发展自己的兴趣爱好。叫停"奥数"，实属明智之举。

此外，我们也应该反思，怎样引导孩子树立正确的价值观，从而充分利用自身的优势。例如，当今社会上流行的"造星"之风，它可能会将有才华的人送上梦想的舞台，但是也可能会将热血少年推向化为娱乐泡沫的不归路。对于前者，我们无疑应该大力倡导；对于后者，我们则不能任其壮大，而应该出台一系列规范和限制的措施，引导其正确发展。

总之，有时资源是一种优势，但有时也是一种劣势，关键在于我们如何认识它，如何利用它。只有全社会承担起自身的责任，善加引导、综合管制，我们才能在未来的路途上走得更远，走得更稳，我们的社会也才会更加繁荣和谐。

12.【参考范文】

用生活丰富教材

在传统教育观念影响下，新教师有很大一部分都有以教材为本的意识，正如材料中的私塾先生，把教材当"圣经"来使用，认为"书上有什么，我就讲什么；书上怎么写，我就怎么讲；写进书本的都是正确的。"不会把书本的知识，经过自己的处理，合理运用到生活中，以至于闹出了笑话。现在有些教师把自己束缚在教材中，把教材中每一个知识点都掰开揉碎，繁讲细讲，生怕有半点遗漏，认为只要把教材内容灌输给学生即可完成教学任务，导致课堂气氛单调而没有生机。

现代课程理念强调，课程是"教科书与其他教学材料、教师与学生、教学情景与教学环境"构成的复杂、开放的系统，因此教材是实施教育的主要课程资源，但不是唯一的课程资源，教材只是学生学习的一种材料而不是全部材料。课程改革的新精神告诉我们：教材应具有开放性和弹性，应有利于学生改变呆板的学习方式，引导学生进行观察、实践、资料收集、合作、探究、交流以及体验、感悟、反思等活动，从而实现其学习方式的多样化，拓展学生学习的时间和空间，使学生德、智、体、美能够全面发展。这些新的课程理念促使我们要重新认识教材的"法定"性质，只强调"教教材"是远远不够的。叶圣陶先生在几十年前就曾经指出“教材无非是个例子”，我们必须突破教材的禁锢，创造性地使用教材而不仅仅是教教材，应做教材的主人而不是沦落为教材的奴隶，既要运用教材又不拘泥于教材，既要凭借教材而又不依赖教材。

伟大教育家陶行知听到朋友的夫人责骂拆表的孩子之后，连连摇头说：“你打跑了一个‘爱迪生’。”他亲自到朋友家里把小孩领到修表店看师傅修表。陶行知对那位夫人说：“钟表店是学校，修表师傅是老师，一元六角钱是学费，培养孩子好问、好动的兴趣。这样，‘爱迪生’才不会被打跑、赶走。”陶行知先生的做法让我们深刻体会到只有将“生活”这本教科书灵活地运用，并将书本知识融汇其中，才能更形象直观地完成教学任务。

教师要敏锐地观察生活，善于运用生活的内容和时代的“活水”来充实、丰富教材。教材只是课程资源的一部分，教师要摆脱教材的束缚，就应具备课程意识和课程资源的开发能力。其实课程资源是丰富多彩的，它包括学生的经验、生活的环境、教学设备设施、自然和社会资源、网络资源等。只要我们留意生活、善于观察，丰富的生活积累将成为我们教学信手拈来的生动的课程资源。作为教师，我们要摒弃传统“照本宣科”的教学观念，增强课程意识和课程资源开发能力，这样才能“化平庸为神奇”，使教材这一课程资源的价值得到“超水平”发挥。

第二模块　全真模拟试卷

国家教师资格考试《综合素质》(中学)全真模拟试卷(一)

一、单项选择题

答案速查

1～5	CACBB	6～10	ACDBA
11～15	BCDDC	16～20	ABAAA
21～25	CBDDB	26～29	BCCB

1. C 【解析】王老师的授课主要是老师的讲解，引导学生参与课堂的意识不够，没有把学生作为学习的主体，没能践行以学习者为中心的理念。

2. A 【解析】该校能够将中华传统文化和学科知识结合，不局限于知识的传授，同时又注重学生的品德培养，体现了素质教育是促进学生全面发展的教育。故本题选A。

3. C 【解析】题干中，胡老师认为教师工作不需要太多的理论，表明胡老师没有树立起专业发展的理念，忽视了自身专业素养的提高。故本题选C。

4. B 【解析】题干中，王老师每次都让王浩扮演主角，剥夺了其他学生扮演主角的机会，忽视了其他学生的发展，故王老师的做法违背了素质教育面向全体学生的理念。

5. B 【解析】根据《中华人民共和国教育法》第七十七条规定，盗用、冒用他人身份，顶替他人取得的入学资格的，由教育行政部门或者其他有关行政部门责令撤销入学资格，并责令停止参加相关国家教育考试二年以上五年以下。因此，答案选择B项。

6. A 【解析】根据2020年修订的《中华人民共和国未成年人保护法》第一百零八条规定，未成年人的父母或者其他监护人不依法履行监护职责或者严重侵犯被监护的未成年人合法权益的，人民法院可以根据有关人员或者单位的申请，依法作出人身安全保护令或者撤销监护人资格。被撤销监护人资格的父母或者其他监护人应当依法继续负担抚养费用。题干中的林某虽然被撤销监护人资格，但仍需继续负担抚养费。

7. C 【解析】根据《中华人民共和国义务教育法》第四十条规定，教科书价格由省、自治区、直辖市人民政府价格行政部门会同同级出版主管部门按照微利原则确定。

8. D 【解析】根据2020年修订的《中华人民共和国预防未成年人犯罪法》第三十四条规定，未成年学生旷课、逃学的，学校应当及时联系其父母或者其他监护人，了解有关情况；无正当理由的，学校和未成年学生的父母或者其他监护人应当督促其返校学习。题干中的学校在发现学生旷课时，要立即与家长取得联系，了解情况。

9. B 【解析】根据我国《教师法》第七条和第八条规定，教师有民主管理权和制止侵犯学生合法权益的行为的义务，因此A项说法错误。根据我国《教师法》第三十七条规定可知，在本题中，教师张明没有出现学校可以解聘他的情形，他只是正确行使了自己的权利，学校解聘他的做法是错误的，因此C项说法错误。题干中学校的做法明显是不正确的，排除D项。故本题选B。

10. A 【解析】学校和教师侵犯学生隐私的表现形式有：故意隐匿、毁弃或者非法开拆学生信件，披露、宣扬学生自身及家庭成员的资料，提供学生成绩的方式不适当等。因此，教师出于各种目的，隐匿、销毁、私拆学生信件的做法，侵犯了学生的个人隐私权。

11. B 【解析】根据《中华人民共和国教育法》第七十二条规定，结伙斗殴、寻衅滋事，扰乱学校及其他教育机构教育教学秩序或者破坏校舍、场地及其他财产的，由公安机关给予治安管理处罚；构成犯罪的，依法追究刑事责任。

12. C 【解析】根据《中华人民共和国义务教育法》第二十九条规定，教师应当尊重学生的人格，不得歧视学生，不得对学生实施体罚、变相体罚或者其他侮辱人格尊严的行为，不得侵犯学生合法权益。题干中学校要求各班进行“民主选差生”，并在公布栏公布的行为侵犯了学生的人格尊严权。

13. D 【解析】终身学习要求教师要崇尚科学精神，树立终身学习理念，拓宽知识视野，更新知识结构。潜心钻研业务，勇于探索创新，不断提高专业素养和教育教学水平。

14. D 【解析】2008年修订的《中小学教师职业道德规范》中关于“为人师表”方面所规定的具体的职业行为要求之一是自觉抵制有偿家教，不利用职务之便谋取私利。题干中陈老师开设有偿补习班，这属于利用职务之便谋取私利，违背了为人师表的要求。

15. C 【解析】终身学习的教师职业道德规范要求教师崇尚科学精神，树立终身学习理念，拓宽知识视野，更新知识结构；潜心钻研业务，勇于探索创新，不断提高专业素养和教育教学水平。教师要给学生一杯水，首先自己要有一桶水，这强调教师要具备深厚而扎实的专业知识，也即教师要做到终身学习。

16. A 【解析】面对学生的错误，叶老师不体罚学生，而是耐心地与学生交流，说明叶老师能够自觉遵守相关法律法规，依法执教。

17. B 【解析】三星堆遗址群位于四川省广汉市西北，是迄今为止在西南地区发现的范围最大、延续时间最长、文化内涵最丰富的古城、古国、古蜀文化遗址，昭示了长江流域与黄河流域一样，同属中华文明的母体，被誉为“长江文明之源”。

18. A 【解析】霍尔木兹海峡是连接中东地区的重要石油产地波斯湾和阿曼湾的狭窄海峡，是运输石油的咽喉要道，因此被誉为西方的“海上生命线”“世界油阀”。

19. A 【解析】俗话说：“一寸光阴一寸金，寸金难买寸光阴”。光阴称“寸”，缘于古人用“晷”来测算时间，“晷”又称作“日晷”。

20. A 【解析】法国化学家拉瓦锡否定了“燃素说”，提出了燃烧作用的氧化学说，揭示了燃烧的本质。英国化学家波义耳提出了科学的元素概念，使化学成为独立的科学。德国物理学家普朗克是量子概念的提出者。俄国科学家门捷列夫发现了化学元素的周期性，并依据原子量递增的顺序制作出第一张元素周期表。

21. C 【解析】《童年》《在人间》《我的大学》是高尔基著名的三部曲自传体小说，写出了高尔基对苦难的认识，对社会人生的独特见解，字里行间涌动着一股生生不息的热望与坚强。《母亲》是高尔基创作的长篇小说，本题中的四个选项均是高尔基的作品，但《母亲》不属于其自传体三部曲。

22. B 【解析】北方的大型园林多数为皇家园林，颐和园是中国现存规模最大的皇家园林。北海公园是中国现存历史上建园最早、保存最完整、文化沉积最深厚的古典皇家园林。

23. D 【解析】“锦官城”是我国四川省成都市的一个古代别称，成都市的别称还有蓉城、锦城、芙蓉城、天府之国等。题干所述诗句源自杜甫的《蜀相》一诗，该诗是杜甫在成都探访了诸葛亮的武侯祠后有感而发的作品，诗名中的“蜀相”指的就是诸葛亮。

24. D 【解析】小提琴协奏曲《梁祝》是以我国家喻户晓的民间故事《梁山伯与祝英台》为题材，以越剧里的部分曲调为素材写成的一首单乐章标题协奏曲。

25. B 【解析】秦始皇统一规范的文字是小篆。秦始皇统一六国之后，提出“书同文”，文字统一，书体统一。小篆的制定是中国第一次有系统地将文字的书体标准化的过程。故本题选B。

26. B 【解析】一般单击鼠标的左键是用于选择某个对象，单击鼠标的右键用于扩展功能。在Word中，用鼠标左键单击文档中的图片是选中该图片。A、C、D三项都需要单击鼠标右键弹出菜单或者在菜单栏中进行相应操作。

27. C 【解析】在Excel中，饼图可以显示一个数据系列中各项的大小与各项总和的比例，故若要反映每个对象的一个属性值在总值当中所占比例大小，应该选择的图表类型是饼图。

28. C 【解析】假设(1)为真，则中标者为甲或乙，肯定不是丙、戊、己，则(2)和(3)均为真，和题意不符，因此(1)为假，中标者既不是甲也不是乙。

进而可知讲真话的在(2)和(3)之间。假设(2)为真,则丙未中标。又(3)假,则戊和己有一个中标,进而可推知甲、乙、丙、丁都未中标。假设(3)为真,则戊和己都未中标。根据(2)为假,则丙中标,此时可知甲、乙、丁、戊、己都未中标。结合两种情况,可以确定甲、乙、丁肯定都未中标。故本题选C。

29. B 【解析】"青岛—珠海"是并列关系,A、C、D三项都属于包含关系,只有B项属于并列关系。

二、材料分析题(参考答案)

30. 崔老师的教育行为是恰当的,遵循了"以人为本"学生观的相关要求,值得其他老师学习。

(1)"以人为本"的学生观认为学生是发展中的人,具有巨大的发展潜力。材料中,崔老师放手让学生做,作文课让学生自主阅读,并沟通交流阅读感想,最终完成作文。学校宣传栏工作中,学生们一起想创意、亮点,通过这些实践锻炼不断地成长进步。

(2)"以人为本"的学生观认为学生是独特的人,具有自身的独特性。材料中,班级学生自主评选班级之星,每名学生都被评上了"星",展现出了学生各种各样不同的风采。

(3)"以人为本"的学生观认为学生是具有独立意义的人,是不以教师意志为转移的客观存在。材料中,崔老师将学校宣传栏的各项工作都交给了学生,让学生们集思广益,尊重学生们的想法,并督促学生们要有创意、有亮点,自己从旁指导,充分发挥了学生的主观能动性。

因此,作为一名教师应该向崔老师学习,不包办代替,相信学生的能力,放手让学生自己去做,充分发挥学生的聪明才智,做到"一切为了学生的发展"。

31. 小张老师的做法违反了教师职业道德规范的规定。

(1)爱国守法的教师职业道德规范要求教师全面贯彻国家教育方针,自觉遵守教育法律法规,依法履行教师职责权利。不得有违背党和国家方针政策的言行。材料中小张老师采取罚款、不许学生进教室、罚站等方式惩罚犯错误的学生,违反了我国《教育法》《未成年人保护法》中的相关规定,违反了爱国守法的教师职业道德。

(2)关爱学生的教师职业道德规范要求教师关心爱护全体学生,尊重学生人格,平等公正对待学生。对学生严慈相济,做学生良师益友。保护学生安全,关心学生健康,维护学生权益。不讽刺、挖苦、歧视学生,不体罚或变相体罚学生。材料中小张老师对成绩好的"好孩子"十分关心,不注意其他孩子的感受,没有做到平等公正对待全体学生;小张老师对待学生十分严厉,采取体罚或变相体罚的方式惩罚学生,没有做到对学生严慈相济,不体罚和变相体罚学生。

(3)教书育人的教师职业道德规范要求教师遵循教育规律,实施素质教育。循循善诱,诲人不倦,因材施教。不以分数作为评价学生的唯一标准。材料中小张老师对犯错误的学生采用体罚或变相体罚的方式进行教育,没有认识到学生的独特心理,没有采取适当的方法引导学生;小张老师十分关心成绩好的学生,而不太注意其他学生的感受,小张老师没有做到不以分数作为评价学生的唯一标准。

(4)为人师表的教师职业道德规范要求教师坚守高尚情操,知荣明耻,严于律己,以身作则。关心集体,团结协作,尊重同事,尊重家长。材料中小张老师在面对学生和家长的意见以及学校领导的批评时不以为然,不进行反思,给学生带来了负面的影响,没有为学生树立良好的学习榜样。

综上所述,小张老师的行为已经严重违反了教师职业道德规范,需要进行深刻反思。

32. (1)观众失去了文化的共鸣,历史文化也在被切割、破坏和颠覆(给历史文化带来灾难);推助了急功近利、唯利是图的社会风气,加剧了好大喜功、铺张浪费的官场恶习;留下了沉重的文化欠债和社会成本。

(2)①利益驱动,能带来可观的经济效益;②地方政府以此作为面子工程,官员以此为自己捞取政绩而推波助澜;③有光大传统、发展文化的考量。

三、写作题

33.【参考范文】

教师当严谨治学

曾读过这样一则材料:一位地理老师讲到中国四大海产墨鱼、带鱼、大黄鱼、小黄鱼时,一学生问大小黄鱼的区别,这位教师虽教书多年,却从没有碰到过这类问题,只好回答"不知道"。"不知道"三个字使他如芒在背,查资料,问同事,终于在火车上巧遇一位做水产工作的旅伴,才解决了这个问题。读过这则材料,我感触最深的是这位老师严谨的治学态度。

这位地理老师,对于学生提出的超出地理学科范围的问题,本可以不予理睬,但他出于严谨的治学态度,并没有对这个问题等闲视之,而是“如芒在背”,的确很令人称赞。作为一名教师,面对的是祖国的未来,教师的一个小小的行为,很可能对孩子产生巨大的影响。因此,教师应抱着严谨的态度治学。

教师是学生成长最重要的典范,是学生直观的活生生的榜样。在教育教学活动中,一个教师表现出怎样的思想品德、政治态度、行为习惯,对可塑性模仿性很强的学生,起着直接影响和熏陶的作用。所以,教师要严格要求自己,从严治身,用自己的模范品行来教育和影响学生,做学生的表率。教师是人类文明的传播者,没有广博的、全面的知识是不能满足学生的求知欲望的。人们常说“教无止境,学无止境。”教师应好学不倦,博采众长,构建精深宽厚的知识结构,保持一桶水常满常新,以源源不断地供给学生。

放眼古今中外,能够获得成功的人,大多都有着严谨的态度。明朝的李时珍,一生致力于研究中医药,他既不盲从古代文献的记载,也不迷信,凡事都亲自观察、询问、实践。一次,他为研究“仙物”榔梅,冒着从悬崖上摔下来和被官府重罚的危险采到一颗。研究后发现那“仙物”只是很普通的东西,推翻了当时对榔梅的错误认知。他凭着严谨的研究态度,写出了举世闻名的药典《本草纲目》,在世界医学史上留下了灿烂的一页。

有些人,却因缺乏严谨的态度而与成功擦肩而过。大家都知道伦琴发现“X”射线,是由于他抓住阴极射线实验中的异常现象不放,从而荣获了诺贝尔物理学奖。而与他同时期的克鲁克斯和古德斯培德,在几年前曾分别发现过同样的异常现象,但他们并未继续研究下去,使眼看到手的成功化为乌有。此类事例不胜枚举,这些事例充分说明了严谨的态度在科研方面的重要性。

教师要想真正承担起作为思想道德和科学文化传播者的职责,就必须首先提高自己履行这一职责的业务水平,依靠严谨治学的科学态度严格执教。严谨治学要求每一位教师做到闻道在先,学业精湛,在教育教学过程中求真、求精、求实、求善、求美。只有治学严谨的教师,才能教出处事严谨的学生。教师职业是神圣的,教师要为祖国培育人才,为社会的发展培养后备力量。因此,教师在教育过程中更应具备严谨的治学与处事态度。

国家教师资格考试《综合素质》(中学)全真模拟试卷(二)

一、单项选择题

答案速查

1～5	CCBAC	6～10	AAADC
11～15	CCBAC	16～20	CDAAA
21～25	BCDBC	26～29	CAAA

1. C 【解析】题干告诉我们要认识到木材之间的区别,不同的木材有不同的用途。该思想符合学生是具有个性与差异的人这一观点。C项正确。

2. C 【解析】题干中闵老师的做法是不合理的,闵老师应正确看待测评成绩,注重反省、积极调整自我,避免把负面情绪转移到学生身上。

3. B 【解析】素质教育是面向全体学生的教育。“挑选适合教育的学生”说明教育只是针对部分学生,而“适合学生的教育”说明教育的范围是全体学生,符合素质教育面向全体学生的理念。

4. A 【解析】新课程非常强调教师的教学反思,依据教学进程,教学反思分为教学前、教学中、教学后三个阶段。教学反思有助于教师形成和培养自我反思的意识和自我监控的能力。题目中的小张结束课程后没有任何分析总结,对老教师的建议置之不理,缺乏反思精神。

5. C 【解析】荣誉是一个人受到外部给予的光荣称誉,每个学生在学校应有平等的机会获得。荣誉权指学生对自己在社会生活中所获得的社会评价依法享有的不可侵犯的权利。题干中班主任取消了小伟的评定奖学金资格,侵犯了小伟的荣誉权。

6. A 【解析】《中华人民共和国教育法》第九条规定,“中华人民共和国公民有受教育的权利和义务。公民不分民族、种族、性别、职业、财产状况、宗教信仰等,依法享有平等的受教育机会”。

7. A 【解析】根据《中华人民共和国教育法》第八十二条规定,购买、使用假冒学位证书、学历证书或者其他学业证书,构成违反治安管理行为的,由公安机关依法给予治安管理处罚。

8. A 【解析】根据2020年修订的《中华人民共和国未成年人保护法》第十七条规定,未成年人的父母或者其他监护人不得虐待、遗弃、非法送养未成年人或者对未成年人实施家庭暴力。张扬父亲对张扬进行殴打,使张扬身上总有淤青,属于对未成年人实施家庭暴力。

9. D 【解析】根据我国《宪法》第三十四条规定，中华人民共和国年满十八周岁的公民，不分民族、种族、性别、职业、家庭出身、宗教信仰、教育程度、财产状况、居住期限，都有选举权和被选举权；但是依照法律被剥夺政治权利的人除外。BC项错误，D项正确。根据我国《选举法》第二十七条的规定，精神病患者不能行使选举权利的，经选举委员会确认，不列入选民名单。排除A项。

10. C 【解析】题干中学校安排行政人员代替教师参加专业培训，剥夺了教师参加培训的机会，侵犯了教师进修培训的权利，故做法不合法。

11. C 【解析】根据《学生伤害事故处理办法》第十三条规定，下列情形下发生的造成学生人身损害后果的事故，学校行为并无不当的，不承担事故责任；事故责任应当按有关法律法规或者其他有关规定认定：(一)在学生自行上学、放学、返校、离校途中发生的；(二)在学生自行外出或者擅自离校期间发生的；(三)在放学后、节假日或者假期等学校工作时间以外，学生自行滞留学校或者自行到校发生的；(四)其他在学校管理职责范围外发生的。周某受伤是在节假日自行到校学习期间，因此学校无须承担事故责任。

12. C 【解析】根据《中华人民共和国义务教育法》第五十六条规定，国家机关工作人员和教科书审查人员参与或者变相参与教科书编写的，由县级以上人民政府或者其教育行政部门根据职责权限责令限期改正，依法给予行政处分；有违法所得的，没收违法所得。王某作为一名公务员，私自参与教科书编写，应受到行政处分。

13. B 【解析】教师劳动的复杂性的表现之一是劳动性质的复杂性，教师的劳动属于专业行为，是一种高度复杂的心智劳动。“张老师认真研读教材，依据课程标准制定教学目标，运用新教育理念设计教学过程和教学方法，制作了精美的教学课件”说明教师的劳动属于专业行为，是一种高度复杂的心智劳动，体现了教师劳动的复杂性。教师劳动的创造性的表现之一是教师需要“教育机智”，面对评委的提问，张老师迅速做出恰当、合理的回答，这说明张老师具备教育机智，体现了教师劳动的创造性。故选B项。

14. A 【解析】教师职业道德规范中的终身学习要求教师崇尚科学精神，树立终身学习理念，拓宽知识视野，更新知识结构。潜心钻研业务，勇于探索创新，不断提高专业素养和教育教学水平。题干中，刘老师固守旧的教学模式，不去更新知识结构，这种做法违背了终身学习的要求。

15. C 【解析】教师人际行为规范中，要求教师之间的交往应做到：互相尊重，切忌嫉妒；相互学习，取长补短；平等相待，不卑不亢；乐于助人，关心同事。题干中的秦老师拒绝帮生病的李老师代课，没有做到关心同事、乐于助人，不利于形成和谐互助的同事关系。

16. C 【解析】题干中李老师上示范课时并没有听取同事的建议，只挑选乖巧的学生参加，而是选择让全班学生都参加，说明李老师认为学生发展是平等的，做到了关爱学生、公正地对待所有学生。

17. D 【解析】近代中国遭遇苦难的原因在于受三座大山即帝国主义、封建主义和官僚资本主义的压迫。其中帝国主义的侵略是中国一切灾难的总根源，A项和C项不是根本原因，B项无产阶级的力量弱小，不是中国遭受苦难的原因。故本题的正确答案为D。

18. A 【解析】依据题干所述，甲组六个同学成绩的平均分是80，标准差是$\sqrt{\frac{(83-80)^2+\cdots+(77-80)^2}{6}}=\sqrt{\frac{28}{6}}\approx 2.16$，本题选A。

19. A 【解析】中国象棋中的楚河汉界与刘邦和项羽有关。项羽、刘邦争夺天下时，楚、汉两方在荥阳展开长达四年的争夺战，后来楚军渐弱，汉军日盛，楚军遂与汉军讲和，双方相约以鸿沟为界“中分天下”，以西为汉，以东为楚。这即历史上著名的“楚汉相争，鸿沟为界”故事的由来。中国象棋中的“楚河汉界”即出自该历史事件。

20. A 【解析】苏东坡的《黄州寒食帖》被誉为天下第三行书。天下第二行书是颜真卿的《祭侄文稿》。

21. B 【解析】“中国画里乡村，桃花源里人家”指的是安徽省黟县，黟县地处皖南，有西递、宏村等古民居村落。故答案是B。

22. C 【解析】题干名句出自《孔雀东南飞》。《孔雀东南飞》，原题为《古诗为焦仲卿妻作》，是中国文学史上第一部长篇叙事诗，与《木兰辞》并称为乐府双璧。

23. D 【解析】《红楼梦》的作者是清朝的曹雪芹，所以不属于明朝的章回体小说。故本题选D。

24. B 【解析】长城又称“万里长城”，是中国古代在不同时期为抵御塞北游牧部落联盟侵袭而修筑的规模浩大的军事工程的统称。长城始建于春秋战国时期，始修于战国时期的燕国，历史长达两千多年。

25. C 【解析】二十四节气依次是立春、雨水、惊蛰、春分、清明、谷雨、立夏、小满、芒种、夏至、小暑、大暑、立秋、处暑、白露、秋分、寒露、霜降、立冬、小雪、大雪、冬至、小寒和大寒。中秋和重阳是古代传统节日,不属于二十四节气。

26. C 【解析】系统软件是用于调度、管理、监控和维护的软件。应用软件是针对某个应用领域的具体问题而开发和研制的程序。选项A中DOS和Windows是系统软件;选项B中Unix是系统软件;D项中DOS是系统软件。只有C项中的都属于应用软件。

27. A 【解析】在PowerPoint中,"动画"选项卡可以对幻灯片上的对象应用进行更改或删除动画的操作。对图片、形状进行修改是在"插入"选项中操作。"设计"中可以对主题设计和颜色进行修改。动画设计可以对选择对象进行动画效果、呈现次序等进行一系列操作,是个相对高层次的概念。页面设计一般可以通过母版设计对幻灯片大小、颜色等进行操作。综上,A项正确。

28. A 【解析】"并非P"等值于"P的矛盾命题",本题中P=一切糕点都是甜味的,是全称肯定命题,其矛盾命题是"有的糕点不是甜的",而"有的"的意思就是"至少有一个",因此题干中的命题等值于"至少有一种糕点不是甜的"。即A项正确。

29. A 【解析】从题干可以看出前面三位数字与后面的数字有一定的对应关系。以题干中"3+4+9→122736"为例,条件为3+4+9,由3、4、9三个数字组成,结果为122736,把结果从左到右分为三组,依次为12、27、36,12=3×4,27=3×9,36=4×9,故规律为:第一组数字为条件中第一、第二位数字的乘积,第二组数字为条件中第一、第三位数字的乘积,第三组数字为条件中第二、第三位数字的乘积。据此对各项分析后可得A项正确,具体如下:8×5=40,8×2=16,5×2=10,组合即为401610。

二、材料分析题(参考答案)

30. 新课程提倡的教师观要求教师要适应现代社会的教师角色变换,不断学习,不断提高,在教学行为上有所转变。

(1)从教师与学生的关系看,教师是学生学习的促进者。教师不仅是学生学习能力的培养者,也是学生人生的引路人。材料中的袁老师主动关心调皮学生的家庭环境,反思自己的教学风格是不是不适合他们,积极对学生进行帮助引导,这种行为体现了学生学习的促进者角色。

(2)从教学与研究的关系看,教师是教育教学的研究者。材料中的袁老师主动"革自己的命",放着几十年的教学风格不用,非要"鸡蛋里面挑骨头",对自身的教育教学行为进行反思,对出现的问题进行探究,对积累的经验进行总结,这种行为体现了教育教学的研究者角色。

(3)从教学与课程的关系看,教师是课程的开发者和建设者。教师不仅是课程实施的执行者,更应成为课程的开发者和建设者。材料中的袁老师主动向校长建议重新调整课表,要求学校增设职业规划、心理健康等新兴课程,这种行为体现了课程的开发者和建设者角色。

(4)新课程提倡教师在对待自我上,强调反思,教学反思有助于教师形成和培养自我反思的意识和自我监控的能力。材料中的袁老师主动跑去听初中和高中老师上课,并请教他们指出自己教学中的不足之处,这种行为体现了新课程强调的教师对自我进行的教学反思。

31. 田老师的做法符合教师职业道德,值得我们学习。

首先,田老师的行为符合为人师表的职业道德,为人师表要求教师要以身作则。材料中,面对学生劳动意识淡薄,田老师没有单纯用语言进行说教,而是以身作则,带头清理,提升了学生的卫生意识和劳动积极性。

其次,田老师的行为符合教书育人的职业道德,教书育人要求教师要培养学生良好品行,激发学生创新精神,促进学生全面发展。材料中,田老师面对小东的适应问题,和其他同学卫生意识淡薄、劳动积极性差等问题,积极开展教育,取得了良好的效果。

最后,田老师的行为符合关爱学生的职业道德,关爱学生要求教师关心爱护全体学生,尊重学生人格。材料中,面对家境贫寒、不合群的小东,田老师非但没有歧视,反而给予小东更多的关心爱护,促进了小东的发展。

因此,作为教师,要遵守教师职业道德,关心爱护全体学生,做学生的良师益友,促进学生全面健康发展。

32. (1)①不仅注重方法,而且注重原则;②重视改作业和当堂回答学生问题,启发学生深入思考;③教给学生"由薄到厚""由厚到薄"的读书方法。

(2)观点一:有道理。华罗庚的改动很有创造性。

①"弄斧必到班门",敢于与高手过招,才能得到

帮助与指教，提高自己；②“观棋不语非君子”，发现别人的研究有不足，应主动指出来；③“落子有悔大丈夫”，发现自己的研究有缺点，一定要及时修正。

观点二：没有道理。华罗庚的改动会造成人们对这些熟语的误解。

①“班门弄斧”只是告诫人们不要在行家面前卖弄本领，善于藏拙，才能扬长避短；②在比赛场上，必须尊重棋手，“观棋不语真君子”；③遵守比赛规则，“落子无悔大丈夫”。

观点三：两种说法都有道理，但又都有特定的适用范围。

①为人做事，切忌“班门弄斧”；求知问学，“弄斧必到班门”；②赛场观战，“观棋不语真君子”；乐于助人，“观棋不语非君子”；③弈棋对决，“落子无悔大丈夫”；知错即改，“落子有悔大丈夫”。

（观点明确，言之有理即可）

三、写作题

33.【参考范文】

教育从尊重学生开始

美国著名作家和教育家爱默生曾精辟地指出：“教育成功的秘密在于尊重学生。谁掌握了这把钥匙，谁将获得教育上巨大的成功。”在这里，爱默生先生把尊重学生当成打开教育成功之门的钥匙，是非常正确的。

对于尊重学生，我深有体会。在我实习的时候，经历过一件难忘的事情。教师节前夕，我收到一张贺卡，里面写着：“老师，谢谢您善意的谎言。”看到这娟秀的字迹，我就知道是谁。记得那天我正在讲课，突然看到小A在匆忙地写着什么。这时，其他学生也注意到了，纷纷把目光投向了小A。恰好她一抬头，碰到我的目光，赶忙将桌上的纸条揉成团捏紧。我走近她，和气地说：“把纸条给我吧！”她看了看我，脸都红到耳朵根了。我伸出了手，她这才把那纸团放在我的手心里。我展开一看，“可惜不是你”五个字跃入眼中。我再次看了看小A，她一直低着头，我清了清嗓子，说：“大家一定很想知道这张纸上写了什么？”不少学生都说：“想！”我说：“小A同学写的是‘努力了不一定会成功，不努力肯定不会成功’，而且她今天的字写得非常大方、秀气。”小A猛地抬起头，这时我观察到她快速而又细微变化的眼神，惊讶、感激……人人都有追求完美、受人尊重和得到信任的需要。正因为我尊重这位学生的人格，不因为她表现不好而忽视她，所以才会有她后来的上进。还是那句老话，尊重是教育的前提。

学生无论在家庭、学习、性格、思想等方面如何千差万别，作为合格的教师，都应该尊重他们的个性与差异。有这样一个故事，一位校长的一句话改变了一个学生的一生。校长是当时美国纽约大沙头诺必塔小学校长皮尔·保罗，学生是当时一名调皮捣蛋的学生罗尔斯。罗尔斯出生于美国纽约声名狼藉的大沙头贫民窟，那里环境肮脏、充满暴力，是偷渡者和流浪汉的聚集地。因此，他从小就受到了不良影响，读小学时经常逃学、打架、偷窃。一天，当他又从窗台上跳下，伸着小手走向讲台时，校长皮尔·保罗将他逮个正着。出乎意料的是，校长不但没有批评他，反而诚恳地说：“我一看你修长的小拇指就知道，将来你一定会是纽约州的州长！”当时的罗尔斯大吃一惊，因为在他不长的人生经历中只有奶奶让他振奋过一次，说他可以成为五吨重的小船的船长。校长的话给了罗尔斯引导和鼓励，他记下了校长的话并坚信这是真实的。从那天起，“纽约州州长”就像一面旗帜在他心里高高飘扬。罗尔斯的衣服不再沾满泥土，罗尔斯的语言不再肮脏难听，罗尔斯的行动不再拖沓和漫无目的。在此后40多年间，他没有一天不按州长的身份要求自己。51岁那年，他终于成了纽约州的州长。

中国教育家魏书生曾说过：“人心与人心之间，就像高山与高山之间一样，你对着对方的心灵大山呼唤：我尊重你……那么，对方心灵高山的回音便是：我尊重你……”尊重是双向的，只有尊重才有平等，只有平等才有信任，有了信任，教师才可能深入学生的内心世界，准确把握学生的心理状态，才能与学生进行心灵的沟通，最终才能收到良好的教育教学效果。